汉语虚词史研究

曹炜 著

暨南大学出版社
JINAN UNIVERSITY PRESS

中国·广州

图书在版编目（CIP）数据

汉语虚词史研究/曹炜著．—广州：暨南大学出版社，2021.6
ISBN 978－7－5668－2839－2

Ⅰ．①汉…　Ⅱ．①曹…　Ⅲ．①汉语—虚词—研究　Ⅳ．①H146.2

中国版本图书馆 CIP 数据核字（2019）第 293788 号

汉语虚词史研究
HANYU XUCISHI YANJIU

著　者：曹　炜

出 版 人：张晋升
策划编辑：杜小陆
责任编辑：黄志波　朱良红
责任校对：曾小利　冯月盈
责任印制：周一丹　郑玉婷

出版发行：暨南大学出版社（510630）
电　　话：总编室（8620）85221601
　　　　　营销部（8620）85225284　85228291　85228292　85226712
传　　真：（8620）85221583（办公室）　85223774（营销部）
网　　址：http://www.jnupress.com
排　　版：广州良弓广告有限公司
印　　刷：深圳市新联美术印刷有限公司
开　　本：787mm×1092mm　1/16
印　　张：22
字　　数：420 千
版　　次：2021 年 6 月第 1 版
印　　次：2021 年 6 月第 1 次
定　　价：89.80 元

（暨大版图书如有印装质量问题，请与出版社总编室联系调换）

前　言

这是 21 世纪以来我关于汉语虚词史研究全部成果的一个汇集。

2000 年以降，我的兴趣从此前的修辞学、词汇学领域扩展到了近代汉语虚词研究领域。这主要是缘于一部著作的写作。1995 年，我成功申报了江苏省高校优秀青年教师社科基金项目"《金瓶梅》文学语言研究"。经过近两年的写作，在 1997 年，作为该课题的最终成果，《〈金瓶梅〉文学语言研究》一书由江苏教育出版社出版发行。在阅读《金瓶梅词话》的过程中，我发现了许多有趣的语法现象，与现代汉语中的用法大相异趣，就有了探究一下的想法。1999 年我攻读上海师范大学汉语史博士学位的时候，就把"《金瓶梅词话》语法研究"作为博士学位论文的题目了。于是从 2001 年《苏州大学学报》刊发的《〈金瓶梅词话〉中的结构助词和语气助词》这一篇论文开始，断断续续持续了 20 年，形成了一个汉语虚词史研究的序列。具体而言，又可分为三个时段：

第一个时段：2001 年至 2008 年。

这个时段主要由两个项目主导：一个是 2001 年我申报的"《金瓶梅词话》语法研究"课题被立为江苏省哲学社会科学"十五"规划基金项目（K3－007），另一个是 2005 年我申报的"明代早中晚期三部白话小说虚词计量研究"课题被立为教育部人文社会科学研究基金项目（05JA740024）。一方面是自己真有兴趣，另一方面也是项目结项的压迫，便写就了一批《金瓶梅词话》虚词研究的文章，有七八篇之多，先后刊发在《语文研究》《古汉语研究》《苏州科技大学学报》《苏州大学学报》等刊物上。

第二个时段：2008 年至 2015 年。

这个时段主要也是由项目引领：2008 年我申报的"北京话虚词史（1750—1950）"课题被立为国家社会科学基金一般项目（08BYY049）。因为此前已经做了明代汉语的几部代表性文献的虚词研究，于是又想做清代汉语的几部代表性文献的虚词研究，便选了《红楼梦》《儿女英雄传》《正红旗下》等几部被公认为用地道北京话创作、可以作为北京话教科书的文献来做。这样，就又写作了一批北京话虚词发展演变史——主要是代词发展演变史研究的文章，也有七八篇之多，先后刊发在《励耘语言学刊》《长江学术》《阅江学刊》《江南大学学报》

《苏州教育学院学报》《苏州大学学报》等刊物上。

第三个时段：2015 年至 2020 年。

这个时段主要还是由项目引领：2015 年我申报的"先秦至民国末期汉语代词发展演变史研究"课题被立为国家社会科学基金一般项目（15BYY130）。这主要是因为前一个时段代词发展演变史做多了，就想着要探一下源头，完整梳理一下汉语代词发展演变的整个脉络，着重于上古汉语代词及中古汉语代词的句法语义语用特征的探究。这样，就又写作了一批关于上古汉语、中古汉语代表性文献的代词研究的文章以及关于近代汉语虚词研究史、汉语代词研究史的文章，也有七八篇之多，先后刊发在《学术交流》《文献语言学》《阅江学刊》《江南大学学报》《苏州科技大学学报》等刊物上。

这 20 多篇文章，若就研究对象而言，又可以分为三大类：

第一类，是近代汉语虚词研究的文章，涉及助词、语气词、介词、连词、代词等，以代词为主。这类文章占了汉语虚词史研究文章总量的五分之三。

第二类，是上古、中古汉语代词研究的论文，均为"先秦至民国末期汉语代词发展演变史研究"课题的系列研究成果，这类文章占了汉语虚词史研究文章总量的五分之一强。

第三类，是对迄今为止近代汉语虚词研究、汉语代词研究所取得的所有成果的一个梳理和总结，属于汉语虚词研究史的书写，这类文章占了汉语虚词史研究文章总量的五分之一弱。

做了 20 年的汉语虚词史研究，我发现没有很好解决、需要深入探究的问题越来越多，有一种很强烈的挫败感，江郎才尽也。好在初生牛犊不怕虎，我的学生——苏州大学文学院基地班的本科生、免试保送汉语专业的硕士研究生、硕博连读的在读博士生——李璐同学，在协助我完成"先秦至民国末期汉语代词发展演变史研究"课题之后，又投入"先秦至民国末期汉语连词发展演变史研究"课题的研讨中去了；同她一起奋斗的还有她的师妹——由温州大学文学院汉语史专业硕士毕业后考入苏州大学文学院汉语史专业的博士生——冯璠同学。在此，我由衷祝愿她们的汉语连词史的研究能结出丰硕的成果。

曹 炜

2020 年 5 月 19 日

于苏州市姑苏区学士花园寓所

目 录

contents

汉语虚词史研究

目录

第一编
近代汉语代词研究

《金瓶梅词话》中的人称代词系统①

　　有人说："汉语发展到唐代以后，形成了与古代汉语完全不同的代词系统，奠定了现代汉语代词系统的基本格局。"② 这话大致没错，但不十分贴切。的确，从敦煌变文、《祖堂集》、《景德传灯录》、《古尊宿语要》、《五灯会元》等文献所反映的代词系统来看，唐代较之前代已有了巨大的改变，除了保留前代语言中的一小部分代词外，绝大部分都是以往所不曾见过的、晚唐五代以来新产生的。但是这个新出现的代词系统同现代汉语代词系统之间的差异也同样是不言而喻的，而真正奠定了现代汉语代词系统基本格局的，准确地说，应当是在元代以后，即问世于元末明初的《水浒传》以及刊行于明代中后期的《金瓶梅词话》③（以下除章节标题外一律简称《词话》）所反映的代词系统，尤其是《词话》的代词系统，同现代汉语的代词系统仅有一步之遥，无疑应视作后者的滥觞。

　　《词话》中极为丰富的代词总体上可以分为三大类，即人称代词、指示代词和疑问代词，这三大类代词便构成了《词话》的代词系统，本文限于篇幅，只讨论其中的人称代词系统。

　　《词话》中的人称代词总共有 19 个，按照传统的分类，可以将它们分为以下四类：第一人称代词，有"我""吾""自（是）我""朕""咱""俺""奴（家）""俺每（们）""咱每""我每（们）"10 个；第二人称代词，有"你""汝""你每（们）"3 个；第三人称代词，有"他""伊""他每（们）"3 个；反身代词有"自""自家""自己"3 个。

一、第一人称代词

　　《词话》中的第一人称代词有"我""吾""自（是）我""朕""咱""俺""奴（家）""俺每（们）""咱每""我每（们）"10 个，其数量大大超过现代汉

---

　　① 本文为教育部人文社会科学基金项目"明代早中晚期三部白话小说虚词计量研究"（05JA740024）的成果。

② 冯春田. 近代汉语语法研究［M］. 济南：山东教育出版社，2000：1.

③ 兰陵笑笑生. 金瓶梅词话［M］. 北京：人民文学出版社，1985.

语中的第一人称代词。这些代词在《词话》中的出现频率及分布情况很不一致（详见表 1）。其中，个别人称代词如"吾"，现代汉语中已不用；有些人称代词如"俺""奴""奴家"等，只见于现代汉语的某些方言中；而像"我""咱""我们""咱每"等则依然活跃在现代人的语言生活里。

表 1　《词话》中第一人称代词的使用频率

词项	我	吾	自（是）我	朕	咱	俺	奴（家）	俺每（们）	咱每	我每（们）
次数	6 248	31	7	16	284	383	293	386	73	42
百分比（%）	80.48	0.40	0.09	0.21	3.66	4.93	3.77	4.97	0.94	0.54

（一）我、吾、自（是）我

一般认为，"我"和"吾"在先秦汉语中是有所分工的："主语跟领格吾多我少；宾语基本上用我。"① "当'我'用于宾格时，'吾'往往用于主格；当'吾'用于领格时，'我'往往用于主格。在任何情况下，'吾'都不用于动词后的宾格。"② 这在先秦的文献中基本得到了印证：据学者统计，《韩非子》中"我"作宾语的有 62 例，而"吾"作宾语的则未见一例；"吾"作定语的有 59 例，而"我"作定语的仅有 8 例；同样，"吾"作主语的用例（131 例）也大大多于"我"（58 例）。③ 对先秦另一部重要文献《左传》中"我"和"吾"用法的考察与统计的结果也大体如此。④ 直到东汉以后，书面语中的这种情形才大有改观，主要表现为"我"和"吾"用法上的区别的消失以及"我"对"吾"的全方位置换。个中缘由，据吕叔湘先生推测，"大概在语音上我字是比较强势的一个"。但是，这种置换自汉以降一直存在，那就是在有的作品中"吾"基本上均为"我"所替代，而在其后的作品中"吾"依然存在。王力先生以为，后人的仿古是造成这种拉锯战局面的主要原因。⑤ 当然还有别的因素。这种情形就是到了元末明初依然如此。可见：第一，"我"对"吾"的置换在《水浒传》中依然没有完成；第二，《水浒传》中"我""吾"用法上的区别并非像先秦时期——不是语法上的，而是修辞语用上的——体现了一种新的发展。但是在《词话》中，"吾"似乎并不活跃，仅见于个别章回中（见表 2），且总共只有 31 例；与

　　① 吕叔湘. 近代汉语指代词［M］. 江蓝生，补. 上海：学林出版社，1985：2.
　　② 王力. 汉语史稿［M］. 北京：中华书局，1980：262.
　　③ 冯春田. 魏晋南北朝时期某些语法问题探究［C］//魏晋南北朝汉语研究. 济南：山东教育出版社，1988.
　　④ 何乐士. 《左传》的人称代词［C］//古汉语研究论文集. 北京：北京出版社，1984.
　　⑤ 王力. 汉语史稿［M］. 北京：中华书局，1980：269.

此相反，"我"的分布则覆盖全书，竟多达 6 248 例（见表1），是《词话》第一人称代词中使用频率最高的一个词，两者不可同日而语。下试详述之。

表2 《词话》中"吾"的句法功能分布情况

回数	一	二十九	四十七	四十九	五十四	五十五	五十六	五十七	六十	六十二	七十三	七十六	七十八	七十九	八十四	九十二	一百	总计
主语	2	1	1				2		1		2		1	1		1		12
宾语				1				1										2
定语	2		2	3	1	1					2	1	2		2		1	17
使用者	项羽、刘邦	相面先生、吴神仙	苗员外	西门庆对长老	西门庆对琴童玳安	西门庆	应伯爵	道长老	吴大舅	潘道士、西门庆	明悟禅师	周守御	西门庆对荆统制	吴神仙	吴大舅	徐知府	普静禅师	

《词话》中的"我"在语法功能上无所不能，最常见的是作主语、宾语。如：

（1）我去到那里，看他有甚么话说。（第十四回）

（2）他慌了，使丫头叫我回去，才拿出这银子与我。（第二十一回）

也常作兼语。如：

（3）小油嘴儿，他请我说什么话？（第三十五回）

（4）贲四嫂家大节间要请姐们坐坐，姐教我来禀问爹，去不去？（第四十六回）

作主语、宾语的"我"有时同谦称"学生""在下"等一起使用，构成复指关系。这种情况在现代汉语中也存在，不同的是：现代汉语中只能是谦称在前，"我"在后；而《词话》中则是"我"在前，谦称在后。如：

（5）宋御史再三辞道："这个，我学生怎么敢领？"（第四十九回）

（6）伯爵道："我在下一个字也不识，行个急口令儿罢。"（第六十回）

"我"还常作定语，而且作定语时往往可以直接附加在名词性成分前边，不带"的"：

（7）金莲又说："李大姐，把我裙子又兜住了。"（第二十五回）

（8）由他，只休要撞到我手里……（第二十五回）

"我"有时同"你"对举，还可表示虚指。如：

（9）各人冤有头，债有主，你揭条我，我揭条你，吊死了，你还瞒着汉子不说。（第二十九回）

《词话》中的"我"有时也可说成"自我"或"是我"。如：

（10）春梅道："你每有皮袄的，都打发与他。俺娘也没皮袄，自我不动身。"（第四十六回）

（11）伯爵打恭说道："哥，谢容易。是我后日早来会你，咱一同起身。"（第七十八回）

有时"我"同"自我"还构成异文。如：

（12）月娘道："……行动题起来：'别人不知道，我知道。'……你便就撑着头儿说：'别人不知道，自我晓的。'……"（第七十五回）

只是将"我"说成"自（是）我"这种现象在《词话》中较为罕见，我们在一百回中仅找到7例。

从表2反映的情况来看，整一部《词话》"吾"仅见31例，其所出现的场合不外乎以下三种情形：一种是出自历史人物的口中，如第一回中的4例"吾"；一种是出自相面先生、道士、僧人、官员以及"颇好诗礼"的员外等当时的所谓文化人口中，共有19例；还有一种是出自西门庆口中，共8例。从"我""吾"悬殊的使用频率来看，《词话》中的"我"可以说基本上完成了对"吾"的取代、置换，如果一定要说"吾""我"用法上的差异的话，那么它也是修辞语用上的，而非功能上的。如：

（13）吾观官人，头圆项短，必为享福之人。（第二十九回）

（14）禅师便道："……汝当谛听吾言，随方托化去罢……"（第一百回）

此外,《词话》中的"我""吾"均只有单数的用法,而无复数的用法。

(二)朕

"朕"在《词话》中用例极少,全书仅 16 例。《词话》中的"朕"主要出现在两个场合:一个是出现在皇帝的言谈中或所下的所谓"圣旨"里,是皇帝的自称,用法同"我"。如:

(15)(刘邦)因大惊曰:"朕昔求聘诸公,如何不至,今日乃从吾儿所游?"(第一回)

(16)这神运奉迎大内,奠安艮岳,以承天眷,朕心嘉悦。(第七十回)

另一个是出现在帝王戏的戏曲唱词里,也是皇帝的自称,用法同"我"。如:

(17)朕幼年间广学枪棒,恨则恨未曾到孔子门墙。(第七十一回)

(18)朕将卿如太甲逢伊尹,卿得嫂嫂呵恰便是梁鸿配孟光,则愿你福寿绵长!(第七十一回)

从语法功能来看,"朕"常作主语,如例(15)(17)(18)等,也可作定语,如例(16)。

(三)咱

"咱",学术界通行的解释是"自家"的合音:"咱字不见于宋以前的字书,但是宋词之近于语体者里头已经有这个字,这分明是个俗字。从字形上看,'口'旁往往是俗字的符号,右边从'自',跟自字该有关系;从语音方面说,又恰好是自家的切音。"①"自家"始见于唐代的文献,而"咱"则始见于宋代的文献,金元时期的文献中"咱"作为第一人称代词已用得相当普遍了,但是"即使是在咱字盛行的时期,它也没有完全替代我字;除了《五代史平话》所用为一种特殊方言,那里边咱比我多而外,其余文献里都是我多咱少"②。

据我们统计,《词话》中的"咱"共有 284 例(不包括"咱每"),不可谓不多,当然相对于"我"而言仍算是少的。"咱"在全书中的分布基本均衡。

《词话》中的"咱"有单数、复数两种用法。表单数的"咱"同"我"。如:

① 吕叔湘.近代汉语指代词[M].江蓝生,补.上海:学林出版社,1985:97.

② 吕叔湘.近代汉语指代词[M].江蓝生,补.上海:学林出版社,1985:99.

（19）玳安道："吃的红头红脸，咱家去爹问，却怎的回爹？"（第四十七回）

表复数的"咱"同"咱们"，包括听话方，属于包括式。如：

（20）金莲便向二人说道："他爹今日不在家，咱对大姐姐说，往街上走走去。"（第二十四回）
（21）咱不趁热脚儿，不替他穿上衣裳，还等甚么？（第六十二回）

尤其是当"咱"和"我"对举时，"我"表单数，而"咱"则往往表复数，包括听话方。如：

（22）玉楼道："我这里听大师父说笑话儿哩，等听说了这个笑话儿咱去。"（第二十一回）
（23）金莲道："他刚才袖着，对着大姐姐不好与咱的，悄悄递与我了。"（第五十二回）

需要说明的是，《词话》中的"咱"表复数的用例要大大多于表单数的用例。从语法功能角度考察，《词话》中的"咱"常作主语，如例（19）~（22）中的"咱"便是如此。"咱"作宾语、定语的很少。作宾语的，除了例（23）外，还有如：

（24）平昔街坊邻居，恼咱的极多，常言机儿不快梭儿快，打着羊驹驴战。（第十七回）

作定语的，一般仅限于"家""家里"等中心语之前。如：

（25）女儿、女婿两个业障，搬来咱家住着。（第十七回）
（26）楼梯子趄，我只当咱家里楼上来，滑了脚。（第三十三回）

（四）俺
"俺"是《词话》中又一个常见的第一人称代词，用例多达383例〔不包括"俺每（们）"的用例〕，比"咱"还多99例（见表1）。
"俺"始见于宋代文献，一般认为是"我们"的合音，"既是我们的合音，自然是用于复数"①，但实际情形是"'俺'似不分别单、复数"②，吕叔湘先生（1985）的解释是"现代的'我们'可以用于单数，当时的'俺'也可以"③。

《词话》中的"俺"主要用于单数（见表3）。如：

（27）你秤出来，俺好往后边问李娇儿、孙雪娥要去。（第二十一回）

（28）等我请将俺爹来，随你老人家与俺爹说就是了。（第四十七回）

以上诸例中的"俺"均表单数，用法同"我"。这样的用例在《词话》中俯拾皆是。

表3　《词话》中"俺"的单复数语义使用频率

单复数	作定语	构成复指关系	所占百分比（%）
单数	330	0	86.16
复数	0	53	13.84

当然，《词话》中也有一部分"俺"表复数，用法同"我们"，一般不包括听话方，属于排除式。如：

（29）这个都是人气不愤俺娘儿们，作做出这样事来。（第十二回）

（30）李大姐，你有甚么话儿，二娘也在这里，你和俺两个说。（第六十二回）

像下面这样的"俺"表复数且包括听话方的用例是少而又少的。如：

（31）月娘说道："哥，你天大的造化！生下孩儿，你又发起善念，广结良缘，岂不是俺一家儿的福分？……"（第五十七回）

有时候"俺"和"俺每"在上下文中构成异文，这时"俺"的复数用法就更明显了。如：

（32）如今还不得俺每一个是，说俺转了主子的钱了，架俺一篇是非。（第八十一回）

---

① 吕叔湘．近代汉语指代词［M］．江蓝生，补．上海：学林出版社，1985：79.

② 冯春田．近代汉语语法研究［M］．济南：山东教育出版社，2000：9.

③ 吕叔湘．近代汉语指代词［M］．江蓝生，补．上海：学林出版社，1985：79.

（33）老道出门，问我姊那里借的衣裳，几件子首饰，就说是俺落得主子银子治的！要挤撮俺两口子出门，也不打紧。等俺每出去，料莫天也不着饿老鸦儿吃草。（第八十一回）

例（32）中"俺"即"俺每"；例（33）中"俺"即"俺两口子""俺每"，也即来保夫妇俩。

通过对《词话》中"俺"作复数用例的调查，我们不能支持冯春田所提出的元明以来"在'俺'用于复数时，往往是作定语"[1] 的结论，似乎应改为：在"俺"用于复数时，往往同其后的名词性成分构成同位短语，在语义上有一种复指关系。

就语法功能而言，《词话》中的"俺"常作定语。我们可能会注意到：作定语的"俺"往往表单数，表单数的"俺"大多作定语。所以"俺"作定语的用例在《词话》中俯拾皆是，可以说体现了"俺"的用法的主流面，因为我们前面已经说过，《词话》中的"俺"主要用于单数。这倒是同吕叔湘先生依据金元时期的文献所得出的"俺""跟'我们'相同，也是领格比非领格更多"的结论基本吻合的。[2] 看来，"俺"主要充当领格的状况到明代中叶依然存在。

而且，在《词话》中我们也能看到吕叔湘先生在金元时期的文献里所发现的一句之内往往"非领格用'我'而领格用'俺'"的例子[3]，如例（28）便是。同时我们也会看到：有时候，在上下文中，"我""俺"交替作领格。如：

（34）娘且是说的好，我家里没人，俺姐姐又被人包住了。（第四十四回）

《词话》中的"俺"除了主要作定语之外，也可作主语、宾语或兼语：作主语的如例（27）中的"俺"；作宾语的如例（29）（30）中的"俺"；作兼语的如：

（35）他也甚是都没意思，今日早请了俺两个到他家……（第二十一回）

（五）奴（家）

"奴（家）"是近代汉语中一个特殊的第一人称代词，一般认为始见于唐代。"唐五代时'奴'字男女尊卑均可使用，后来才逐渐缩小为女子专用。"[4] 这"后

---

① 冯春田. 近代汉语语法研究 ［M］. 济南：山东教育出版社，2000：10.

① 冯春田. 近代汉语语法研究 ［M］. 济南：山东教育出版社，2000：10.
② 吕叔湘. 近代汉语指代词 ［M］. 江蓝生，补. 上海：学林出版社，1985：79.
③ 吕叔湘. 近代汉语指代词 ［M］. 江蓝生，补. 上海：学林出版社，1985：79.
④ 吕叔湘. 近代汉语指代词 ［M］. 江蓝生，补. 上海：学林出版社，1985：14.

来"指的是宋代以后。据吴福祥统计，宋代以前的敦煌变文中共有"奴"（包括其变体"奴家""阿奴"等）21 例，其中既有女子自称，也有男子（均为国王皇帝）自称；而宋代以后的《刘知远诸宫调》《张协状元》等中的"奴"均为女子自称，68 例"奴"和 56 例"奴家"无一例外均为女子自称。这种情形直到明代也未改变。与此相反，《词话》中"奴（家）"的用例竟多达 293 例，甚至超过了"咱"的用例，这不能不说是该书代词使用上的一个特色。

《词话》中的"奴"均为女子自称，只用于单数。同"我"一样，在语法功能上"奴"无所不能。最常见的是作主语或宾语。如：

（36）你饶了奴罢！你容奴说，奴便说；不容奴说，你就打死奴，也只臭烟了这块地。（第十二回）

（37）甚么材料儿，奴与他这般顽耍，可不砢碜杀奴罢了。（第十七回）

也常作定语。如：

（38）你到家对大娘说，只当可怜见奴的性命罢。（第十六回）

还常作兼语。如：

（39）娘放了奴去罢。（第四十四回）

"奴"有时也作"奴家"。如：

（40）况且奴家这边没人，不好了一场，险不丧了性命。（第十七回）

（41）这韩爱姐便向前道了万福，告道："奴家是清河县人氏……"（第一百回）

据我们统计，《词话》中作"奴"的共有 269 例，作"奴家"的仅有 24 例。而且"奴"散见于全书各回之中，而"奴家"则主要集中在第一回到第十回中（参见表 4），分布可以说极不均匀。

表4　《词话》"奴家"的分布情况

回数	一	二	三	五	六	七	八	十二	十六	十七	七八	一百	总计
次数	5	1	5	1	2	1	1	1	1	2	2	2	24

从"奴"和"奴家"在上下文中经常对举使用来看，两者在语法功能上应不存在什么差异。如：

（42）奴今日与你百依百随，是必过后休忘了奴家。（第六回）

（43）大官人，贵人稀见面。怎的把奴来丢了，一向不来傍个影儿？家中新娘子陪伴，如胶似漆，那里想起奴家来。（第八回）

（六）俺每（们）

"俺每（们）"是"俺"的复数形式。学术界关于词尾"每（们）"的沿革研究的一般结论是：用词尾"们"表复数始于宋代，当时的写法不一而足，先后大致出现了"懣""满""瞒""门""们"等形式；到了元代，文献里虽然也有写作"们"的，但"只是少数例外，大多数作'每'"；"明初的情形还是如此"，"到明朝中叶以后'们'字才又多起来"，但也有个别文献写作"每"的。① 《词话》就属于这少见的"个别文献"。

《词话》中的"俺每（们）"用例多达 386 例，数量之多甚至超过了"俺"，我们以为这便是《词话》中的"俺"主要用于单数的根本原因。即词尾"每（们）"出现以后，"俺"和"俺每（们）"逐渐有了较为明确的分工：前者主要用于单数，后者主要用于复数，至少在《词话》时代是如此。问题是类似的分工为什么没有出现在"咱"的身上，《词话》中"咱每"的用例仅有 73 例，大大少于"咱"，"咱"绝大多数同于"咱每"，这确乎是个不太容易解释的问题。

《词话》中的"俺每（们）"的基本或常见形式为"俺每"（参见表 5），其"俺每"的用例数量创下了宋、元、明时期文献该用例之最。

表 5 《词话》"俺每（们）"的使用频率

词项	俺每	俺们
次数	362	24
百分比（%）	93.78	6.22

《词话》中的"俺每（们）"主要用于复数，具体来说，又有以下两种情形：

其一，"俺每（们）"包括听话方，属于包括式，用同现代汉语中之"咱们"。如：

---

① 吕叔湘．近代汉语指代词［M］．江蓝生，补．上海：学林出版社，1985：37.

（44）金莲道："可是他说的：有孩子屋里热闹，俺每没孩子的屋里冷清。"（第三十一回）

（45）月娘道："也是千里姻缘着线穿。既是韩伙计这女孩儿好，也是俺每费心一场。"（第三十七回）

例（44）是潘金莲对孟玉楼所发的牢骚，"俺每"自然也包括孟玉楼；例（45）是吴月娘对西门庆说的话，"俺每"自然包括西门庆。

其二，"俺每（们）"不包括听话方，属于排除式，用同现代汉语中之"我们"。如：

（46）李桂姐、吴银儿搭着头出来，笑嘻嘻道："爹，只怕晚了。轿子来了，俺每去罢。"（第三十二回）

（47）（应伯爵、谢希大）见琴童儿收家活，便道："大官儿，到后边取些水来，俺每漱漱口。"（第五十二回）

从用例来看，"俺每（们）"用于排除式的要大大多于包括式（参见表6）。尤其是当"俺每"同"咱每"对举时，前者必定是排除式，而后者必定是包括式，没有例外。如：

（48）玉楼笑道："今日俺每因在李大姐处下棋，赢的李大姐猪头，留与姐姐吃。"月娘道："这般有些不均了。各人赌胜，亏了一个就不是了。咱每这等计较……"（第二十三回）

（49）周守备道："二位老太监，此日又是西门大人公子弥月之辰，俺每同僚都有薄礼庆贺。"薛内相道："这等……"因向刘太监道："刘家，咱每明日都补礼来庆贺。"（第三十一回）

表6 《词话》"俺每（们）"包括式/排除式的使用频率

用法	包括式	排除式
次数	27	359
百分比（%）	6.99	93.01

除了主要用于复数之外，"俺每（们）"有时也用于单数，如同"我"。如：

（50）那雪娥鼻子里冷笑道："俺每是没时运的人儿，漫地里栽桑人不上，他

行骑着快马，也不上赶他。"（第二十三回）

(51) 你天生的就是有时运的爹娘房里人，俺每是上灶的老婆来。（第二十四回）

（七）咱每

《词话》中的"咱每"总共有73例，在数量上较之于"俺每"要少得多，简直不可同日而语。

正如"俺每"是"俺"的复数形式一样，"咱每"也是"咱"的复数形式。可是，作为复数形式的"俺每"有时可用于单数，那么"咱每"呢？是否也同样兼容呢？答案是否定的。因为事实上，《词话》中的"咱每"无论在写法上还是用法上均表现出了高度的一维性，即写法一般均采用"咱每"的形式，而用法上均表复数，无一例外。这后者恐怕同"咱"在《词话》中主要用于复数有关。试想，连照理说是单数形式的"咱"都大量表复数，更何况原本就属于复数形式的"咱每"，自然也不可能用于单数了。

《词话》中的"咱每"不但均表复数，而且绝大多数都包含听话方，属于包括式。这一点也同"咱"类似。如：

(52) 玉楼道："咱每今日赌甚么好？"（第二十三回）

(53) 西门庆道："你两个打双陆。后边做着个水面，等我叫小厮拿面来咱每吃。"（第五十二回）

当然，有时"咱每"也不包括听话方，属于排除式，不过比较少见。如：

(54) 今日咱每在云二哥家吃了酒来。（第七十八回）

冯春田指出："明清时期'咱'或者'咱们'的用法还值得进一步调查，因为这一时期它们的方言差别较以往可能更为明晰。比如，在《老乞大》《朴通事》和《醒世姻缘传》里，'咱'等均为复数包括式，但《老乞大》往往用'咱们'，《朴通事》则是用'咱'、也用'咱们'，《醒世姻缘传》则往往只用'咱'：它们之间尽管有用'咱'或者'咱们'的不同倾向，但在复数包括式这一基本点上却又是一致的。而在时间略早于《醒世姻缘传》的《型世言》中，单用'咱'往往是排除式，'咱们'才是包括式。"[①]《词话》中的"咱"等的用法较之上述文

---

① 冯春田. 近代汉语语法研究［M］. 济南：山东教育出版社，2000：22.

献要稍显复杂一些：一方面，《词话》中的"咱"并不"均为复数包括式"，其中也有一些表单数，用同"我"；另一方面，"咱"的复数形式为"咱每"，而非"咱们"，"咱每"虽均表复数，但也并非均为包括式，有时也为排除式。

（八）我每（们）

"我每（们）"是"我"的复数形式。相对于"咱每""俺每（们）"等其他复数形式而言，"我每（们）"在《词话》中的用例是最少的，共有42例，大多作"我每"，也有少数作"我们"的。

同"俺每（们）"相似，"我每（们）"主要用于复数，也有两种情形：一种为排除式。如：

（55）两个公人道："也罢，我每押你到他门首。"（第二十六回）

另一种为包括式。如：

（56）白来创道："这却妙了。小弟极怕的，是面没相识的人同吃酒。今日我们弟兄辈小叙，倒也好吃酒顽耍。……"（第五十四回）

值得注意的是，同"俺每（们）"一样，"我每（们）"作为排除式的用例也大大多于包括式。至此，我们可以得出如下结论：在三种复数形式中，"俺每（们）"和"我每（们）"一般用于排除式，"咱每"一般用于包括式。

"我每（们）"也用于单数，同"我"。如：

（57）金匮道："不是我私来，里边奶奶差出我们来。"（第一百回）

二、第二人称代词

《词话》中的第二人称代词有"你""汝""你每（们）"3个，它们在《词话》中的出现频率高低悬殊。其中，"你"出现频率最高，"你每（们）"就少见了许多，"汝"则可以用"罕见"一词来表述（见表7）："汝"同"你"的差异并不是语法上的，而是修辞语用上的。

表 7　《词话》第二人称代词的使用频率

词项	你	汝	你每（们）
次数	6 613	17	185
百分比（%）	97. 04	0. 25	2. 71

至于金诸宫调和元曲中常见的第二人称代词"您"、《水浒传》中出现的少许第二人称代词"恁"及其复数形式"恁每（们）"，在《词话》中则没有踪影。

（一）你

一般认为，近代汉语中的"你"是由上古汉语中的第二人称代词"爾"发展演变而来的。王力先生指出："你，《广韵》：'乃里切，秦人呼傍人之称。'似乎是唐代新产生的一个词。其实'你'也是一个'强式'，是'尔'字古音保存在口语里……《通雅》说："爾""汝""而""若"乃一声之转，"爾"又为"尔"，"尔"又作"伱"，俗书作"你"。'这个语源的解释是正确的。"[①] 吕叔湘先生（1985）也指出："第二身代词你就是古代的爾。汉晋以来，草书里久已把'爾'写作'尔'。……我们可以相信，南北朝人写这个字已经跟现代的情形相似，除必须工整的场所作'爾'外，通常就写'尔'。至于什么时候又在左边加上'亻'旁，那一定是在'爾'的语音跟读音已经分歧之后，借这个来分别一下。在《北齐书》里（百衲本二十四史，他本同），'爾''尔''你'三种写法都有……大概'你'的写法也是南北朝的后期就已经出现，隋唐之际已经相当通行，到了修史的文人或誊写的钞胥敢于录用的程度。"[②]

《词话》中的"你"在语法功能上无所不能，最常见的是作主语、宾语。如：

（1）秋菊道："娘，你穿着鞋，怎的屋里没有？"（第二十八回）
（2）月娘向王姑子道："我正月里好不等着你，就不来了！"（第五十回）

《词话》中的"你"也常作定语，可带"的"也可不带"的"。如：

（3）西门庆道："我的心肝，你话是了。……"（第二十六回）
（4）怪道前日他见了我笑，原来有你的话在里头。（第八十二回）

①　王力. 汉语史稿［M］. 北京：中华书局，1980：272.
②　吕叔湘. 近代汉语指代词［M］. 江蓝生，补. 上海：学林出版社，1985：3 - 4.

《词话》中的"你"主要用于单数，如例（1）～例（4）中的"你"均表单数。但有时也可用于复数，同"你们"。主要有以下四种情形：

第一种情形是"你"后面紧跟表复数的名词性成分"～两个""～每"等构成同位短语，在语义上形成一种复指关系："你"即指"～两个""～每"等。如：

（5）你两个拿钥匙，那边屋里寻他装防的衣服出来……（第六十二回）

（6）西门庆尝了尝，说道："自好你娘每吃。"（第二十三回）

第二种情形是"你"同"你每"形成异文。如：

（7）你每不依我，只顾说去；等住回乱将起来，我不管你。（第十二回）

（8）大姐道："原来你每都在这里，却教俺花园内寻你。"（第五十八回）

第三种情形是"你"虽然未同那些表复数的名词性成分直接构成同位短语，但实际在语义上却存在一种明显的复指关系：被复指的名词性成分在句子前部，"你"则在后部。如：

（9）西门庆拦住道："怪小油嘴，趁早休动手，我每人赏你一朵罢。"（第二十七回）

第四种情形是仅在"你"所处的句子中，无法确认其是单数还是复数，但结合前后语句则会看得很清楚。如：

（10）董娇儿道："他留俺每在房里吃茶来。他每问来：还不曾与你老人家磕头，不知娘是几娘？他便说：我是你四娘哩。"（第五十八回）

上述四种情形中，前两种较为常见，后两种比较少见。有时几种情形会一同出现。如：

（11）你两个，……也是你从小儿在我手里答应一场，我今死去，也顾不得你每了。（第六十二回）

此外，有时候"你"也可说成"自你"。如：

（12）自你两个梯己话儿，就不教我知道了。（第四十五回）

《词话》中的"你"有时并不指听话方，而是指听话方以外的其他人，类似于"他"。如：

（13）使丫头往你家瞧去，说你来了，好不教妈说我，早时就与他姊妹两个来了。你就拜认与爹娘做干女儿，对我说了便怎的，莫不挽了你什么分儿？瞒着人干事。嗔道他头里坐在大娘炕上，就卖弄显出他是娘的干女儿……（第三十二回）

（二）汝

"汝"在《词话》中仅见17例，其具体的分布及使用情况见表8：

表8　《词话》"汝"的分布情况

回数	第一回	第四十七回	第四十八回	第五十六回	第五十九回	第六十二回	第一百回
次数	3	3	1	1	5	3	1
使用者	项羽	苗青、陈三、翁八	县丞	水秀才	薛姑子引观世音菩萨	潘道士	普静禅师

从表8反映的情况来看，"汝"的使用场合同前面我们讨论过的"吾"的使用场合类似，也不外乎三种场合：一种是出自历史人物的口中，如第一回中的3例"汝"；一种是出自官员、秀才、道士、僧人等当时的所谓文化人口中，共有11例；还有一种是出自家仆及江湖盗贼口中，是用在密谋杀人劫财的当口，属于非正常状态下的交际，共3例。显然，"汝"在《词话》中的使用主要是出于修辞语用上的考虑，而非功能上的因素。

从语法功能角度来看，《词话》中的"汝"可作主语、宾语，也可作定语。如：

（14）陈三、翁八笑道："汝若不言，我等不瞒你说，亦有此意久矣。"（第四十七回）
（15）县丞道："分明是汝众僧谋杀此人，埋于此处。……"（第四十八回）

（16）（夜叉）报言："……我已蒙观世音菩萨受度了，从今永不与汝为冤。"（第五十九回）

（17）（潘道士）嘱付西门庆："今晚官人切忌不可往病人房里去，恐祸及汝身，慎之，慎之！"（第六十二回）

其中例（14）中的"汝"作主语，例（15）中的"汝"作兼语，例（16）中的"汝"作宾语，例（17）中的"汝"作定语。

此外，从例（14）～（17）中可以看到："汝"可以表单数，用同"你"，如例（14）（16）（17）中的"汝"；"汝"也可以表复数，用同"你们"，如例（15）中的"汝"。当然，"汝"表复数时，也作"汝等"。如：

（18）西门庆道："据这小厮所言，就是实话，汝等如何展转得过！"（第四十七回）

例中"汝等"指的是陈三、翁八。不过"汝等"的用例在《词话》中极为罕见，我们仅发现1例。

（三）你每（们）

"你每（们）"是"你"的复数形式。《词话》中"你每（们）"的用例共有185例，常见的形式是"你每"，共有148例，占80%；间或也作"你们"，共有37例，占20%。

《词话》中的"你每（们）"均用于复数，无一例外。从语法功能角度来看，"你每（们）"主要作主语、宾语，几乎很少作定语。如：

（19）西门庆道："你们不济，等我奉劝二娘。二娘好小量儿！"（第十四回）

（20）春梅道："教人还往那里寻你们去，谁知蓦地这里来。"（第二十七回）

（21）你每明日还来答应一日，我请县中四宅老爹吃酒，俱要齐备些才好，临了等我一总赏你每罢。（第三十二回）

其中例（19）中的"你们"作主语，例（20）中的"你们"作宾语，例（21）中的"你每"分别作主语和宾语。

三、第三人称代词

《词话》中的第三人称代词有"他""伊""他每（们）"3个。其中"他"的用例最多，是《词话》所有代词中使用频率最高的；"他每（们）"的用例次之，"伊"的用例最少（参见表9）。

表9　《词话》第三人称代词的使用频率

词项	他	伊	他每（们）
次数	7 267	9	59
百分比（％）	99.07	0.12	0.80

（一）他

近代汉语中的第三人称代词"他"是由古代汉语中的无定代词"他"发展、转化而来的。王力先生指出：古代汉语中的"他"字"等于'其他'的'他'，它在上古的意义是'别的'。'他'在上古可以指事物，亦可写作'它'，例如《诗经·鄘风》：'之死矢靡它'，《小雅·鹤鸣》：'它山之石，可以攻玉'（后人引作'他山'），《孟子·梁惠王下》：'王顾左右而言他'；又可以指人，例如《诗经·郑风》：'子不我思，岂无他人'，《小雅·巧言》：'他人有心，予忖度之'。人称代词的'他'正是从'他人'的'他'来的"①。而这种转化，一般认为在唐代已完成了，所以王力先生断言：作为第三人称代词的"'他'字起源于唐代"②，吕叔湘先生也指出："到了唐代，这种真正的第三身代词'他'字就很常见了。"③

《词话》中的"他"主要用于单数。如：

（1）小玉道："我不晓的，敢是玉箫他听见来。"（第五十八回）

（2）他到明日，还要请我家中知谢我去。（第六十九回）

当然，也有一部分"他"用于复数，主要有三种情形：一种情形是"他"后紧跟表复数的名词性成分，如"～每""～两个""～二人""～众人"等，从而

---

① 王力. 汉语史稿［M］. 北京：中华书局，1980：271.

② 王力. 汉语史稿［M］. 北京：中华书局，1980：270.

③ 吕叔湘. 近代汉语指代词［M］. 江蓝生，补. 上海：学林出版社，1985：9.

构成同位短语，在语义上存在一种复指关系，"他"即表"～每""～两个""～二人""～众人"等。如：

（3）他娘每又不肯坐，只说家里没人，教奴倒没意思的。（第十六回）

（4）见今他众人在前边催逼甚急……（第六十九回）

另一种情形是"他"虽然未同那些表复数的名词性成分直接构成同位短语，但在语义上却存在一种明显的复指关系；被复指的名词性成分在句子前部，"他"则在后边。如：

（5）下边原解的，你都与他说了不曾说？（第四十七回）

（6）一手拉着一个，都拉到席上，教他递酒。（第三十二回）

还有一种情形是仅在"他"所处的句子中，无法确认其是单数还是复数，但结合前后语句则会看得很清楚。如：

（7）有甚难处勾当，等我出去安抚他，再安排些酒肉点心茶水，哄他吃着。（第六十九回）

从语法功能角度来看，《词话》中的"他"可以充当各种成分。最常见的是作主语、宾语或兼语，如上述所引诸例。也常作定语，且多不带"的"。如：

（8）他妈妈在屋里忙着手哩。（第三十二回）

（9）我摸他身上还温温儿的，也才去了不多回儿。（第六十二回）

"他"有时也作"他家"。如：

（10）玉楼道："只许他家拿黄杆等子秤人的，人问他要，只相打骨秃出来一般。不知教人骂多少！"（第二十一回）

（11）（潘金莲）心下暗道："这段姻缘，还落在他家手里。"（第八十七回）

《词话》中的"他家"一般指"他的家里""他们家"，可例（10）中的"他家"同后面的"他"形成异文，均指西门家管钱的李娇儿。当然这样的例子在《词话》中极为罕见。

《词话》中的"他"除了表第三人称之外，还可指代人以外的别的事物。如：

（12）那人道："我图他润肺。"（第三十五回）

（13）金莲看了说道："二十三是壬子日，交芒种五月节。"便道："姐姐，你问他怎的？"（第五十二回）

其中例（12）中的"他"指的是榧子，例（13）中的"他"复指前面的"壬子日"。

《词话》中的"他"有时还可表虚指，不过并不多见。如：

（14）若是我，外边叫个小厮，辣辣的打上他二三十板……（第二十八回）

（15）桂姐道："还是爹这节间酒吃的多了，清洁他两日儿就好了。"（第七十九回）

（二）伊

作为第三人称代词，"伊"显然要比"他"早。王力先生推测："'伊'字大约起源于第四世纪到第五世纪。""'伊''渠'在六朝、唐代的时候很重要。到了宋代，由于'他'在口语里的更普遍的应用，'伊''渠'已经很少见了。"① "渠"在《词话》中已见不到了，"伊"还能见到，但已极少，我们只见到9例。如：

（16）（陈三、翁八）只是供称："跟伊家人苗青同谋。"（第四十七回）

（17）朝廷明降，兵部覆题引奏："已故统制周秀……伊子照例优养，出幼袭替祖职。"（第一百回）

例（16）（17）中的"伊"均用于单数，且均作定语。

（三）他每（们）

"他每（们）"是"他"的复数形式。《词话》中"他每（们）"的用例仅有59例，略多于"我每（们）"，但大大少于"俺每（们）"。其常见的形式是"他每"，共有46例，占78%；间或也作"你们"，共有13例，约22%。

《词话》中的"他每（们）"均用于复数，无一例外。从语法功能角度来看，"他每（们）"主要作主语、宾语。如：

---

① 王力.汉语史稿［M］.北京：中华书局，1980：270.

（18）他每都在第四层大空房拨灰筛土，叫出来就是了。（第三十三回）

（19）（潘金莲）教秋菊："你往后边问他每借来使使罢！"（第七十二回）

其中例（18）中的"他每"作主语，例（19）中的"他每"作宾语。"他每（们）"也常作兼语。如：

（20）东家，也不消教他每唱了，翻来吊过去，左右只是这两套狗挝门的，谁待听！（第三十二回）

（21）我待的打发了他每起身，我才来哩。（第五十回）

《词话》中的"他每（们）"几乎很少作定语。

四、反身代词

反身代词也叫己称代词、复指代词。上古汉语中的反身代词有 2 个："自"和"相"。① 魏晋时期"自"仍然很活跃。晚唐五代时期产生了"自家""自己"等新的反身代词，这些新的反身代词在宋元时期大行其道，尤以"自家"更为常见。而"自己"的大量使用一般认为是在明代："'自己'在明代较多，入清以后更为普遍。"② 《词话》中的反身代词有"自""自家""自己"3 个，其使用情况似乎同大的趋势有些悖逆：最常见的是"自"，其次是"自家"，而"自己"则使用频率最低（参见表 10）。

表 10 《词话》反身代词的使用频率

词项	自	自家	自己
次数	103	67	32
百分比（%）	50.99	33.17	15.84

（一）自

"自"在《词话》中的用例多达 103 例，占《词话》反身代词总量的 50.99%，是《词话》中最为常用的反身代词。"自"在《词话》中有以下三种用法：

---

① 王力. 汉语史稿 [M]. 北京：中华书局，1980：81.

② 冯春田. 近代汉语语法研究 [M]. 济南：山东教育出版社，2000：59.

第一，紧跟在人称代词或指人的名词后面，作状语，修饰其后的动词性成分。"自"在语义上同其前的人称代词或名词构成复指关系。如：

（1）这蒋竹山自知存身不住，哭哭啼啼，忍着两腿疼，自去另寻房儿。（第十九回）

（2）月娘自忖道："不吃他，不得见效；待吃他，又只管生疑。……"（第五十三回）

第二，单用，作主语，在语义上同前面分句中的某个人称代词或名词构成复指关系。如：

（3）你快梳了头，自过去和李瓶儿说去……（第二十一回）

（4）金莲骂道："说嘴的短命！"自把各人面前酒斟上。（第三十三回）

第三，单用，作状语，在语义上泛指句中未出现的某个主体。如：

（5）自古清者清，浑者浑，久而自见。（第九十二回）

不过，《词话》中"自"的这种用法比较罕见。

（二）自家

"自家"在《词话》中的用例共有 67 例，占《词话》反身代词总量的 33.17%，是《词话》中相对来说不太常见的一个反身代词。"自家"在《词话》中有以下三种用法：

第一，紧跟在人称代词或指人的名词后面，同人称代词或指人的名词构成同位短语，一起作主语或宾语。"自家"在语义上同其前的人称代词或名词构成复指关系。如：

（6）（西门庆）骂道："……你骂他奴才，你如何不溺胞尿，把你自家照照？"（第十一回）

（7）伯爵道："贼小油嘴还哄我住！等我自家后边去叫。"（第三十二回）

第二，单用，作主语或定语，"自家"虽然未同其前的某个人称代词或名词直接构成同位短语，但在语义上存在一种明显的复指关系：被复指的那个成分在句子前部，"自家"则在后边。如：

(8) 咱须办自家去走一遭。（第五十七回）

(9) 西门庆便唤玳安铺子里取天平，请了陈姐夫，先把他讨的徐家二十五包弹准了，后把自家二百五十两弹明了，付与黄四、李三。（五十三回）

第三，单用，作主语，无复指功能。如：

(10) 又没人劝，自家暗里又和汉子好了。（第二十一回）

(11) 自家打滚撞头，鬓髻踩扁了，皇帝上位的叫。（第七十五回）

（三）自己

"自己"在《词话》中的用例共有 32 例，占《词话》反身代词总量的 15.84%，是《词话》中用例最少的一个反身代词。"自己"的用法基本同"自家"，在《词话》中主要有以下三种用法：

第一，紧跟在人称代词或指人的名词后面，同人称代词或指人的名词构成同位短语，一起作主语或宾语。"自己"在语义上同其前的人称代词或名词构成复指关系。如：

(12) 不是我自己夸奖：大官人正喜我这一件儿。（第三十三回）

(13) 他自己也攒勾十来两银子……（第六十四回）

第二，单用，作主语或定语。"自己"虽然未同其前的某个人称代词或名词直接构成同位短语，但在语义上存在一种明显的复指关系：被复指的那个成分在句子前部，"自己"则在后边。如：

(14) 西门庆走到面前坐地，就把那道长老慕缘，与那自己开疏的事，备细对月娘说了一番……（第五十七回）

(15) 他灯台不明，自己还张着嘴儿说人浪。（第七十五回）

第三，单用，作主语。如：

（16）那婆子不知好歹，又僝僽他。打发武松出门，自己寻思……（第八十七回）

（17）自己走进去，收拾了二百三十两银子……（第五十三回）

五、结论

就总体而言，《词话》中的人称代词系统虽然已经很接近现代汉语的人称代词系统了，但个中的差异也是很明显的。

从"我""吾"悬殊的使用频率来看，《词话》中的"我"可以说基本上完成了对"吾"的取代、置换。而且"我"只有单数的用法，而无复数的用法。

《词话》中的"咱"在全书中的分布基本均衡，而不像《水浒传》，主要集中在第八十三回以后。"咱"有单数、复数两种用法。表单数的"咱"同"我"，表复数的"咱"同"咱们"，包括听话方，属于包括式。尤其是当"咱"和"我"对举时，"我"表单数，而"咱"则往往表复数，包括听话方。"咱"表复数的用例要大大多于表单数的用例。

"俺"是《词话》中又一个常见的第一人称代词，主要用于单数，也有一部分"俺"表复数，用同"我们"，一般不包括听话方，属于排除式。在"俺"用于复数时，往往同其后的名词性成分构成同位短语，在语义上有一种复指关系。就语法功能而言，《词话》中的"俺"常作定语，"俺"主要充当领格的状况到明代中叶依然存在。

《词话》中"奴（家）"的用例超过了"咱"的用例，这不能不说是该书代词使用上的一个特色。《词话》中的"奴"均为女子自称，只用于单数。从"奴"和"奴家"在上下文中经常对举使用来看，两者在语法功能上应不存在什么差异。

《词话》中的"俺每（们）"用例之多甚至超过了"俺"，我们以为这便是《词话》中的"俺"主要用于单数的根本原因。即词尾"每（们）"出现以后，"俺"和"俺每（们）"逐渐有了较为明确的分工：前者主要用于单数，后者主要用于复数，至少在《词话》时代是如此。《词话》中的"俺每（们）"主要用于复数，具体来说，又有以下两种情形：第一，"俺每（们）"包括听话方，属于包括式，用同现代汉语中之"咱们"；第二，"俺每（们）"不包括听话方，属于排除式，用同现代汉语中之"我们"。从用例来看，"俺每（们）"用于排除式的要大大多于包括式。尤其是当"俺每"同"咱每"对举时，前者必定是排除式，而后者必定是包括式，没有例外。

《词话》中的"咱每"在数量上较之于"俺每"要少得多。《词话》中的"咱每"无论在写法上还是用法上均表现出了高度的一维性，即写法一般均采用"咱每"的形式，而用法上均表复数，无一例外。而且绝大多数都包含听话方，属于包括式。这一点也同"咱"类似。"我每（们）"是"我"的复数形式。相对于"咱每""俺每（们）"等其他复数形式而言，"我每（们）"在《词话》中的用例是最少的，大多作"我每"，也有少数作"我们"的。

"我每（们）"主要用于复数，也有两种情形：一种为排除式，另一种为包括式。值得注意的是，同"俺每（们）"一样，"我每（们）"作为排除式的用例也大大多于包括式。

至此，我们可以得出如下结论：在三种复数形式中，"俺每（们）"和"我每（们）"一般用于排除式，"咱每"一般用于包括式。

《词话》中第二人称代词"你""汝""你每（们）"等的出现频率高低悬殊。其中，"你"出现频率最高，"你每（们）"就少见了许多，"汝"则极为罕见。"汝"同"你"的差异并不是功能上的，而是修辞语用上的。

《词话》中的"你"主要用于单数，但有时也可用于复数，同"你们"。"你"的用法已与现代汉语中的无异。有时候"你"也说成"自你"。

"汝"在《词话》中仅见17例，"汝"的使用场合同"吾"的使用场合类似，也不外乎三种场合：一种是出自历史人物的口中；一种是出自官员、秀才、道士、僧人等当时的所谓文化人口中；还有一种是出自家仆及江湖盗贼口中，是用在密谋杀人劫财的当口，属于非正常状态下的交际。显然，"汝"在《词话》中的使用主要是出于修辞语用上的考虑，而非功能上的因素。"汝"可以表单数，用同"你"，也可以表复数，用同"你们"，"汝"表复数时，也作"汝等"。

"你每（们）"是"你"的复数形式。《词话》中"你每（们）"的常见形式是"你每"，占80%。《词话》中的"你每（们）"均用于复数，无一例外。

《词话》的第三人称代词中，"他"的用例最多，是《词话》所有代词中使用频率最高的一个词；"他每（们）"的用例次之；"伊"的用例最少。《词话》中的"他"主要用于单数。当然，也有一部分"他"用于复数，"他"有时也作"他家"，当然这样的例子在《词话》中极为罕见。"他"除了表第三人称之外，还可指代人以外的别的事物。"他"还可表虚指。

"他每（们）"是"他"的复数形式。《词话》中"他每（们）"的用例略多于"我每（们）"，但大大少于"俺每（们）"。其常见的形式是"他每"。《词话》中的"他每（们）"均用于复数，无一例外。《词话》中的"他每（们）"几乎很少作定语。

《词话》的反身代词中，最常见的是"自"，其次是"自家"，而"自己"则使用频率最低。

"自"在《词话》中有以下三种用法：第一，紧跟在人称代词或指人的名词后面，作状语，修饰其后的动词性成分；第二，单用，作主语，在语义上同前面分句中的某个人称代词或名词构成复指关系；第三，单用，作状语，在语义上泛指句中未出现的某个主体。

"自家"是《词话》中相对来说不太常见的一个反身代词，有以下三种用法：第一，紧跟在人称代词或指人的名词后面，同人称代词或指人的名词构成同位短语，一起作主语或宾语，"自家"在语义上同其前的人称代词或名词构成复指关系；第二，单用，作主语或定语，"自家"虽然未同其前的某个人称代词或名词直接构成同位短语，但在语义上存在一种明显的复指关系；第三，单用，作主语，无复指功能。

"自己"是《词话》中用例最少的一个反身代词。"自己"的用法基本同"自家"。

参考文献：

[1] 冯春田．近代汉语语法研究［M］．济南：山东教育出版社，2000．

[2] 吕叔湘．近代汉语指代词［M］．江蓝生，补．上海：学林出版社，1985．

[3] 王力．汉语史稿［M］．北京：中华书局，1980．

[4] 冯春田．魏晋南北朝时期某些语法问题探究［C］//魏晋南北朝汉语研究．济南：山东教育出版社，1988．

[5] 何乐士．《左传》的人称代词［C］//古汉语研究论文集．北京：北京出版社，1984．

［原载于《苏州科技学院学报》（社会科学版）2009 年第 3 期］

北京话第一人称代词的历时嬗变 （1750—1950）①

人称代词是代词家族中最庞大的一个门类，其中尤以第一人称代词最为显目，无论是家族成员的数量还是整体的使用频率都是其他人称代词所无法企及的。纵观第一人称代词的历时沿革，大致经历了三个时期：第一个时期是唐以前，第一人称代词家族成员并不多，常见的有"我""吾""予""余"等；② 第二个时期是唐至清末，第一人称代词家族成员猛增，有十多个，主要是增加了带"们""等"的复数形式；第三个时期是20世纪以来，第一人称代词家族成员大萎缩，常用的仅存"我""咱""我们""咱们"4个。这三个时期汉语第一人称代词系大致呈现出"少—多—少"的格局特点。

毫无疑问，明清时期是汉语第一人称代词发展的巅峰期，大量的新形式以"各领风骚一百年"的姿态涌现。试以明代早中晚期三部白话小说中的第一人称代词为例：元末明初的《水浒传》第一人称代词阵容为"我""我们""我等""俺""俺家""俺等""洒家""洒家等""洒家们""咱""咱家""咱们""吾""朕""某""某等"等；③ 明代中晚期的《金瓶梅词话》第一人称代词阵容为"我""自我""我每""咱""咱每""俺""俺每""奴""奴家""吾""朕"等；④ 明末的《型世言》第一人称代词阵容为"我""我侬""我们""咱""咱们（每）""俺""俺们""奴""阿奴""阿答""本渠""吾""朕"等。⑤ 个中的绝大部分在现代汉语中已销声匿迹，只存留在部分方言中。

我们关注的问题是：自明末清初以来，北京话第一人称代词究竟经历了一种怎样的发展演变。基于创作于18世纪中叶的《红楼梦》（前八十回，简称

---

① 本文为国家社会科学基一般项目"北京话虚词史（1750—1950）"（08BYY049）的阶段性成果。

② 《论语》中第一人称代词只有3个："予"有21个用例，全部表单数；"我"有46个用例，全部表单数；"吾"有113个用例，有表单数的，也有表复数的。参见杨伯峻. 论语译注［M］. 北京：中华书局，1980：220，241，243. 《孟子》中第一人称代词也只有4个："余"只有1个用例，表单数；"予"有45个用例，全部表单数；"我"有156个用例，全部表单数；"吾"有122个用例，有表单数的，也有表复数的。参见杨伯峻. 孟子译注［M］. 北京：中华书局，1960：379，355，380，382. 可见当时"予""我""吾"较为常用。太田辰夫认为《孟子》中出现的第一人称代词只有"予""吾""我"3个，似不正确。参见太田辰夫. 中国语历史文法［M］. 蒋绍愚，徐昌华，译. 北京：北京大学出版社，1987：97.

③ 曹炜，等. 《水浒传》虚词计量研究［M］. 广州：暨南大学出版社，2009：200.

④ 曹炜. 《金瓶梅词话》虚词计量研究［M］. 广州：暨南大学出版社，2011：18.

⑤ 曹炜，等. 《型世言》虚词计量研究［M］. 广州：暨南大学出版社，2011：186.

《红》）、19 世纪中叶出现的《儿女英雄传》（简称《儿》），以及 20 世纪中叶出现的《正红旗下》（简称《正》）是学界公认的典型的北京话代表作品，前两者甚至被誉为绝好的京语教科书，我们试以此三部文献中第一人称代词的分布状况及使用特点作为依据，来初步厘清自 18 世纪中叶到 20 世纪中叶北京话第一人称代词的发展演变轨迹。①

如果我们把第一人称代词看作一个小系统的话，那么，自 1750 年前后到 1950 年前后的这 200 年中，北京话第一人称代词系统显然呈现了深刻的变化，这种变化在《红》《儿》《正》这三部文献中也得到了充分的反映：《红》的第一人称代词系统有"我""我们""我等""咱""咱们""人家""俺""俺们""吾""奴""奴家""侬""朕""余""予"15 个成员，《儿》的第一人称代词系统有"我""我们""我等""咱""咱们""人家""俺""俺们""吾""吾们""侬""我侬""朕""余""予""身""某""敝""仆"19 个成员，而《正》的第一人称代词系统中却只有"我""我们""咱们"3 个成员。我们可以发现：除了"吾""朕""余""予""身""敝""仆"等是对古代汉语中第一人称代词的沿用之外，其他则反映了近代汉语新产生的第一人称代词的此消彼长；其中《儿》较《红》多了"我侬""某""吾们"3 个近代汉语新产生的代词，也少了两个近代汉语新出现的代词"奴""奴家"；《正》较《儿》则少了"我等""咱""人家""俺""俺们""吾们""侬""我侬""某"9 个近代汉语新产生的代词，同时古代汉语中的"吾""朕""余""予""身""敝""仆"7 个代词也不见了。它们具体的分布情况详见表 1②：

表 1　1750—1950 年前后北京话第一人称代词的分布情况

词目	作品	用例	占所在系统百分比（%）
我	《红》	5 595	81.05
	《儿》	4 890	85.15
	《正》	499	80.61
我们	《红》	832	12.05
	《儿》	464	8.08
	《正》	82	13.25

　　① 　我们所使用的三种本子分别为：《红楼梦》（北京：人民文学出版社，2008）、《儿女英雄传》（北京：人民文学出版社，1983）、《正红旗下》（北京：人民文学出版社，1980）。

　　② 　本文写作所依据的部分数据由本人指导的研究生蒋晨或提供，特作说明，并表谢忱。

（续上表）

词目	作品	用例	占所在系统百分比（％）
我等	《红》	1	0.01
	《儿》	1	0.02
	《正》	0	0
咱	《红》	9	0.13
	《儿》	41	0.71
	《正》	0	0
咱们	《红》	392	5.68
	《儿》	260	4.53
	《正》	38	6.14
人家	《红》	10	0.14
	《儿》	1	0.02
	《正》	0	0
俺	《红》	5	0.07
	《儿》	7	0.12
	《正》	0	0
俺们	《红》	2	0.03
	《儿》	2	0.03
	《正》	0	0
吾	《红》	19	0.28
	《儿》	46	0.80
	《正》	0	0
吾们	《红》	0	0
	《儿》	1	0.02
	《正》	0	0
奴	《红》	20	0.29
	《儿》	0	0
	《正》	0	0
奴家	《红》	5	0.07
	《儿》	0	0
	《正》	0	0

（续上表）

词目	作品	用例	占所在系统百分比（％）
侬	《红》	8	0.12
	《儿》	1	0.02
	《正》	0	0
我侬	《红》	0	0
	《儿》	1	0.02
	《正》	0	0
朕	《红》	1	0.01
	《儿》	1	0.02
	《正》	0	0
余	《红》	3	0.04
	《儿》	2	0.03
	《正》	0	0
予	《红》	1	0.01
	《儿》	14	0.24
	《正》	0	0
身	《红》	0	0
	《儿》	1	0.02
	《正》	0	0
某	《红》	0	0
	《儿》	3	0.05
	《正》	0	0
敝	《红》	0	0
	《儿》	4	0.07
	《正》	0	0
仆	《红》	0	0
	《儿》	3	0.05
	《正》	0	0

　　较之考察系统的演变更为细腻深刻因而也更需要关注的是第一人称代词系统中的一些重要个体在句法、语义、语用层面的发展演变，这也正是本文所要着力的。

一、北京话第一人称代词"我""我们""我等"的历时嬗变

现代汉语中的第一人称代词"我"既可表单数也可表复数。香坂顺一曾经指出：汉语的人称代词本来就没有单复数的区别，强调表示复数的话，不是靠单词内部的变化——用屈折的或综合的方法，而是采取附加其他词语的分解式，如添加"侪""曹""辈""属"等。[①] 吕叔湘《现代汉语八百词》中虽然未明确指出"我"表"复数"的用法，但在关于"我"的 4 种用法的表述中有两种就是在说"我"的复数用法。按照吕先生的意思，现代汉语中"我"表示复数有两种方式：一种是在"我"后加表示集合概念的单音节名词，如"校""厂"等；另一种是在敌我对举的语境中，表"我方"之义，如"敌疲我打"。[②] 相较于现代汉语中的情形，两百年前《红》中"我"的用法则要显得复杂一些。

《红》中第一人称代词"我"共有 5 595 个用例，是《红》中用例最多的第一人称代词，其中 5 569 例为单数用法，表示复数的仅有 26 例。这 26 例表示复数的"我"大致可以分为以下 3 种情形：

第一，我+大于一的数词+量词或名词。如：

（1）香怜有些性急，羞怒相激，问他道："你咳嗽什么？难道不许我两个说话不成？"（《红》第九回）

（2）（宝玉）想了一想，"如今若学那世俗之奠礼，断然不可；竟也还要别开生面，另立排场，风流奇异，于世无涉，方不负我二人之为人。（《红》第七十八回）

第二，我+单数名词+大于一的数词+量词。如：

（3）难为你成全我娘儿两个声名体面，真真我竟不知道你这样好。（《红》第三十四回）

第三，我+表示集合概念的名词（单音节名词仅限于"家"）。如：

（4）尤氏贾蓉一齐都说："婶子放心，横竖一点儿连累不着叔叔。婶子方才

---

① 香坂顺一. 白话语汇研究［M］. 江蓝生，白维国，译. 北京：中华书局，1997：34，35.
② 吕叔湘. 现代汉语八百词［M］. 增订本. 北京：商务印书馆，1999：557，558.

说用过了五百两银子，少不得我娘儿们打点五百两银子与婶子送过去……"（《红》第六十八回）

（5）凤姐听了，翻身起来说："……把我王家的地缝子扫一扫，就够你们过一辈子呢。……"（《红》第七十二回）

第一、二种用法中的"我"在现代汉语中均应换作"你我"或"我们"；第三种用法中的"我"在现代汉语中一般都作"我们"，《红》中就有作"我们"的用例：

（6）赵姨娘道："你又来了。你是最肯济困扶危的人，难道就眼睁睁的看人家来摆布死了我们娘儿两个不成？……"（《红》第二十五回）

（7）凤姐笑道："我们王家的人，连我还不中你们的意，何况奴才呢。我才已经和他母亲说了，他娘已经欢天喜地应了，难道又叫进他来不要了不成？"（《红》第七十二回）

到了《儿》中，第一人称代词"我"的一个显著变化是表复数的用例大大增加。《儿》中"我"共有4 890个用例，虽然其中单数用法依然是主流用法，但表示复数的用例已多达207例。这207例表示复数的"我"的大致情形与《红》并无二致，但在"我＋表示集合概念的名词"这一用法中，"表示集合概念的名词"已不像《红》中仅限于"家""王家""邢家""娘儿们"等几个，范围已扩大到许多单双音节名词。如：

（8）我父子受他这等的好处，故此特地来亲身送还他这张弹弓……（《儿》第十四回）

（9）讲到我朝，自开国以来，除小事不论外，开首办了一个前三藩的军务，接着办了一个后三藩的军务，紧跟着又是平定西北两路的大军务，通共合着若干年，多大事！（《儿》第二十一回）

（10）照这样从流忘反，流到我大清二百年后，只怕就会有"甲斋父亲""乙亭儿子"的通称了。（《儿》第二十九回）

（11）也有我大伙儿倒合他黑母鸡一窝儿、白母鸡一窝儿！（《儿》第四十回）

从例（9）的"我朝"分明就看到了吕先生所列举的"我校""我厂"的影子。到了《正》中，"我"表复数的用例大大减少。《正》中"我"共有499个用例，表复数的用例仅有 8 例，而且其中 7 例是"我家"。如：

（12）到了我这一代，我只记得大家以杏仁茶、面茶等作早点，就连喝得起牛奶的，如大舅与大姐的公公也轻易不到牛奶铺里去。（《正》）

（13）我也调查清楚：自从姑母搬到我家来，虽然各过各的日子，她可是以大姑子的名义支使我的母亲给她沏茶灌水，擦桌子扫地，名正言顺，心安理得。（《正》）

（14）她还离我家有半里地，二姐就惊喜地告诉母亲：大舅妈来了！（《正》）

这种表"我们家"之义的"我家"，《红》中有 17 例，《儿》中有 98 例。《正》中"我"表复数的限制已明显增强了，自由度远不如《儿》时代。

"我们"是第一人称代词"我"的复数形式。"我"加上复数词尾"们"就成了复数形式"我们"。在《红》中"我们"共有 832 个用例，用例数量仅次于"我"。其中表复数的用例有 740 例，表单数的用例竟也多达 92 例。

吕叔湘曾指出："在过去的中国社会，家族的重要过于个人，因此凡是跟家族有关的事物，都不说我的，你的，而说成我们的，你们的（的字通常省去），如'我们舍下''你们府上'。"① 太田辰夫把这种"我们"表单数的情况称为"主观的复数"："汉语中有用主观的复数来表达客观的单数的情况。……用'我们'来表达客观的'我'，这或许是女性用作谦称的说法，后来作为谦称的感觉可能消失了。成年男子是不这样说的。……《国语辞典》也有这样的解释：'我们，犹言我，多用于女子、小儿。'"②

《红》中的这 92 例表单数的"我们"概括起来大致有以下三种情形：

第一，"我们（的）+称谓"，其中的"我们"相当于"我"，是说话人自称，作定语。如：

（15）我还求你带个信儿与舍下，叫他们早些关门睡罢，我不回家去了；倘或有要紧事儿，叫我们女儿明儿一早到马贩子王短腿家来找我。（《红》第二十四回）

（16）凤姐儿笑道："你别喜欢。都是为你，老太太也被风吹病了，睡着说不好过；我们大姐儿也着了凉，在那里发热呢。"（《红》第四十二回）

第二，"我们"单独使用，相当于"我"，是说话人的自称。如：

① 吕叔湘. 近代汉语指代词［M］. 江蓝生，补. 上海：学林出版社，1985：72.

② 太田辰夫. 中国语历史文法［M］. 蒋绍愚，徐昌华，译. 北京：北京大学出版社，1987：112.

（17）刘姥姥一壁里走着，一壁笑说道："你老是贵人多忘事，那里还记得我们呢。"（《红》第六回）

（18）林黛玉昨日所恼宝玉的心事早又丢开，又顾今日的事了，因说道："我没这么大福禁受，比不得宝姑娘，什么金什么玉的，我们不过是草木之人！"（《红》第二十八回）

第三，"我们"单独使用，但不是说话人自称，不相当于"我"，而是称代一个和说话人相关的人。仅见 1 例：

（19）刚要告辞，只见奶子抱了大姐儿出来，笑说："王老爷也瞧瞧我们。"王太医听说忙起身，就奶子怀中，左手托着大姐儿的手，右手诊了一诊，又摸了一摸头……（《红》第四十二回）

例（19）中说"我们"的人是"奶子"，但"我们"称代的却是"大姐儿"。
到了《儿》中，"我们"的主要用法还是表复数，但依然有表单数的用例，只是相对于《红》中要显得略少一些。《儿》中"我们"共有 464 个用例，其中表单数的有 23 例，基本承袭了《红》中的用法。如：

（20）褚大娘子拿了把筷子，站在当地，向张亲家太太道："张亲家妈，可不是我外待你老，——我们老爷子合我们二叔是磕过头的弟兄，我们二婶儿也算一半主人，——今日可得请你老人家上坐。"（《儿》第二十一回）

（21）张太太道："我们是个乡下人儿，攀高咧，没的怪臊的，可说个儯儿呢！……"（《儿》第十二回）

（22）安老爷也连忙站起来，还了个半揖，说："狠好。这位姨奶奶生得实在厚重，这是个多子宜男的相貌。"九公道："老弟，不要这等称呼，你就叫他二姑娘。"老爷便怄九公道："这样听起来，只怕还有位大如嫂呢罢？"他又接上话了，说："没有价，就我一个儿，我叫二头。"褚大娘子笑说："二叔听我们是没心眼儿不是？有甚么说甚么。"（《儿》第十五回）

例（20）（21）（22）分别反映了"我们"表单数的三种用法，例（22）中的"我们"称代的既不是说话者"褚大娘子"，也不是说话对象"安老爷"，而是"褚大娘子"的丈夫"九公"。
发展到《正》时代，"我们"的使用频率更高。《正》中"我们"共有 82 个用例，在《正》所有第一人称代词中所占的百分比甚至超过了《红》和《儿》。但是"我们"表单数的用例却明显减少，仅见 3 例：

（23）可是，由他所爱讲的第二件小事情来推测，我们或者也可以找到点那弦外之音。（《正》）

（24）假若我们把这二者——肉墩子与"敬"烟，放在一块儿去咂摸，我们颇可以肯定地说，眼睛多对那高不可及的半棵大树是有意见的。（《正》）

（25）我们可以替他说出来，假若便宜坊也懂得先"敬"点酱肉，够多么好呢！（《正》）

从上述 3 例来看，形式比较单一，都是"我们"直接单独使用，相当于"我"，为说话人的自称。

除了"我们"之外，还有一个表复数的人称代词"我等"。《红》中依然存在，但使用频率极低，仅见 1 例：

（26）我们不知系何"贵客"，忙的接了出来！姐姐曾说今日今时必有绛珠妹子的生魂前来游玩，故我等久待。（《红》第五回）

到了一百年后的《儿》中也有"我等"的用例，但用例依然极少，仅见 1 例：

（27）一个个早丢了手中兵器，跪倒哀求，说："这事本是我家头领不知进退，冒犯尊威，还求贵手高抬，给他留些体面，我等恩当重报！"（《儿》第十六回）

又一百年后的《正》中已经没有"我等"的用例，我们同时考察了老舍的《龙须沟》《茶馆》等作品，均未见"我等"的用例。可见，在日常口语中第一人称代词"我等"已经基本不用了。

二、北京话第一人称代词"咱""咱们"的历时嬗变

"咱"一般认为是"自家"的合音。

如果说，"我"和"我们"的语义差异还是很显著——前者主要表单数，后者主要表复数；前者表复数及后者表单数均是有特定语境和语用条件的——的话，那么"咱"和"咱们"的语义区别则显得比较模糊，因为"咱"一直以来

均以表复数为主要用法，"咱"和"咱们"的语义区别只是在于"咱"既可表单数又可表复数，而"咱们"只表复数。

如果做些上溯的话，创作于16世纪中下叶、保留了当时丰富的口语语法资料的《金瓶梅词话》中，"咱"就以表复数为主。《金瓶梅词话》中"咱"共有284个用例，其中表复数的用例多达278例，占"咱"用例的近98%，而表单数的用例仅有6例，仅占"咱"所有用例的2%左右。①

《红》中"咱"共有9个用例，全部表复数，相当于"我们"，而且包括听话方，属于包括式。如：

(1) 宝玉笑道："咱两个作什么呢？怪没意思的。也罢了，早上你说头痒，这会子没什么事，我替你篦头罢。"（《红》第二十回）

(2) 咱家现有几家土番，你就说我是个小土番儿。（《红》第六十三回）

到了一百年后的《儿》中"咱"有41个用例，其中表单数的仅2例：

(3) 店主人说："客人，你别！咱一来是为行好，二来也怕脏了我的店。真要死了，那就累赘多了。"（《儿》第三回）

(4) 他道："姑奶奶，你看看，姑爷中了，这不亏人家魁星老爷呀！要不给他老磕个头，咱心里过得去吗？"（《儿》第三十五回）

例（3）中的"咱"是店主人自称，例（4）中的"咱"是张太太自称。其余的39例全部表复数，其中有1例是不包括听话方的，属于排除式：

(5) 那穿青的道："你不听这个，咱唱个好的。我唱个《小两口儿争被窝》你听。"（《儿》第四回）

例（5）中的"咱"指两个弹唱者，不包括听话方安公子。其余38例均包括听话方，属于包括式。如：

(6) 那张老婆儿便催张金凤道："姑娘，咱早些儿睡罢，昨儿闹了一夜了。"（《儿》第十一回）

---

① 曹炜.《金瓶梅词话》虚词计量研究［M］.广州：暨南大学出版社，2011：19－21.

（7）到了邓九公，便合他女儿、女婿道："咱爷儿三个一齐磕罢。"（《儿》第二十四回）

20 世纪 50 年代的《正》中虽然没有"咱"的用例，但同时期的《龙须沟》^①中却有 3 个"咱"的用例：

（8）四嫂　我打算怎么着？这破家又不是我一个人的！净让我一个人挣歪？你不管？咱谁也甭管！（说着把活计抛下）

（9）疯子　（刚要下，忽然想起）我说，赵大爷，水够使吗？自来水的钥匙可在咱身上啦，用水方便！

（10）狗子　（放开疯子，慢腾腾地一步一步紧逼娘子）踢了你的摊子是好的，惹急了咱爷儿们，叫你出不去大门。

例（8）中的"咱"表示复数，包括说话人双方，属包括式；例（9）中的"咱"是说话人自称，同"我"，表示单数；例（10）中的"咱"表示复数，属排除式，不包括对话者"娘子"。这大致反映了现代汉语中"咱"的基本语义和用法。

一般认为"咱们"是"咱"的复数形式，最早出现在南宋。但吕叔湘认为："咱们"的来源很远，并不等于有了"咱"字才加上"们"字，因为在"自家"还没有合音的时候已经有了"自家们"了。^②

早在《金瓶梅词话》中，我们就曾发现：虽然"俺每""我每（们）"既可表复数，也可表单数，但"咱每"的 73 个用例中没有一例是表单数的，全部表复数。其中，有 63 例属于包括式，有 7 例属于排除式。^③那么，三百年后的《红》时代又是怎么一种情形呢？

《红》中"咱们"共有 392 个用例，用例数量远超只有 9 例的"咱"。"咱们"全部表复数，而且全部属于包括式。如：

（11）咱们娘儿们坐坐，多说几遭话儿。（《红》第十一回）

（12）众人都死了，单剩下咱们两个老妖精，有什么意思。（《红》第五十二回）

一百年后的《儿》中这种情形依然没有改变，260 个用例，也远多于 41 例的

①　老舍. 龙须沟［M］. 海口：大众书店，1951.

②　吕叔湘. 近代汉语指代词［M］. 江蓝生，补. 上海：学林出版社，1985：101.

③　曹炜.《金瓶梅词话》虚词计量研究［M］. 广州：暨南大学出版社，2011：28，29.

"咱"，均表复数，也均为包括式。如：

（13）等都弄妥当了，咱们大家趁着天不亮就动身。（《儿》第十回）

（14）邓九公道："他这里闹得慌，咱们到我那小屋儿里坐去。"（《儿》第十五回）

又一百年后，《正》中"咱们"共有38个用例（没有"咱"的用例），也无一例外地表复数，均属于包括式。如：

（15）二姐提出具体的意见："咱们多端点豆汁儿，少吃点硬的；多吃点小葱拌豆腐，少吃点炒菜，不就能省下不少吗？"（《正》）

（16）他非常严肃地跟大姐讨论："福海二哥真有先见之明！我看咱们也得想个法！"（《正》）

《汉语大词典》将"咱每"注为"咱们，指我"。援引的例证出自宋元时期的《秦并六国平话》卷上："咱每是先锋景耀龙。"同时将"咱们"分别注为"我；我们。指说话的一方"和"统称己方与对方"。前者援引的例证分别是宋周密《癸辛杂识续集·文山书为北人所重》"（主人笑曰）咱们祖上亦是宋氏，流落在此"和《秦并六国平话》卷上"咱们放你回去，可报与楚王，休以大国为意"。① 可见在早期的白话文献中，"咱们（每）"确实可以表单数，也可不包括听话方。到了16世纪中下叶的《金瓶梅词话》中，虽然"咱们"还可不包括听话方，但用例已极少，而表单数的用法已由"我""俺""咱"甚至"我们""俺们"等所承担，"咱们"已不再用来表单数而只表复数了。18世纪以降，"咱们"不但均表复数，而且均包括听话方，属于包括式。

三、北京话第一人称代词"人家"的历时嬗变

北京话第一人称代词"人家"是个很有意味的词语，因此很早就受到学者们

---

① 罗竹风. 汉语大词典［Z］. 缩印本. 上海：汉语大词典出版社，1997：1582.《汉语大词典》"咱们"条针对其第二个义项"统称己方与对方"所援引的例证为："周恩来《团结广大人民群众一道前进》：'圣人都喜欢辩论，何况咱们后生小子乎！'"无奈太晚乎！创作于14世纪下半叶的《水浒传》中"咱们"仅有1例，为排除式；而创作于16世纪中下叶的《金瓶梅词话》中却有大量"咱们"包括式的用例，以此推断，"咱们"包括式的产生当在15至16世纪之间。建议《汉语大词典》至晚可援引《金瓶梅词话》中的"咱们"包括式的用例。

的关注。

吕叔湘曾经指出：人称代词"人家"有三种含义：一是泛指"别人"；二是专指别人里头的一个，此时"人家"就可以等同于"他"；三是用"人家"代"我"，"人家"比"我"要婉转些，也俏皮些。① 吕先生所说的"人家"的第三种用法就是我们这里要讨论的第一人称代词"人家"。

日本学者太田辰夫也注意到了近代汉语中的这个人称代词，他指出："人家"在唐代还少见，大约从宋元开始用得多了。"人家"有用作第一人称的例子，如"人家盖一个门楼，措大家又献言语"（《东原录》）②。

张斌也指出："人家"有三种用法：一是指具体的人，相当于第三人称；二是相当于别人，跟"自己"相对；三是专称自己（多为青年女性），略带不满的口吻，有时带有撒娇的口气。③

那么《红》《儿》《正》所处的三个时点，"人家"的语义、语用情况又是怎样的呢？《红》中作为人称代词的"人家"共出现103例，其中93例"人家"是旁称代词，只有10例"人家"是第一人称代词。如：

（1）黛玉坐在床上，一面抬手整理鬓发，一面笑向宝玉道："人家睡觉，你进来作什么？"（《红》第二十六回）

（2）黛玉笑道："这样的诗，要一百首也有。"宝玉笑道："你这会子才力已尽，不说不能作了，还贬人家。"（《红》第三十八回）

（3）鸳鸯又是气，又是臊，又是急，因骂道："两个蹄子不得好死的！人家有为难的事，拿着你们当正经人，告诉你们与我排解排解，你们倒替换着取笑儿。……"（《红》第四十六回）

例（1）中的"人家"是林黛玉自称，表达的是撒娇、故作生气的情态，对话者是贾宝玉；例（2）中的"人家"是贾宝玉自称，表达出委屈、撒娇的心理，对话者是林黛玉；例（3）中的"人家"是鸳鸯自称，表达出生气、害臊的心情，对话者是平儿、袭人。

《红》中的"人家"这10个用例，有8例是女性用于自称，2例是男性用于自称，但这个男性却是在"女儿国"中长大的具有十足女性气质的贾宝玉。

尤其值得关注的是，这10例中，说话者以"人家"自称时，只有3例是用

① 吕叔湘. 近代汉语指代词［M］. 江蓝生，补. 上海：学林出版社，1985：90-91.

② 太田辰夫. 中国语历史文法［M］. 蒋绍愚，徐昌华，译. 北京：北京大学出版社，1987：111.

③ 张斌. 简明现代汉语［M］. 上海：复旦大学出版社，2004：236.

在女性对贾宝玉说话的时候，另有 2 例是贾宝玉对女性说话的时候，最多的是女性之间说话的时候，有 5 例。而且是否使用"人家"与身份地位也无关，这 10 例中，用在主子与主子之间的有 6 例，用在丫鬟与丫鬟之间的有 2 例，用在丫鬟与主子之间的有 2 例。到了《儿》中，作为第一人称的"人家"用例锐减，仅见 1 例：

（4）何小姐似嗔似喜的瞅了他一眼，说道："人家合你说正经话，你又来了！"（《儿》第三十回）

例（4）中"人家"是何小姐自称，对话者是张姑娘，二人身份是同侍一夫的女主人。无论是《红》还是《儿》，作为第一人称的"人家"确乎主要为青年女性所用。但是我们考察了北京大学 CCL 语料库所收集的老舍作品，找到了以下 3 例"人家"作为第一人称的用例：

（5）瑞宣站住，先对小顺儿说："你打不下枣儿来，不留神把奶奶屋的玻璃打碎，就痛快了！""门口没有，没有卖糖的，还不教人家吃两个枣儿？"小顺儿怪委屈的说。（《四世同堂》）

（6）"曹五，人家找你半天了！"李二很不满意的样儿说。"又是那群王八兔子贼呀？"（《裕兴池里》）

（7）大哥和二哥开了打，把以前彼此请客的互惠都翻腾出来："……吃了人家口香糖？""对！也不是……要人家的手工纸！"（《桃园结义》）

例（5）中的"人家"是小顺儿自称。小顺儿是个小男孩儿，祁家第四辈，对话者祁瑞宣是祁家第三辈。面对长辈祁瑞宣的责怪，小顺儿用"人家"自称，表达委屈之情。例（6）中的"人家"是说话者李二的自称，表达了李二着急、不满的语气。例（7）中有两个"人家"，是两名年轻的大学生在打架时的自称，他们本是结拜兄弟、好朋友，两人都是在埋怨、责怪对方。

以上 3 例用"人家"自称的均为男性。可见，在老舍先生所处的时代，用"人家"自称并非女性的专利，男性之间也可使用。

四、北京话其他人称代词的历时嬗变

除了前面讨论过的"我""我们""我等""咱""咱们""人家"等之外，

在 1750—1950 年这一时段间出现的北京话人称代词还有"俺""俺们""吾""吾们""奴""侬""我侬""朕""余""予""身""敝""仆"十多个。其中"吾""朕""余""予""身""敝""仆"7 个是对古代汉语中第一人称代词的沿用,在近代汉语白话文献中使用,往往具有特殊的语用价值;而"俺""俺们""吾们""奴""奴家""侬""我侬""某"8 个则是晚唐五代以降新产生的近代汉语第一人称代词。这十多个第一人称代词,从《红》到《儿》再到《正》,经历了一个从衰弱到消亡的发展过程。

"俺"在《红》中仅有 5 个用例,大多出自刘姥姥之口,也出现在一些小曲中。如:

(1) 都道是金玉良姻,俺只念木石前盟。(《红》第五回)
(2) 休似俺那爱银钱忘骨肉的狠舅奸兄!(《红》第五回)

关于"俺"的单复数问题,吕叔湘认为:"俺"是"我们"的合音,用于复数,也可以用于单数,而且"领格比非领格更多"。① 冯春田也指出:"元明以来,'俺'用于单数的居多。"②

《红》中的"俺"均表单数,其中作主语的有 3 例,作定语的有 2 例,这同《金瓶梅词话》中 86.2% 的"俺"作定语的状况已不可同日而语。

《儿》中的"俺"共有 7 个用例,与《红》有所不同的是:其中有 5 例表单数,但也有 2 例表复数。其中作主语的有 2 例,作定语的有 5 例。如:

(3) 俺这闺女可十个头儿的不弱,亲家太太,你老往后瞧着罢,听说着的呢!(《儿》第十二回)

(4) 这番闲话君听者,不是闲饶舌。飞鸟各投林,残照吞明灭。俺则待唱着这道情儿归山去也!(《儿》第三十八回)

"俺们"是"俺"的复数形式,《红》和《儿》中均仅有 2 个用例,均出自妇人之口,均为排除式。《红》中 2 例"俺们"均作定语,《儿》中 2 例"俺们"均作主语。

到了 20 世纪中叶,《正》和《龙须沟》《茶馆》等作品中均未发现"俺"和"俺们"的用例。老舍是典型的京派作家,他曾经说过:"我生在北京,一直到二十多岁才去糊口四方。因此,在我写小说和剧本的时候,总难免用些自幼儿用惯

---

① 吕叔湘. 近代汉语指代词 [M]. 江蓝生,补. 上海:学林出版社,1985:78,79.
② 冯春田. 近代汉语语法研究 [M]. 济南:山东教育出版社,2000:9.

了的北京方言中的词汇。"① 而且《正》"这部小说在北京话的运用上，在幽默、诙谐的风格上，都堪称京味小说的代表作品"②。由此可见，老舍时代的老北京话已不用"俺"和"俺们"自称，"俺""俺们"在北京话中已经走向消亡。

"吾"作为古代汉语最常见的第一人称代词，在先秦时期用得比较多，在汉代之后就渐趋式微，到了近代汉语中则更是不多见。即使使用，也是在特定的语境中为了实现某种特定的语用效果而为某些人群量身定做的，至于在普通百姓的语言中则早已为新生的代词所替代。《红》中"吾"的使用便是如此。

《红》中"吾"共有 19 个用例。考察这 19 个用例，用"吾"不用"我"自称的绝非刘姥姥之属，而是诸如跛足道人、水溶、湘莲、宁荣二公之灵、甄士隐、仙姑等特殊人群。"吾"成了一种标记，卓尔不凡的标签，高贵身份的象征，有修养有内涵的外化。如：

（5）那仙姑笑道："……试随吾一游否？"（《红》第五回）
（6）适从宁府所过，偶遇宁荣二公之灵，嘱吾云……（《红》第五回）

《儿》中"吾"的用例更是多达 46 例，但使用情况与《红》并无二致。之所以用例多于《红》，是因为《儿》中某些自命不凡的人物经常会援引文言语句或自创文言语句，与其说是平常的自然语言，不如说是特意的修辞活动。如：

（7）安老爷只摇着头道："愚哉！愚哉！这样弄法，岂非误会吾夫子'攻乎异端，斯害也已'两句话的本旨了！"（《儿》第四十回）
（8）（安公子）忙丢下书笑道："你姊妹两个来得大妙，我这里正有桩要事相商。'居，吾语汝。'"便让他两个床上坐了。（《儿》第三十回）
（9）吾九十近矣，纵百岁归居，亦来日苦少，子盍为我撰墓志以须乎？（《儿》第三十九回）

"吾们"是"吾"的复数形式，是近代汉语中新产生的人称代词复数形式，《红》中未见用例，《儿》中也仅见 1 例，但用得很自然：

（10）恰好跑堂儿的端上羊肉来，程相公便叫住他，问道："店家，店家，你快些这里来。你早上说的天齐庙有得凤凰看，怎的吾们看不着？"（《儿》第三十八回）

① 胡絜青. 老舍作品中的北京话词语例释·序［M］. 北京：北京大学出版社，1984.
② 赵志忠. 曹雪芹·文康·老舍——京味小说溯源［J］. 民族文学研究，1998（3）.

到了 20 世纪中叶的《正》和《龙须沟》《茶馆》等作品中，均未有"吾"和"吾们"的用例。可见，在这个时点，第一人称代词"吾"和"吾们"已完全为"我"和"我们"所置换。

"奴"是个特殊的第一人称代词，为女性所用，表示谦称。《红》中"奴"共有 20 个用例，除了有 3 例出现在诗歌中之外，其他全部出现在第六十八回凤姐和尤二姐的对话中。《红》中还有"奴家"的 5 个用例，用同"奴"。到了一百年后的《儿》中已见不到"奴"和"奴家"的用例。这两个第一人称代词就在这百年间在北京话中消亡了。

"侬"也是个特殊的第一人称代词，晚唐五代以降在吴语区使用。《红楼梦》中，"侬"有 8 个用例，全部都出现在《葬花吟》中。到了百年后的《儿》中，"侬"仅见 1 个用例：

（11）至此吉礼告成，他三人从此问安视膳，戈雁听鸡；卿绣侬吟，妇随夫唱。（《儿》第二十八回）

在《儿》中还有"我侬"的 1 个用例，"我侬"同我，表单数，应该也是个吴语代词：

（12）当日赵松雪学士有赠他夫人管夫人的一首词，那词说道："我侬两个，忒煞情多！譬如将一块泥儿，捏一个你，塑一个我。忽然欢喜呵，将他来都打破。重新下水，再团再炼，再捏一个你，再塑一个我。那其间，那其间我身子里也有了你，你身子里也有了我。"（《儿》第二十九回）

而到了 20 世纪中叶的《正》和《龙须沟》《茶馆》等作品中已没有"侬"和"我侬"的用例。据此可以推断，第一人称代词"侬"和"我侬"在北京话中的消亡就在 19 世纪中叶以降的百年间。

至于余下的"朕""余""予""身""敝""仆"等沿用于古代汉语中的第一人称代词，它们在《红》《儿》中的用例均极少。除了"敝"用于谦称，已不能独立使用，均作定语，必须与中心语同现，有语素化倾向之外，其他各词的使用与前述讨论的"吾"颇为类似，即均有特定的语境和特殊的语用意义。或用于帝王自称，或用于书信中写信人自称，或用于自序中，或用于自命不凡的文人仿文言创作中，凡此种种，已均非平常百姓的日常语言。这些代词到了 20 世纪中叶的北京话中自然也就难觅影踪了，它们的最后消亡就在 19 世纪中叶到 20 世纪中叶的这百年间。

参考文献：

［1］曹炜，等.《水浒传》虚词计量研究［M］.广州：暨南大学出版社，2009.

［2］曹炜.《金瓶梅词话》虚词计量研究［M］.广州：暨南大学出版社，2011.

［3］曹炜，等.《型世言》虚词计量研究［M］.广州：暨南大学出版社，2011.

［4］香坂顺一.白话语汇研究［M］.江蓝生，白维国，译.北京：中华书局，1997.

［5］吕叔湘.现代汉语八百词［M］.增订本.北京：商务印书馆，1999.

［6］吕叔湘.近代汉语指代词［M］.江蓝生，补.上海：学林出版社，1985.

［7］太田辰夫.中国语历史文法［M］.蒋绍愚，徐昌华，译.北京：北京大学出版社，1987.

［8］罗竹风.汉语大词典［Z］.缩印本.上海：汉语大词典出版社，1997.

［9］张斌.简明现代汉语［M］.上海：复旦大学出版社，2004.

［10］冯春田.近代汉语语法研究［M］.济南：山东教育出版社，2000.

［11］胡絜青.老舍作品中的北京话词语例释·序［M］.北京：北京大学出版社，1984.

［12］赵志忠.曹雪芹·文康·老舍——京味小说溯源［J］.民族文学研究，1998（3）.

（原载于《励耘语言学刊》2014 年第 2 期）

北京话第二人称代词句法、语义、语用的历时嬗变（1750—1950）①

第二人称代词是指称听话人一方的人称代词。现代汉语第二人称代词系统极为简约，只有"你""你们"和"您"3个。但是，在汉语史上，第二人称代词曾经是个庞大的家族，鼎盛时期家族成员有十多个。而1750—1850年这一百年便处于这个鼎盛时段的末期。而自1850—1950年间的这一百年，北京话第二人称代词系统就规模而言便开始式微，主要表现为家族成员锐减，由之前的十多个减缩为三四个。这在分处于三个时点的典型北京话文本《红楼梦》（简称《红》）、《儿女英雄传》（简称《儿》）、《正红旗下》（简称《正》）等中也有比较清晰的反映。② 创作于1750年前后的《红》中第二人称代词有"你""你们""你等""汝""尔""尔等""君""伊""卿""子"10个；创作于1850年前后的《儿》中第二人称代词则有"你""你们""汝""尔""尔等""君""而""卿""子""吾子""公"11个；而到了创作于1950年前后的《正》中第二人称代词竟只有"你""你们""您"3个。③ 它们具体的分布情况详见表1：

① 本文为国家社会科学基金一般项目"北京话虚词史（1750—1950）"（08BYY049）的阶段性成果。

② 我们所使用的三种本子分别为：《红楼梦》（北京：人民文学出版社，2008）、《儿女英雄传》（北京：人民文学出版社，1983）、《正红旗下》（北京：人民文学出版社，1980）。

③ 关于"君""卿""子""吾子""公"等是否应看作第二人称代词，学界存在分歧。太田辰夫不赞成将它们看作第二人称代词。他认为："上古汉语的人称代名词中没有尊称。因此，是借'子''君''公''卿''先生'等名词在第二人称的情况下使用。像这样的把名词作为第二人称使用，在现代汉语中也有，如'先生''老哥''老兄''阁下''诸君''各位'等等。但它们和'您'不同，不能看成代名词。"详见太田辰夫.中国语历史文法［M］.2版.蒋绍愚，徐昌华，译.北京：北京大学出版社，2003：104.吴福祥虽然没有明说，但他在《〈朱子语类辑略〉语法研究》一书中，将"贤"与"你"并列为第二人称代词，"贤"最初也是由名词借为第二人称代词使用的，与"君""卿""子""吾子""公"等并无二致。参见吴福祥.《朱子语类辑略》语法研究［M］.开封：河南大学出版社，2004：8.我们这里暂且将"君""卿""子""吾子""公"等视为第二人称代词加以讨论。此外，本文写作的部分数据由我指导的硕士研究生蒋晨或提供，特致谢忱。

表 1　1750—1950 年前后北京话第二人称代词的分布情况

词目	作品	用例	占所在系统百分比（%）
你	《红》	4 613	86. 56
	《儿》	4 023	89. 20
	《正》	142	63. 11
你们	《红》	675	12. 67
	《儿》	448	9. 93
	《正》	17	7. 56
你等	《红》	2	0. 04
	《儿》	0	0
	《正》	0	0
您	《红》	0	0
	《儿》	0	0
	《正》	66	29. 33
汝	《红》	8	0. 15
	《儿》	3	0. 07
	《正》	0	0
尔	《红》	11	0. 21
	《儿》	10	0. 22
	《正》	0	0
尔等	《红》	1	0. 02
	《儿》	1	0. 02
	《正》	0	0
君	《红》	13	0. 24
	《儿》	9	0. 20
	《正》	0	0
伊	《红》	1	0. 02
	《儿》	0	0
	《正》	0	0
而	《红》	0	0
	《儿》	5	0. 11
	《正》	0	0

（续上表）

词目	作品	用例	占所在系统百分比（%）
卿	《红》	4	0.08
	《儿》	6	0.13
	《正》	0	0
子	《红》	1	0.02
	《儿》	3	0.07
	《正》	0	0
吾子	《红》	0	0
	《儿》	1	0.02
	《正》	0	0
公	《红》	0	0
	《儿》	1	0.02
	《正》	0	0

至于同一个第二人称代词在不同的小系统中所呈现出的继承性和发展性，则是更需要我们加以关注并予以揭示的。

一、北京话第二人称代词"你""你们""你等"句法、语义、语用的历时嬗变

关于第二人称代词"你"的来历，王力在《汉语史稿》中指出："《通雅》说：'"爾""汝""而""若"乃一声之转，"爾"又为"尔"，"尔"又作"你"，俗书作你。'这个语源的解释是正确的。"[1] 吕叔湘则说得更直接："第二身代词你就是古代的爾。汉晋以来，草书里久已把'爾'写作'尔'。……我们可以相信，南北朝人写这个字已经跟现代的情形相似，除必须工整的场所作'爾'外，通常就写'尔'。至于什么时候又在左边加上'亻'旁，那一定是在'爾'的语音跟读音已经分歧之后，借这个来分别一下。"[2]

"你"的普遍使用是在唐五代以后，到了元明时期则一枝独秀，成为最为常见的第二人称代词。我们可以来看几个数据：《敦煌变文集》中"你"有 187 个

---

① 王力. 汉语史稿［M］. 北京：中华书局，1980：272.
② 吕叔湘. 近代汉语指代词［M］. 江蓝生，补. 上海：学林出版社，1985：3.

用例，到了《全相平话五种》中则有 309 个用例，而到了明初的《水浒传》中用例竟多达 3 585 个。

《红》中"你"的用例多达 4 613 个，占该书全部第二人称代词的 86.56%。"你"在句法层面已经完全成熟，可以充当代词能够充当的所有句法成分，常作主语、宾语、定语，也可充当兼语。如：

（1）长了这么大，你那里知道那"奴才"两字是怎么写的！（《红》第四十五回）

（2）可见老太太疼你了，这样疼宝玉，也没给他穿。（《红》第四十九回）

（3）你婆婆才打发人封了这个给我瞧，说是前日从傻大姐手里得的，把我气了个死。（《红》第七十四回）

（4）若妹子在世，断不肯令你进来，即进来时，亦不容他这样。（《红》第六十九回）

《红》中的"你"主要表单数，但也有表复数的用例。如：

（5）若说我不忍叫你娘儿们受人委曲还犹可……（《红》第二十五回）

（6）你姊妹们别笑话，留着赏丫头们罢。（《红》第七十一回）

（7）如今老太太都已早散了，满园的人想俱已睡熟了，你两个的丫头还不知在那里找你们呢。（《红》第七十六回）

"你"的这种用法是从元明时期传承下来的，[①] 在现代汉语中已经消失了，例（5）（6）（7）中的"你"若在现代汉语中均将换作"你们"。

《红》中的"你"还可与第一人称代词"我"对举使用，表示泛指。仅见 2 例：

（8）如此亲朋你来我去，也不能胜数。（《红》第十三回）

（9）众人见问，都你看我我看你，都想不起来。（《红》第三十七回）

"你"的意义可以更虚，不指称任何人，用在"管（凭）……什（甚）么"

---

① 《水浒传》中就有"你"表复数的用例，《金瓶梅词话》中也有"你"表复数的用例。参见曹炜，等 . 《水浒传》虚词计量研究［M］. 广州：暨南大学出版社，2009：213，214；曹炜 . 《金瓶梅词话》虚词计量研究［M］. 广州：暨南大学出版社，2011：34.

构式中，表虚指，这种用法保留在了现代汉语中。仅见 2 例：

（10）管你什么金什么玉的呢！（《红》第二十八回）

（11）凭你甚么好人，入了这一行，都弄坏了。（《红》第五十八回）

到了一百年之后的《儿》中，第二人称代词"你"共有 4 023 个用例，占该书所有第二人称代词用例的 89.20%，"你"在句法层面几乎没有变化，常作主语、定语、宾语，也可作兼语。如：

（12）你在这院上当巡捕也不是一年咧，大凡到工的官儿们送礼，谁不是缂绣、呢羽、绸缎、皮张，还有玉玩、金器、朝珠、洋表的，怎么这位爷送起这个来了？（《儿》第二回）

（13）等大师傅回来，你瞧我给你告诉不给你告诉！告诉了，要不了你的小命儿，我见不得你！（《儿》第七回）

值得关注的是，在《儿》中依然有"你"表复数的用例。如：

（14）我这妹子的性命保住了，身子保住了，你二位老人家可保无事了。我虽然句句的露尾藏头，被你二人层层的寻根觅究，话也大概说明白了。（《儿》第八回）

（15）如今你们为难的事是都结了，我此刻却有件为难的事要求你诸位。（《儿》第九回）

《儿》中的"你"也可与第一人称代词"我"对举，表示泛指。如：

（16）只因何玉凤、张金凤彼此性情相照，患难相扶，那种你怜我爱的光景，不同寻常姊妹。（《儿》第三十一回）

也可进一步虚化，用在"任（凭）……"格式中，表虚指。如：

（17）上面坐的那位须发苍然的都老爷，却只带着个眼镜儿，拿着枝红笔，接着那册子，点一名，叫一人，放一本。任你吵得地暗天昏，他只我行我法。（《儿》第三十四回）

（18）我除了给他送些薪水之外，凭你送他甚么，一概不收。（《儿》第十六回）

发展到老舍时代，《正》中"你"共有142个用例，除了常作主语、宾语、定语及兼语外，还有一种新用法——"你"＋"呀"，独立成小句，表戏谑、嘲讽之意。这种句子非常口语化，在现代汉语中很常见。但"你"的这种用法在两百年前的《红》中及一百年前的《儿》中均不曾出现过。如：

（19）"你呀，老二，不怪你妈妈叫你二鬼子！"姑母无可如何地笑了。（《正》）

（20）你呀，先念"四福音书"吧，等到功夫深了再看"启示录"！（《正》）

值得关注的是，《正》中已没有"你两个""你娘儿们"等"你"表复数的用例。可见，"你"的这种用法的消失当在1850—1950年的这一百年间。

但"你"与第一人称代词"我"对举表示泛指的用例，《正》中依然存在。如：

（21）这种声音引起多少低卑的央求，或你死我活的吵闹，夹杂着妇女与孩子们的哭叫。（《正》）

"你"的这种用法一直保留在了现代汉语中。如果说，两百年间"你"在句法、语义、语用上还存在一些变化的话，那么"你们"却是另一番景象：无论是句法特点还是语义特点等，均没有多少变化。也就是说，《红》中的"你们"所呈现出的全部句法的、语义的特点全部保留在了现代汉语中。其实，如果我们上溯到16世纪的《金瓶梅词话》中，其中的"你每（们）"的句法语义特点就与现代汉语基本一致了。"你等"曾经也是宋元明时期常见的表复数的第二人称代词，到了18世纪中叶的《红》时期还有余绪，《红》中"你等"尚有2个用例：

（22）你等不知原委……（《红》第五回）

（23）你等唱什么？刚才八出《八义》闹得我头疼，咱们清淡些好。（《红》第五十四回）

例（22）中的"你等"指的是众姊妹，出自警幻之口；例（23）中的"你等"指的是梨香院文官等十二个戏子，出自贾母之口。两例中的"你等"均作主语。到文康时期，《儿》中已见不到"你等"的用例。到了老舍时代，无论是《正》中还是《龙须沟》《茶馆》等作品中均未见到"你等"的用例。

二、北京话第二人称代词"您"的产生和发展

"您"在现代汉语中是"你"的敬称，或叫礼貌式。这个"您"是怎么产生的、什么时候产生的，目前尚未有确解。宋元时期有一个表复数的"您"。吕叔湘明确指出："这个'您'字（按：指的是表敬称的"您"）跟金元时期用为复数的'您'字是一个写法，可不是一个语词。……假如认为前后两个'您'字一脉相承，这是很难解释的。"① 但太田辰夫则指出："'您'是宋代'您懑'或'你门'的简缩形式，所以本是复数。……'您'又写作'恁'……'您'是复数，但在宋代早就有用作单数的例子，因而有再在它后面加上复数的情况。……到元代更多。而且和亲属称谓相配合的例子屡次能见到……"②

《红》中"您"有4个用例：

（1）您看那风起玉尘沙。（《红》第六十三回）

（2）您再休要剑斩黄龙一线儿差，再休向东老贫穷卖酒家。（《红》第六十三回）

（3）您与俺高眼向云霞。（《红》第六十三回）

（4）洞宾呵，您得了人可便早些儿回话；若迟呵，错教人留恨碧桃花。（《红》第六十三回）

这4例"您"均出现在同一回中，而且均为芳官唱的《赏花时》中的语句。《赏花时》是明代汤显祖《邯郸记·度世》中的曲子，并不能反映《红楼梦》时代汉语的实际情况。这4例中的"您"并不是表第二人称敬称的"您"。

吕叔湘曾经断言："《红楼梦》《三侠五义》《儿女英雄传》这些书里边没有'您'字，直到《老残游记》（1906）才第一次著录这个字儿，可是不写做'您'而写做'儜'。"③ 吕先生可能就是因为《红》中的这4个"您"的用例均出自明代汤显祖《邯郸记·度世》，所以也就不承认是《红》中自然语言的例句，因而

① 吕叔湘. 近代汉语指代词 [M]. 江蓝生，补. 上海：学林出版社，1985：36-37.

② 太田辰夫. 中国语历史文法 [M]. 2版. 蒋绍愚，徐昌华，译. 北京：北京大学出版社，2003：106-107.

③ 吕叔湘. 近代汉语指代词 [M]. 江蓝生，补. 上海：学林出版社，1985：37.

断言《红》中无"您"的用例。

一百年后的《儿》中倒是没有"您"的用例。较《儿》晚出半个世纪的《老残游记》中有第二人称敬称的用例，但写作"憶"。较《老残游记》晚出半个世纪的《正》中出现了"您"的大量用例，共有66例，其句法特点如下：

第一，作主语，共有40例，占"您"所有用例的60.61%。如：

（5）云翁，您看我，我安分守己，自幼儿就不懂要完星星，要月亮！（《正》）

（6）"是！"二哥急忙答应，他知道母亲要说什么。"您放心，全交给我啦！……"（《正》）

第二，作宾语，共有9例，占"您"所有用例的13.64%。如：

（7）吃完饭，我准备好，要赢您四吊钱，买一斤好杂拌儿吃吃！敢来不敢？老太太！（《正》）

（8）进了堂屋，二哥给二位长亲请了安，问了好，而后献礼："没什么孝敬您的，自家园的一点红枣儿！"（《正》）

第三，作定语，共有5例，占"您"所有用例的7.58%。如：

（9）正翁，您的身子骨儿比我结实多了。我呀，连卖半空儿多给，都受不了啊！（《正》）

（10）大舅妈表示不肯走，要在这儿陪伴着产妇。

二哥又笑了："奶奶，您算了吧！凭您这全本连台的咳嗽，谁受得了啊！"（《正》）

第四，作兼语，共有4例，占"您"所有用例的6.06%。如：

（11）我不知道，所以才来请您帮帮忙！（《正》）

（12）定大爷，咱们这一带可就数您德高望重，也只有您肯帮助我们！（《正》）

第五，与"看""听""看看"等组合后作句中独立语，共有8例，占"您"所有用例的12.12%。如：

（13）您看看，全是凤头的，而且是多么大，多么俊的凤头啊！（《正》）

（14）对！牛牧师！我去雇一辆车，准保体面！到了定宅，我去喊："回事！"您听，我的嗓音儿还象那么一回事吧？（《正》）

需要关注的是，在这66例"您"中，并非全用于小辈对长辈，也可用于长辈对小辈。如：

（15）每逢她骂到满宫满调的时候，父亲便过来，笑着问问："姐姐，我帮帮您吧！"（《正》）

更多的是用于平辈之间，多达14例。如：

（16）二哥，不信您马上拍出十两银子来，看我肯让给您不肯！（《正》）
（17）二哥，您坐着，我给老爷子找小白梨去！（《正》）

例（16）（17）中称"您"的是"我"的大姐夫，被称的是"我"的大哥。"您"是"我"的大姐夫对"我"的大哥的称呼。

三、北京话其他第二人称代词句法、语义、语用的历时嬗变

除了前面讨论过的"你""你们""你等""您"之外，《红》《儿》《正》三部文献中出现的北京话第二人称代词还有"汝""尔""尔等""君""伊""而""卿""子""吾子""公"10个。其中"汝""尔""君""而""卿""子""吾子""公"8个是对上古汉语中第二人称代词的沿用，在近代汉语白话文献中使用，往往具有特殊的语用价值；"尔等"是中古时期出现的第二人称代词；而"伊"则是宋元时期新产生的近代汉语第二人称代词。这十多个第二人称代词，从《红》到《儿》再到《正》，经历了一个从衰弱到消亡的发展过程。

"汝"作为古代汉语最常见的第二人称代词，在秦汉时期用得比较多，在唐代之后就渐趋式微。《红》中的"汝"便是如此。《红》中"汝"仅有8个用例，主要使用者是林如海和警幻。"汝"成了一种语言标记，卓尔不凡的标签，有修养有内涵的外化。如：

（1）汝今独得此二字，在闺阁中，固可为良友，然于世道中未免迂阔怪诡，

百口嘲谤，万目睚眦。（《红》第五回）

（2）……再将吾妹一人，乳名兼美字可卿者，许配于汝。（《红》第五回）

发展到文康时期，《儿》中的"汝"用例更少，总共只有3例。如：

（3）正看得高兴，只听窗外钩声格格，他姊妹两个携手同归，忙丢下书笑道："你姊妹两个来得大妙，我这里正有桩要事相商。'居，吾语汝。'"便让他两个床上坐了。（《儿》第三十回）

（4）方才他两个在安公子跟前下那番劝勉，是夫妻尔汝相规的势分，也因公子风流过甚，他两个期望过深，才用了个"遣将不如激将"的法子，想把他归入正路，却断料不到弄到如此。（《儿》第三十一回）

例（4）中的"尔"和"汝"都是第二人称代词，"尔汝"指彼此以"尔"和"汝"相称，表示亲昵，不分彼此。魏晋南北朝时期江南一带有民歌就叫作《尔汝歌》，这是民间少男少女表达情意的艳歌，歌词中每句用"尔"或者"汝"来互相称呼，用以表示彼此之间的怜情爱意。民间有"尔汝之交"之说，用"尔汝"相称可以显示亲友之间不分贵贱尊卑、亲密无间的情谊。到了老舍时代，无论是《正》中还是《龙须沟》《茶馆》等作品中，均已见不到第二人称代词"汝"的用例。可见，在老舍时代，"汝"已退出交际领域走向消亡。

"尔"也是上古汉语中常见的第二人称代词，"尔等"则是由第二人称代词"尔"＋复数标记"等"构成，表复数，在中古时期出现。同"汝"一样，"尔""尔等"作为第二人称代词在《红》中用例极少，只有12例，仅限于在何仙姑等的话语以及一些诗词中出现，成为一种话语标记，是一种高贵身份和极高修养的象征。如：

（5）尔今偶游至此，设如堕落其中，则深负我从前谆谆警戒之语矣。（《红》第五回）

（6）如尔则天分中生成一段痴情，吾辈推之为"意淫"。（《红》第五回）

（7）尔今死去侬收葬，未卜侬身何日丧？（《红》第二十七回）

这些用例中的"尔"有的表单数，有的表复数。至于"尔等"，《红》中仅见1例：

（8）林四娘得闻凶报，遂集聚众女将，发令说道："……尔等有愿随者，即时同我前往；有不愿者，亦早各散。"（《红》第七十八回）

发展到文康时期，《儿》中的"尔""尔等"用例也少，"尔"共有 10 例，其使用原则更逊于《红》，因为都是引述。其中 8 例是引述《论语》语句，1 例引述《左传》语句，1 例构成"尔汝"。如：

（9）当下安老爷见儿媳两旁侍坐，便问道："你们是怎么个见识？'盍各言尔志'呢！"（《儿》第三十三回）

（10）接着坐次讲话，夫子自应先问子路。只是先生之于弟子，正不必逐位逐位的去向他应酬，想来当日"如或知尔，则何以哉"这句话，自然是望着大家笼统问的。（《儿》第三十九回）

至于"尔等"也仅有 1 例：

（11）天尊发落道："尔等此番入世，务要认定自己行藏，莫忘本来面目。可抬头向天人宝镜一照者！"（《儿》缘起首回）

由此可见，从《红》到《儿》，第二人称代词"尔""尔等"进一步衰弱，只是出现在引述古人言语的场合。到了老舍时代，无论是《正》中还是《龙须沟》《茶馆》等作品中，均未有"尔""尔等"的用例，可见，第二人称代词"尔""尔等"在老舍时代已经从日常口语中消亡了。

"君"在先秦典籍中一般指各诸侯国国君。汉代以后常用"君"来表示敬称。《红》中"君"共有 13 个用例，可作主语、宾语、定语及兼语。如：

（12）必定有昏君他方谏，他只顾邀名，猛拼一死，将来弃君于何地！（《红》第三十六回）

（13）妾痴情待君五年矣。不期君果冷心冷面，妾以死报此痴情。（《红》第六十六回）

发展到文康时期，《儿》中的"君"共有 9 个用例，在句法层面较之《红》时代没有任何变化。如：

（14）你我话尽于此，送君千里，终须一别，我也不往下送了，你老少四位夫妻前途保重，我们就此作别。（《儿》第十回）

（15）自兹二十年后，足下年造不吉，时至当早图返辔收帆，移忠作孝，倘有危急，仆当在天台、雁宕间迟君相会也。切记！切记！（《儿》第十八回）

发展到老舍时代，无论是《正》还是《龙须沟》《茶馆》等作品，均没有第二人称代词"君"的用例。可见，这个时期"君"已退出日常交际领域了。

"伊"作第三人称代词在魏晋时期就已大行其道，《世说新语》中有很多用例。①"伊"作第二人称代词却是宋元时期才出现的，属于旧瓶装新酒。到了明代，无论是作第二人称的"伊"还是作第三人称的"伊"，均不太常见。《金瓶梅词话》中只有9个"伊"的用例，全部作"他"解，没有用为第二人称的"伊"。②《红楼梦》中"伊"仅出现1例：

（16）无我原非你，从他不解伊。肆行无碍凭来去。茫茫着甚悲愁喜，纷纷说甚亲疏密。从前碌碌却因何，到如今回头试想真无趣！（《红》第二十二回）

这首词中的"伊"和"你"互文，因此可以断定"伊"字不作"他"解而应作"你"解。为什么用"伊"不用"你"呢？吕叔湘给出的解释是："利用'伊'字的平声来协律，因为'你'字没有一个平声的同义字，不象'我'字可以利用'咱'字。"③

到了文康时期，《儿》中已见不到"伊"作第二人称代词的用例。到了老舍时代，《正》中也没有"伊"作第二人称代词的用例。可见早在19世纪中叶开始，第二人称代词"伊"就已在北京话口语中消失了，只是保留在一些方言中，如今日的吴方言中还有"伊"，但是作第三人称代词，而非第二人称代词。

"而"作第二人称代词盛行于春秋战国时期，晚唐五代以降走向式微，元明时期已很少见到用例。《红》中未出现"而"作第二人称代词的用例。《儿》中有5例"而"作第二人称代词的用例，但都是出现在古代诗文中，属于引用，而非自然语言中使用。如：

（17）怎生公然说"我翁即而翁，而欲烹而翁，请分我一杯羹"？幸而项王无

① 吕叔湘. 近代汉语指代词［M］. 江蓝生，补. 上海：学林出版社，1985：17－18.
② 曹炜.《金瓶梅词话》虚词计量研究［M］. 广州：暨南大学出版社，2011：41－42.
③ 吕叔湘. 近代汉语指代词［M］. 江蓝生，补. 上海：学林出版社，1985：19.

谋，被他这几句话牢笼住了，不曾作出来。(《儿》缘起首回)

(18) 背到那得意的地方，只听他高声朗诵的念道是："罔极之深恩未报，而又徒留不肖肢体，遗父母以半生莫殚之愁。百年之岁月几何？而忍吾亲有限之精神，更消磨于生我劬劳之后！……"(《儿》第四回)

到了老舍时代，无论是《正》中还是《龙须沟》《茶馆》等作品中，均已没有第二人称代词"而"的用例。由此看来，早在 18 世纪中叶，第二人称代词"而"在北京话中就已销声匿迹了。

"卿"本是官名，秦汉时用作对人的美称，如荀子称荀卿。到南北朝时，"卿"又用作夫妻之间的互称。唐代以后，"卿"一般就只用作君王对臣下的称呼了。① 宋元以降，"卿"也用于普通人之间，同"你"。《红》中"卿"共有 4 例，全用于青年男女之间。如：

(19) 多肉更怜卿八足，助情谁劝我千觞。(《红》第三十八回)

(20) 莫若说"茜纱窗下，我本无缘；黄土垄中，卿何薄命"。(《红》第《红》第七十九回)

《儿》中"卿"共有 6 例，可以用在夫妻之间或普通人之间。如：

(21) 一切完毕，正要过去请新郎起来，早见公子笑吟吟过这屋里来，张姑娘便站起来道喜。公子道："与卿同之。"(《儿》第二十八回)

(22) 念的过来念不过来，累的着累不着，干卿何事？却要梅香来说勾当！岂不大怪？(《儿》第三十三回)

发展到老舍时代，《正》中以及《龙须沟》《茶馆》中均无第二人称代词"卿"的用例。

春秋战国时期，"子"多用于第二人称的尊称，有时也用作一般的对称词，不表敬意。《左传》《论语》中就有不少"子"表尊称的用例，但到了《孟子》中，"子"有时用作普通的第二人称代词，用同"汝"。② 近代汉语中作为第二人称代词的"子"，其用例已很少。《红》中也仅见 1 例第二人称代词"子"的用例，且为引述，并非自然语言中：

---

① 向熹. 简明汉语史：下 [M]. 北京：高等教育出版社，1993：233－234.

② 杨伯峻，何乐士. 古汉语语法及其发展：上 [M]. 修订本. 北京：语文出版社，2001：114.

（23）后面忽见画着个恶狼，追扑一美女，欲啖之意。其书云：子系中山狼，得志便猖狂。金闺花柳质，一载赴黄粱。（《红》第五回）

到了文康时期，《儿》中也有3例第二人称代词"子"的用例：

（24）《毛诗》有云："甘与子同梦。"我就作个梦儿，也要与你同意合心，无论何事岂有瞒你的道理？（《儿》第二十三回）

（25）至于这回书的文章，没一个字没气力，也没一处不是安龙媒的正传，听到下回，才知这话不谬。苟谓不然，那燕北闲人虽闲，也断不肯浪费这等拖泥带水的闲笔闲墨。"彼有取耳，子姑待之。"（《儿》第二十九回）

（26）吾九十近矣，纵百岁归居，亦来日苦少，子盍为我撰墓志以须乎？（《儿》第三十九回）

例（24）（25）均为引述，非自然语言，例（26）系安老爷为邓九公撰写的墓志铭，属于文言创作。《儿》中还有1例"吾子"的用例，用同"子"：

（27）某浪迹江湖，交游满天下，求其真知某者无如吾子。（《儿》第三十九回）

该例也同样出现在安老爷为邓九公撰写的墓志铭中，属于文言创作。
《儿》中还出现1例"公"作第二人称代词的用例：

（28）凡此皆不足为公荣，所喜免此万里长征，洵为眼前一大快事！（《儿》第四十回）

该用例出自军机章京陆露峰写给安公子的祝贺信，也属于文言创作。到了老舍时代，就已见不到作第二人称代词的"子""吾子""公"的用例了。可见在老舍时代，北京话第二人称序列中已经没有"子""吾子""公"了。

有些语言现象的发展演变，也许在一两百年间就能见到端倪；有些语言现象的发展演变则也许要经历五六百年甚至上千年才能被看清。从《红》到《正》，短短两百年，作为第二人称代词家族，其发展演变并不模糊，最明显的莫过于家族成员的兴衰替换，而最隐秘的莫过于句法、语义、语用层面的发展演变。如果再往前追溯，我们所看到的景观也许更富有层次和变幻，这正是我们下一步要着手的工作。

参考文献：

［1］王力. 汉语史稿［M］. 北京：中华书局，1980.

［2］吕叔湘. 近代汉语指代词［M］. 江蓝生，补. 上海：学林出版社，1985.

［3］太田辰夫. 中国语历史文法［M］. 2版. 蒋绍愚，徐昌华，译. 北京：北京大学出版社，2003.

［4］曹炜.《金瓶梅词话》虚词计量研究［M］. 广州：暨南大学出版社，2011.

［5］向熹. 简明汉语史：下［M］. 北京：高等教育出版社，1993.

［6］杨伯峻，何乐士. 古汉语语法及其发展：上［M］. 修订本. 北京：语文出版社，2001.

（原载于《阅江学刊》2014年第5期）

汉语虚词史研究

第一编 近代汉语代词研究

北京话三身代词的历时嬗变（1750—1950）①

　　人称代词可以分为两大类：三身代词和非三身代词。三身代词由第一人称代词、第二人称代词和第三人称代词构成；非三身代词则由反身代词、旁称代词和统称代词等构成。显然，三身代词是人称代词的主体部分，在自然语言中，无论是家族成员数量还是使用频率均要远高于非三身代词。现代汉语中的三身代词系统极为精干简略，而汉语史上三身代词系统却并非如此简约，人们自然想知道，现代汉语三身代词的这个阵容是如何形成的，它经历了一种怎样的历时演变过程，存在过哪些如今已被删汰的个体，遗存的个体在句法、语义及语用上发生了哪些变化，如此等等。这些都是值得去一一解答的问题。汉语是当今世上仅存的发展历史最久长的语言，限于篇幅，我们无法从源头说起，只能断代来一一描写。本文试图描写的是18世纪中叶到20世纪中叶这200年来三身代词的发展演变历史。

　　基于以北京话为代表的北方方言是现代汉语的基础这个共识，同时又基于创作于18世纪中叶的《红楼梦》（前八十回）（简称《红》）、19世纪中叶出现的《儿女英雄传》（简称《儿》）以及20世纪中叶出现的《正红旗下》（简称《正》）是学界公认的典型的北京话代表作品，前两者甚至被誉为绝好的京语教科书这个事实，我们试以此三部文献中三身代词的分布状况及使用特点作为依据，来初步厘清自18世纪中叶到20世纪中叶北京话三身代词的发展演变轨迹②，从而局部再现现代汉语三身代词的形成过程。

一、北京话第一人称代词的历时嬗变（1750—1950）

　　自1750年前后到1950年前后的这两百年间，北京话第一人称代词的历时嬗变，最直观的表现是在其家族成员的消长更替上，这种家族成员的消长更替在《红》《儿》《正》这三部北京话典型文献中也得到了充分的反映。《红》的第一

---

① 本文为国家社会科学基金一般项目"北京话虚词史（1750—1950）"（08BYY049）的阶段性成果。
② 我们所使用的三种本子分别为：《红楼梦》（北京：人民文学出版社，2008）、《儿女英雄传》（北京：人民文学出版社，1983）、《正红旗下》（北京：人民文学出版社，1980）。

人称代词家族不可谓不庞大，其家族成员由"我""我们""我等""咱""咱们""人家""俺""俺们""吾""奴""奴家""侬""朕""余""予"构成，多达15个；《儿》的第一人称代词家族较之《红》更庞大，其家族成员更是多达19个，有"我""我们""我等""咱""咱们""人家""俺""俺们""吾""吾们""侬""我侬""朕""余""予""身""某""敝""仆"。两相比较，可以发现《儿》较《红》多了"我侬""某""吾们"3个近代汉语新产生的第一人称代词，却少了两个近代汉语新出现的第一人称代词"奴""奴家"；至于"吾""朕""余""予""身""敝""仆"等都是对古代汉语中第一人称代词的沿用而已。又过了一百年之后，《正》的第一人称代词家族只有"我""我们""咱们"3个成员，《儿》中尚存的"我等""俺""俺们""吾们""侬""我侬""某"等近代汉语新产生的第一人称代词以及"吾""朕""余""予""身""敝""仆"等沿用自古代汉语中的常见代词都已不见踪影。两百年间的变化简直让人瞠目结舌。

较之上述这种直观的一目了然的家族成员的消长更替更为深刻细腻因而也更需要关注的是，《红》《儿》《正》中第一人称代词家族中的一些重要成员在句法、语义、语用层面的发展演变，尤其是诸如"我""我们""咱""咱们""人家"等这些一直沿用到现代汉语中的个体的历时嬗变。

先说"我"。

"我"表第一人称单数，这是一以贯之的，毋庸多言。但"我"表复数的用法却不是一以贯之的。吕叔湘在《现代汉语八百词》中将"我"表示复数的用法概括为两种方式：一种是在"我"后加表示集合概念的单音节名词，如"校""厂"等；另一种是在敌我对举的语境中，表"我方"之义，如"敌疲我打"。①但两百年前《红》中"我"表复数的用法却不是这样的。

《红》中第一人称代词"我"共有5 595个用例②，其中有26例是表复数的用法。考察这26例表示复数的"我"的使用情况，可以描写出当时"我"表复数的三种方式：

第一，我+大于一的数词+量词或名词。如：

（1）（贾宝玉）想了一想，"如今若学那世俗之奠礼，断然不可；竟也还别开

---

① 吕叔湘. 现代汉语八百词 ［M］. 修订本. 北京：商务印书馆，1999：557，558.
② 本文写作所依据的部分数据来自本人指导的2010届研究生谭芳芳的硕士学位论文《〈儿女英雄传〉代词计量研究》及2011届研究生袁艳的硕士学位论文《〈红楼梦〉（前80回）代词计量研究》，特此说明，并表谢忱。

生面，另立排场，风流奇异，于世无涉，方不负我二人之为人。……"（《红》第七十八回）

第二，我＋单数名词＋大于一的数词＋量词。如：

（2）难为你成全我娘儿两个声名体面，真真我竟不知道你这样好。（《红》第三十四回）

第三，我＋表示集合概念的名词（单音节名词仅限于"家"）。如：

（3）尤氏贾蓉一齐都说："婶子放心，横竖一点儿连累不着叔叔。婶子方才说用过了五百两银子，少不得我娘儿们打点五百两银子与婶子送过去……"（《红》第六十八回）

前两种用法中的"我"在现代汉语中均应换作"你我"或"我们"；第三种用法中的"我"在现代汉语中一般都作"我们"。

又一百年之后，第一人称代词"我"的一个显著变化是表复数的用例大大增加。《儿》中"我"共有4 890个用例，其中表示复数的用例已多达207例。

《儿》中"我"表复数的用法承袭了《红》中的三种方式，但有一点较《红》有了较大的变化：在"我＋表示集合概念的名词"这一用法中，"表示集合概念的名词"已不像《红》中仅限于"家、王家、邢家、娘儿们"等几个，范围已扩大到许多单双音节名词。如：

（4）讲到我朝，自开国以来，除小事不论外，开首办了一个前三藩的军务，接着办了一个后三藩的军务，紧跟着又是平定西北两路的大军务，通共合着若干年，多大事！（《儿》第二十一回）

（5）照这样从流忘反，流到我大清二百年后，只怕就会有"甲斋父亲""乙亭儿子"的通称了。（《儿》第二十九回）

再一百年之后，《正》中"我"有499个用例，表复数的用例有8例，其中1例是"我这一代"，另外7例是"我家"，均属于《红》《儿》中"我"表复数的第三种用法。

《红》《儿》中"我"表复数的前两种用法显然已经消失了，只保留了第三种用法。

再说"我们"。

"我们"是第一人称代词"我"的复数形式。"我们"固然是表复数的，但"我们"也可以表单数。

吕叔湘曾指出："在过去的中国社会，家族的重要过于个人，因此凡是跟家族有关的事物，都不说我的，你的，而说我们的，你们的（的字通常省去），如'我们舍下''你们府上'。"①

太田辰夫把这种"我们"表单数的情况称为"主观的复数"："汉语中有用主观的复数来表达客观的单数的情况。……用'我们'来表达客观的'我'，这或许是女性用作谦称的说法，后来作为谦称的感觉可能消失了。成年男子是不这样说的。……《国语辞典》也有这样的解释：'我们，犹言我，多用于女子、小儿。'"②

在《红》中，"我们"共有832个用例，其中有92例是表单数的，概括起来大致有以下三种情形：

第一，"我们（的）+称谓"，其中的"我们"相当于"我"，是说话人自称，作定语。如：

（6）凤姐儿笑道："你别喜欢。都是为你，老太太也被风吹病了，睡着说不好过；我们大姐儿也着了凉，在那里发热呢。"（《红》第四十二回）

第二，"我们"单独使用，相当于"我"，是说话人的自称。如：

（7）林黛玉昨日所恼宝玉的心事早又丢开，又顾今日的事了，因说道："我没这么大福禁受，比不得宝姑娘，什么金什么玉的，我们不过是草木之人！"（《红》第二十八回）

第三，"我们"单独使用，但不是说话人自称，不相当于"我"，而是称代一个和说话人相关的人。仅见1例：

（8）刚要告辞，只见奶子抱了大姐儿出来，笑说："王老爷也瞧瞧我们。"王太医听说忙起身，就奶子怀中，左手托着大姐儿的手，右手诊了一诊，又摸了一摸头……（《红》第四十二回）

---

① 吕叔湘. 近代汉语指代词［M］. 江蓝生，补. 上海：学林出版社，1985：72.

② 太田辰夫. 中国语历史文法［M］. 2版. 蒋绍愚，徐昌华，译. 北京：北京大学出版社，2003：112.

例（8）中说"我们"的人是"奶子"，但"我们"称代的却是"大姐儿"。

一百年之后的《儿》中，"我们"依然有23个表单数的用例，而且用法沿袭了《红》中的三种情形。

《红》《儿》中"我们"表单数的第一种用法在现代汉语中一般都说成"我"，如"我女儿""我爷爷""我妈妈""我婶婶"等。到了20世纪中叶的《正》中，虽然"我们"的使用频率更高，但表单数的用例却明显减少，仅见3例，而且形式比较单一，只保留了《红》《儿》中"我们"表单数的第二种用法。

再说说"咱"。

"咱"是明代最为常见的第一人称代词的复数形式。《金瓶梅词话》中，"咱"共有284个用例，绝大部分表示复数，极少数表示单数。而且表复数的"咱"均包括听话方，属包括式。"咱"还经常与"我"一起使用，用"我"表单数，而用"咱"表示复数。①

到了曹雪芹时代，表复数的"咱"似乎受到了"咱们"的强势挤压，《红》中"咱"只出现过9个用例，均表复数。

但是《红》中"咱们"的用例多达392例，是"咱"用例的43倍多，基本上接管了"咱"表复数的地盘。而表第一人称单数的"我"又那么强势，这就势必挤压"咱"的生存空间，出现9个用例的颓势局面自在情理之中。

发展到文康时代，"咱"受"咱们"强势挤压的局面依然没有改变，虽然《儿》中"咱"的用例较之《红》有所增加，有41个用例，但依然同多达260个用例的"咱们"不可同日而语。

发展到老舍时代，无论是"咱"还是"咱们"，都受到了"我"和"我们"的强势挤压，用例明显减少。《正》中已看不到"咱"的用例，"咱们"则还有38个用例，但与《儿》中用例多达4 890例的"我"及用例多达464例的"我们"相比，早已昨是今非了。

二、北京话第二人称代词的历时嬗变（1750—1950）

第二人称代词是用来指称听话人一方的人称代词，现代汉语中常见的有"你""你们""您"等。

同第一人称代词一样，自1750年前后到1950年前后的这两百年间，北京话第二人称代词的历时嬗变，最直观的表现是在其家族成员的消长更替上，这种家

① 曹炜.《金瓶梅词话》虚词计量研究［M］.广州：暨南大学出版社，2011：20.

族成员的消长更替在《红》《儿》《正》这三部北京话典型文献中也得到了充分的反映。《红》的第二人称代词家族由"你""你们""你等""汝""尔""尔等""君""伊""卿""子"10个成员构成;《儿》的第二人称代词家族则由"你""你们""汝""尔""尔等""君""而""卿""子""吾子""公"11个成员构成;《正》的第二人称代词家族仅有"你""你们""您"3个成员。我们可以发现:《儿》较《红》少了"你等"和"伊"两个成员,却多了"而""吾子""公"3个成员;《正》较《儿》多了一个"您",却少了"汝""尔""尔等""君""而""卿""子""吾子""公"9个成员。两百年间的变化真可谓沧海桑田。

较之上述这种直观的一目了然的家族成员的消长更替更为深刻细腻因而也更需要关注的是,《红》《儿》《正》中第二人称代词家族中的一些重要成员在句法、语义、语用层面的发展演变,尤其是诸如"你""你们""您"等这些一直被沿用到现代汉语中的个体的历时嬗变。

先说"你"。

"你"来自"尔",产生于南北朝时期。① 唐五代时期已普遍使用,在经历了一个同"汝"并用的过渡阶段后,最终在口语中取代"汝"而成为第二人称代词的唯一形式,这个时期大概是在北宋末期。②

"你"在《敦煌变文集》中有187个用例,在《朱子语类辑略》中有36个用例,在《水浒传》中则多达3 585个用例。③

《红》中的"你"是使用频率最高的第二人称代词,有4 613个用例,绝大部分表单数,但也有表复数的用例,有两种用法:

第一,你+集合概念名词。如:

（1）若说我不忍叫你娘儿们受人委曲还犹可……（《红》第二十五回）
（2）你姊妹们别笑话,留着赏丫头们罢。（《红》第七十一回）

第二,你+大于一的数词+量词。如:

---

① 吕叔湘指出:"第二身代词你就是古代的爾。汉晋以来,草书里久已把'爾'写作'尔'。……我们可以相信,南北朝人写这个字已经跟现代的情形相似,除必须工整的场所作'爾'外,通常就写'尔'。""你"是在"尔"的旁边加了个单人旁。"你"的写法大概出现在南北朝后期,流行于隋唐,到清朝时第二人称基本上都使用"你"。参见吕叔湘.近代汉语指代词［M］.江蓝生,补.上海:学林出版社,1985:3, 4.
② 蒋冀骋,吴福祥.近代汉语纲要［M］.长沙:湖南教育出版社,1997:103.
③ 参见吴福祥.敦煌变文语法研究［M］.长沙:岳麓书社,1996:12;吴福祥.《朱子语类辑略》语法研究［M］.开封:河南大学出版社,2004:5;曹炜,等.《水浒传》虚词计量研究［M］.广州:暨南大学出版社,2009:212.

（3）如今老太太都已早散了，满园的人想俱已睡熟了，你两个的丫头还不知在那里找你们呢。（《红》第七十六回）

其中，第二种用法在现代汉语中已经消失了，如例（3）中的人"你两个"在现代汉语中就会说成"你们两个"；第一种用法虽然保留在了现代汉语中，但"你"后面的名词必须为单音节名词，如"你部""你班""你队""你校"等，如果是双音节名词，还得用"你们"，如例（1）（2）中的"你娘儿们""你姊妹们"在现代汉语中就会说成"你们娘儿们""你们姊妹"等。

到了一百年后的《儿》中，"你"的用法变化不大，虽然主要是表单数，但表复数的用法并不罕见，依然保留了《红》中"你"表复数的两种用法。这些例中的"你"在现代汉语中均得换成"你们"。

到了一百年后的《正》中已看不到"你两个""你娘儿们"这样的用例了，也就是说，在老舍时代，《红》《儿》中"你"表复数的两种用法，一种已经消失，另一种则有了某种限制。

《红》中的"你"还有表虚指的用法，主要有两种情形：

第一，"你"与"我"对举构成"你 X 我 Y"构式，"你""我"并不特指说话者和听话者，而是虚指某一个群体内的一些成员。如：

（4）如此亲朋你来我去，也不能胜数。（《红》第十三回）
（5）众人见问，都你看我我看你，都想不起来。（《红》第三十七回）

第二，"你"用在"管（凭）……什（甚）么"构式中，并没有确定的指代对象，整个构式表示没有例外。如：

（6）管你什么金什么玉的呢！（《红》第二十八回）
（7）凭你甚么好人，入了这一行，都弄坏了。（《红》第五十八回）

一百年之后的《儿》中"你"也保留了《红》中"你"的这两种虚指用法。如：

（8）或者本家弟兄众多，亲戚宴会，姐妹妯娌谈起来，你夸我耀，彼此家里都有两房姬妾，自己一想，又无儿无女，又有钱有钞，不给丈夫置个妾，觉得在人面上挂不住，没奈何，一狠二狠，给他作成了，却是三面说不到家，一生不得

合式。(《儿》第二十七回)

(9) 只因何玉凤、张金凤彼此性情相照，患难相扶，那种你怜我爱的光景，不同寻常姊妹。(《儿》第三十一回)

(10) 这班人倒不顽笑，只见他把那两个戴困秋的让在正面，他三个倒左右相陪，你兄我弟的讲交情，交了个亲热。(《儿》第三十二回)

(11) 上面坐的那位须发苍然的都老爷，却只带着个眼镜儿，拿着枝红笔，接着那册子，点一名，叫一人，放一本。任你吵得地暗天昏，他只我行我法。(《儿》第三十四回)

(12) 我除了给他送些薪水之外，凭你送他甚么，一概不收。(《儿》第十六回)

发展到老舍时代，《红》《儿》中"你"表虚指的用法依然存在，但是尤其值得关注的是"你"的两种新用法：

第一，你+语气词"呀"，置于句首，表夸赞、感慨、嘲讽等语气。共有 4 例。如：

(13) "你呀，老二，不怪你妈妈叫你二鬼子！"姑母无可如何地笑了。(《正》)

(14) 你呀，先念"四福音书"吧，等到功夫深了再看"启示录"！(《正》)

第二，你+"看""说""知道"等动词，充当独立语。共有 10 例。如：

(15) 你知道，洋人腿长，走得快。一边走，我一边念道："老牛有生机。"(《正》)

(16) 你看，赶明儿个我约那个洋人吃饭，是让他进大门呢？还是走后门？(《正》)

第三，"你"构成独词句，仅有 1 例：

(17) "你？"姑母打量着他，好象向来不曾相识似的。(《正》)

《正》中"你"的这些用法是《红》《儿》中均未出现过的。这些用法在现代汉语中极为常见。如果说，两百年间"你"在句法、语义、语用上还存在一些变化的话，那么"你们"却是另一番景象：无论是句法特点还是语义特点等，均没有多少变化。也就是说,《红》中的"你们"所呈现出的全部句法的、语义的特点全部保留在了现代汉语中。其实,如果我们上溯到 16 世纪的《金瓶梅词话》中,其中的"你每(们)"的句法语义特点就与现代汉语基本一致了。

再说说"您"。

"您"在现代汉语中是"你"的敬称,或叫礼貌式。这个"您"是怎么产生的、什么时候产生的,目前尚未有确解。

宋元时期有一个表复数的"您"。吕叔湘认为这个"您"同今天表敬称的"您"只是字形相同,实际上没有关系。①

但太田辰夫则指出:"'您'是宋代'您懣'或'你门'的简缩形式,所以本是复数。……'您'又写作'恁'……'您'是复数,但在宋代早就有用作单数的例子,因而有再在它后面加上复数的情况。……到元代更多。而且和亲属称谓相配合的例子屡次能见到……"②

从太田辰夫不甚明确的叙述中我们似乎可以勾勒出"您"发展演变的轨迹:先是表复数,然后表单数,接着同亲属称谓配合着使用,最后就演变成第二人称单数的敬称。

当然这仅仅是个假设,需要足够的语料来加以证明。

《红》中"您"有 4 个用例:

(18)您看那风起玉尘沙。(《红》第六十三回)

(19)您再休要剑斩黄龙一线儿差,再休向东老贫穷卖酒家。(《红》第六十三回)

(20)您与俺高眼向云霞。(《红》第六十三回)

(21)洞宾呵,您得了人可便早些儿回话;若迟呵,错教人留恨碧桃花。(《红》第六十三回)

这 4 例"您"均出现在同一回中,而且均为芳官唱的《赏花时》中的语句。《赏花时》是明代汤显祖《邯郸记·度世》中的曲子,并不能反映《红楼梦》时代汉语的实际情况。这 4 例中的"您"并不是表第二人称敬称的"您"。

吕叔湘曾经断言:"《红楼梦》《三侠五义》《儿女英雄传》这些书里边没有

① 吕叔湘指出:"这个'您'字跟金元时期用为复数的'您'字是一个写法,可不是一个语词。……假如认为前后两个'您'字一脉相承,这是很难解释的。"参见吕叔湘. 近代汉语指代词 [M]. 江蓝生,补. 上海:学林出版社,1985:36 – 37.

② 参见太田辰夫. 近代汉语指代词 [M]. 2 版. 蒋绍愚,徐昌华,译. 北京:北京大学出版社,2003:106 – 107.

'您'字，直到《老残游记》（1906）才第一次著录这个字儿，可是不写做'您'而写作'儜'。"① 吕先生可能就是因为《红》中的这 4 个"您"的用例均出自明代汤显祖《邯郸记·度世》，所以也就不承认是《红》中自然语言的例句，因而断言《红》中无"您"的用例。

一百年后的《儿》中倒是确确实实没有"您"的用例。

较《儿》晚出半个世纪的《老残游记》②（简称《老》）中，诚如吕叔湘先生所言，有第二人称敬称的用例，字儿写作"儜"。此处吕先生未作展开，这里作一下简单补叙。

《老》中表第二人称敬称的"儜"共有 21 个用例，其中表单数的 17 例，表复数的 4 例。表复数的"儜"后面都跟着"二（两）位"。如：

（22）说着，玙姑已走出来，说道："昨日龙叔不说吗？儜早去也没用……"（《老》第十二回）

（23）翠花这时眼眶子里也搁着泪，说道："儜别叫他脱了。"（《老》第十三回）

（24）方说到这里，翠环抬起头来喊道："儜瞧！窗户怎样这么红呀？"（《老》第十五回）

（25）儜二位可别怪，叫他们姊儿俩赶快过去罢！（《老》第二十回）

（26）儜两位多抱屈，让我们姊儿俩得二百银子，我们长这么大，还没有见过整百的银子呢。（《老》第二十回）

《老》中的"儜"在句法功能上比较单一——全部作主语，在语用上也全部用于小辈对长辈的言语表达中。

较《老》晚出半个世纪的《正》中出现了"您"的大量用例，共有 66 例，其句法特点如下：

第一，作主语，共有 40 例，占"您"所有用例的 60.61%。如：

（27）"是！"二哥急忙答应，他知道母亲要说什么。"您放心，全交给我啦！……"（《正》）

（28）他拿着酒壶出来，极亲热地走向姑母："老太太，您闻闻，有酒味没有？"（《正》）

---

① 参见吕叔湘. 近代汉语指代词［M］. 江蓝生，补. 上海：学林出版社，1985：37.

② 刘鹗. 老残游记［M］. 南昌：百花洲文艺出版社，2010.

第二，作宾语，共有 9 例，占"您"所有用例的 13.64%。如：

(29) 吃完饭，我准备好，要赢您四吊钱，买一斤好杂拌儿吃吃！敢来不敢？老太太！(《正》)

(30) 进了堂屋，二哥给二位长亲请了安，问了好，而后献礼："没什么孝敬您的，自家园的一点红枣儿！"(《正》)

第三，作定语，共有 5 例，占"您"所有用例的 7.58%。如：

(31) 正翁，您的身子骨儿比我结实多了。我呀，连卖半空儿多给，都受不了啊！(《正》)

(32) 大舅妈表示不肯走，要在这儿陪伴着产妇。

二哥又笑了："奶奶，您算了吧！凭您这全本连台的咳嗽，谁受得了啊！"(《正》)

第四，作兼语，共有 4 例，占"您"所有用例的 6.06%。如：

(33) 我不知道，所以才来请您帮帮忙！(《正》)

(34) 定大爷，咱们这一带可就数您德高望重，也只有您肯帮助我们！(《正》)

第五，与"看""听""看看"等组合后作句中独立语，共有 8 例，占"您"所有用例的 12.12%。如：

(35) 您看看，全是凤头的，而且是多么大，多么俊的凤头啊！(《正》)

(36) 对！牛牧师！我去雇一辆车，准保体面！到了定宅，我去喊："回事！"您听，我的嗓音儿还象那么一回事吧？(《正》)

需要关注的是，在这 66 例"您"中，并非全用于小辈对长辈，也可用于长辈对小辈。如：

(37) 每逢她骂到满宫满调的时候，父亲便过来，笑着问问："姐姐，我帮帮您吧！"(《正》)

更多的是用于平辈之间, 多达 14 例。如:

(38) 二哥, 不信您马上拍出十两银子来, 看我肯让给您不肯!(《正》)
(39) 二哥, 您坐着, 我给老爷子找小白梨去!(《正》)

例 (38) (39) 中称"您"的是"我"的大姐夫, 被称的是"我"的大哥。"您"是"我"的大姐夫对"我"的大哥的称呼。

此外, "您"还可表复数, 指"你们":

(40) "您请上坐!""那可不敢当! 不敢当!""您要不那么坐, 别人就没法儿坐了!"直到二哥发出呼吁:"快坐吧, 菜都凉啦!"大家才恭敬不如从命地坐下。(《正》)

例 (40) 中的"您"即谓后文的"大家"。

除了上面讨论过的"你""你们""你等""您"之外,《红》《儿》《正》三部文献中出现的北京话第二人称代词还有"汝""尔""尔等""君""伊""而""卿""子""吾子""公"10 个。其中"汝""尔""君""而""卿""子""吾子""公"8 个是对上古汉语中第二人称代词的沿用, "你等""尔等"是中古时期出现的第二人称代词, 在近代汉语白话文献中使用, 往往具有特殊的语用价值:使用者往往是一些特殊人群, 他们自命不凡, 自以为高人一等, 往往能给普通人指点迷津;"汝""尔"等成了一种语言标记, 卓尔不凡的标签, 有修养有内涵的外化。这十多个第二人称代词, 从《红》到《儿》再到《正》, 经历了一个从衰弱到消亡的发展过程。

三、北京话第三人称代词的历时嬗变 (1750—1950)

在汉语人称代词体系中, 第三人称代词是相对不够发达的一个分支, 以致学界关于上古汉语中究竟有无第三人称代词这个问题今天依然存在着分歧, 这是题外话。

前面的不说, 单表 1750—1950 年这两百年间的发展演变情况。

我们在表述第一人称代词和第二人称代词的历时嬗变时都会展示不同时点这两类代词的家族成员的消长更替, 因为其发展之快、变化之大足以让人震撼。但是第三人称代词却并非如此, 其家族成员之变化几乎可以被忽略掉:《红》和《儿》的第三人称代词家族成员是一样的, 有"他""他们""其"和"彼"4 个成员；《正》中的第三人称代词家族成员缩减为 3 个："他""他们""其"。如此，揭示每个个体在句法、语义、语用层面的发展演变，从而展示其整个家族的历史变迁便成了我们唯一能做的事情了。下面对"他""其"进行分析。

先说"他"。

"他"在上古汉语中主要为指示代词，作"其他"解，有时也作旁称代词，作"他人"解。魏晋以后，作"他人"解的"他"用例多了起来，这时出现了一个似小实大的变化："他"可以专指一个或几个人。但是这个"他"还是无定的，与有定的第三人称代词还有一小步距离。紧接着，"他"被用来指称已经说起过的人或者就在面前的一个人，这样"他"就完成了由旁称代词到第三人称代词的转变。到了唐代，这种真正意义的第三人称代词"他"就大行其道了。①

"他"是《红》中使用频率最高的第三人称代词，表单数，作主语、宾语、定语和兼语是其最基本最主要的用法。但是《红》中的"他"也有一些今天看来比较特殊的用法，主要有以下几种情形：

第一，"他"表复数，与表集合概念的词语一起使用。如：

（1）周瑞家的听了，方出去引他两个进入院来。（《红》第六回）

（2）薛姨妈不放心，到底命两个妇女跟随他兄妹方罢。（《红》第八回）

（3）这四个人单在内茶房收管杯碟茶器，若少一件，便叫他四个人描赔。（《红》第十四回）

（4）若不来时，他母女三人一处吃饭；若贾琏来了，他夫妻二人一处吃，他母女便回房自吃。（《红》第六十五回）

第二，"他"用在动作动词后面，没有确指的对象，类似衬字，在语义上显得可有可无。有了"他"，只是口语色彩更浓一点，语气上也舒缓些。如：

（5）因此步步留心，时时在意，不肯轻易多说一句话，多行一步路，惟恐被人耻笑了他去。（《红》第三回）

（6）又说道："既这样，越性编出他个次序先后来。"（《红》第三十七回）

（7）林黛玉早红了脸，拉着宝钗说："咱们放他一年的假罢。"（《红》第四十二回）

① 吕叔湘. 近代汉语指代词［M］. 江蓝生，补. 上海：学林出版社，1985：5.

第三，"他"与"我"对举构成回环形式，"他""我"并不特指说话者和听话者，而是虚指某一个群体内的一些成员。如：

（8）婶娘的侄儿虽说年轻，却也是他敬我，我敬他，从来没有红过脸儿。（《红》第十一回）

这种用法在现代汉语中常表现为"你""我"对举，如例（8）的"他敬我，我敬他"会说成"你敬我，我敬你"。

到了一百年后的《儿》中，"他"在沿袭了《红》中"他"的用法特点的基础上又有了一些新的发展：

第一，"他"用在表集合概念的名词性成分之前，表复数。如：

（9）当下他两个进来，便问公子，说："少爷，昨日不说有封信要送吗？送到那里呀？"（《儿》第四回）

（10）他两个算把"儿女英雄"四个字攥住不撒手，叼住不松嘴了！（《儿》第三十回）

这显然是沿袭了《红》中"他"的用法。

第二，用在"管""凭"等词后面，表否定意味。如：

（11）那太太便在旁说道："老爷，玉格这话狠是，我也是这个意思。这些话我心里也有，就是不能象他说的这么文诌诌的。老爷竟是依他的话，打起高兴来。管他呢，中了，好极了；就算是不中，再白辛苦这一荡也不要紧，也是尝过的滋味儿罢咧！"（《儿》第一回）

（12）此时把个姑娘恼得冒火，合他嚷道："是怎么下不来？你到底说呀！凭他甚么为难的事，你自说，我有主意。"（《儿》第八回）

这是《红》中的"他"所没有的用法。

第三，动词＋他＋物量词组。这里的"他"类似于衬字，没有确指的对象，在语义上显得可有可无。有了"他"，只是口语色彩更浓一点，语气上更舒缓些。如：

（13）既这样，不用闹茶了。家里不是有前日得的那四个大花雕吗，今日咱

们开他一坛儿，合你二叔喝。（《儿》第十五回）

（14）老头儿没法，说道："我们再取个大些的杯子，喝他三杯，痛快痛快！"（《儿》第十六回）

（15）倘然果的没信了，今日这一天的闷葫芦可叫人怎么打呀！倒莫如遵着太太的话，睡他一天，倒也是个老正经。（《儿》第三十五回）

丁声树认为这类"他"没有实际的意义，只有加重语气的作用。[①]

"他"的这个用法是对《红》中"他"的第二种用法的发展。

但是，无论是《红》中"他"的第二种用法还是《儿》中"他"的第二、三种用法，均保留在了现代汉语中。

发展到老舍时代，像《红》中例（1）～（4）中的"他两个""他兄妹""他四个""他夫妻""他母女"这种用法显然已经销声匿迹了，因此《正》中也就见不到用例了。至于"他"的虚指用法，虽然在《正》中没有用例，但在同时期的《茶馆》[②]中则有用例。如：

（16）王利发　老总们，让我哪儿找现洋去呢？
　　　大　兵　……揍他个小舅子！
　　　巡　警　快！再添点！（《茶馆》第二幕）

再说说"其"。

郭锡良指出：从先秦古籍看，指示代词"其"已经逐步向第三人称代词转化，但还处于孕育阶段，一般只用作定语，不能作主语。汉代以后，"其"继续向第三人称代词转化，用作主语、宾语的数量越来越多，南北朝时期在口语中可能已经成为真正的第三人称代词了。[③]卢烈红也指出：汉魏六朝时期，"其"可独立充当句子的主语、宾语，语法功能臻于完备，此时的"其"已是一个真正的第三人称代词了。[④]晚唐五代以降，随着"他"的崛起乃至大行其道，"其"的使用空间被压缩，逐渐又被"打回原形"——主要充当定语，同时使用频率不断降低，成为口语中不常用的第三人称代词。

《红》中"其"作为第三人称代词，共有264个用例，主要用作定语，用例

　　① 丁声树，等. 现代汉语语法讲话［M］. 北京：商务印书馆，1961：145.
　　② 老舍. 茶馆［M］. 成都：四川人民出版社，2017.
　　③ 郭锡良. 汉语第三人称代词的起源和发展［M］//北京大学中文系《语言学论丛》编委会. 语言学论丛：第六辑. 北京：商务印书馆，1980：64，69，74.
　　④ 卢烈红.《古尊宿语要》代词助词研究［M］. 武汉：武汉大学出版社，1998：40.

多达199个，占"其"全部用例的75.38%。如：

（17）看其外貌最是极好，却难知其底细。（《红》第三回）

（18）林黛玉早已醒了，觉得有人，就猜着定是宝玉，因翻身一看，果中其料。（《红》第二十一回）

（19）尤三姐便知其意，酒过三巡，不用姐姐开口，先便滴泪泣道……（《红》第六十五回）

其次是作兼语，共有33个用例，占"其"全部用例的12.50%。如：

（20）当日有他父亲在日，酷爱此女，令其读书识字，较之乃兄竟高过十倍。（《红》第四回）

（21）一时贾琏的乳母赵嬷嬷走来，贾琏凤姐忙让吃酒，令其上炕去。（《红》第十六回）

（22）贾琏送目与二姐，令其拾取，这尤二姐亦只是不理。（《红》第六十四回）

再次是作主语，绝大部分是作句中主谓短语的主语，共有21个用例，占"其"全部用例的7.95%。如：

（23）原来这"梦甜香"只有三寸来长，有灯草粗细，以其易烬，故以此烬为限，如香烬未成便要罚。（《红》第三十七回）

（24）女儿曩生之昔，其为质则金玉不足喻其贵，其为性则冰雪不足喻其洁，其为神则星日不足喻其精，其为貌则花月不足喻其色。（《红》第七十八回）

（25）金桂知其不可犯，每欲寻隙，又无隙可乘，只得曲意俯就。（《红》第七十九回）

最后是作宾语，且均为间接宾语，共有11个用例，占"其"全部用例的4.17%。如：

（26）正等的不耐烦，忽一太监坐大马而来，贾母忙接入，问其消息。（《红》第十七回）

（27）宝官等不解何故，因问其所以。（《红》第三十六回）

（28）今见紫鹃来了，问其原故，已知大愈，仍遣琥珀去服侍贾母。（《红》第五十七回）

到了一百年后的《儿》中，第三人称代词"其"共有 144 个用例，用例有所减少。同《红》中的"其"一样，主要用作定语，共有 97 例，占"其"全部用例的 67.36%。如：

（29）先生块处一室，笔墨之外无长物，故著此书以自遣。其书虽托于稗官家言，而国家典故，先世旧闻，往往而在。（《儿》序）

（30）书中交代过的：严父慈母，其性则一，其情不同。（《儿》第十二回）

（31）见了"夫子哂之"一句，只道着个哂其不逊，却又解不出其不逊的所以然……（《儿》第三十九回）

其次是作主语，有 47 例，占"其"全部用例的 32.64%。如：

（32）那先生道："'寻常'者，对'英雄豪杰'而言也。英雄豪杰本于忠孝节义，母死不知成服，其为孝也安在？这便叫作'寻常女子'。"（《儿》第十七回）

（33）一种是"浑头没脑的吃醋"。自己只管其丑如鬼，那怕丈夫弄个比鬼丑的他也不容；自家只管其笨如牛，那怕丈夫弄个比牛笨的他还不肯。（《儿》第二十七回）

（34）如书中的安水心、佟儒人，其本也；安龙媒、金、玉姊妹，其干也，皆正文也。邓家父女、张老夫妻、佟舅太太诸人，其枝节也，皆旁文也。（《儿》第三十三回）

没有作兼语和宾语的用例。

比较《儿》中"其"与《红》中"其"的用法，有一点尤其要关注：《红》中的"其"基本是在自然语言中使用，而《儿》中的"其"则更多的是在引述前代经典古文或熟语或方言创作中使用。这说明"其"在文康时期就已经极其衰弱了，在自然语言中已经较少使用了。

所以，到了老舍时代，"其"的没落是再正常不过的现象。《正》中第三人称代词"其"的使用频率再次减少，只有 3 例，全部作定语。如：

（35）姑母和大姐的婆婆若在这种场合相遇，她们就必须出奇制胜，各显其能，用各种笔法，旁敲侧击，打败对手，传为美谈。（《正》）

（36）她们必须知道谁是二姥姥的姑舅妹妹的干儿子的表姐，好来与谁的小姨子的公公的盟兄弟的寡嫂，作极细致的分析比较，使她们的席位各得其所，心服口服，吃个痛快。（《正》）

"其"全部用在从古代传承下来的固定结构中，这说明"其"在老舍时代已经不单独用在自然语言中了。

最后说说"彼"。

"彼"在甲骨文、金文中都未出现，春秋战国以后使用次数才多起来。[①] 作为第三人称代词的"彼"既可以表单数，也可以表复数。晚唐五代以降，受"他"的挤压，"彼"逐渐式微，到曹雪芹时代，已经不太常见了。

《红》中作第三人称代词的"彼"共有 17 例，既有表单数的也有表复数的。其中 10 例出现在自然语言中，5 例出现在前代诗赋中，2 例出现在皇帝所下的圣旨中。就句法功能而言，作定语的有 10 例，作兼语的 5 例，作主语、宾语的各 1 例。如：

（37）虽然贾政训子有方，治家有法，一则族大人多，照管不到这些，二则现任族长乃是贾珍，彼乃宁府长孙，又现袭职……（《红》第四回）

（38）先以彼家上中下三等女子之终身册籍，令彼熟玩，尚未觉悟；故引彼再至此处，令其再历饮馔声色之幻，或冀将来一悟，亦未可知也。（《红》第五回）

（39）王夫人原是个好善的，先听彼等之语不肯听其自由者，因思芳官等不过皆系小儿女，一时不遂心，故有此意，但恐将来熬不得清净，反致获罪。（《红》第七十七回）

（40）贾政又深恶孙家，虽是世交，当年不过是彼祖希慕荣宁之势，有不能了结之事才拜在门下的……（《红》第七十九回）

例（37）～（40）均属自然语言。可见，在《红》时代，"彼"虽然使用频率已极低，但尚未退出交际领域。

到了一百年后的文康时期，情况就大不一样了。《儿》中虽然有 2 例第三人称代词"彼"的用例，但均非出现在自然语言中。其中 1 例出自《诗经·邶风·柏舟》，1 例出现在仿文言话语中：

---

① 杨伯峻，何乐士．古汉语语法及其发展：上［M］．修订本．北京：语文出版社，2001：123.

（41）苟谓不然，那燕北闲人虽闲，也断不肯浪费这等拖泥带水的闲笔闲墨。"彼有取耳，子姑待之。"（《儿》第二十九回）

（42）这等看起来，那康成家婢不过晓得了"薄言往愬，逢彼之怒"，合"胡为乎泥中"的几句《诗经》，便要算作个佳话，真真不足道也！（《儿》第三十九回）

例（41）中的"彼"出现在仿文言话语中，"子姑待之"出自《左传·隐公元年》："多行不义必自毙，子姑待之。"此处"彼"指燕北闲人，"彼有取耳，子姑待之"整句话的意思是"他花笔墨写上面这段是有目的的，你姑且等待（安龙媒的正传）"。例（42）中的"薄言往愬，逢彼之怒"出自《诗经·邶风·柏舟》，意思是"前去向他倾诉，不料却赶上他正在发怒"。

由此可见，早在《儿》时代，第三人称代词"彼"就已经基本退出日常交际领域，为"他"所替代了。

又过了一百年，到了老舍时代，"彼"已经完全在北京话口语中消失了，无论是《正》中还是同时期的《龙须沟》《茶馆》等中，均已没有第三人称代词"彼"的用例。

自1750年前后到1950年前后的这两百年间，北京话第一人称代词和第二人称代词的历时嬗变，最直观的表现是在其家族成员的消长更替上，这种家族成员的消长更替在《红》《儿》《正》这三部北京话典型文献中也得到了充分的反映。其基本特征是"瘦身"：由一个由十多个成员组成的庞大家族缩减为由寥寥几个成员组成的小聚合。较之这种直观的一目了然的家族成员的消长更替更为深刻细腻因而也更需要关注的是，《红》《儿》《正》中第一人称代词及第二人称代词家族中的一些重要成员在句法、语义、语用层面的发展演变。与第一人称代词及第二人称代词有所不同的是，第三人称代词在1750年前后到1950年前后的这两百年间，其家族规模变化及成员消长更替不大，因此揭示每个个体在句法、语义、语用层面的发展演变从而展示其整个家族的历史变迁便成了我们唯一能做的事情了。

（原载于《长江学术》2014年第4期）

北京话反身代词的历时嬗变（1750—1950）[①]

反身代词，也叫己称代词、复指代词，主要用于复指名词或其他人称代词，表示人或事物的自身，有时甚至可以泛指任何一个人或事物。已有文献资料表明，唐以前，汉语中的反身代词只有"自"和"己"。[②]唐以降先后出现了"自家""自己""自个"等复合式反身代词，但还是以"自"和"己"为常见。[③]宋元明时期，最为常见的反身代词还是"自"，但"自家""自己"的用例较前代已明显增多，尤其是"自家"的用例大大增多，"自个"则比较罕见。[④]入清以后，常用的反身代词是"自己"和"自"，而且"自己"的使用频率首度超越"自"，成为最为常见的反身代词。总体而言，汉语反身代词研究相对比较薄弱，无论是在专书语法研究还是在断代语法研究中，一般都不作为重点话题来讨论。

基于创作于18世纪中叶的《红楼梦》（前八十回）（简称《红》）、19世纪中叶出现的《儿女英雄传》（简称《儿》）以及20世纪中叶出现的《正红旗下》（简称《正》）是学界公认的典型的北京话代表作品，前两者甚至被誉为绝好的京语教科书，我们试以此三部文献中反身代词的分布状况及使用特点作为依据，来

---

① 本文为国家社会科学基金一般项目"北京话虚词史（1750—1950）"（08BYY049）的阶段性成果。

② 王力认为，秦汉时期汉语反身代词有"自"和"相"。参见王力.汉语语法史［M］.北京：商务印书馆，1989：81.冯春田认为："在古代汉语里，反身代词主要有'自'，直到魏晋六朝还是这样。"参见冯春田.近代汉语语法研究［M］.济南：山东教育出版社，2000：57.我们认为，魏晋以前汉语典型的反身代词只有"自"和"己"。《论语》中反身代词"己"有29个用例，分别充当主语、宾语、定语。而反身代词"自"只有8例。参见杨伯峻.论语译注［M］.北京：中华书局，1980：218，238.《孟子》中反身代词"己"依然多达35个用例，分别充当主语、宾语、定语。而反身代词"自"已多达49个用例。参见杨伯峻.孟子译注［M］.北京：中华书局，1960：354，377.

③ 吴福祥在其《敦煌变文语法研究》一书中只讨论了"自己"（9例）、"自家"（23例），没有讨论"自"和"己"。但在其晚出的《敦煌变文12种语法研究》一书中则讨论了"己"（11例）、"自"（8例）、"自己"（1例）、"自家"（1例）4个反身代词。参见吴福祥.敦煌变文语法研究［M］.长沙：岳麓书社，1996：24-25；吴福祥.敦煌变文12种语法研究［M］.开封：河南大学出版社，2004：6-7.以此可以推断，在敦煌变文中，反身代词还是以"自"和"己"最为常见。

④ 冯春田认为："自己"在明代较多，入清以后更为普遍。参见冯春田.近代汉语语法研究［M］.济南：山东教育出版社，2000：57-59.从文献资料来看，实际情况有所出入：《水浒传》中反身代词"自"有930个用例，《金瓶梅词话》有234个用例，《型世言》有508个用例，分别占92.72%、70.27%、74.05%。可见在明代使用最为普遍的反身代词还是"自"，而不是"自己"。参见曹炜，等.《水浒传》虚词计量研究［M］.广州：暨南大学出版社，2009：223；曹炜.《金瓶梅词话》虚词计量研究［M］.广州：暨南大学出版社，2011：45；曹炜，等.《型世言》虚词计量研究［M］.广州：暨南大学出版社，2011：207.

初步厘清自 18 世纪中叶到 20 世纪中叶北京话反身代词的发展演变轨迹。①

如果我们把反身代词看作一个小系统的话，那么，自 1750 年前后到 1950 年前后的这 200 年中，北京话反身代词系统显然呈现出了某种变化，这种变化在《红》《儿》《正》这三部文献中也得到了反映：《红》的反身代词系统有"自""自己""自家""自个""各自"5 个成员，《儿》的反身代词系统有"自""自己""自己个儿""自家""各自"5 个成员，《正》的反身代词系统有"自""自己""自家"3 个成员。我们可以发现：《儿》较《红》少了一个"自个"，却多了一个"自己个儿"；《正》较《儿》少了"自己个儿"和"各自"。它们具体的分布情况详见表 1：②

表 1　1750—1950 年北京话反身代词的分布情况

词目	作品	用例	占所在系统百分比（%）
自	《红》	405	41.75
	《儿》	95	13.27
	《正》	24	17.65
自己	《红》	510	52.58
	《儿》	596	83.24
	《正》	111	81.62
自己个儿	《红》	0	0
	《儿》	2	0.28
	《正》	0	0
自家	《红》	5	0.52
	《儿》	14	1.96
	《正》	1	0.74
自个	《红》	1	0.10
	《儿》	0	0
	《正》	0	0

①　我们所使用的三种本子分别为：《红楼梦》（北京：人民文学出版社，2008）、《儿女英雄传》（北京：人民文学出版社，1983）、《正红旗下》（北京：人民文学出版社，1980）。
②　本文写作所依据的部分数据来自本人指导的 2010 届研究生谭芳芳的硕士学位论文《〈儿女英雄传〉代词计量研究》及 2011 届研究生袁艳的硕士学位论文《〈红楼梦〉（前 80 回）代词计量研究》，特此说明，并表谢忱。

（续上表）

词目	作品	用例	占所在系统百分比（％）
各自	《红》	49	5.05
	《儿》	9	1.26
	《正》	0	0

至于同一个反身代词在不同的小系统中句法、语义上所呈现出的继承性和发展性，则是更需要我们加以关注并予以揭示的。

一、反身代词"自"句法、语义的历时嬗变

《红》中最常用的反身代词并非"自己"和"自家"，而是"自己"和"自"。《红》中的反身代词"自"有 405 个用例，占其所有反身代词用例的 41.75％，极为常见，是仅次于"自己"的常用反身代词，两者相加占《红》反身代词全部用例的 94％ 强。也就是说，至少在 18 世纪中叶，"自"还是一个极为活跃的反身代词，可与"自己"相抗衡。

《红》中"自"的用法有二：一是单用，复指前文中的名词性成分。如：

（1）说着，便令人送女儿进去，自与雨村携手来至书房中。（《红》第一回）
（2）里面鸳鸯和玉钏儿也各将上房关了，自领丫鬟婆子下房去安歇。（《红》第五十九回）

这种用法的"自"几乎全部作主语，共有 308 个用例，占《红》反身代词"自"全部用例的 76.05％，体现了"自"句法特点的主流面。

只有 1 例作定语：

（3）宝玉听如此说，便吓得欲退不能退，果觉自形污秽不堪。（《红》第五回）

二是与名词性成分连用，两者构成复指与被复指关系。如：

（4）当着众人，太太自为又增了光，堵了众人的嘴。（《红》第三十七回）
（5）他嫂子自觉没趣，赌气去了。（《红》第四十六回）

这种用法的"自"也全部作主语，共有96个用例，占《红》反身代词"自"全部用例的23.70%。

无论是作主语还是作定语，"自"后所跟的动词或名词等均为单音节形式。也就是说，这里不用"自己"而用"自"，可能更多的是受音节的节制和影响。

在语义上，《红》中的"自"绝大部分充当动作行为的施事，如例（1）（2）（4）（5）中的"自"全部为动作行为的实施者，共有374例，占《红》反身代词"自"全部用例的92.35%，体现了"自"语义特点的主流面。

充当动作行为受事的"自"有31例，均为受事主语。如：

（6）虽看过，那不过是勉人自励，虚比浮词，那里都真有的？（《红》第五十六回）

（7）这里王夫人向凤姐等自怨道："这几年我越发精神短了，照顾不到。……"（《红》第七十四回）

（8）你是个明白人，何必作此形景自苦。（《红》第七十六回）

与《红》中的情形有所不同，《儿》中的反身代词"自"用例锐减，仅有95个用例，只占《儿》反身代词全部用例的13.27%。也就是说，至少在19世纪中叶，"自"已呈现明显颓势，无法与"自己"抗衡了。

《儿》中的"自"沿袭了《红》中"自"的用法，几乎没有多少变化。一是单用，复指前文中的名词性成分。如：

（9）在那等伤天害理的，一纳头的作了去，便叫作"自作孽，不可活"，那是一定无可救药的了……（《儿》第三回）

（10）梅公子道："我可不等你了。"说着，把那枝签丢给了公子，先自去了。（《儿》第三十四回）

这种用法的"自"几乎全部作主语，共有70个用例，占《儿》反身代词"自"全部用例的73.68%，体现了"自"句法特点的主流面。

只有1例作定语：

（11）据说这人天文地理无所不通，遁甲奇门无所不晓，以至医卜星相皆能。只是为人却高自位置的狠，等闲的人也入不得他的眼，其学问便可知了。（《儿》第四十回）

二是与名词性成分连用，两者构成复指与被复指关系。如：

（12）那女子自语道："原来这封信在这里。"回手揣在怀里。（《儿》第六回）

（13）是怎么下不来？你到底说呀！凭他甚么为难的事，你自说，我有主意。（《儿》第八回）

（14）如今要把小的们送官，也是小的们自寻的，无的可怨，到官也是这个话。（《儿》第三十一回）

这种用法的"自"也全部作主语，共有 24 个用例，占《红》反身代词"自"全部用例的 25.26%。

与《红》有所不同的是，《儿》中的"自"也出现在了双音节词语之前，如例（9）（11）中的"自作孽""自位置"等。

在语义上，《儿》中的"自"也沿袭了《红》中"自"的特点：绝大部分充当动作行为的施事，如例（9）（10）（12）（13）（14）中的"自"全部为动作行为的实施者，共有 68 例，占《儿》反身代词"自"全部用例的 71.58%，体现了"自"语义特点的主流面。

充当动作行为受事的"自"仅有 27 例，均为受事主语。如：

（15）但我向来的胆儿小，不出头，受父母的教导不敢胡行乱走的，这层还可以自信。（《儿》第二回）

（16）十三妹离坐一把拉住，按在身旁坐下，说："不许跑。"把个张姑娘羞的无地自容，坐又不是，走又不能。（《儿》第九回）

（17）读的文章，有我给你选的那三十篇启、祯，二十篇近科闱墨，简炼揣摩，足够了，不必贪多。倒是这理书的工夫，切忌自欺，不可涉猎一过。（《儿》第三十三回）

到了 20 世纪 50 年代，"自"的颓势依然，反身代词的典型形式只剩下了"自己"。《正》中的"自"还有 24 个用例，占其所有反身代词用例的 17.65%，这一点颇让人意外。但"自"的用法则是大大简化了：一是只单独使用，不与所复指的词语连用了；二是只作主语，不作定语了；三是只用在单音节动词之前。如：

（18）在咳嗽与说话的时候，她的嗓子与口腔便是一部自制的扩音机。（《正》）

（19）就是那小杂货铺也有洋纸洋油出售，连向来带卖化妆品，而且自造鹅胰宫皂的古色古香的香烛店也陈列着洋粉、洋碱，与洋沤子。（《正》）

（20）甚至于串胡同收买破鞋烂纸的妇女们，原来吆喝"换大肥头子儿"，也竟自改为"换洋取灯儿"！（《正》）

（21）顺着墙根的几棵自生自长的草茉莉，今年特别茂盛。（《正》）

例（21）很独特，"自"所复指的词语跑到了它的后面，这是以前所没有的用法。在语义上，"自"充当动作行为施事的有15例，如例（18）～（21）。充当受事的有9例。如：

（22）艺术的熏陶使他在痛苦中还能够找出自慰的办法，所以他快活——不过据他的夫人说，这是没皮没脸，没羞没臊！（《正》）

（23）二百多年积下的历史尘垢，使一般的旗人既忘了自谴，也忘了自励。（《正》）

二、反身代词"自己""自己个儿"句法、语义的历时嬗变

已有研究成果表明，反身代词"自己"至少在六朝时期就已经成形了，由上古汉语的反身代词"自"和"己"复合而成，当时有"自己"和"己自"两种形式。① 六朝以后"己自"废而"自己"兴。蒋绍愚、曹广顺指出：反身代词"自己"出现以后，用法不再与先秦时期的"自"和"己"完全相同，"自己"的反身含义强于"己"，而且复指的范围比"己"宽，用法也超出了先秦时"自"只作状语的范围。②

从历代文献资料用例来看，《敦煌变文集》"自己"有9例，《祖堂集》有55例③，《朱子语类辑略》有10例④，《水浒传》有46例⑤，《金瓶梅词话》有32

---

① 参见魏培泉. 汉魏六朝称代词研究 [D]. 台北：台湾大学，1990.
② 参见蒋绍愚，曹广顺. 近代汉语语法史研究综述 [M]. 北京：商务印书馆，2005：46.《论语》中的8例反身代词"自"全部作主语。参见杨伯峻. 论语译注 [M]. 北京：中华书局，1980：238.《孟子》中的49例反身代词"自"也没有作状语的。参见杨伯峻. 孟子译注 [M]. 北京：中华书局，1960：377.
③ 吴福祥. 敦煌变文语法研究 [M]. 长沙：岳麓书社，1996：27.
④ 参见吴福祥.《朱子语类辑略》语法研究 [M]. 开封：河南大学出版社，2004：11. 该页作者告知的关于反身代词句法功能及其频率的"附表2"不知何故没有出现，估计是疏失了。
⑤ 曹炜，等.《水浒传》虚词计量研究 [M]. 广州：暨南大学出版社，2009：223.

例①,《型世言》有 149 例②。也就是说,从晚唐五代到明末清初,反身代词"自己"的使用频率确实是在不断增高,但与反身代词"自"的用例还是不可同日而语。

《红》中"自己"的用例多达 510 例,占其所有反身代词用例的 52.58%,使用频率首度超越了"自"。在句法功能上也较"自"要灵活多样,除常作主语之外,还可作定语、宾语和兼语。

《红》中的"自己"最常见的句法功能是充当主语,共有 355 个用例,占"自己"所有用例的 69.61%。如:

（1）他自己又老了,又不顾体面,一味吃酒,吃醉了,无人不骂。(《红》第七回)

（2）你老人家自己承认,别带累我们受气。(《红》第十九回)

（3）自己又念一遍,自觉无挂碍,中心自得,便上床睡了。(《红》第二十二回)

（4）这里薛蟠见他已去,方放下心来,后悔自己不该误认了人。(《红》第四十七回)

例（1）（2）中的"自己"是与名词性词语连用,构成同位短语后作主语;例（3）（4）中的"自己"是单独作主语。值得注意的是,《红》中的"自己"没有充当受事主语的用例,所有充当主语的"自己"全部是施事。这一点也与"自"有所不同。

《红》中的"自己"次常见的句法功能是充当定语,共有 93 个用例,占"自己"所有用例的 18.24%。这是反身代词"自"所罕见的句法功能。如:

（5）宝玉一心只拣自己的家乡封条看,遂无心看别省的了。(《红》第五回)

（6）宝玉听了这话说到自己心坎儿上来,可见黛玉不如一紫鹃。(《红》第二十九回)

（7）凡略有眼生之物,一并命收的收,卷的卷,着人拿到自己房内去了。(《红》第七十七回)

《红》中的"自己"还可以充当宾语,共有 46 例,占"自己"所有用例的

---

① 曹炜.《金瓶梅词话》虚词计量研究 [M].广州:暨南大学出版社,2011:45.

② 曹炜,等.《型世言》虚词计量研究 [M].广州:暨南大学出版社,2011:207.

9.02%。这也是"自"所不具备的功能。具体而言，又可细分为以下两种情形：

一种情形是：充当动词宾语，与动词构成动宾短语一起作谓语，共有33例。如：

（8）休说外话，咱们都是自己，我才这样。（《红》第四十二回）

（9）宝玉只当是说他自己，忙来陪笑说道……（《红》第五十六回）

（10）只是张华此去不知何往，他倘或再将此事告诉了别人，或日后再寻出这由头来翻案，岂不是自己害了自己。（《红》第六十九回）

（11）邢夫人自为要鸳鸯之后讨了没意思，后来见贾母越发冷淡了他，凤姐的体面反胜自己……（《红》第七十一回）

另一种情形是：充当介词宾语，与介词构成介宾短语作状语，共有13例。如：

（12）袭人素知贾母已将自己与了宝玉的，今便如此，亦不为越礼，遂和宝玉偷试一番，幸得无人撞见。（《红》第六回）

（13）倘日后邢岫烟有些不遂意的事，纵然邢夫人知道了，与自己无干。（《红》第四十九回）

（14）谁知紫鹃走来，送了一卷东西与宝玉，拆开看时，却是一色老油竹纸上临的钟王蝇头小楷，字迹且与自己十分相似。（《红》第七十回）

《红》中的"自己"还可充当作兼语，共有16例。这也是"自"所从未具备的功能。如：

（15）倒招自己烦恼，不如快去为是。（《红》第二十回）

（16）回来还罚宝玉，他说不会联句，如今就叫他自己作去。（《红》第五十回）

（17）婶子别动气，仔细手，让我自己打。（《红》第六十八回）

例（15）是单独作兼语，例（16）（17）是与代词构成同位短语后作兼语。

值得注意的是，《红》中的"自己"虽然绝大部分是复指前文的名词性成分，属于确指，如例（1）～（17）中的"自己"均属此类；但也有一部分并不是用来复指前文的哪个具体名词性成分，而是一种泛指的用法，指的是任何人。如：

（18）与人方便，自己方便。（《红》第六回）

（19）越自己谦越尊重，别说是三五代的陈人，现从老太太、太太屋里拨过来的，便是老太太、太太屋里的猫儿狗儿，轻易也伤他不的。（《红》第六十三回）

例（18）（19）中的"自己"并非指某个个体或小群体，而是泛指所有的人。

"自己"全面替代"自"肇始于 19 世纪中叶，这在《儿》中得到了充分的反映。《儿》中的反身代词"自己"多达 596 个用例，占其所有反身代词的 83.24%，一举打破了《红》中"自己"和"自"基本势均力敌的平衡状态，"自己"从此一枝独秀，一直保持到现在。

《儿》中的"自己"沿袭了《红》中"自己"的句法功能特点，基本上是一仍旧贯。其中最常见的句法功能是充当主语，有 389 例，占《儿》中"自己"全部用例的 65.27%。如：

（20）无奈自己说话向来是低声静气慢条斯理的惯了，从不会直着脖子喊人，这里叫他，外边断听不见。（《儿》第四回）

（21）公子见那女子这光景，自己也知道这两吊钱又弄疑相了，才待赸赸儿的躲开。（《儿》第五回）

（22）我自己却奉了母亲，避到此地五十里地开外的一个地方，投奔一家英雄。（《儿》第八回）

例（20）（21）中的"自己"是单独作主语，例（22）中的"自己"则是与"我"构成同位短语一起作主语。所有的主语均为施事，没有出现受事主语的用例。

值得注意的是，《儿》中"自己"作定语的用例大幅攀升，多达 155 例，由《红》中的 18.24% 跃升到 26.01%。如：

（23）慢说外头的戏馆、饭庄、东西两庙不肯教他混跑，就连自己的大门，也从不曾无故的出去站站望望。（《儿》第一回）

（24）那霍士端看这光景，料是说不进去，便赸赸的退了下来，另作他自己的打算去了。（与先行词连用，《儿》第二回）

（25）偏偏那女子又是有意而来，彼此阴错阳差，你越防他，他越近你，防着防着，索性防到自己屋里来了。（《儿》第五回）

例（23）（25）中的"自己"单独作定语，例（24）中的"自己"与"他"构成同位短语作定语。

《儿》中的"自己"也可充当宾语，有36个用例，占《儿》中"自己"全部用例的6.04%。如：

（26）怎的上了路，几个家人回去的回去，没来的没来，卧病的卧病，只剩了自己一人……（《儿》第五回）

（27）那少妇便拉了褚大娘子，一面哭着扑了自己来，便在方才安太太坐的那个坐褥上跪下，娇滴滴悲切切叫了声："姐姐，你想得我好苦！"（《儿》第二十回）

（28）再兼这张金凤的模样、言谈、性情、行径，都与自己相同，更存了个"惺惺惜惺惺"的意见。（《儿》第十回）

（29）安公子这几个头真是磕了个死心塌地的，只见他连起带拜的闹了一阵，大约连他自己也不记得是磕了三个啊，还是磕了五个。（《儿》第十回）

例（26）（27）中的"自己"充当动词宾语，共有20个用例。例（28）（29）中的"自己"充当介词宾语，共有16个用例。

《儿》中的"自己"也有一部分充当兼语，有16个用例，占《儿》中"自己"全部用例的2.68%。如：

（30）公子道："请母亲往下听：这可就怨儿子自己糊涂了。正是他走后，去找褚一官的两个骡夫回来了。"（《儿》第十二回）

（31）我再如此用话一敲打，一定要叫他自己说出这句报仇的话来才罢。（《儿》第十六回）

《红》中出现的"自己"表泛指的用法也同样出现在了《儿》中。如：

（32）那避祸的，纵让千方百计的避开，莫认作自己乖觉，究竟立脚不稳，安身不牢；那求富的，纵让千辛万苦的求得，莫认作可以侥幸，须知"飞的不高，跌的不重"。（《儿》第十四回）

（33）看了世人，万人皆不入眼，自己位置的想比圣贤还要高一层；看了世事，万事都不如心，自己作来的要想古今无第二个。干他的事他也作，不干他的事他也作；作的来的他也作，作不来的他也作。不怕自己沥胆披肝，不肯受他人一分好处；只图一时快心满志，不管犯世途万种危机。（《儿》第十六回）

需要特别交代的是，《儿》中出现了一个新的反身代词"自己个儿"，虽然只有2例，却弥足珍贵，从中反映了这个时期反身代词发展演变过程中的暗流涌动。如：

（34）要是你自己个儿招些邪魔外祟来，弄的受了累，那我可全不知道。（《儿》第五回）

例（34）中的"自己个儿"均与代词构成同位短语作主语，所复指的均为单数。从它出现的年代来看，应该是由"自个（儿）"发展演变而成。

到了20世纪50年代，"自己"已然成了最为常用的反身代词，这在《正》中也得到了充分的反映。《正》中"自己"共有111个用例，占其所有反身代词的81.62%。由于《正》整个反身代词系统的用例也就136例，所以，"自己"的这个用例数量是很能说明它的地位的。至于句法功能、语义特点还是沿袭了《儿》中"自己"的基本状况。

第一，作主语，共有65例，占《正》中"自己"用例的58.56%。如：

（35）福海二哥大概是从这里得到了启发，决定自己也去学一门手艺。（《正》）

（36）他又高兴起来，以为只要自己省吃俭用，再加上神佛的保佑，就必定会一顺百顺，四季平安！（《正》）

（37）二姐自己也纳闷，今天晚上为什么想起这么多主意，或者是糖豆与铁蚕豆发生了什么作用。（《正》）

第二，作定语，共有32例，占《正》中"自己"用例的28.83%。如：

（38）遗憾的是他没有足够的财力去组成自己的票社……（《正》）

（39）似乎是她给自己的耳朵安上了避雷针。（《正》）

（40）吃完，谁也没带着钱，于是都争取记在自己的账上，让了有半个多钟头。（《正》）

第三，作宾语，共有13例。如：

（41）可是，出阁之后，她练会把自己惊醒。（《正》）

（42）他用各色的洋纸糊成小高脚碟，以备把杂拌儿中的糖豆子、大扁杏仁等等轻巧地放在碟上，好象是为给他自己上供。（《正》）

（43）同样地，大姐丈不仅满意他的"满天飞元宝"，而且情愿随时为一只鸽子而牺牲了自己。（《正》）

第四，作兼语，仅有1例：

（44）戏曲和曲艺成为满人生活中不可缺少的东西，他们不但爱去听，而且喜欢自己粉墨登场。（《正》）

例（44）中的"自己"还表泛指，这也是《正》中唯一表泛指的用例。

《正》中没有出现"自己个儿"这个反身代词。我们还考察了与《正》同一时期的老舍的另外两部作品《龙须沟》和《茶馆》，也没有发现"自己个儿"的用例。可见"自己个儿"只出现在《儿》的时代，并没有沿用到《正》的时代。现代汉语中也未见其踪影。

三、反身代词"自家""自个"句法、语义的历时嬗变

"自家"的逐渐盛行是宋代以降的事情。据吴福祥（1996）统计，《祖堂集》中的反身代词"自家"仅有9个用例，《敦煌变文集》中也只有20个用例。[①] 但是到了宋代情形则有所变化，如《朱子语类辑略》中就出现了131例"自家"。[②] 因此，吴福祥曾经断言："两宋，'自己''自家'的用例更为常见，用法上也有新的变化。"[③] 冯春田也认为："宋代以后，反身代词'自家''自己'更为盛行，尤其是'自家'使用更为普遍。"[④] 自明代以后，"自家"渐渐式微，逐渐被"自己"所替代：明初的《水浒传》中"自家"有27个用例，少于46个用例的"自己"[⑤]；明代中晚期的《金瓶梅词话》中"自家"有67个用例，多于32个用例的"自己"[⑥]；明末的《型世言》中"自家"有29个用例，已大大少于149个用

---

① 吴福祥. 敦煌变文语法研究［M］. 长沙：岳麓书社，1996：27.
② 吴福祥.《朱子语类辑略》语法研究［M］. 开封：河南大学出版社，2004：11.
③ 吴福祥. 敦煌变文语法研究［M］. 长沙：岳麓书社，1996：28.
④ 冯春田. 近代汉语语法研究［M］. 济南：山东教育出版社，2000：59.
⑤ 曹炜，等.《水浒传》虚词计量研究［M］. 广州：暨南大学出版社，2009：223.
⑥ 曹炜.《金瓶梅词话》虚词计量研究［M］. 广州：暨南大学出版社，2011：45.

例的"自己"①。

反身代词"自家"的颓势在《红》中得到了充分的体现，仅仅出现了 5 例（按：可以比较"自"的 405 例及"自己"的 510 例）：

(1) 那宝玉是个丈八的灯台——照见人家，照不见自家的。(《红》第十九回)

(2) 虽然还有富余的，但他们既辛苦闹一年，也要叫他们剩些，贴补贴补自家。(《红》第五十六回)

(3) 贾琏也笑道："自家兄弟，这有何妨呢。"(《红》第六十四回)

(4) 如今连他正经婆婆大太太都嫌了他，说他"雀儿拣着旺处飞，黑母鸡一窝儿，自家的事不管，倒替人家去瞎张罗"。(《红》第六十五回)

(5) 黛玉道："自家姊妹，这倒不必。……"(《红》第六十七回)

例 (1)(2) 中的"自家"充当动词宾语，例 (3)(4)(5) 中的"自家"充当定语。

伴随用例数量少的必然是句法功能的单一。

到了 19 世纪中叶，"自家"依然属于少见的反身代词，《儿》中"自家"的用例也就 14 例（按：可以比较"自"的 95 例及"自己"的 596 例）。其中有 8 例是充当主语的。如：

(6) 如今那位官太太落得自家找了个饭店住着。客人，你想可伤不可伤？你还问他的公馆在那条街呢！(《儿》第十二回)

(7) 一种是"浑头没脑的吃醋"。自己只管其丑如鬼，那怕丈夫弄个比鬼丑的他也不容；自家只管其笨如牛，那怕丈夫弄个比牛笨的他还不肯。(《儿》第二十七回)

(8) 我更不会吃那些果子呀酒的咧。你们自家吃罢。(《儿》第二十九回)

(9) 有了面，有了豆子，有了芝麻，连作酱、磨香油，咱自家也就弄了。(《儿》第三十三回)

例 (6)(7) 中的"自家"是单独充当主语，例 (8)(9) 中的"自家"与代词构成同位短语后充当主语。

另有 5 例是充当定语的。如：

---

① 曹炜，等.《型世言》虚词计量研究［M］.广州：暨南大学出版社，2011：207.

（10）姐姐站在自家祠堂屋里，守在父母神主跟前，又有这等如见如闻有凭有据的显应，还道是无父母之命。（《儿》第二十六回）

（11）一个也该到自己祠堂里磕个头，一个也该见见自家的父母。（《儿》第三十七回）

（12）仲笑岩见曾瑟庵卖弄他家先贤的高风，揭挑自家先贤的短处，早有些不悦，也回口道："须比你家那位子晳公只合些若大若小的孩子厮混的有干头些！"（《儿》第三十九回）

还有 1 例是充当介词宾语的：

（13）在安老夫妻，也非不知此刻事事给他办得完全，将他聘到别家才是公心，娶到自家便成私心……（《儿》第二十五回）

《儿》中的这 14 例"自家"除了例（7）中的表泛指之外，其余均表确指，用来复指前文的名词性成分。

到了 20 世纪中叶的北京话中，"自家"已经极为罕见了，《正》中的反身代词"自家"只有 1 例（按：可以比较"自"的 24 例及"自己"的 111 例）：

（14）没什么孝敬您的，自家园的一点红枣儿！（《正》）

例（14）中的"自家"作定语。

但是，在一些方言中，反身代词"自家"还是很活跃的。以笔者操持的吴方言为例，"自家"是最为常用的反身代词，既可用于单音节词之前，也可用于多音节词语之前，而不像"自"只可用于单音节词之前，而且常对举着使用。吴方言中没有反身代词"自己"。如：

a. 耐个小人，自家的么事么要放好个呀。（你个小孩，自己的东西要放好的呀。）

b. 俚自家也勿晓得纳罕去赚铜钿格。（他自己也不知道怎么样去挣钱的。）

c. 偶是自作自受，自讨苦吃。（我是自作自受，自寻痛苦。）

在历代文献中，"自个"的用例都是很少的。吴福祥（1996，2004）没有讨论。冯春田（2000）也只提供了《祖堂集》中仅见的 1 例，并指出："'自个'

不容易看到，大概只用于方言口语中。"①

《红》中"自个"仅仅出现1例：

(15) 袭人么，越发道学了，独自个在屋里面壁呢。(《红》第六十四回)

《儿》中则未出现1例"自个"。《正》中也未见用例。只有在与《正》同时代的《龙须沟》②（以下简称《龙》）中有3个"自个"的用例。如：

(16) 那你管不着。太爷我自个挣的自个花，你打算怎么着吧！你说！(《龙》)

(17) 就说为你自个儿想，半夜三更住在外头，够多悬哪……(《龙》)

其中例 (16) 中的2例"自个"均作主语，例 (17) 中的1例"自个"与"你"构成同位短语后作宾语。

我们注意到，《龙须沟》是话剧，更加注重口语化，可见，"自个"确实如冯春田推测的那样多用于方言口语中。

四、反身代词"各自"句法、语义的历时嬗变

"各自"由表示逐指的指示代词"各"和反身代词"自"构成。太田辰夫认为：中古近古所见的"各自"意义重点在"各"，"自"几乎已变成后缀，这里的"各"读去声，"各自"不是反身代词。他援引了《史记·酷吏列传》中的例句"其时两弟及两婚家，亦各自坐他罪而族"以为佐证。但是，清代北京话中出现的"各自"则是反身代词，这里的"各"读阳平，"各自"的意义重点在"自"。他所援引的正是《红》中的2个例句：③

a. 管总的张大爷差人送了两箱子东西来，说这是爷各自买的，不在货帐里面。(《红》第六十七回)

b. 我想往年不拘谁作生日，都是各自送各自的礼，这个也俗了，也觉很生分似的。(《红》第四十三回)

---

① 冯春田. 近代汉语语法研究 [M]. 济南：山东教育出版社，2000：59.
② 老舍. 龙须沟 [M]. 海口：大众书店，1951.
③ 太田辰夫. 中国语历史文法 [M]. 蒋绍愚，徐昌华，译. 北京：北京大学出版社，1987：110.

学界对太田辰夫的这个看法普遍认同，这大概也是"各自"不见于吴福祥、冯春田等诸位讨论晚唐五代宋元明时期的反身代词篇什的原因。

作为反身代词的"各自"首见于《红》，共有49个用例，占《红》所有反身代词的5.05%。"各自"的句法功能特点同"自己"相近。

第一，常作主语，共有42个用例，占《红》中"各自"所有用例的85.71%。具体又可分为两种情形：

一是"各自"单独作主语，共有39个用例。如：

（1）家父之意，亦欲暂送我去温习旧书，待明年业师上来，再各自在家里读。（《红》第七回）

（2）林黛玉正眼也不看，各自出了院门，一直找别的姊妹去了。（《红》第二十七回）

（3）宝钗满心委屈气忿，待要怎样，又怕他母亲不安，少不得含泪别了母亲，各自回来，到房里整哭了一夜。（《红》第三十四回）

（4）宝玉仍把黛玉送至潇湘馆门首，才各自回去了。（《红》第六十七回）

（5）香菱虽未受过这气苦，既到此时，也说不得了，只好自悲自怨，各自走开。（《红》第八十回）

需要指出的是，例（1）~（5）中的"各自"所复指的都是个人。

二是"各自"与所复指的名词性成分构成同位短语充当主语，共有3例，除了太田辰夫出示的例b外还有：

（6）你的意思我却知道，守着舅舅姨爹住着，未免拘紧了你，不如你各自住着，好任意施为。（《红》第四回）

（7）说的喜鸾低了头。当下已是起更时分，大家各自归房安歇，众人都且不提。（《红》第七十一回）

第二，也作定语，共有3个用例，除了太田辰夫出示的例a外还有：

（8）秦氏道："天机不可泄漏。只是我与婶子好了一场，临别赠你两句话，须要记着。"因念道：三春去后诸芳尽，各自须寻各自门。（《红》第十三回）

（9）宝玉笑道："你爱打就打，这些东西原不过是借人所用，你爱这样，我爱那样，各自性情不同。……"（《红》第三十一回）

第三，也作兼语，共有 3 个用例：

（10）贾母见元春这般有兴，自己越发喜乐，便命速作一架小巧精致围屏灯来，设于堂屋，命他姊妹们各自暗暗的作了，写出来粘于屏上，然后预备下香茶细果以及各色玩物，为猜着之贺。（《红》第二十二回）

（11）贾蓉还要抬往赖家去赴席，薛蟠百般央告，又命他不要告诉人，贾蓉方依允了，让他各自回家。（《红》第四十七回）

（12）我也说与你嫂子了，好不好叫他各自去罢。况且兰小子也大了，用不着奶子了。（《红》第七十八回）

此外，"各自"也可与"的"构成"的"字短语作宾语：

（13）这如今因都大了，各自干各自的去了，然我心里仍是照旧，有话有事，并不瞒你们。（《红》第四十六回）

令人称奇的是，反身代词"各自"在《红》中的表现只是昙花一现，这也就难怪太田辰夫要拿《红》来举例论证了。《儿》中的"各自"不仅数量上大幅减少，仅有 9 例，只占其所有反身代词用例的 1.26%；而且用法也远没有《红》中的丰富，多作主语。如：

（14）那时同安老爷一班儿拣发的十二人，早有一大半各自找了门路要了书信，先赶到河工，为的是好抢着钻营个差委。（《儿》第二回）

（15）讲那打拳的规矩：各自站了地步，必是彼此把手一拱，先道一个"请"字，招呼一声。（《儿》第六回）

（16）今日幸得我父子相聚，而且官事可完，如释重负。这都是上苍默佑，惟有刻刻各自修省，勉答昊慈而已。（《儿》第十三回）

（17）你们也不用往下搬运，等我们各自回来把上轿的穿的戴的拿下来，别的不用动，省得又费一遍事。（《儿》第二十七回）

作兼语的只有 1 例：

（18）喽罗们愿留的留他作个随身伴当，不愿留的叫他们各自谋生。（《儿》第二十一回）

需要指出的是,《儿》中的"各自"所复指的没有一个是个人,都是两人以上,因此,这里的"各自"实质上是介于逐指与回指之间的,偏向性不强,作回指处理也无不妥,不像《红》中的"各自"大量复指个人,只能是回指,不可能是逐指,因此是典型的反身代词。

到了20世纪中叶,反身代词"各自"已经销声匿迹了。因此,我们在《正》以及与它差不多同时期的《龙须沟》《茶馆》等中也未发现一例反身代词"各自"的用例。

自18世纪中叶到20世纪中叶,北京话反身代词系统呈现出了一系列发展变化的迹象和印记,这种迹象和印记在三个时期的三部典型的北京话文献《红》《儿》《正》中得到了充分的反映。就反身代词系统而言,其历时嬗变的发生轨迹是:由18世纪中叶的"自、自己、自家、自个、各自"板块转换到了19世纪中叶的"自、自己、自己个儿、自家、各自"板块,并最终转换到了20世纪中叶的"自、自己、自家"板块,其间的删汰整合昭然。就反身代词个体而言,其历时嬗变的发生轨迹是:①"自"由18世纪的兴盛到19世纪的衰落直至20世纪的没落;②"自己"由18世纪对"自"的首度超越到19世纪的独领风骚直至20世纪的依然一枝独秀;③"自己个儿"19世纪的昙花一现;④"自家"由18世纪的式微直至20世纪的难觅踪影;⑤"自个"两百年的一路沉寂;⑥"各自"由18世纪的首度现身到19世纪的衰落直至20世纪的消失。这便是北京话反身代词自1750年到1950年的发展演变史。

参考文献:

[1] 吴福祥. 敦煌变文语法研究 [M]. 长沙:岳麓书社,1996.

[2] 曹炜,等.《水浒传》虚词计量研究 [M]. 广州:暨南大学出版社,2009.

[3] 曹炜.《金瓶梅词话》虚词计量研究 [M]. 广州:暨南大学出版社,2011.

[4] 曹炜,等.《型世言》虚词计量研究 [M]. 广州:暨南大学出版社,2011.

[5] 吴福祥.《朱子语类辑略》语法研究 [M]. 开封:河南大学出版社,2004.

[6] 冯春田. 近代汉语语法研究 [M]. 济南:山东教育出版社,2000.

[7] 太田辰夫. 中国语历史文法 [M]. 蒋绍愚,徐昌华,译. 北京:北京大学出版社,1987.

[原载于《苏州大学学报》(哲学社会科学版) 2013 年第 5 期]

北京话统称代词的历时嬗变（1750—1950）①

统称代词是用来指称一定范围内所有人的代词，现代汉语中常见的有"大家""大伙儿""大家伙儿"等。如果说第一人称代词、第二人称代词和第三人称代词是人称代词中的荦荦大者的话，那么统称代词便属于区区小者，以往研究汉语代词的论著一般不予讨论。②已有文献资料表明，唐以前，汉语中的统称代词只有"众人"和"彼此"。③唐以降出现了新的统称代词"大家"。④宋元明时期，最为常见的统称代词还是"众人"和"彼此"，但"大家"的用例较前代已明显增多。入清以后，新产生了"大伙儿""大家伙儿"等统称代词，但"众人"和"彼此"依然常见；"大家"的用例则不断增多，并先后超越了"彼此"和"众人"，最终成为现代汉语最为常见的统称代词。

基于创作于 18 世纪中叶的《红楼梦》（前八十回）（简称《红》）、19 世纪中叶出现的《儿女英雄传》（简称《儿》）以及 20 世纪中叶出现的《正红旗下》（简称《正》）是学界公认的典型的北京话代表作品，前两者甚至被誉为绝好的京语教科书，我们试以此三部文献中反身代词的分布状况及使用特点作为依据，来初步厘清自 18 世纪中叶到 20 世纪中叶北京话统称代词的发展演变轨迹。⑤

如果我们把统称代词看作一个小系统的话，那么，自 1750 年前后到 1950 年

---

① 本文为国家社会科学基金一般项目"北京话虚词史（1750—1950）"（08BYY049）的阶段性成果。

② 吕叔湘《近代汉语指代词》一书未提统称代词。日本学者太田辰夫《中国语历史文法》一书倒是提到了统称代词"大家""大伙儿""大家伙儿"，但仅出示了 5 个用例。其他如冯春田《近代汉语语法研究》、吴福祥《敦煌变文语法研究》等中均未涉及统称代词。仅有卢烈红的《〈古尊宿语要〉代词助词研究》一书讨论了一个统称代词"大家"。

③ 《汉语大词典》出示的作为统称代词"众人"的最早用例是《楚辞·渔夫》："举世皆浊我独清，众人皆醉我独醒。"而统称代词"彼此"的最早用例是《墨子·经说下》中的"彼此"用例，似不妥，所出示的"三国魏嵇康《与吕长悌绝交书》：'间令足下，因其顺亲，盖惜足下门户，欲令彼此无恙也。'"中的"彼此"应是。详见罗竹风. 汉语大词典 [M]. 缩印本. 上海：汉语大词典出版社，1997；5297，1840.

④ 《汉语大词典》出示的"大家"的最早用例是"唐杜荀鹤《重阳日有作》诗'大家拍手高声唱，日未沈山且莫回'"。太田辰夫《中国语历史文法》出示的用例有三，分别是唐代诗人王建、齐己和杜荀鹤的诗句，以杜荀鹤的最为典型。详见罗竹风. 汉语大词典 [M]. 缩印本. 上海：汉语大词典出版社，1997：1317.

⑤ 我们所使用的三种本子分别为：《红楼梦》（北京：人民文学出版社，2008）、《儿女英雄传》（北京：人民文学出版社，1983）、《正红旗下》（北京：人民文学出版社，1980）。

前后的这两百年中，北京话统称代词系统显然呈现出了某种变化，这种变化在《红》《儿》《正》这三部文献中也得到了反映：《红》的统称代词系统由"彼此""大家""大伙儿""众人"4个成员构成，《儿》的统称代词系统由"彼此""大家""大家伙儿""大家伙子""大伙儿""众人"6个成员构成，《正》的统称代词系统则由"彼此""大家""大家伙儿""大伙儿""众人"5个成员构成。我们可以发现：《儿》较《红》多了一个"大家伙儿"和一个"大家伙子"，《正》较《儿》少了一个"大家伙子"。它们具体的分布情况详见表1①：

表1   1750—1950年北京话统称代词的分布情况

词目	作品	用例	占所在系统百分比（%）
彼此	《红》	36	3.55
	《儿》	83	14.04
	《正》	7	13.21
大家	《红》	352	34.68
	《儿》	375	63.45
	《正》	40	75.47
大家伙儿	《红》	0	0
	《儿》	2	0.34
	《正》	2	3.77
大家伙子	《红》	0	0
	《儿》	2	0.34
	《正》	0	0
大伙儿	《红》	1	0.10
	《儿》	11	1.86
	《正》	3	5.66
众人	《红》	626	61.67
	《儿》	118	19.97
	《正》	1	1.89

① 本文写作所依据的部分数据来自本人指导的2010届研究生谭芳芳的硕士学位论文《〈儿女英雄传〉代词计量研究》及2011届研究生袁艳的硕士学位论文《〈红楼梦〉（前80回）代词计量研究》，特此说明，并表谢忱。

至于同一个反身代词在不同的小系统中所呈现出的继承性和发展性，则是更需要我们加以关注并予以揭示。

一、统称代词"彼此"的历时嬗变

"彼此"由指示代词"彼"和"此"构成①，"称代第一人称与第二人称或第三人称构成的双方"，也称代复数第一人称、第二人称、第三人称中的各方。② 讨论近代汉语代词的论著一般不将"彼此"纳入统称代词序列加以讨论，但事实上，在近代汉语中它还是一个颇为活跃的统称代词。③

《红》中最为常见的统称代词是"众人"和"大家"，两者占了《红》所有统称代词的96%强。而"彼此"只占《红》所有统称代词的3.55%，相对而言比较弱势，衰落的迹象很是明显。但就用例来看，并不罕见，还是有一定的数量——36例，而且用法也并不单一。

《红》中"彼此"的用法有二：

一是单用，共有32例，占《红》"彼此"用例的88.89%。其中有31例作主语。如：

（1）今日回去，何不禀明，就往我们敝塾中来，我亦相伴，彼此有益，岂不是好事？（《红》第七回）

（2）极是，何不大家起个别号，彼此称呼则雅。（《红》第三十七回）

---

① 王力指出："上古有一个'彼'字可用于主语，但是'彼'字的指示性很重，又往往带感情色彩，并不是一般的人称代词。"参见王力. 汉语史稿［M］. 北京：中华书局，1980：265.《论语》中"彼"有2处用例，1处是指示代词，同"那"；1处为人称代词，同"他"，有轻蔑色彩。参见杨伯峻. 论语译注［M］. 北京：中华书局，1980：252.

② 关于"彼此"的语义表述不一而足：吕叔湘主编的《现代汉语八百词》表述为："那个人和这个人；双方。"参见吕叔湘. 现代汉语八百词［M］. 北京：商务印书馆，1980：63.《现代汉语词典》第6版表述为："那个和这个；双方。"均略显粗糙。参见中国社会科学院语言研究所词典编辑室. 现代汉语词典［M］.6版. 北京：商务印书馆，2012：68. 此处采用张斌主编《现代汉语虚词词典》的表述，但不知何故该词典未将"称代复数第二人称中的各方"列入"彼此"的语义范围，今补上。参见张斌. 现代汉语虚词词典［M］：北京：商务印书馆，2001：39.

③ 据我们统计，在宋代的《三朝北盟会编》中，统称代词"彼此"共有41个用例，使用频率略低于"众人"而远高于"大家"；在元末明初的《水浒传》中，"彼此"共有3个用例，使用频率大大低于"众人"，也略低于"大家"；在明代中晚期的《金瓶梅词话》中，"彼此"有54个用例，使用频率大大低于"众人"而略高于"大家"；在明末的《型世言》中，"彼此"有20个用例，使用频率大大低于"众人"而略低于"大家"。我们统计所使用的本子分别为：《三朝北盟会编》（上海：上海古籍出版社，1987）、《水浒传》（北京：人民文学出版社，1997）、《金瓶梅词话》（北京：文学古籍刊行社，1957）、《型世言》（北京：中华书局，1993）。

（3）近年大了，彼此又出落的品貌风流。（《红》第七十二回）

只有1例作定语：

（4）近闻宁国公冢孙妇告殂，因想当日彼此祖父相与之情，同难同荣，未以异姓相视，因此不以王位自居，上日也曾探丧上祭，如今又设路奠，命麾下各官在此伺候。（《红》第十四回）

可见，单用、作主语是《红》中"彼此"最为常见的用法。

二是与其他成分连用，构成同位短语作主语或宾语，前者有2例，后者有2例。如：

（5）他们既随和，你也随和，岂不大家彼此有趣。（《红》第二十二回）

（6）林黛玉素知丫头们的情性，他们彼此顽耍惯了，恐怕院内的丫头没听真是他的声音，只当是别的丫头们来了，所以不开门……（《红》第二十六回）

（7）宝玉道："什么是'大家彼此'！他们有'大家彼此'，我是'赤条条来去无牵挂'。"（《红》第二十二回）

与《红》中的情形颇有不同的是，《儿》中的统称代词"彼此"用例竟然大幅度增加，虽然还是不能与"大家"的用例相抗衡，但已接近用例大幅度减少的"众人"了，共有83个用例，占《儿》所有统称代词用例的14.04%。《儿》的篇幅要远逊于《红》，但《儿》中"彼此"的用例数量却是《红》的两倍多，从所占各自系统用例的百分比来看，《儿》更是《红》的近4倍。

这显然是一种反常现象。伴随着"大家"的走强以及"大伙儿""大家伙儿"等的崛起，"彼此"由盛而衰，由衰而亡，应是必然之理，缘何从18世纪的《红》时代走到19世纪的《儿》时代，并非一条下坡线反倒是一条上坡线呢？个中缘由，可能与"众人"的走衰直至消亡有关。在汉语统称代词中，"大家""大伙儿""大家伙儿""大家伙子"等的口语色彩甚是浓郁，很俚俗；而"彼此""众人"则带有文言色彩，略显典雅。两个系列各有各的用处，但两个系列均需要删汰调整。于是"彼此"与"众人"的竞争就先开场了。在《红》时代，显然是"众人"占了上风，"彼此"岌岌可危；然而，一百年后的《儿》时代，"彼此"绝处逢生，得以保留，而"众人"则已现颓势，直至走向消亡，走出了一条悲壮的下坡线，应该也是"彼此"较之于"众人"更具典雅色彩所致。

就用法而言，《儿》中的"彼此"一仍旧贯，几乎没有任何的变异。最常见的用法是单用，作主语，共有 65 例，占《儿》中"彼此"全部用例的 78.31%。如：

（8）一时彼此都觉得心里有多少话要说、要问，只是说不出，主仆二人好生的依依不舍。（《儿》第三回）

（9）一个莽和尚，一个俏佳人；一个穿红，一个穿黑；彼此在那冷月昏灯之下，来来往往，吆吆喝喝。这场恶斗，斗得来十分好看！（《儿》第六回）

（10）老弟，若论你合这人，彼此都该见一见，才不算世上一桩缺陷事。（《儿》第十六回）

偶尔也作定语，仅有 3 例。如：

（11）谁知这位姑娘虽然在能仁寺合张姑娘聚了半日，也曾有几句深谈，只是那时节彼此心里都在有事，究竟不曾谈到一句儿女衷肠，今日重得相逢，更是依依不舍。（《儿》第二十回）

（12）便是我说书的也还赶上听见旗籍诸老辈的彼此称谓，如称台阁大老，张则"张中堂"，李则"李大人"……（《儿》第二十九回）

另一种用法是与其他成分连用，其中构成同位短语后作主语的，有 10 例。如：

（13）他二人彼此福了一福，一时情性相感，不觉拉住手，都落了几点泪。（《儿》第二十四回）

（14）只因何玉凤、张金凤彼此性情相照，患难相扶，那种你怜我爱的光景，不同寻常姊妹。（《儿》第三十一回）

（15）这班少年英俊彼此一见，自然意气相投，当下几个人坐下各道倾慕，便大家高谈阔论起来。（《儿》第三十五回）

构成同位短语后作宾语的，有 5 例。如：

（16）安太太笑道："亲家，这是作么呀？你我难道还分彼此么？"（《儿》第十三回）

（17）但是我想，我那时候虽说无靠，到底还有我的爹妈；他虽说无靠，合我还算得上个彼此。（《儿》第二十六回）

"彼此"的这种良好势头，即使到了20世纪的《正》时代，也依然没有改变。《正》中"彼此"共有7例，占《正》所有统称代词的13.21%，所占各自系统用例的百分比与《儿》基本持平，一跃成为《正》中使用频率仅次于"大家"、位列第二的统称代词。而其昔日的伙伴"众人"仅有1例，使用频率位居《正》所有统称代词之末。

《正》中的"彼此"均为单用，作主语或宾语。如：

（18）虽然是汉人与回族人，可是在感情上已然都不分彼此，给他们洗洗作作，并不见得降低了自己的身分。（《正》）

（19）是的，当彼此不相往来的时候，不同的规矩与习惯使彼此互相歧视。（《正》）

（20）及至彼此成为朋友，严守规矩反倒受到对方的称赞。（《正》）

（21）二哥以为这样扯关系，可以彼此更亲热一点；哪知道竟自碰了回来。（《正》）

"彼此"从远古走来，一路坎坷，但一直沿用到了现代汉语中，成为现代汉语常用的统称代词之一。

二、统称代词"大家"的历时嬗变

"大家"一词在先秦时期就已产生，但并非统称代词。作为统称代词的"大家"一般认为产生于唐代。但那时常用的统称代词还是"众人"和"彼此"，"大家"的用例并不多，这种情形到了宋元明时期并未有多少改变。① 直到18世纪的《红》时代，"大家"才成为统称代词家族的骨干成员而大行其道，但风头依然被强势的"众人"所遮蔽，使用频率屈居第二。直至19世纪的《儿》时代，"大家"才第一次超越所有统称代词，并将昔日的老大"众人"远远地甩在了身后。这种一枝独秀的局面一直保留到了一百年后的《正》时代，并最终活跃在现

---

① 吴福祥的《敦煌变文12种语法研究》一书仅提供了2个"大家"的用例。参见吴福祥. 敦煌变文12种语法研究［M］. 开封：河南大学出版社，2004：8.《祖堂集》中有12个"大家"的用例，《景德传灯录》有17个用例，《古尊宿语要》有8个用例，《五灯会元》有28个用例。参见卢烈红.《古尊宿语要》代词助词研究［M］. 武汉：武汉大学出版社，1998：57. 元末明初的《水浒传》中有8个"大家"的用例，明末的《型世言》中有31个"大家"的用例，与清代《红》《儿》中动辄数百例的情形不可同日而语。参见曹炜，等.《水浒传》虚词计量研究［M］. 广州：暨南大学出版社，2009：226；曹炜，等.《型世言》虚词计量研究［M］. 广州：暨南大学出版社，2011：209.

代汉语中。

关于"大家"在现代汉语中的语义和用法，丁声树等的《现代汉语语法讲话》有一段比较简洁明了的说明："'大家'是统括众人的总称。比如说：'大家的事大家办。''大家'前面也可以加人称代词的复数表示'大家'的范围，如'我们大家、咱们大家、你们大家、他们大家'等。要是单提出一个人或是几个人和'大家'对举的时候，'大家'就在这一个人或这几个人之外。"①

现代汉语中"大家"的这些语义和用法，《红》中的"大家"也都基本具备了。

《红》中的"大家"共有 352 例，占《红》所有统称代词用例的 34.68%，是《红》中使用频率仅次于"众人"的统称代词。《红》中的"大家"虽然绝大部分都单独使用，而且绝大部分都用作主语，但语义、用法已相当齐全。下试详述之。

第一，"大家"作主语，共有 341 例，占《红》"大家"用例的 96.88%。

一是单独用作主语，有 329 例，占《红》"大家"用例的 93.47%。如：

（1）黛玉忙起身迎上来见礼，互相厮认过，大家归了坐。（《红》第三回）

（2）便是我们做下人的服侍一场，大家落个平安，也算是造化了。（《红》第三十四回）

（3）大家听见这新闻，所以都要作一首《姽婳词》，以志其忠义。（《红》第七十八回）

二是与其他成分构成同位短语后充当主语，在语义上"大家"与其前面的词语形成复指关系，有 12 例。如：

（4）今年人又齐全，料着又没事，咱们大家好生乐一日。（《红》第四十三回）

（5）早知是他，我们大家也该劝他劝才是。（《红》第六十七回）

第二，"大家"作定语，均单用，有 8 例，占《红》所有统称代词用例的 2.27%。如：

（6）但昨儿听见老太太说，问起大家的年纪生日来，听见薛大妹妹今年十五岁，虽不是整生日，也算得将笄之年。（《红》第二十二回）

---

① 参见丁声树，等. 现代汉语语法讲话［M］. 北京：商务印书馆，1961：149.

（7）若以后叨登不出来，是大家的造化；若叨登出来，不知里头连累多少人呢。（《红》第六十二回）

第三，"大家"单独作宾语，或与其他成分连用，构成同位短语共同作宾语，仅有3例，占《红》所有统称代词用例的0.85%。如：

（8）宝玉道："什么是'大家彼此'！他们有'大家彼此'，我是'赤条条来去无牵挂'。"（《红》第二十二回）

（9）必定是今儿菜多，送来给你们大家吃的。（《红》第三十五回）

到了《儿》时代，统称代词"大家"的使用频率大幅度攀升，共有375个用例，虽然就绝对数量而言略高于《红》，但从所占各自系统用例的百分比来看，《儿》（63.45%）则是《红》（34.68%）的近2倍，并首度超越《儿》"众人"（19.97%），一跃成为《儿》中最为常用的统称代词。

而且，"大家"的用法也更为齐全，作主语固然还占绝对优势，但作宾语、定语的数量也大大增加。不但可以作动词宾语，还大量充当介词宾语——这是《红》中所未曾出现的，尤其还出现了充当双宾语中的间接宾语的用例。同时，还第一次出现了充当兼语的现象。下试详述之。

第一，"大家"作主语，或单用，或与别的成分连用，有311例，占《儿》所有统称代词用例的82.93%。如：

（10）大家见老爷事事与人同甘同苦，众情跃踊，也仗着夫齐料足，果然在一月限内便修筑得完工。（《儿》第二回）

（11）华忠说："今日赶不到的，他连夜走，也得明日早上来，大家睡罢。"（《儿》第三回）

（12）安老爷说："你们大家且不必议论纷纷，我早有了一个牢不可破的主见在此。"（《儿》第一回）

第二，"大家"作兼语，有16例，占《儿》所有统称代词用例的4.27%。这种现象是《红》中所未曾出现的。如：

（13）姑娘听了这话，益发觉得这位伯父想得到家，说得有理，便请大家西厢房坐。（《儿》第二十四回）

（14）太太听了，更加欢喜。便吩咐大家此后都称他作"珍姑娘"。（《儿》第四十回）

第三，"大家"作宾语，有 36 例，占《儿》所有统称代词用例的 9.60%，远超《红》的 3 例（0.85%）。

一是充当动词宾语，有 12 例。如：

（15）安老爷又说了句"狠好"。便把那个经折儿交下去，他才带了大家退下去。（《儿》第三十三回）

（16）待月上时，安太太便高高兴兴领着两个媳妇圆了月，把西瓜月饼等类分赏大家，又随意给老爷备了些果酒。（《儿》第三十四回）

二是充当介词宾语，有 22 例。如：

（17）姑娘听了，无法，只得匆匆的同大家吃些东西，辞了那位姨奶奶，收拾动身。（《儿》第二十二回）

（18）直到今早，冷不防大家迅雷不及掩耳的一提亲事，姑娘急了，才向大家证明这点东西，以明素志。（《儿》第二十八回）

三是充当双宾语中的间接宾语，有 2 例：

（19）安老爷从上头下来，应酬了大家几句，回到下处吃了点东西，向应到的几处勉强转了一转，便回庄园上来。（《儿》第一回）

（20）张亲家老爷坐了会子也就告辞，闲中也周旋了大家几句。（《儿》第三十三回）

第四，"大家"作定语，有 12 例，占《儿》所有统称代词用例的 3.20%，也超相对卷帙浩繁的《红》的 8 例。

一是单独用作定语，有 9 例。如：

（21）这岂不是拿着国家有用的帮项钱粮，来供大家的养家肥己胡作非为么？这我可就有点子弄不来了。（《儿》第二回）

（22）大家办好了，老爷、太太自有恩典，是大家的脸面……（《儿》第三十六回）

二是与其他成分构成同位短语作定语，有 3 例。这是《红》中所未曾出现的用例。如：

（23）只要我走后，你众人还同我在这里一般，不敬错了这邓九太爷；再就是不叫我这班乡邻受累，就算你大家的好处了。（《儿》第二十一回）

统称代词"大家"的这种良好势头到了《正》时代又有了进一步的加强，使用频率再次大幅度提高，《正》中"大家"共有 40 个用例，占《正》所有统称代词用例的 75.47%，再度超越《儿》的 63.45%。而且，"大家"的用法很齐全，可以作主语、宾语、定语和兼语。

第一，"大家"作主语，均为单用，共有 33 例，占《正》所有统称代词用例的 82.50%。如：

（24）她准备在大家祭完灶王，偷偷地拿出一部分，安安顿顿地躺在被窝里独自享受，即使粘掉一半个门牙，也没人晓得。（《正》）

（25）在大家问他接到家信没有的时候，总是问：十成来信没有？（《正》）

第二，"大家"作介词宾语，有 3 例，占《正》所有统称代词用例的 7.50%：

（26）"公是公，私是私"，他对大家交代清楚。（《正》）

（27）于是，他不但随便去串门儿，跟大家谈心，而且有权拉男女小孩的"骆驼"。（《正》）

（28）她讨厌这种干嚎，并且预言我会给大家招来灾难。（《正》）

第三，"大家"作定语，有 2 例，占《正》所有统称代词用例的 5%：

（29）在大家的眼中，她是个有出息的小媳妇，既没给娘家丢了人，将来生儿养女，也能升为老太太，代替婆婆——反正婆婆有入棺材的那么一天。（《正》）

（30）大家心中安定了一些，都盼望明天没有一点儿风。（《正》）

第四，"大家"作兼语，有 2 例，占《正》所有统称代词用例的 5%：

（31）她打扮起来的时候总使大家都感到遗憾。（《正》）

（32）虽然是不多的几只，可是清亮的鸣声使大家都跑到院中，抬着头指指点点，并且念道着："七九河开，八九雁来"，都很兴奋。（《正》）

《正》中这些"大家"的用法与现代汉语中"大家"的用法已毫无二致。

三、统称代词"大伙儿"等的历时嬗变

作为统称代词的"大伙儿"在明代的文献里还未见用例，明代中晚期的《金瓶梅词话》中未见用例，明末的《型世言》中也未见用例。太田辰夫提供的用例也就是《红》中唯一的用例：①

（1）方才连宝姐姐林妹妹大伙儿说情，老太太还不依，何况是我一个人。（《红》第七十三回）

例（1）可能是统称代词"大伙儿"最早的出处了。② 在例（1）中，"大伙儿"与"宝姐姐林妹妹"构成联合短语一起作主语。

到了一百年后的《儿》时代，"大伙儿"的用例明显增多了，但较之于"大家""众人""彼此"等的用例，还是无法相提并论。

《儿》中"大伙儿"共有11例，占《儿》所有统称代词用例的1.86%。主要充当主语，偶尔也充当兼语。

第一，"大伙儿"单用，或与其他成分构成同位短语，作主语，有9例。如：

（2）他也没个亲人儿，大伙儿就把他埋在那乱葬岗子上咧。（《儿》第二十二回）

（3）他道："这又算个甚吗儿呢？大伙儿都是出来取乐儿，没讲究！"（《儿》第三十八回）

（4）姑娘道："我走不动，你们大伙儿抬了我去罢。"（《儿》第二十七回）

（5）那儿呀！才刚不是我们大伙儿打娘娘殿里出出吗？（《儿》第三十八回）

---

① 参见太田辰夫. 中国语历史文法［M］. 2版. 蒋绍愚，徐昌华，译. 北京：北京大学出版社，2003：112.

② 罗竹风主编的《汉语大词典》"大伙"词条下提供的是现代作家周立波和秦牧作品中的用例，显然不是其最早用例。详见罗竹风. 汉语大词典［M］. 缩印本. 上海：汉语大词典出版社，1997：1326.

第二，"大伙儿"作兼语，有 2 例：

（6）这庙里是个"大家的马儿大家骑"的地方儿，让大伙儿热闹热闹眼睛，别招含怨！（《儿》第三十八回）

（7）你把华相公叫过来，我告诉他，就叫他们大伙儿把行李搬进来，我这儿就瞧着归着了。（《儿》第三十九回）

《儿》中还出现了由"大家"和"大伙儿"杂糅而成的统称代词——"大家伙儿""大家伙子"，各有 2 例：

（8）因这上头，大家伙儿才商量着说，必得把这话先告诉你，然后人家二叔还有多少正经话要说。（《儿》第十九回）

（9）你就当着我们大家伙儿，拿起他那根烟袋来，亲自给他装袋烟，我就服了你了！（《儿》第三十七回）

（10）愚兄就喝口酒，他们大家伙子竟跟着嘈嘈，又说这东西怎么犯脾湿，又是甚么酒能合欢，也能乱性。（《儿》第十五回）

（11）岂有趁人家有事宗庙的这天，大家伙子挤在一处，当面鼓对面锣，就合人家本人儿嘈嘈起提亲来的？（《儿》第二十五回）

例（8）～（11）中"大家伙儿""大家伙子"的语义、用法均同"大家"或"大伙儿"。

"大家伙儿""大家伙子"不见于此前的文献，应是《红》之后新产生的统称代词。

又过了一百年，到了《正》时代，情况有所变化，"大伙儿"在《正》中虽只出现了 3 例，但还是占《正》所有统称代词用例的 5.66%，使用频率已超越"众人"，位居第三：

（12）有这个故事在二姐心里，她就越觉得大伙儿都是一家人，谁都可以给谁干点活儿，不必问谁是旗人，谁是汉人或回族人。（《正》）

（13）从这时候起，一直到他把《王羲之爱鹅》找出来，挂上，他不但老笑着，而且也先开口对大伙儿说话。（《正》）

（14）洋务？李鸿章懂洋务，可是大伙儿管他叫汉奸！（《正》）

"大家伙儿"在《正》中也有 2 例，占《正》所有统称代词用例的 3.77%，使用频率也超越了"众人"：

(15) 清朝皇上对汉人如何是另一回事，大家伙儿既谁也离不开谁，便无妨作朋友。(《正》)

(16) 一个有良心的人，没法不佩服他，大家伙儿受了洋人多少欺侮啊！(《正》)

在老舍同时期的另一部作品《龙须沟》中，我们发现，"大家伙儿"的使用频率要高于"大伙儿"，前者有 8 例，后者仅 3 例。这可能是"大家伙儿"的口语化程度较之"大伙儿"更高一些的缘故。因为《龙须沟》是话剧，《正》是小说，前者的口语化程度要求可能更高一些。

《正》中没有"大家伙子"的用例，《龙须沟》中也没有，真可谓昙花一现，只存在了一百年。

"大伙儿""大家伙儿"依然活跃在现代汉语中，其口语化程度要高于"大家"。

四、统称代词"众人"的历时嬗变

同"彼此"一样，"众人"是个老资格的统称代词了，也不知何故，讨论近代汉语代词的论著一般也不将"众人"纳入统称代词序列加以讨论。而事实上，在近代汉语中，"众人"同样也是一个极为活跃的统称代词，活跃程度更是超越"彼此"，在使用频率上一向稳居所有统称代词之首。①

沿袭了前朝的盛况，"众人"在《红》中依然一枝独秀，用例多达 626 次，占《红》所有统称代词用例的 61.67%。用例数量是"大家"的近 2 倍，"彼此"的 17 倍多。《红》中的"众人"用法比较齐全，主要作主语和宾语，也可作定语和兼语。下试详述之。

第一，"众人"作主语，共有 521 例，占《红》所有统称代词用例

---

① 据我们统计，在宋代的《三朝北盟会编》中，"众人"有 51 个用例，使用频率居于所有统称代词之首；在元末明初的《水浒传》中，"众人"有 577 个用例，使用频率居于所有统称代词之首；在明代中晚期的《金瓶梅词话》中，"众人"有 375 个用例，使用频率居于所有统称代词之首；在明末的《型世言》中，"众人"也有 101 个用例，使用频率居于所有统称代词之首。我们统计所使用的本子分别为：《三朝北盟会编》(上海：上海古籍出版社，1987)、《水浒传》(北京：人民文学出版社，1997)、《金瓶梅词话》(北京：文学古籍刊行社，1957)、《型世言》(北京：中华书局，1993)。

的 83.23％ 。

一是独用作主语，有 501 例，占《红》所有统称代词用例的 80.03％ 。如：

（1）众人围随贾母至正堂上，影前锦幔高挂，彩屏张护，香烛辉煌。（《红》第五十三回）

（2）请医疗治不效，众人都说是香菱气的。（《红》第八十回）

二是与其他成分连用构成同位短语或联合短语，作主语，有 20 例。如：

（3）薛蟠宝玉众人那里肯依，死拉着不放。（《红》第二十六回）

（4）贾琏众人见了，无不称赞。（《红》第六十九回）

（5）贾政与众人且看他二人的二首。（《红》第七十八回）

需要说明的是，例（3）（4）中的"众人"虽然同其前的"薛蟠宝玉""贾琏"在句法层面构成同位关系，但在语义上并不形成复指关系，而是包孕关系，即"薛蟠宝玉""贾琏"均为"众人"中的部分成员。

第二，"众人"作宾语，有 88 例，占《红》所有统称代词用例的 14.06％ 。这可以说是"众人"的"独门绝技"，是《红》中其他统称代词如"彼此"（作宾语 2 例）、"大家"（作宾语 3 例）等所不可企及的。

一是独用，充当动词宾语，有 54 例，占《红》所有统称代词用例的 8.63％ 。如：

（6）凤姐见还有几个姑娘陪着女亲，自己便辞了众人，带了宝玉、秦钟往水月庵来。（《红》第十五回）

（7）我背着众人，走去瞧了一瞧，果然又动了一点子。（《红》第四十七回）

（8）薛姨妈先忙手忙脚的，薛蟠自然更乱起来，立刻要拷打众人。（《红》第八十回）

二是独用，充当介词宾语，有 23 例，占《红》所有统称代词用例的 3.67％ 。这种用法也是《红》中其他统称代词所不具备的。如：

（9）因此也不把众人放在眼里，挥霍指示，任其所为，目若无人。（《红》第十四回）

（10）贾母向众人道："这么大年纪了，还这么健朗。……"（《红》第三十九回）

（11）我原比众人歹毒，凡丫头所有的东西我都知道，都在我这里间收着，一针一线他们也没的收藏，要搜所以只来搜我。（《红》第七十四回）

三是与其他成分连用，构成同位短语或偏正短语，作宾语，有 10 例。如：

（12）不必惊动老太太、太太众人。倘或吹到老爷耳朵里，虽然彼时不怎么样，将来对景，终是要吃亏的。（《红》第三十四回）

（13）贾母笑向薛姨妈众人道："那个纱，比你们的年纪还大呢。"（《红》第四十回）

（14）尤氏听了，又气又好笑，因向地下众人道："怪道人人都说这四丫头年轻糊涂，我只不信。……"（《红》第七十四回）

同样，例（12）（13）中的"众人"虽然同其前的"老太太、太太""薛姨妈"在句法层面构成同位关系，但在语义上并不形成复指关系，而是包孕关系，即"老太太、太太""薛姨妈"均为"众人"中的部分成员。

四是充当双宾语中的间接宾语。仅见 1 例：

（15）邢夫人送至仪门前，又嘱咐了众人几句，眼看着车去了方回来。（《红》第三回）

第三，"众人"作定语，有 6 例。如：

（16）凤姐儿心中虽十分难过，但恐怕病人见了众人这个样儿反添心酸，倒不是来开导劝解的意思了。（《红》第十一回）

（17）当着众人，太太自为又增了光，堵了众人的嘴。（《红》第三十七回）

（18）你听听罢，二奶奶的事，他还要驳两件，才压的众人口声呢。（《红》第五十五回）

第四，"众人"作兼语，共有 11 例。这也是《红》中其他统称代词所不具备的用法。如：

（19）宝玉忙把袭人扶起来，叹了一声，在床上坐下，叫众人起去，向袭人道："叫我怎么样才好！这个心使碎了也没人知道。"（《红》第三十一回）

（20）话说薛宝钗道："到底分个次序，让我写出来。"说着，便令众人拈阄为序。（《红》第五十回）

到了一百年后的《儿》时代，"众人"第一次从稳居统称代词用例之首的位置上跌落下来，在用例数量上第一次大大落后于"大家"——118∶375，确实是悬殊了点。要是与《红》比——118∶626，真是"往事不堪回首月明中"。

就用法而言，《儿》中的统称代词"众人"除了没有作双宾语中的间接宾语的用例外，其他的与《红》中的"众人"并无多大差异。其中作主语的有 70 例，作宾语的有 38 例，作定语的有 7 例，作兼语的有 3 例。作宾语的用例数量首次与作主语的用例数量如此相近，也可称得上是一奇观了。如：

（21）众人各各的随意给了他几文而散。华忠也打串儿上掳下几十钱来，扔给那个打钱儿的。（《儿》第三十八回）

（22）这邓九公被他众人说的那等的难说话，不知到底怎生一个人物？（《儿》第十五回）

（23）你众人今日这番行事，才不枉称世界上的英雄，才不枉作人家的儿女！（《儿》第二十一回）

（24）进来又把大家众人——看家的、行路的——都叫到跟前，慰劳了一番。（《儿》第二十三回）

（25）十三妹对众人说道："饭儿是吃在肚子里了，上路的主意我也有了，就是得先合你两家商量。……"（《儿》第九回）

（26）公子一看，原来是把那竹根子上钻了一个窟窿，就算了烟袋锅儿，这一头儿不安嘴儿，那紫竹的竹皮儿都被众人的牙磨白了。（《儿》第四回）

（27）醒来才得五鼓，还虑到那谈尔音天明过来脸上不好意思，便催众人收拾行李车辆，不曾天亮就起身上路。（《儿》第三十九回）

其中值得关注的是例（22）（23）（24）中"众人"的用法。"众人"与"他""你""大家"连用，在语义上构成复指关系——这里的"他"和"你"均表复数，同时又能起到区分与强调的作用。"众人"的这种用法是《红》中所未曾出现的。《儿》中这种用法的"众人"有 10 例。

应该说，相对于《红》而言，《儿》中的统称代词"众人"已显现出了颓势。这种颓势到了《正》中表现得淋漓尽致："众人"在《正》中仅有一个用例：

（28）众人把彩虹挡住，请安的请安，问候的问候，这才看清一张眉清目秀的圆胖洁白的脸，与漆黑含笑的一双眼珠，也都发着光。(《正》)

这仅有的 1 个用例，让昔日统称代词序列中的"老大"一下子跌入低谷，使用频率位列《正》所有统称代词之末。

而在现代汉语的统称代词序列中，"众人"已难觅踪影，显然已经消失了。

自 18 世纪中叶到 20 世纪中叶，北京话统称代词系统呈现出了一系列发展变化的迹象和印记，这种迹象和印记在三个时期的三部典型的北京话文献《红》《儿》《正》中得到了充分的反映。就统称代词系统而言，历时嬗变的发生轨迹是：由 18 世纪中叶的"彼此、大家、大伙儿、众人"阵容切换到了 19 世纪中叶的"彼此、大家、大家伙儿、大家伙子、大伙儿、众人"阵容，并最终切换到了 20 世纪中叶的"彼此、大家、大家伙儿、大伙儿、众人"阵容，其间的删汰整合昭然。就统称代词个体而言，历时嬗变的发生轨迹是：①"彼此"由 18 世纪的冷寂到 19 世纪的再度兴盛直至 20 世纪的势头不减；②"大家"由 18 世纪的首度大大超越"彼此"却又远逊于"众人"而惹人注目到 19 世纪的首度大大超越"众人"而一枝独秀直至 20 世纪的炙热依旧；③"大家伙儿"由 18 世纪的酝酿到 19 世纪的面世直至 20 世纪的崛起；④"大家伙子"在 19 世纪昙花一现，来去匆匆；⑤"大伙儿"由 18 世纪的产生到 19 世纪的冷寂直至 20 世纪的崛起；⑥"众人"由 18 世纪的炙热到 19 世纪的衰落直至 20 世纪的消亡。这便是北京话统称代词自 1750 年到 1950 年的发展演变史。

［原载于《江南大学学报》（人文社会科学版）2013 年第 6 期］

北京话旁称代词的历时嬗变（1750—1950）①

　　旁称代词是用来指称说话方或说话方和听话方以外的人的代词，现代汉语中常见的有"别人""人家"，还有不怎么常见的"他人""旁人"等。相对于第一人称代词、第二人称代词和第三人称代词而言，旁称代词属于人称代词中的小类，以往研究汉语代词的论著一般较少论及。②已有文献资料表明，先秦时期旁称代词只有一个"人"，使用时常与反身代词"己"相对举，如《论语·学而篇》："不患人之不己知，患不知人也。"魏晋南北朝时期，又出现了"他""他人""旁人""人家""别人"等旁称代词；元代还出现了旁称代词"别人家"。宋元时期最为常见的旁称代词还是"人"和"他人"，但"别人"的用例已逐渐增多。明代最为常见的旁称代词是"别人"，但"人家"的用例已逐渐增多。入清以后，则走出了一条波浪形曲线：前期以"别人"最为常见，中期"人家"一度大大超越"别人"成为最为常见的旁称代词，到了后期随着"别人"的再度崛起和"人家"的强势不再，两者又平起平坐，成为两个最为常见的旁称代词。

　　基于创作于18世纪中叶的《红楼梦》（前八十回）（简称《红》）、19世纪中叶出现的《儿女英雄传》（简称《儿》）以及20世纪中叶出现的《正红旗下》（简称《正》）是学界公认的典型的北京话代表作品，前两者甚至被誉为绝好的京语教科书，我们试以此三部文献中旁称代词的分布状况及使用特点作为依据，来初步厘清自18世纪中叶到20世纪中叶北京话旁称代词的发展演变轨迹。③

　　如果我们把旁称代词看作一个小系统的话，那么，自1750年前后到1950年前后的这两百年中，北京话旁称代词系统显然呈现出了某种变化，这种变化在

---

　　① 本文为国家社会科学基金一般项目"北京话虚词史（1750—1950）"（08BYY049）的阶段性成果。

　　② 吕叔湘《近代汉语指代词》一书未专门讨论旁称代词，只是在讨论代词语尾"家"的时候讨论了一个近代汉语旁称代词"人家"，同时也涉及了上古汉语中就已使用的一个旁称代词"人"。详见吕叔湘.近代汉语指代词［M］.江蓝生，补.上海：学林出版社，1985：90－92.日本学者太田辰夫《中国语历史文法》一书提到了他称代词"别人""别人家""旁人""人家"，但也仅仅是出示一些用例而已，未作展开。详见太田辰夫.中国语历史文法［M］.2版.蒋绍愚，徐昌华，译.北京：北京大学出版社，2003：110－111.其他如冯春田《近代汉语语法研究》、吴福祥《敦煌变文语法研究》等中均未讨论旁称代词。仅有卢烈红的《〈古尊宿语要〉代词助词研究》一书设专节讨论了旁称代词"别人""人家""他""人"等。见卢烈红.《古尊宿语要》代词助词研究［M］.武汉：武汉大学出版社，1998：50－54.

　　③ 我们所使用的三种本子分别为：《红楼梦》（北京：人民文学出版社，2008）、《儿女英雄传》（北京：人民文学出版社，1983）、《正红旗下》（北京：人民文学出版社，1980）。

《红》《儿》《正》这三部文献中也得到了反映：《红》的旁称代词系统由"别人""别人家""人家""他人""旁人"5个成员构成，《儿》的旁称代词系统由"别人""人家""他人""旁人"4个成员构成，《正》的旁称代词系统则由"别人""别人家""人家"3个成员构成。从中我们可以发现旁称代词的家族成员呈不断减员的现象：《儿》较《红》少了一个"别人家"，《正》较《儿》少了一个"他人"和一个"旁人"。它们具体的分布情况详见表1①：

表1　1750—1950年北京话旁称代词的分布情况

词目	作品	用例	占所在系统百分比（%）
别人	《红》	181	61.15
	《儿》	19	5.92
	《正》	20	50.00
别人家	《红》	4	1.35
	《儿》	0	0
	《正》	3	7.50
人家	《红》	93	31.42
	《儿》	292	90.97
	《正》	17	42.50
他人	《红》	10	3.38
	《儿》	4	1.25
	《正》	0	0
旁人	《红》	8	2.70
	《儿》	6	1.87
	《正》	0	0

　　至于同一个旁称代词在不同的小系统中句法、语义上所呈现出的继承性和发展性，则是更需要我们加以关注并予以揭示的。

---

　　① 本文写作所依据的部分数据来自本人指导的2010届研究生谭芳芳的硕士学位论文《〈儿女英雄传〉代词计量研究》及2011届研究生袁艳的硕士学位论文《〈红楼梦〉（前80回）代词计量研究》，在材料的梳理核对及数据的重新计算中，本人指导的2012级硕士研究生蒋晨或付出了大量的劳动，特此说明，并表谢忱。

一、旁称代词"别人"句法、语义的历时嬗变

"别人"是现代汉语中最为常用的旁称代词。

"别人"是由旁指代词"别"和旁称代词"人"组合而成,"别人"一词最早出现在魏晋南北朝时期,无论是在《宋书》中还是在南北朝译经中都有旁称代词"别人"的用例。但是直到明代以前,"别人"都不是常见的旁称代词。明清时期,"别人"才逐渐取代"人""他人"等成为使用频率最高的旁称代词之一。①

《红》中的"别人"共有181个用例,占其全部旁称代词用例的61.15%,是《红》中最为常见的旁称代词。《红》中的"别人"极为活跃,用法也非常多,既可单独用作句子成分,也可与其他词语组成词组后作句子成分;既可作主语和宾语,也可作定语和兼语。下试详述之。

《红》中的"别人"常作主语,共有74个用例,占《红》中"别人"所有用例的40.88%。有两种用法:

一种是单用作主语,共有72例,显然是常见用法。如:

(1)若说料理不开——我包管必料理的开——便是错一点儿,别人看着还是不错的。(《红》第十三回)

(2)别人不知我的心,还有可恕,难道你就不想我的心里眼里只有你!(《红》第二十九回)

(3)这一件衣裳也只配他穿,别人穿了,实在不配。(《红》第四十九回)

(4)论理可倒罢了,只是我说不大甚好,也不知别人尝着怎么样。(《红》第二十五回)

(5)你爱谁,说明了,就收在房里,省得别人看着不雅。(《红》第八十回)

其中例(1)~(3)是作句子的主语,例(4)(5)是在句中主谓词组中充当主语。

另一种是与其他词语组成词组后作主语,仅有2例:

(6)宝玉见了,喜不自胜,问"别人的也都是这个?"(《红》第二十八回)

---

① 参见景盛轩. 旁称代词"别人"的产生和发展 [J]. 浙江师范大学学报(社会科学版),2006,31(6):38-39. 又见卢烈红.《古尊宿语要》代词助词研究 [M]. 武汉:武汉大学出版社,1998:54.

（7）二姐笑问是谁，贾琏笑道："别人他如何进得去，一定是宝玉。"（《红》第六十五回）

其中例（6）"别人"同结构助词"的"构成字词组后作主语，例（7）"别人"同第三人称代词"他"组成同位词组后作主语。

《红》中的"别人"更常作宾语，共有92个用例，占《红》中"别人"所有用例的50.83%。也有两种用法：

一种是单用作宾语，共有90例，超过了单用作主语的数量。如：

（8）金荣只顾得意乱说，却不防还有别人。（《红》第九回）

（9）宝玉从梦中惊醒，睁眼一看，不是别人，却是林黛玉。（《红》第三十四回）

（10）虽有别人，谁可敢进我的房呢。（《红》第八十回）

（11）好姐姐，你别说与别人，我以后再不说了。（《红》第四十二回）

（12）我因想晴雯姐姐素日与别人不同，待我们极好。（《红》第七十八回）

其中例（8）～（10）是作动词的宾语，例（11）（12）是作介词的宾语。

另一种是与"的"字组成词组后作宾语，仅见2例：

（13）我想他们一般也有两件子的，往脏地方儿去恐怕弄脏了，自己的舍不得穿，故此借别人的。（《红》第五十七回）

（14）随放下又搜别人的，挨次都一一搜过。（《红》第七十四回）

《红》中的"别人"也可作定语，作定语时均为单用，共有12例，占《红》中"别人"所有用例的6.63%。可见是较为少见的用法。其中，5例定语和中心语之间加"的"，5例定语和中心语之间不加"的"，2例定语和中心语之间加"之"。如：

（15）若是别人跟前，断不能动这肝火……（《红》第二十九回）

（16）这原是旧例，别人屋里还有两个呢，太太倒不按例了。（《红》第三十六回）

（17）况且误了别人的年下衣裳无碍，他姊妹们的若误了，却是你的责任，老太太岂不怪你不管闲事，这一句现成的话也不说？（《红》第四十五回）

（18）就用这二两银子，另叫别人的奶妈子的或是弟兄哥哥的儿子买了来才使得。（《红》第五十六回）

（19）宝钗自见他时，见他家业贫寒，二则别人之父母皆年高有德之人，独他父母偏是酒糟透之人，于女儿分中平常；邢夫人也不过是脸面之情，亦非真心疼爱……（《红》第五十七回）

《红》中的"别人"偶尔也可作兼语，共3例，属于比较罕见的用法。如：

（20）你们反纵放别人任意吃酒赌博，姨娘听见了，教训一场犹可，倘若被那几个管家娘子听见了，他们也不用回姨娘，竟教导你们一番。（《红》第五十六回）

《红》中的"别人"就语义来看，也可分为两类：一类是指说话人以外的人，一类是指说话者和听话者以外的人。

"别人"在《红》中的风光并未延续到文康时期，不但未延续，反而势头骤减："别人"的用例大大减少，《儿》中"别人"只有19个用例，占《儿》全部旁称代词用例的5.92%，远落后于另一个旁称代词"人家"的用例数量。

《儿》中的"别人"也远没《红》中的活跃，用法也呈现明显的萎缩之势。虽然仍有作主语的用例，但仅有8例，且全部是单用，已没有与其他词语连用之例。如：

（21）只怕小弟说的这个人，老哥哥也小看他不起，大约你也必该认得他，并且除了你别人也不配认得他。（《儿》第十五回）

（22）再不想那《神童诗》上说的好："别人怀宝剑，我有笔如刀。"那文家子的那管笔的利害，比我们武家子的家伙还可怕。（《儿》第三十二回）

《儿》中的"别人"也可作宾语，仅有8例，且全部是单用，已没有与其他词语连用之例。其中6例充当动词宾语，2例充当介词宾语。如：

（23）只是收了人家的厚礼，不能不应，看了看这个立刻出乱子的地方，若另委别人，谁也都给过个三千二千、一千八百的，怎好意思呢？（《儿》第二回）

（24）因此谋了一个留省销算的差使，倒让出缺来给别人署事。（《儿》第二回）

（25）就算为这个，你两个可比别人更得多加一番小心。（《儿》第三十三回）

《儿》中"别人"偶尔也作定语，仅有 2 例，全部是单用。其中 1 例用"的"，1 例不用"的"。已见不到定语和中心语之间加"之"的情况。如：

（26）这个当儿，越耗雨越不住，雨越不住水越加长，又从别人的上段工上开了个小口子……（《儿》第二回）

（27）这话就只咱们娘儿四个知道，别人跟前一个字儿别露。（《儿》第四十回）

《儿》中"别人"作兼语只有 1 例，也是单用：

（28）我只愁他这位夫人，倘然有别人叫他陪酒，他可去不去呢？（《儿》第三十二回）

《儿》中的"别人"就语义来看，也比较单一，均指说话者和听话者以外的人。

综上所述，伴随着《儿》中"别人"用例的大大减少，"别人"的句法、语义也趋向简单化，《红》中一些常见用法在《儿》中已难觅踪影。

发展到老舍时代，竟然又起波澜：《儿》中已经式微的旁称代词竟再度崛起，成为最为常见的旁称代词，《正》中的"别人"共有 20 个用例，占《正》所有旁称代词的 50%。

《正》中的"别人"再度活跃，用法也基本恢复到了《红》时代，既可单独用作句子成分，也可与其他词语组成词组后作句子成分；既可作主语和宾语，也可作定语和兼语。下试详述之。

《正》中的"别人"常作主语，共有 12 个用例，占其全部用例的 60%。有两种用法：

一种是单用作主语，共有 11 个用例，可见是其主要用法。如：

（29）他还没开口，别人就预备好听两句俏皮而颇有道理的话。（《正》）

（30）别人办喜事，自己要不发发脾气，那就会使喜事办的平平无奇，缺少波澜。（《正》）

（31）您要不那么坐，别人就没法儿坐了！（《正》）

（32）他只能加入别人组织的票社，随时去消遣消遣。（《正》）

（33）也有的买点别人不敢摸的赃货，如小古玩之类，送到外国府去……（《正》）

其中例（29）（30）（31）是作句子主语，例（32）（33）是作句中主谓短语的主语。

还有一种用法是与其他成分连用，一起作主语，有1例：

（34）不管姑母和别人怎样重视定大爷的光临，我总觉得金四把叔叔来贺喜更有意义。（《正》）

《正》中的"别人"也常作宾语，共有6例，占其全部用例的30%。其中2例作动词宾语，4例作介词宾语：

（35）大姐婆婆向来不赠送别人任何果子，因为她从前种的白枣和蜜桃什么的都叫她给瞪死了，后来就起誓不再种果树。（《正》）

（36）他们各有门道，都不传授给别人，特别是多老大。（《正》）

（37）母亲最恨向别人借东西，可是她又绝对没有去置办几十两银子一件的大缎子、绣边儿的氅衣，和真金的扁方、耳环，大小头簪。（《正》）

（38）是呀，我不敢说我比别人好，也不敢说比别人坏，我可是多少有点良心！（《正》）

（39）他和别人一样，不大知道到底洋人有多大力量，而越摸不着底就越可怕。（《正》）

《正》中的"别人"也可作定语和兼语，均为单用：

（40）不管是皇上的，还是别人的错儿吧，反正姑母的日子过得怪舒服。（《正》）

（41）四叔，我把那个有把儿的茶杯给你留起来，专为你用，不许别人动，你大概就会喝我们的茶了吧？（《正》）

《正》中的"别人"就语义来看，可分为三类：一类是指说话人以外的人，一类是指说话者和听话者以外的人，还有一类是指说话人所谈论的第三者以外的人。

值得注意的是，元代出现的"别人家"这个旁称代词，在这个时期尚未消失。

吕叔湘曾对这个"家"有专门的论述。他认为，有些代词后头加"家"字，有作领格用的，那里边的"家"字可作实字，照原来的意义讲。但也有不作领格用的。作领格用，"家"字由实意可循；作非领格用，"家"字多少有点像赘疣。但是在吴语区的一部分方言里，"家"字却发展成为一个表复数的语尾。①"别人家"中的"家"看来只能算是个赘疣，与"别人"毫无二致，只是增添了几分口语色彩而已。

《红》中出现了 4 例"别人家"的用例，只占其全部旁称代词用例的 1.35%：

（42）邪也罢，正也罢，只顾算别人家的帐，你也吃一杯酒才好。（《红》第二回）

（43）说着别人家的闲话，正好下酒，即多吃几杯何妨。（《红》第二回）

（44）好热闹戏，别人家断不能有的。（《红》第十九回）

（45）免了罢，免了罢，倒别耽误了别人家。（《红》第二十八回）

例（42）（43）中，"别人家"单用作定语，定语与中心语之间用"的"作标志；例（44）中的"别人家"作主语，例（45）中的"别人家"则作宾语。这 4 例中的"别人家"在语义上均指说话者和听话者以外的人。

《正》中的"别人家"也有 3 个用例，但是这 3 例中的"别人家"似乎介于吕叔湘所分析的有实义可循的"家"和作为赘疣的"家"之间，两者都解释得通：

（46）能够这样俘获一只别人家的鸽子，对大姐夫来说，实在是最大最美的享受！（《正》）

（47）平常她对别人家的红白事向不缺礼，不管自己怎么发愁为难。（《正》）

（48）这可就叫她有时间关心别人家的桃李和苹果，到时候若不给她送来一些，差不多便是大逆不道！（《正》）

例（46）（47）（48）中的"别人家"既可作"别人"解，也可作"别人家里"解，前两者尤为倾向于作"别人家里"解，后者似更倾向于作"别人"解。

不管怎样，在这个时期，"别人家"这个旁称代词在北京话中肯定是走向没

---

① 详见吕叔湘. 近代汉语指代词 [M]. 江蓝生，补. 上海：学林出版社，1985：87 - 89. 炜按：吴语中的"家"有一部分是表复数的语尾，也有一部分只是个赘疣，后者如"别人家""人家"中的"家"。如今在苏州各地的方言中，所使用的旁称代词只有"别人家"和"人家"，一般不用"别人"，更没有"人""他人""旁人"等旁称代词。

落了，在《龙须沟》《茶馆》等口语化极强的作品中也均未出现"别人家"的用例，也就在情理之中了。现代汉语中只有"别人"而没有"别人家"了。

二、旁称代词"人家"句法、语义的历时嬗变

旁称代词"人家"由旁称代词"人"带上后缀"家"而形成。"人家"既可用作第一人称代词，指称"我"；也可用作旁称代词，指称"别人"。为什么会这样呢？吕叔湘曾经有过精彩的分析："人或人家指别人，大率是指你我以外的第三者……但也可以拿'你'做主体，指你以外的别人，那么'我'也在内；有时候，意思就指的是'我'。从前的'人'字常常这样用，后来有了'人家'这个词儿，也可以这样用……用'人家'代'我'，动机自然也是为了避免说'我'；以现代口语而论，'人家'比'我'要婉转些，也俏皮些。"[①]作为旁称代词的"人家"出现于魏晋南北朝时期[②]，宋元明时期得到了长足的发展，用例不断增多，使用也日益频繁，到了清代中期曾一度超越"别人"而成为最为常见的旁称代词。在现代汉语中，"人家"和"别人"并驾齐驱，成为两个最常见的旁称代词。

《红》中旁称代词"人家"共有 93 例，占其全部旁称代词的 31.42%，为《红》中使用频率仅次于"别人"的旁称代词。用法也多样，除了主要作主语和宾语外，也可以作定语和兼语。

《红》中的旁称代词"人家"常作主语，共有 33 例，占《红》中"人家"全部用例的 35.48%。如：

（1）我们被人欺负了，不敢说别的，守礼来告诉瑞大爷，瑞大爷反倒派我们的不是，听着人家骂我们，还调唆他们打我们。（《红》第九回）

（2）人家原不是混饭吃久惯行医的人。（《红》第十回）

（3）人家牵肠挂肚的等着，你且高乐去，也到底打发人来给个信儿。（《红》第二十六回）

（4）人家是醋罐子，他是醋缸醋瓮。（《红》第六十五回）

（5）如今贾母庆寿这样大事，干看着人家逞才卖技办事，呼幺喝六弄手脚，心中早已不自在，指鸡骂狗，闲言闲语的乱闹。（《红》第七十一回）

---

① 参见吕叔湘．近代汉语指代词［M］．江蓝生，补．上海：学林出版社，1985：92．炜按：吕叔湘先生这里其实是触及了另外一个话题：修辞创新用法对语法发展演变的影响。这是一个很有学术价值的命题。因为迄今为止，关于语法发展演变的动因还都只是提及句法位置、类推以及语言接触等因素。其实，修辞创新何尝不是一种重要因素。

② 详见卢烈红．《古尊宿语要》代词助词研究［M］．武汉：武汉大学出版社，1998：54．

《红》中的"人家"也常作宾语，共有 34 例，占《红》中"人家"全部用例的 36.56%。其中充当动词宾语的有 30 例，充当介词宾语的有 4 例。如：

(6) 那宝玉是个丈八的灯台——照见人家，照不见自家的。(《红》第十九回)

(7) 平儿委曲的什么似的呢，老太太还骂人家。(《红》第四十四回)

(8) 你乃是萍踪浪迹，倘然淹滞不归，岂不误了人家。(《红》第六十六回)

(9) 前儿我听见把我做的扇套子拿着和人家比，赌气又铰了。(《红》第三十二回)

(10) 病也比人家另一样，原招笑儿，反说起人来。(《红》第五十八回)

(11) 如今连他正经婆婆大太太都嫌了他，说他"崔儿拣着旺处飞，黑母鸡一窝儿，自家的事不管，倒替人家去瞎张罗"。(《红》第六十五回)

《红》中的旁称代词"人家"还常作定语，共有 20 个用例，占《红》中"人家"全部用例的 21.51%。作定语的用例大大超过"别人"的 12 例及 6.63% 的自身比例。如：

(12) 人家的孩子都是斯斯文文的惯了，乍见了你这破落户，还被人笑话死了呢。(《红》第七回)

(13) 宝玉未说话，黛玉便先笑道："你看着人家赶蚊子分上，也该去走走。"(《红》第三十六回)

(14) 姑奶奶骂我，我不敢还言；这二位姑娘并没惹着你，小老婆长小老婆短，人家脸上怎么过得去？(《红》第四十六回)

(15) 今娶姐姐二房之大事亦人家大礼，亦不曾对奴说。(《红》第六十八回)

《红》中的"人家"还可作兼语，共 6 例，占《红》中"人家"全部用例的 6.45%。比"别人"的用例多了一倍。如：

(16) 只知嫌人家脏，这是他的屋子，由着你们糟蹋，越不成体统了。(《红》第十九回)

(17) 此亦系理数应然，你我前生淫奔不才，使人家丧伦败行，故有此报。(《红》第六十九回)

我们注意到，《红》中的"人家"全部为单用，不与别的名词连用。在语义上既可指称说话人之外的人，也可指称说话人、听话人以外的人，还可指称第三者以外的人。

到了文康时期，旁称代词"人家"的使用频率骤升，第一次超越"别人"而成为当时最常见的旁称代词。《儿》中的"人家"共有292个用例，占其全部旁称代词用例的90.97%。其用法丰富多样，不仅可以作主语、宾语，也可作定语、兼语。而且，每一种用法的用例都大大超越《红》中的"别人""人家"以及《儿》中的"别人"等。下试详述之。

《儿》中的"人家"常作主语，共有134例，占《儿》中"人家"全部用例的45.89%。有两种用法：一种是单用。如：

（18）不象话！人家才不过二十以内的个女孩儿，自己也是十七八岁的人了，怎生的说他是我父母爹娘，还要叫他重生再养？（《儿》第六回）

（19）你瞧，大师傅可又找了个人儿劝你来了。人家可比我漂亮，我看你还不答应！（《儿》第七回）

（20）人家穿孝不穿孝可与你甚么相干？用你冬瓜茄子、陈谷子烂芝麻的闹这些累赘呀！（《儿》第十七回）

（21）你要画，可别画上我，我怕人家笑话。（《儿》第二十九回）

还有一种用法是同别的名词构成同位短语一起作主语。如：

（22）人家本主儿都答应了，你不答应！就是我们僧家剩个几百钱香钱，也化的是十方施主的，没化你的。（《儿》第五回）

（23）我看老爷子今日的酒又有点儿过去了，人家二叔问的是十三妹，你老人家可先说这些陈谷子烂芝麻的作甚么？（《儿》第十五回）

《儿》中的"人家"也常作宾语，共有77个用例，占《儿》中"人家"全部用例的26.37%。其中充当动词宾语的有39例，充当介词宾语的也有38例，充当介词宾语的用例首次同充当动词宾语的用例相当。如：

（24）你看人家，那样大年纪都在那里张罗，你难到连剥个蒜也不会么？（《儿》第九回）

（25）我自幼儿也念过几年书，有我们先人在日，也叫我跟着人家考秀才去。（《儿》第十五回）

（26）太太因满脸陪笑望着老爷说："难道老爷就不赏人家点儿甚么吗?"（《儿》第四十回）

（27）所以才商量着我拉起你来谢客，你姐夫就替你递茶，为的是好留住人家坐下说话。（《儿》第十九回）

（28）你那性儿有个不问人家一个牙白口清还得掉在地下砸个坑儿的吗?（《儿》第十九回）

（29）他也是个给人家作儿子的，岂有他妈死了不叫他去发送的理?（《儿》第三回）

（30）我听见说，你们居乡的人儿都是从小儿就说婆婆家，还有十一二岁就给人家童养去的，怎么妹妹的大事还没定呢?（《儿》第九回）

例（26）中的"人家"充当的是双宾语中的间接宾语，这种现象还是第一次出现。

《儿》中的"人家"也常作定语，共有63个用例，占《儿》中"人家"全部用例的21.58%。作定语的用例数量大大超越《红》中"别人"作定语的12例和"人家"作定语的20例。定语和中心语可以直接相连，也可以借用结构助词"的"来连接。如：

（31）你听我告诉你：不但人家那番恩义不可辜负，就是平白的见了你这样一个人，这门亲我也愿意作。（《儿》第十二回）

（32）一般儿大的人，怎的姐姐的父母之命就该这等认真，人家的父母之命就该那等将就?（《儿》第二十六回）

《儿》中的"人家"也常作兼语，共有18例，占《儿》中"人家"全部用例的6.16%。作兼语的数量也大大超越《红》中"别人"作兼语的3例和"人家"作兼语的6例。如：

（33）老爷任上没银子，家里又没银子，求亲靠友去呢，就让人家肯罢，谁家也不能存许多现的。（《儿》第三回）

（34）安太太道："叫人家孩子委屈了一道儿，就是他父母照应你一场，我也得给人道个谢去!"（《儿》第十二回）

（35）此时觉得盼人家开酒的心比当日劝人家戒酒的心还加几倍。（《儿》第三十七回）

发展到老舍时代，"人家"竟呈现明显颓势，而"别人"又风光重现。《正》中的旁称代词"人家"只有 17 例，占其所有旁称代词用例的 42.50%。由《儿》中的老大跌为老二，而"别人"则多达 20 例，再次胜出。用法较之《儿》也显得单一了些。

作主语是《正》中"人家"最主要的用法，共 10 例，占其全部用例的 58.82%。如：

（36）人家来约请，母亲没法儿拒绝。（《正》）

（37）若是人家拱手相问：您台甫？而回答不出，岂不比豆腐更糟么？（《正》）

（38）人家多老大就永远不提岳飞和文天祥。（《正》）

（39）人家多老大冬夏长青地用一块破蓝布包着《圣经》，夹在腋下，而且巧妙地叫牛牧师看见。（《正》）

（40）人家连一杯茶都没给他喝！多么奇怪！（《正》）

其中的例（36）（37）（40）中的"人家"是单用作主语，例（38）（39）中的"人家"与"多老大"构成同位词组一起作主语。

《正》中的"人家"也可作宾语，共 4 例，占其全部用例的 23.53%。如：

（41）妇女卖苦力给人家作活、洗衣裳，是最不体面的事！（《正》）

（42）他问人家那些活物为什么满身是眼睛，以便引起学术研究的兴趣，人家干脆说"不知道"！（《正》）

例（41）中的"人家"作介词宾语，例（42）中的"人家"作动词宾语，而且是双宾语中的间接宾语。

《正》中的"人家"也可作定语，但仅有 2 例：

（43）先看准了人，而后俯首急行两步，到了人家的身前，双手扶膝，前腿实，后腿虚，一趋一停，毕恭毕敬。（《正》）

（44）尽管可以去学手艺，可是难免受人家的轻视。（《正》）

作定语的用例数量与《儿》中"人家"63 个作定语用例的情形已有霄壤之别。

《正》中的"人家"也偶尔作兼语，只有 1 例：

（45）云翁在拒绝帮忙的时候，设法叫人家看出来他的身分，理当不轻举妄动。（《正》）

这也与《儿》中"人家"作兼语有 18 个用例的情形不可同日而语了。

旁称代词"人家"由《红》到《儿》再到《正》，用例数量和使用频率走出了一波过山车似的"行情"，无疑是这一时期旁称代词发展演变的一种引人瞩目的现象。

三、旁称代词"他人""旁人"句法语义的历时嬗变

旁称代词"他人""旁人"与前述讨论的"别人""人家"同时产生于魏晋南北朝时期。

在明代以前的较长一段时期内，"他人"一直是个最为常见的旁称代词。明代以降，随着"别人"的崛起，"他人"开始走向衰落；入清以后，随着"人家"的不断走强，"他人"日益走向没落，最终为"别人""人家"所取代，一般只出现在书面语中。

《红》中的的旁称代词"他人"共有 10 个用例，占《红》全部旁称代词用例的 3.38%，使用频率已与"别人"61% 强的用例比例不可同日而语，也没法与31% 强用例比例的"人家"相抗衡。其用法也显单一，主要作宾语，有 6 个用例，其中充当动词宾语的有 2 例，充当介词宾语的有 4 例：

（1）不悔自己无见识，却将丑语怪他人！（《红》第二十一回）

（2）爱自己尊若菩萨，窥他人秽如粪土；外具花柳之姿，内秉风雷之性。（《红》第七十九回）

（3）甚荒唐，到头来都是为他人作嫁衣裳！（《红》第一回）

（4）如冰水好空相妒，枉与他人作笑谈。（《红》第五回）

（5）既黛玉终归无可寻觅之时，推之于他人，如宝钗、香菱、袭人等，亦可到无可寻觅之时矣。（《红》第二十八回）

（6）他两个素日不是这样的好，今看来竟更比他人好十倍。（《红》第四十九回）

其中例（1）（2）中的"他人"作动词宾语，但该两例均属于诗词歌赋，并非自然语言；例（3）～（6）中的"他人"作介词宾语，例（4）也属于诗词歌赋，并非自然语言。也就是说，有一半"他人"是用在非自然语言中。

其他的用法是各有 2 例作主语、兼语：

（7）牵连大抵难休绝，莫怨他人嘲笑频。（《红》第五十一回）

（8）正叹他人命不长，那知自己归来丧！（《红》第一回）

（9）你可知宋太祖说的好："卧榻之侧，岂许他人酣睡。"（《红》第七十六回）

（10）又见有香菱这等一个才貌俱全的爱妾在室，越发添了"宋太祖灭南唐"之意，"卧榻之侧岂容他人酣睡"之心。（《红》第七十九回）

其中例（7）（8）中的"他人"作主语，不过该两例全属于诗词歌赋，非自然语言；例（9）（10）中的"他人"作兼语，但是该两例属于前后照应，说的是同一句话，实际上应为 1 例。

也就是说，在《红》时代的旁称代词序列中，自然语言均只会选用"别人"和"人家"了，已极少选用"他人"了。

发展到文康时期，这种情形愈益明显。《儿》中的旁称代词"他人"总共只有 4 个用例，占其全部旁称代词用例的 1.25%，已完全走向没落：

（11）看他这样机警，那砚台他必不肯使落他人之手。（《儿》第十三回）

（12）更兼那时庙里闹了那等一个大案，也虑到那砚台落在他人手里，上面款识分明，倘然追究起来，不免倒叫安家受累，此外并无一毫私意。（《儿》第二十六回）

（13）不怕自己沥胆披肝，不肯受他人一分好处；只图一时快心满志，不管犯世途万种危机。（《儿》第十六回）

（14）姑娘，你一定要自己站住这个路头，不准他人踹进一步，才算个英雄，可不先把"英雄"两字看得差了？（《儿》第十九回）

其中例（11）（12）中的"他人"作定语，例（13）中的"他人"作宾语，例（14）中的"他人"作兼语。例（11）（12）说的是同一件事，例（13）属于诗词歌赋，非自然语言，从中可以看到曾经风行一时的旁称代词"他人"的英雄末路。

到了老舍时代，"他人"作为旁称代词在北京话口语中已基本消失，不但

《正》中未见一例，在《龙须沟》《茶馆》等作品中也未发现一例"他人"的用例。

与"他人"同时代出现的旁称代词"旁人"一路走来，命运似乎同样不堪，在任何一个时代均非旁称代词的主角。令人称奇的是，"旁人"也就这么惨惨淡淡、稀稀落落地一路走来，最终倒是与当年红极一时的"他人"平起平坐，一同走向没落。

《红》中的旁称代词"旁人"共有 8 个用例，占《红》全部旁称代词用例的 2.70%。虽然是极度边缘化了，但与 10 个用例的"他人"倒也难分伯仲。

《红》中的 8 例"旁人"中作宾语的有 5 例，作定语的有 3 例。如：

（15）但只是我不来，叫旁人看着，倒像是咱们又拌了嘴的似的。（《红》第三十回）

（16）我知道你是正经人，因为我错听了旁人的话了。（《红》第四十七回）

（17）因想这事非常，若说出来，奸盗相连，关系人命，还保不住带累了旁人。（《红》第七十二回）

例（15）（17）中的"旁人"作宾语，例（16）中的"旁人"作定语。

发展到文康时期，"旁人"的用例更加少见。《儿》中的"旁人"共有 6 个用例，占其所有旁称代词用例的 1.87%。虽然极少，但首次超越只有 4 个用例的"他人"，这是令人想不到的情形。其用法与"他人"一样简单，只充当主语和定语，其中 5 例作主语，1 例作定语。如：

（18）旁人只说是慢慢的劝着就劝转来了，那知他早打了个九牛拉不转的主意，一言抄百总，任是谁说，算是去定了。（《儿》第三回）

（19）便是女孩儿家不识羞说出口来，这事也不是求得人的，也不是旁人包办得来的。（《儿》第九回）

（20）只是这句话，人心隔肚皮，旁人怎猜得透！（《儿》第四十回）

（21）要是从旁人嘴里说出来，管保你又是把那小眼皮儿一搭拉，小腮帮子儿一鼓，再别想你言语了。人家还说甚么？（《儿》第十九回）

例（18）～（20）中的"旁人"作主语，例（21）中的"旁人"作定语。

到了老舍时代，"旁人"作为旁称代词在北京话口语中已基本消失，不但《正》中未见一例，在《龙须沟》《茶馆》等作品中也未发现一例"旁人"的用例。

自 18 世纪中叶到 20 世纪中叶，北京话旁称代词系统在句法语义上呈现出了比较明显的发展变化，这种发展变化在三个时期的三部典型的北京话文献《红》《儿》《正》中得到了充分的反映。就旁称代词系统而言，历时嬗变的发生轨迹是：由 18 世纪中叶的"别人、别人家、人家、他人、旁人"阵容切换到 19 世纪中叶的"别人、人家、他人、旁人"，再切换到 20 世纪中叶的"别人、别人家、人家"阵容，其间的此消彼长、删汰整合昭然。就旁称代词个体而言，历时嬗变的发生轨迹是：①"别人"由 18 世纪的炙热到 19 世纪的没落再到 20 世纪的重新走强；②产生于元代的"别人家"由 18 世纪的衰弱到 19 世纪的没落直至 20 世纪的只保存在部分方言中而在北京话中彻底消亡；③"人家"由 18 世纪的初露锋芒到 19 世纪的首度大大超越"别人"而一枝独秀再到 20 世纪与"别人"近乎平分天下；④"他人"这个曾经在相当长的时段内的旁称代词家族的宠儿由 18 世纪的颓势已现到 19 世纪的英雄末路直至 20 世纪的难觅踪影；⑤不温不火一路走来的"旁人"由 18 世纪的衰落到 19 世纪的走向没落直至 20 世纪的淡出我们的视线。这便是北京话旁称代词自 1750 年到 1950 年的发展演变史。

参考文献：

［1］吕叔湘．近代汉语指代词［M］．江蓝生，补．上海：学林出版社，1985.

［2］太田辰夫．中国语历史文法［M］．2 版．蒋绍愚，徐昌华，译．北京：北京大学出版社，2003.

［3］卢烈红．《古尊宿语要》代词助词研究［M］．武汉：武汉大学出版社，1998.

［4］景盛轩．旁称代词"别人"的产生和发展［J］．浙江师范大学学报（社会科学版），2006，31（6）．

（原连载于《苏州教育学院学报》2013 年第 6 期、2014 年第 1 期）

北京话指示代词的历时嬗变（1750—1950）[①]

在汉语代词发展史上，指示代词的变化发展是最为深刻的。从上古汉语到中古汉语再到近代汉语，指示代词系统的发展变化用"脱胎换骨"一词来描写并不夸张，倒是恰如其分的。就是在近代汉语中，指示代词系统的发展演变、指示代词个体的此消彼长，也从来没有停止过。即使是在清代的数百年中，指示代词的发展演变依然是十分明显的。关于指示代词所涵盖的范围、所包含的对象，学界还有不同的看法，但这并不影响我们的讨论，因为我们觉得，讨论一种现象，还得骛求赅广，将一些边缘的有争议的个体纳入讨论范围利大于弊，如果追求普遍认可，就怕有些个体永远进入不了我们的视野，久而久之，这些个体就会成为"三不管"地带，成为研究的盲区，这种情况在学术史上并不是没有发生过，远的不说，在近代汉语虚词研究史上就曾发生过。因此，我们这里将体现指示代词范围的最大化。综合各家意见，我们将汉语指示代词分为近指代词、远指代词、兼指代词、旁指代词、统指代词、逐指代词、隐指泛指代词七大类。基于创作于18世纪中叶的《红楼梦》（前八十回）（简称《红》）、19世纪中叶出现的《儿女英雄传》（简称《儿》）以及20世纪中叶出现的《正红旗下》（简称《正》）是学界公认的典型的北京话代表作品，我们试以此三部文献中指示代词个体的此消彼长及指示代词系统的发展变化作为依据，[②]来初步厘清自18世纪中叶到20世纪中叶北京话指示代词的发展演变轨迹。

一、近指代词的历时嬗变（1750—1950）

近指代词是一种指示或标识在时间、空间或心理上距离较近的人或事物的指示代词。汉语近指代词系统自古及今发生了极为深刻的变化：上古汉语近指代词系统主要由"之""兹""斯""是""时""此"等成员构成；到了中古汉语中，产生了"这""遮""者""只"等近指代词，并且出现了"这个""这里""这

---

① 本文为国家社会科学基金一般项目"北京话虚词史（1750—1950）"（08BYY049）的阶段性成果。

② 使用的三种本子分别为：《红楼梦》（北京：人民文学出版社，2008）、《儿女英雄传》（北京：人民文学出版社，1983）、《正红旗下》（北京：人民文学出版社，1980）。

般""这样"等复音近指代词；到了近代汉语中，"这""遮""者""只"等形式逐渐统一为"这"这种形式，中古汉语中出现的复音近指代词也得到了广泛应用，而且产生了"这会子""这咱（早）晚""这等""这么""这么些""这么着"等新的复音近指代词。①

《红》中的近指代词系统主要有"这""这个""这里""这么样""这样儿""这样""这样个""这般""这么""这们""这等""这等样""这么着""这们着""这会子""这会""这早晚""这时候""这时""这起""这些个"21 个成员，基本反映了 18 世纪中叶北京话近指代词系统的基本面貌。

到了一百年之后的《儿》中，近指代词系统主要有"这""这个""这里""这么样""这样""这样个""这般""这么""这等""这等样""这么着""这会子""这早晚""这时候""这起""这起子""这些个"17 个成员，除了"这起子"是这个时点新出现的近指代词外，其他均传承自《红》时代，就总量而言有所减少，《红》中的部分近指代词如"这样儿""这们""这们着""这会"等已经消失了。

再到了一百年后的《正》中，近指代词系统大幅瘦身，只有"这""这个""这里""这么样""这样""这么""这会""这时候""这会儿"9 个成员，其中前 8 个由《儿》时代传承而来，"这会儿"是这个时点新产生的一个近指代词。至于《儿》中还在使用的"这样个""这般""这等""这等样""这会子""这早晚""这起子"等近指代词，显然已经难见踪影了。

从《红》到《儿》再到《正》，部分近指代词的此消彼长情况详见表1：

表1　《红》《儿》《正》中近指代词的分布情况

词目	作品	用例	占全部近指代词百分比（%）
这	《红》	2 936	58.72
	《儿》	5 701	71.51
	《正》	258	61.43
这个	《红》	523	10.46
	《儿》	726	9.11
	《正》	34	8.10

---

① 参见向熹. 简明汉语史：下［M］. 北京：高等教育出版社，1993：59，392. 卢烈红认为：六朝时期汉语中产生了"阿堵""宁馨（尔馨、如馨）""许""如许""个""就"等近指代词，进入唐代产生了近指代词"这"，但用例极少，晚唐五代以后才逐渐走强。参见卢烈红. 《古尊宿语要》代词助词研究［M］. 武汉：武汉大学出版社，1998：71－72.

汉语虚词史研究

第一编　近代汉语代词研究

词目	作品	用例	占全部近指代词百分比（％）
这里	《红》	546	10.92
	《儿》	397	4.98
	《正》	21	5.00
这么样	《红》	7	0.14
	《儿》	4	0.05
	《正》	1	0.24
这样儿	《红》	3	0.06
	《儿》	0	0
	《正》	0	0
这样	《红》	421	8.42
	《儿》	236	2.96
	《正》	35	8.33
这样个	《红》	3	0.06
	《儿》	1	0.01
	《正》	0	0
这般	《红》	73	1.46
	《儿》	24	0.30
	《正》	0	0
这么	《红》	178	3.56
	《儿》	266	3.34
	《正》	56	13.33
这们	《红》	9	0.18
	《儿》	0	0
	《正》	0	0
这等	《红》	33	0.66
	《儿》	528	6.62
	《正》	0	0
这等样	《红》	1	0.02
	《儿》	1	0.01
	《正》	0	0

虽然在不同的时间点上，近指代词系统的发展变化是极为显著的，但是就每个近指代词个体而言，其在不同的时间点上所发生的变化却千差万别，有些略有起伏，有些则波诡云谲。

前者限于篇幅我们就不加以展开了，我们在这里只讨论后者。

首先值得说道的是"这样"。

《红》中"这样"共有421例，占其全部近指代词用例的8.42%，用例数量位列《红》21个近指代词的第4位，是《红》常用的近指代词之一。在句法功能上，"这样"主要作状语（151例）、宾语（112例）和定语（94例），也可作谓语（51例），偶尔也可作补语（11例）和主语（2例）。其语法作用一是指别，二是称代。指别主要是用于分别程度、方式和性状等的差异；称代则主要用于指称情态、行为、状况等。"这样"在《红》中的这些句法功能和语法作用特点一直延续到《儿》时代、《正》时代，直至当代汉语中。

但是，有一点需要说明的是，《红》中所有的"这样"在语用上都用于回指，没有一例用于后指。而且有近10%的用例中，"这样"之前均有作为回指标志的连词"既"。如：

（1）香菱听了，笑道："既这样，好姑娘，你就把这书给我拿出来，我带回去，夜里念几首也是好的。"（《红》第四十八回）

（2）我因为听你说的有理，我想你们既这样说，自然别人也是这样说，将来渐渐的都不理我了，我所以想着自己伤心。（《红》第五十七回）

发展到《儿》时代，虽然"这样"依然主要用于回指，但还是出现了一种全新的用法——用于后指，这在《红》时代是未曾出现过的，共有4例。如：

（3）那褚家娘子低头想了一想，笑道："这样罢，老爷要得合我父亲说到一处，却也有个法儿，只是屈尊老爷些。"老爷忙问："怎样？"（《儿》第十四回）

（4）他低着头掐指寻纹算了半日，口里还呐呐的念道："这日不妥，那日欠佳。"忽然抬头向大家道："这样罢，这个日子我们竟定在出榜这天罢。"（《儿》第三十五回）

例（3）（4）中的"这样"均称代后面说的内容。

发展到《正》时代，"这样"又有了新用法，新出现了两个回指标记——"连（这样）""（这样）一来"，后者还实现了回指标志的后移。如：

（5）这样一来，明知自己没有学问的牛牧师，忽然变成有学问的人了。（《正》）

（6）连这样，管家可是还没有替他通禀一声的表示。（《正》）

《红》中有1例作"既连这样"，例（6）盖由此演化而来。例（5）的"这样一来"成为当代汉语中最为常见的句法格式。

其次值得说道的是"这般"和"这等"。

"这般"大约产生于晚唐五代时期，"般"原本是个量词，进入复合词后变为词素，量词的语法特点也就消失了，因此"这般"后可以跟助词"的"。"这般"最初可能主要用于指别性状，宋代以后，既用于指别，又用于称代。①

《红》中"这般"共有73例，占其全部近指代词用例的1.46%，用例数量位列《红》21个近指代词的第7位，也是《红》常用的近指代词之一。在句法功能上，"这般"主要作状语（22例）、定语（20例）、宾语（17例）和谓语（11例），还可以在复句中单独充当分句（3例）。不过，"这般"充当分句时，要么同"如此"连用，要么采取重叠形式。其语法作用一是指别，二是称代。指别主要是用于分别程度、方式等的差异，称代则主要用于指称情态、行为、状况等。试举几例：

（7）后面宝钗黛玉随着，见凤姐儿这般，都拍手笑道："亏这一阵风来，把个老婆子撮了去了。"（《红》第二十回）

（8）我的娘，怎么下这般的狠手！你但凡听我一句话，也不得到这步地位。（《红》第三十四回）

（9）袭人见了这般，慌起来，只说时气所感，热汗被风扑了。（《红》第五十七回）

发展到《儿》时代，"这般"的用例大幅减少，用法也大大简化，只充当定语（15例）和状语（9例），原本作宾语、谓语，甚至在复句中充当分句等句法功能都消失了。就语法作用而言，《儿》中的"这般"已经不见称代的用例，所有用例均表指别，指别动作的方式、事物的性状以及性状的程度等差异。可见，"这般"发展到《儿》时代已显颓势。试举几例：

---

① 冯春田. 近代汉语语法研究［M］. 济南：山东教育出版社，2000：106.

（10）我看姐姐这等细条条的个身子，这等娇娜娜的个模样儿，况又是官宦人家的千金，怎生有这般的本领？（《儿》第八回）

（11）难道他果的看得他那个老玉那般重，看得他这个一官这般轻，无端的就肯叫他到乌里雅苏台给老玉保镖去不成？（《儿》第四十回）

到了《正》中，已经见不到近指代词"这般"的用例了。在老舍的《龙须沟》和《茶馆》等文本中也依然见不到"这般"的用例，可见在《儿》时代，近指代词"这般"已经在口语中消失了。

"这等"的消亡过程虽然与"这般"有别，但最后的结局是一样的。

"这等"是很晚产生的一个近指代词，冯春田从其调查所得的用例推断其大致产生于元代。①《红》中"这等"共有33例，用例数量位列《红》21个近指代词的第8位，也是《红》较为常见的近指代词之一。在句法功能上，"这等"主要作状语（20例）和定语（11例），偶尔也作宾语（1例），甚至还可以在复句中单独充当分句（1例）。其语法作用一是指别，二是称代。指别主要是用于分别程度、方式和性状等的差异，称代则只用于指称状况。试举几例：

（12）赖大妈妈见贾母尚这等高兴，也少不得来凑趣儿，领着些嬷嬷们也来敬酒。（《红》第四十四回）

（13）薛蟠忙止住不语，便说："既是这等，这门亲事定要做的。"（《红》第六十六回）

（14）又见有香菱这等一个才貌俱全的爱妾在室，越发添了"宋太祖灭南唐"之意，"卧榻之侧岂容他人酣睡"之心。（《红》第七十九回）

发展到《儿》时代，近指代词"这等"的用例竟然大幅度增加，《儿》中"这等"共有528个用例，占其全部近指代词用例的6.62%，位列《儿》17个近指代词的第3位，仅次于"这"和"这个"，是《儿》最为常用的近指代词之一。在句法功能上，"这等"也有所扩展，除了大多用作状语（310例）和定语（205例）外，也可用作宾语（9例）、主语（2例）和谓语（1例），或者在复句中单独充当分句（1例）。凡是作状语、定语的，全部用于指别方式和程度的差异；凡是用作宾语、主语、谓语或单独作分句的，全部用于称代某种状况。试举几例：

---

① 冯春田. 近代汉语语法研究［M］. 济南：山东教育出版社，2000：108.

（15）（安公子）转了一会，想了想："这等不是道理，等我静一静儿罢。"（《儿》第四回）

（16）况且在大路上大店里，大约也没有这样的笨贼来做这等的笨事。（《儿》第五回）

（17）若论安公子方才这番话，所虑也不为无理；只是我们作女孩的，被人这等当面拒绝，难消受些。（《儿》第十回）

"这等"的发展轨迹与"这般"可是大相异趣："这般"是一路走低，直至消亡，这似乎比较符合事物发展的逻辑；按照"这等"在《儿》中的表现，它应该处在使用频率的上升通道中，不断走强是它的趋势，然而结局却出人意料。

在一百年后的《正》中已见不到1例"这等"的用例，在老舍的《龙须沟》《茶馆》等文本中也没有"这等"的用例。可见，在20世纪50年代，近指代词"这等"就已经在口语中消亡了。

二、远指代词的历时嬗变（1750—1950）

远指代词是一种指示或标识在时间、空间或心理上距离较远的人或事物的指示代词。同近指代词一样，汉语远指代词系统自古及今也发生了极为显著的变化：上古汉语远指代词系统主要由"其""彼""匪""夫"等成员构成；到了中古汉语中，出现了远指代词"那"，并且产生了"那个""那里""那边"等复音远指代词；到了近代汉语中，又出现了"那般""那样""那会儿""那会子""那厢""那们""那的""那么""那么着""兀那"等新的复音远指代词。

《红》中的远指代词系统主要有"那""那么""那样""那么样""那般""那等""那壁厢""那厢""那时""那时候""那时节""那里"12个成员，基本反映了18世纪中叶北京话远指代词系统的基本面貌。

到了一百年之后的《儿》中，远指代词系统主要有"那""那么""那样""那般""那等""那厢""那时""那时候""那时节""那里"10个成员，均传承自《红》时代。就总量而言有所减少，《红》中的个别远指代词"那壁厢""那么样"在当时的北京话口语中已经消失了。

再到了一百年后的《正》中，远指代词系统主要有"那""那么""那样""那时""那时候""那里"6个成员，均传承自《儿》时代。就总量而言进一步减少，《儿》中部分远指代词如"那般""那等""那厢""那时节"等，显然在口语中已经难见踪影了。

从《红》到《儿》再到《正》，所有远指代词的此消彼长情况详见表2：

表2 《红》《儿》《正》中远指代词的分布情况

词目	作品	用例	占全部远指代词百分比（%）
那	《红》	1 745	81.89
	《儿》	4 890	87.01
	《正》	202	58.05
那么	《红》	11	0.52
	《儿》	72	1.28
	《正》	107	30.75
那样	《红》	41	1.92
	《儿》	44	0.78
	《正》	19	5.46
那么样	《红》	1	0.05
	《儿》	0	0
	《正》	0	0
那般	《红》	3	0.14
	《儿》	3	0.05
	《正》	0	0
那等	《红》	9	0.42
	《儿》	92	1.64
	《正》	0	0
那壁厢	《红》	1	0.05
	《儿》	0	0
	《正》	0	0
那厢	《红》	1	0.05
	《儿》	3	0.05
	《正》	0	0
那时	《红》	53	2.49
	《儿》	122	2.17
	《正》	1	0.29

（续上表）

词目	作品	用例	占全部远指代词百分比（%）
那时候	《红》	3	0.14
	《儿》	29	0.52
	《正》	6	1.72
那时节	《红》	1	0.05
	《儿》	5	0.09
	《正》	0	0
那里	《红》	262	12.29
	《儿》	360	6.41
	《正》	13	3.74

远指代词的情况，相对于近指代词而言要略显简单一些，无论是数量还是句法语义特点，均显得单纯一些。虽然就远指代词系统而言，其发展变化是比较显著的，值得描写，但就个体而言，似乎值得说道的就不多了。这里我们只说说"那么"。

"那么"，在古代文献中还有"那麽""那们""那每"等多种书写形式。江蓝生认为，词尾"们"与"么"都来源于等类、色样义的"物"。① 吕叔湘认为："那麽""那们"等是元明时期出现的远指代词，至于说"那么"则出现得更晚，"这么、那么的大量出现是从《红楼梦》时代起"。②

《红》中"那么"仅有11例，可见在《红》时代，"那么"还远不是常用的远指代词。在句法功能上，主要作状语（10例），偶尔也作主语（1例）。在语法作用上，既可用于指别，也可用于称代。"那么"用于指别时，多用于区别程度、方式等的差异；用于称代时只称代状况。如：

（1）前儿亏你还有那么大脸，打发人和我要鹅黄缎子去！（《红》第二十九回）

（2）依我劝，你正经下个气，陪个不是，大家还是照常一样，这么也好，那么也好。（《红》第二十九回）

发展到《儿》时期，"那么"的用例数量明显增多，《儿》中的"那么"有

---

① 江蓝生. 说"麽"与"们"同源［J］. 中国语文，1995（3）.

② 吕叔湘. 近代汉语指代词［M］. 江蓝生，补. 上海：学林出版社，1985：268－269.

72 个用例，属于比较常用的远指代词之一。相较于《红》而言，不见了作主语的用法，但出现了作定语（28 例）的用法。因此，《儿》中的"那么"只有指别的作用。如：

（3）谁知大师傅那么耐着烦儿俯给他，他还不愿意。（《儿》第七回）

（4）不早了，老太太今日那么早起来，也闹了一天了，咱们喝点儿粥，吃点儿东西睡罢。（《儿》第二十回）

（5）我看着只怕也是咱们同行的爷们，我见他也背着象老爷子使的那么个弹弓子。（《儿》第十七回）

（6）仗南粮，我只问你，你上回带我逛的那稻田场，那么一大片，人家怎么种的？（《儿》第三十三回）

在这一时期，"那么"修饰名词或名词性短语的用例突然出现，并且数量不少。

发展到《正》时代，远指代词"那么"不仅数量急剧增加，句法功能也更加丰富。《正》中"那么"的用例多达 107 例，占其全部远指代词用例的 30.75%，是《儿》中最为常用的远指代词之一，在《儿》的 6 个远指代词中用例数量位列第 2 位，仅次于"那"。在句法功能上，除了作状语（72 例）外，"那么 + 名词/名词性短语"结构的数量进一步增加，"那么"作定语（26 例）的用法更加稳定、成熟。如：

（7）因此，直到今天，我还摸不清她的丈夫怎么会还那么快活。（《正》）

（8）由心里到四肢都那么颤动了一下，很舒服，象吞下一小块冰那么舒服。（《正》）

（9）每逢赢那么三两吊钱的时候，她还会低声地哼几句二黄。（《正》）

（10）不过，万一有那么一天，两军阵前，你我走对了面，我决不会开枪打你！（《正》）

此外，"那么"还出现了用在句首主要起连接作用的新用法（9 例）。如：

（11）那么，非来不可的就没话可说了。（《正》）

（12）那么，土怎么变成了肉呢？（《正》）

需要说明的是，具有这种用法的"那么"在当代汉语中已划归为连词，而不作为代词处理了。

三、其他指示代词的历时嬗变（1750—1950）

除了近指指示代词、远指指示代词外，指示代词家族尚有兼指代词、旁指代词、统指代词、逐指代词、隐指泛指代词五大类。

所谓兼指代词是指兼有近指和远指两种性质的指示代词。

兼指代词大多用于指别方式、程度、情态以及动作情况差异等，既可用于近指，也可用于远指，当然也可用于称代。《红》中的兼指代词有 3 个，即"其""恁样""恁般"。以"其"最为常用，"恁样""恁般"极为罕见。到《儿》时期，"恁样"已经消亡，只有"其"和"恁般"的用例，以"恁般"最为常用。到了《正》时代，"恁样""恁般"已经消亡，只有"其"尚存。

从《红》到《儿》再到《正》，所有兼指代词的此消彼长情况详见表3：

表3　《红》《儿》《正》中兼指代词的分布情况

词目	作品	用例	占全部兼指代词百分比（%）
其	《红》	87	97.75
	《儿》	12	42.86
	《正》	7	100
恁样	《红》	1	1.12
	《儿》	0	0
	《正》	0	0
恁般	《红》	1	1.12
	《儿》	16	57.14
	《正》	0	0

所谓旁指代词，也叫他指代词，是指称说话双方彼此以外的人或事物的指示代词。

《红》时期旁指代词系统主要有"别""别的""别个""其余"4 个成员，其中"别的"是最为常用的旁指代词，"别"次之，"别个""其余"用例相当，均不太常见。到了《儿》时代，旁指代词系统依然是"别""别的""别个""其余"4 个成员，依然是"别的"用例最多，"别"次之。不同的是：①"别的"

在句法功能上已有退化迹象，"别的"在《红》中还有作状语的用法，到了《儿》中却已不见了；②"别个"在《红》中常用作宾语和定语，到了《儿》中只用作主语，句法功能已经明显弱化；③《儿》中"其余"的用例猛增，用例数量已接近"别的"和"别"。正因为如此，到了《正》时代，"别个"已经在当时的口语中难觅踪影了；"别的"也从用例第一的宝座上跌落下来，让位于"别"，"别"第一次独领风骚，而且用例数量占《儿》旁指代词全部用例的近70%。令人稍感意外的是"其余"，《正》中没有延续《儿》的强势，倒是呈现出式微的态势，用例寥寥。

从《红》到《儿》再到《正》，所有旁指代词的此消彼长情况详见表4：

表4 《红》《儿》《正》中旁指代词的分布情况

词目	作品	用例	占第一人称代词总用例百分比（％）
别	《红》	84	37.50
	《儿》	33	30.84
	《正》	25	69.44
别的	《红》	117	52.23
	《儿》	42	39.25
	《正》	8	22.22
别个	《红》	12	5.36
	《儿》	1	0.93
	《正》	0	0
其余	《红》	11	4.91
	《儿》	31	28.97
	《正》	3	8.33

统指代词，也称作括指代词，是指称特定范围内某类事物所有成员的指示代词。

从《红》到《正》，汉语统指代词的发展变化是让人惊讶的。《红》中的统称代词系统成员有"诸般""一切""一应"3个，其中"一应"最为常用，用例数量竟占《红》全部统指代词用例的83%强。"一应"在句法功能上极为活跃，可以作定语、主语、状语和宾语。如：

（1）你也该将一应的后事用的东西给他料理料理，冲一冲也好。（《红》第十一回）

（2）一应有我承当，风雨横竖洒不着你头上来。（《红》第六十五回）

（3）凤姐儿一应不管，只凭他自去办理。（《红》第七十回）

但是，到了一百年后的《儿》时代，统指代词"一应"风光不再，不但用例数量急剧下降，只占《儿》全部统指代词用例的1/4强，而且句法功能也极大地退化，只能作定语和主语。如：

（4）看看点灯，褚大姑奶奶早赴了席回来，一应女眷都迎着说笑。（《儿》第三十一回）

（5）便预先给各省捎下书子去，说来年一定歇马，一应聘金概不敢领。（《儿》第十五回）

（6）果见那连二灶上靠着一个铫子，里头煮着一蹄肘子，又是两只肥鸡，大沙锅里的饭因坐在膛罐口上，还是热腾腾的，笼屉里又盖着一屉馒头，那案子上调和作料一应俱全。（《儿》第九回）

在《儿》时代最为活跃的统指代词是"一切"。"一切"取代"一应"，从《红》中占全部统指代词用例15.09%的份额一跃为《儿》中占全部统指代词用例71.19%的份额。《红》中的"一切"还仅仅限于充当定语。如：

（7）因有这个呆念在心，把一切男子都看成混沌浊物，可有可无。（《红》第二十回）

（8）宝玉道："药气比一切的花香果子香都雅。……"（《红》第五十一回）

到了《儿》中，"一切"除了充当定语外，还可充当主语、宾语和状语，几乎无所不能。试举几例：

（9）外面的一切酒席应酬，我打算可辞就辞，可躲就躲。（《儿》第三十三回）

（10）一切停当，老爷又托了张亲家老爷、程师爷在家照料，并请上小程相公途中相伴。（《儿》第三十八回）

（11）到了圆坟这日，安太太合媳妇也一早过来帮着料理一切。（《儿》第二十四回）

到了《正》时代，统指代词只剩了一个"一切"，"一应"已退出口语交际，"诸般"早在《儿》时代就从当时的口语中消亡了。在这个时代，"一切"在句法功能层面已经是无所不能了。

从《红》到《儿》再到《正》，所有统指代词的此消彼长情况详见表5：

表5 《红》《儿》《正》中统指代词的分布情况

词目	作品	用例	占全部统指代词百分比（%）
诸般	《红》	1	1.89
	《儿》	0	0
	《正》	0	0
一切	《红》	8	15.09
	《儿》	42	71.19
	《正》	14	100
一应	《红》	44	83.02
	《儿》	17	28.81
	《正》	0	0

逐指代词，也叫遍指代词，是指称某类事物中每一个个体的指示代词。

《红》中的逐指代词系统有"每""每每""各""各各"4个成员。其中"每"最为常见，"每"在《红》中的用例竟占《红》逐指代词全部用例的74%强。"各"排在第2位，"每每""各各"相对用例较少。

到了一百年后的《儿》时代，逐指代词系统员主要有"每""各""各各"3个成员，其中"各"取代了"每"，成为这个时期最为常用的逐指代词，《儿》中"各"的用例占《儿》全部逐指代词用例的64%强，"各各"和"每"使用频率已难分伯仲，而"每每"则难觅踪影。

又过了一百年，到了《正》时代，情况又发生了戏剧性的变化，"每"再度取代"各"，独领风骚，成为使用频率最高的逐指代词，"每"在《正》中的用例数量百分比超过了"每"在《儿》中的百分比。可能是受了"每"的再度崛起以及"各"的风光不再的影响，在《儿》中已经一度消失了的"每每"再度出现了用例，而在《儿》中曾经与"每"分庭抗礼的"各各"却在《正》中不见用例，可见在《正》时代"各各"已经在口语中消亡了。

从《红》到《儿》再到《正》，所有逐指代词的此消彼长情况详见表6：

表6　《红》《儿》《正》中逐指代词的分布情况

词目	作品	用例	占全部逐指代词百分比（%）
每	《红》	260	74.07
	《儿》	39	18.40
	《正》	57	66.28
每每	《红》	21	5.98
	《儿》	0	0
	《正》	2	2.33
各	《红》	58	16.52
	《儿》	137	64.62
	《正》	27	31.40
各各	《红》	12	3.42
	《儿》	36	16.98
	《正》	0	0

隐指泛指代词是指隐藏了有关信息或适用于特定范围内任何一个体的一种指示代词。

从《红》时代到《儿》时代再到《正》时代，汉语隐指泛指代词只有一个"某"。

吕叔湘最早将"某"视为代词，并命名为隐名代词。[①] 人们在称引他人时出于各种目的故意以"某"代之的做法一直从先秦时期沿用到今天。在"某"的使用过程中，后来又发展出自讳其名而称己曰"某"的用法。[②]

《红》中"某"共有20个用例，其中既有表隐指的，又有表泛指的。

第一，表隐指。用"某人""某年月日"或"某地"来指代人名、时间、地点。如：

（12）其祸皆因拐子某人而起，拐之人原系某乡某姓人氏，按法处治，馀不略及。（《红》第四回）

（13）尤二姐听了，又回贾母说："我母亲实于某年月日给了他十两银子退准的。……"（《红》第六十九回）

---

① 吕叔湘. 近代汉语指代词［M］. 江蓝生，补. 上海：学林出版社，1985：45.
② 刘家珏. "某"的自称义探析［J］. 古汉语研究，1993（2）.

第二，表泛指。用"某人""某处""某物"来指代人名、地点或事物。如：

（14）一面交发，一面提笔登记，某人管某处，某人领某物，开得十分清楚。（《红》第十四回）

（15）又有顿饭工夫，十二题已全，各自誊出来，都交与迎春，另拿了一张雪浪笺过来，一并誊录出来，某人作的底下赘明某人的号。（《红》第三十八回）

发展到《儿》时代，隐指泛指代词"某"的用例数量明显增加，多达50个用例；而且句法功能也更加拓展，出现了"姓＋某"的新形式。

第一，表隐指。第一种情况是"姓＋某"用于姓氏之后自称，或表谦虚之意，或显自大之情，或含恭敬之态，有16个用例。如：

（16）众位休得惊慌。我邓某虽不才，还分得出个皂白清浊。这事无论闹到怎的场中，绝不相累。（《儿》第十五回）

（17）先生，你我虽是初交，你外面询一询，邓某也颇颇的有些微名。况我这样年纪，难道还赚你这张弹弓不成？（《儿》第十七回）

（18）安老爷拈着那小胡子想了一想，说道："依我的主意，那正面要从头到底居中镌上'清故义士邓某之墓'一行大字，老哥哥，你道如何？"（《儿》第三十二回）

第二种情况是指代称呼语的姓氏，原因是无须说明或不便说明，有7个用例。如：

（19）但是个大父行辈则称为"某几太爷"，父执则称为"某几老爷"，平辈相交则称为"某几爷"。（《儿》第二十九回）

（20）谨按翁名振彪，字虎臣，以行行，人称曰九公。淮之桃源人，其大父某公，官明崇祯按察副使，从永明王入滇，与邓士廉、李定国诸人同日尽难。父某公，时以岁贡生任训导，闻之弃官，徒步万里，冒锋镝负骸骨以归，竟以身殉。（《儿》第三十九回）

第三种情况是"某"＋时间名词/地点名词/其他名词，或因为不知道，或由于不想说、没必要说而没透露真实信息，有12个用例。如：

（21）公生于明崇祯癸酉某年月日，以大清某年月日考终，合葬某处。（《儿》第三十九回）

第二，表泛指。第一种情况是"某"单用或叠用，指代不定的人的姓名，有6个用例。如：

（22）这"儿女英雄"四个字，如今世上人大半把他看成两种人、两桩事：误把些使气角力、好勇斗狠的认作英雄，又把些调脂弄粉、断袖余桃的认作儿女。所以一开口便道是"某某英雄志短，儿女情长"，"某某儿女情薄，英雄气壮"。（《儿》缘起首回）

（23）原来那位师老爷生得来虽不必"子告之曰，某在斯某在斯"，那双眼睛也就几乎"视而不见"；虽不道得"鞠躬如也"，那具腰也就带些"屈而不伸"。（《儿》第三十七回）

第二种情况是"某"+名词，指代不确定的人或事物，有9个用例。如：

（24）不好过的是，出得场来，看着谁脸上都象个中的，只疑心自己不象；回来再把自己的诗文摹拟摹拟，却也不作孙山外想；及至看了人家的，便觉得自己某处不及他出色，某句不及他警人。（《儿》第三十五回）

（25）原来大凡大江以南的朋友见了人，是个见过的，必先叫一声；没见过的，必先问问："这个可是某人不是？"（《儿》第三十七回）

发展到《儿》时代，隐指泛指代词"某"的使用频率有所降低。《正》中有3个用例，这些"某"既有隐指功能也有泛指功能。如：

（26）某些有房产的汉人宁可叫房子空着，也不肯租给满人和回民。（《正》）
（27）某些有钱有势的满人也还看不起汉人与回民，因而对我们这样与汉人、回民来来往往也不大以为然。（《正》）

从《红》到《儿》再到《正》，隐指泛指代词的此消彼长情况详见表7：

表 7 　《红》《儿》《正》中隐指泛指代词的分布情况

作品	用例	占全部隐指泛指代词百分比（%）
《红》	20	27.40
《儿》	50	68.49
《正》	3	4.11

　　以上我们粗略地梳理了从《红》时代历经《儿》时代直到《正》时代这两百年间的北京话指示代词系统的发展演变轨迹。这种发展演变遍及北京话指示代词系统的各个子系统——近指代词系统、远指代词系统、兼指代词系统、旁指代词系统、统指代词系统、逐指代词系统、隐指泛指代词系统等。其中近指代词系统的发展演变是极为深刻的，从 18 世纪中叶的《红》时代到一百年后的《儿》时代再到一百年后的《正》时代，系统内构成成员的此消彼长，句法、语用特点的波诡云谲，变化不可谓不大。个中的一部分指示代词在历史发展中遭遇了删汰，而另一部分新的指示代词则又不断出现，从而真实地再现了北京话近指指示代词的历史发展进程。与之略有不同的是，远指指示代词只经历了一路删汰的过程，在删汰过程中保留了前代的一些代词，而没有产生新的远指指示代词，但还是出现了新的句法、语用特点。除了近指指示代词、远指指示代词外，指示代词家族的其他成员——兼指代词、旁指代词、统指代词、逐指代词、隐指泛指代词等也同样经历了这两百年的历史删汰，有些还能保留大概，有些则早已桑田沧海、面目全非了。从中，我们既可以领略人类语言发展演变的神奇魅力，同时也可以加深了解当代汉语指示代词系统的形成和来源。

参考文献：

［1］冯春田. 近代汉语语法研究［M］. 济南：山东教育出版社，2000.

［2］江蓝生. 说"麽"与"们"同源［J］. 中国语文，1995（3）.

［3］吕叔湘. 近代汉语指代词［M］. 江蓝生，补. 上海：学林出版社，1985.

［4］刘家珏. "某"的自称义探析［J］. 古汉语研究，1993（2）.

［原载于《苏州大学学报》（哲学社会科学版）2014 年第 3 期］

第二编
近代汉语助词、介词、
连词研究

《金瓶梅词话》中的结构助词和语气助词

　　助词是汉语虚词中极具特色的一种词类。一百多年前的马建忠注意到了印欧系语言中因"惟其动字之有变，故无助字一门"，于是便遽然下语："助字者，华文所独。"① 则不免孤陋寡闻。但是，尽管俄语、日语中均有助词，而其数量之丰富、种类之齐全、用法之完备、变化之多端均不可与汉语助词同日而语。从某种意义上说，汉语助词的发展、演变史，也便是汉语虚词的发展、演变史。

　　在汉语发展的不同历史阶段，汉语助词的构成和功能是各不相同的，于是便形成了一个个别具特色的助词体系。本文将要讨论的《金瓶梅词话》（简称《词话》）中的结构助词和语气助词是隶属于近代汉语助词体系的话题。《词话》是一部由明人创作又刊行于明代的白话长篇小说②，其所使用的语言基本上反映了明代时期的语言概貌。书中运用了大量的助词，其中一部分是结构助词和语气助词。这些结构助词和语气助词，在语法意义和用法上，较之以往有继承，也有一些新的发展。

一、结构助词

　　近代汉语中的结构助词一直是学人颇为感兴趣的话题，这可能是同这类助词变化发展之大、脱胎换骨之彻底有关。"底、地、个"的产生及其对"之、者、所"的替代，理所当然地被当作汉语跨入近代的重要标志，其学术价值不言而喻。曹广顺先生曾详细地讨论了近代汉语中新出现的这三个结构助词的历史沿革和各种用法。③ 需要指出的是，曹氏在讨论中所使用的语料主要是元代以前的。而《词话》所体现的明代汉语结构助词的情况似乎要复杂一些。我们这里将对"的（得、地）""个"的使用情况作一下展开。

---

① 马建忠．马氏文通［M］．北京：商务印书馆，1983：323.

② 本文讨论中所使用的版本为《金瓶梅词话》（北京：人民文学出版社，1985）。

③ 曹广顺．近代汉语助词［M］．北京：语文出版社，1995：125－149.

（一）的（得、地）

曹广顺认为，宋代以后"底""地"逐渐改写作"的"；元代以后，在明清小说中，代替"地"的"的"就比比皆是了。① 在《词话》中，作为结构助词的"的"的使用情况远较曹文所预言的要复杂。

第一，状语后"的"和"地"的混用。在《词话》中，状语后可以用"地"，一如现代汉语的用法。如：

（1）西门庆又哈哈地笑道："力薄，力薄。"（第五十七回）

但更多的是用"的"。如：

（2）（西门庆）说着纷纷的恼了，向他白馥馥香肌上飔的一马鞭子来……（第十二回）

（3）他佯打耳睁的不理我，还拿眼儿瞟着我。（第五十八回）

由此可见，"的"的功能在《词话》中被泛化了，它不仅用在定语之后，如同现代汉语中的用法一样，也可用在状语之后，功能如同"地"。"的"功能上的这种泛化现象其实在年代稍早于《词话》的《水浒传》中已初见端倪。我们比较了故事情节以及叙述描写基本一致的《水浒传》的第二十四回同《词话》的前四回，结果发现，《水浒传》第二十四回中状语后基本用"地"，但也有几个用"的"②，而《词话》中只有一处同《水浒传》用"地"，其余或用"的"，或"的""地"均不用。详见表1。

---

① 见曹广顺. 近代汉语助词 ［M］. 北京：语文出版社，1995：130.
② 《水浒传》所用的本子系容与堂百回影印本。

表1　《水浒传》第二十四回和《词话》第一至四回"的""地"的使用情况

出处	"的""地"的使用		
	用"的"次数及用例	用"地"次数及用例	"怎""恁"后用"的""地"情况
《水浒传》第二十四回	共4次。喃喃呐呐的骂道、哈哈的笑起来道、浓浓的点两盏姜茶、我自重重的谢你	共8次。慢慢地吃了、气忿忿地、一直地只顾去了、把腰曲着地还礼、大大地唱个肥喏、暗暗地喜欢、细细地说诱他、浓浓地点道茶	凡6例全部用"地"
《词话》第一回（下半回）至第四回	共2次。气忿忿的自己寻思、大大的唱个喏	共1次。把腰曲着地还喏道	凡5例全部用"的"

第二，补语前"的"和"得"的混用。《词话》中"的"的功能泛化还表现在"的"对"得"的取代以及混用上。补语前用"得"的情况在《词话》中存在，但不是很常见。如：

（4）（那猫）每日不吃牛肝干鱼，只吃生肉半斤，调养得十分肥壮，毛内可藏一鸡弹。（第五十九回）

常见的是用"的"。如：

（5）这西门庆不听便罢，听了气的在马上只是跌脚……（第十八回）
（6）那李瓶儿挝耳挠腮，一头撞在地下，哭的昏过去……（第五十九回）

我们考察了《词话》从第十六至十八回中补语前"的"和"得"的使用情况，发现在全部17个用例中，用"得"的仅有2例，占11.76%弱；用"的"的多达15例，占88.24%强。由于"的"对"得"的取代并不彻底，因此事实上造成了"的"和"得"并存混用的局面。而且这种混用是无语境、非理据性的，随意性很强，有时候在同一语段的上下文中也混用：

（7）两口子喜欢的要不的，临出门，谢了又谢。（第十六回）

（8）李瓶儿因过门日子近了，比常时益发喜欢得了不的……（第十六回）

同用在动词“喜欢”之后、补语“要（了）不的”之前，例（7）用“的”，例（8）则用“得”。

第三，《词话》中“的”还可同谓词性成分组合构成名词性的“的”字短语。如：

（9）那一个装旦的，叫周顺。（第三十六回）

（10）原来吴道官叫了个说书的，说西汉评话《鸿门会》。（第三十九回）

其中有作主语的，如例（9）；也有作宾语的，如例（10）。

（二）个

“个”是《词话》中较为常用的一个结构助词。其用法的丰富性、多样性超过了此前的任何一部文献。概括起来主要有四种情况：一种是用在动词和宾语中间，形成“动＋个＋宾”式；一种是用在动词和补语中间，形成“动＋个＋补”式；一种是用在“真”后作状语；一种是用在“好”后作定语。试详述之。

第一，用在动词和宾语中间的“个”是由量词虚化而来的，“个”后属，但不表数量，只是起使语气轻松、随便的作用。如：

（11）话说潘金莲在家，恃宠生骄，颠寒作热，镇日夜不得个宁静。（第十一回）

（12）难得他女儿生下一男半女，也不愁个大富贵。（第三十七回）

有时候，即使前面加上“一”，也并不表数量。如：

（13）他若敢道个不是，俺每就与他结一个大肐膊。（第十六回）

例（13）中，前面的“个”同后边的“一个”功能相同，前边的“个”之前也可加“一”，后边的“一个”中“一”也可去掉，均不影响文意和语气。

第二，用在动词和补语中间的“个”，其功能相当于现代汉语中的“得”。这种用法在《词话》中最为普遍。如：

（14）当下众人，吃了个净光王佛。（第十二回）

（15）竹山听了，唬了个立睁……（第十九回）

有时候，"个"还同"得（的）"连用。如：

（16）（李外传）倒撞落在当街心里来，跌得个发昏。（第九回）

（17）那应伯爵、谢希大，如同钉子钉在椅子上，正吃的个定油儿，白不起身。（第十三回）

第三，用在"真"后的"个"同"真"一起作状语，功能相当于现代汉语中的"的"。这种用法在《词话》中也不少。如：

（18）你真个恁涎脸涎皮的，我叫丫头进来。（第二十一回）

（19）西门庆真个走了几步。（第二十九回）

有时候，"真个"还可单用，一般多用于人物对话中。如：

（20）王六儿道："真个？妈妈子休要说谎。"（第三十七回）

（21）那应伯爵连忙又唱喏，说："哥，真个？俺每还收了罢。"（第三十九回）

第四，"个"用在"好"后，同"好"一起作定语，修饰后面的名词。这种用法同第一种用法中的"个"一样均是由量词虚化而来，其本身并不表数量。只是这种用例在《词话》中并不多。如：

（22）他自说娘子好个性儿。不然，房里怎生得这两个好丫头。（第十回）

（23）你既是西门庆舅子，我观你倒好个仪表。（第三十回）

除了以上四种用法外，"个"有时还可用在句尾。如：

（24）郓哥道："还早些个。你自去卖一遭来，那厮七八也将来也。"（第五回）

（25）（潘金莲）近日来也自知礼亏，只得窝盘他些个。（第五回）

这两例中的"个"仅仅表示一种肯定语气。

二、语气助词

具有丰富的语气助词是现代汉语区别于印欧系语言的主要特点之一。这个特点在近代汉语中已表现得很明显。从《词话》的情况来看，语气助词是《词话》助词家族中最发达的一支，竟多达二十几个，超过了动态助词和结构助词的总和。一些现代汉语中的语气助词，如"的""了""呵（啊）""罢"等，已经大量地出现在《词话》里了，且语法意义和用法也显现出同现代汉语的一致性（例略）。当然，《词话》中也有一些语气助词是近代汉语特有的，还有一些虽然是对上古汉语或中古汉语中的语气助词的沿用，但语法意义和用法均已发生了一些变化。这样的语气助词有"哩""也""罢了""则个""么""着""家""上""些""者""来""休"等。下面我们试对这部分语气助词作一些展开。

（一）哩

"哩"是《词话》中最为常用的一个语气助词，使用域极广，可用于陈述句中，也可用于疑问句中，还可用于祈使句中，意义相当于"呢""了""吧""么"等。

第一，《词话》中的"哩"最常见的用法是用在陈述句中，表肯定语气，以示不容置疑，功能相当于现代汉语中的"呢"。如：

（1）原来你五娘还没睡哩。绣春，你快去请你五娘来吃酒。你说，俺娘请哩。（第三十八回）

有时，"哩"仅表陈述语气，功能相当于现代汉语中的语气助词"了"。如：

（2）良久，绣春走来说："五娘摘了头，不来哩。"（第三十八回）
（3）西门庆见妇人说话乖觉，一口一声只是爹长爹短，就把心来惑动了，临出门上覆他："我去哩。"妇人道："再坐坐。"西门庆道："不坐了。"（第三十七回）

例（2）中的"哩"仅表陈述语气。至于例（3）前边讲"我去哩"，后边讲"不坐了"，颇类似于"互文"，两下交换，并不影响文意和语气，可见"哩"便是"了"。

第二，《词话》中的"哩"也可用在疑问句中，或者表示是非问。如：

（4）桂姐问道："哥儿睡哩？"（第五十八回）

例（4）中"哥儿睡哩"意谓"哥儿睡了吗"。

或者表示反问。如：

（5）今日又摸到那里去了，贼没廉耻的货，你家外头还少哩！（第六十一回）

例（5）中"你家外头还少哩"意谓"你家外头还少吗"。

第三，《词话》中的"哩"还可用在祈使句中，表请求、命令等语气，并起成句煞尾的作用。如：

（6）周南轩那边还有一席，使人来说，上坐休等他哩，只怕来迟些。（第五十八回）

例（6）中"哩"的功能相当于现代汉语中表祈使语气的"了"。

（二）也

"也"是传承性的语气助词，在上古汉语及中古汉语中，"也"的主要用法是用在句末表判断或说明，用在句中表提顿或强调。到了近代汉语中，"也"的用法发生了一些变化。在《词话》中，"也"的用法主要有三种：

第一，《词话》中的"也"最常见的用法是用在常含反诘语气的选择疑问句第一项之后，既表停顿，也表疑问。如：

（7）文嫂道："愁你老人家没也怎的？上人着眼觑，就是福星临。"（第六十九回）

（8）这两日不知酒多了也怎的，只害腰疼，懒待动旦。（第七十八回）

例（7）是由选择疑问句构成的反问句，其中第一项是实指，第二项用"怎的"虚拟，中间省掉了"还是"之类的语词。例（8）虽然不是疑问句，但"也"的语法意义和用法同前面诸例。

第二，《词话》中的"也"也用在感叹句句末，功能相当于现代汉语中的"啊"。如：

（9）我的抛闪杀人的心肝，撇的我好苦也！（第五十九回）

（10）孟三姐，你好狠也！你去了，撇的奴孤另另独自一个，和谁做伴儿？（第九十一回）

第三，《词话》中的"也"还用在陈述句句末，功能相当于现代汉语中的语气助词"了"。如：

（11）我已寻了房儿了，今特来见你一面，早晚便搬去也。（第七十一回）

（12）夏老爹儿子来拜辞，明日初八日早起身去也。（第七十七回）

（三）罢了

第一，"罢了"也是《词话》中比较常用的一个语气助词，多用在陈述句句尾，对"整个句子所表示的意思起减轻、冲淡的作用"[①]。现代汉语中，"罢了"前面总有"不过""只""单"等与它连用，而《词话》中则往往单独使用。如：

（13）我的苦恼谁人知道，眼泪打肚里流罢了。（第三十八回）

第二，《词话》中的"罢了"有时用在祈使句中，功能同"罢"，相当于现代汉语中的"吧"，表请求、商量语气。如：

（14）哥儿，恁便益衣饭儿，你也入了籍罢了。（第五十八回）

此外，在《词话》中，"罢了"还可单用或作谓语，这时的"罢了"应为动词。如：

（15）罢了，也是他的造化。（第五十八回）

（16）这妇人不听罢了，听了如同心上戳上几把刀子一般……（第三十八回）

例（15）中"罢了"单用，例（16）中作谓语，均为动词。

（四）则个、么、着

第一，"则个"是宋元时代常用的语气词，但在《词话》时代已日趋式微。

---

① 北京大学中文系1955、1957级语言班.现代汉语虚词例释［M］.北京：商务印书馆，1982：67.

《词话》中所见用例已不多，只用于祈使句中，表较强的请求语气。如：

（17）那西门庆听了，低首无语，满眼落泪，哭泣哀告："万望法师搭救则个！"（第六十二回）

第二，"么"在《词话》中多用在反问句中，表反诘，相当于现代汉语中的"吗"。如：

（18）你放恁个刁儿，那个怕你么？（第七十五回）

"么"有时也用在感叹句中，用同"啊"。如：

（19）桂姐道："天么天么，可是杀人！爹没往我家里。……"（第七十四回）

第三，"着"在《词话》中多用在陈述句句末，用法同现代汉语中的语气助词"了"。如：

（20）如意道："爹真个来？休哄俺每着。"（第七十四回）

（21）西门庆道："不打紧，到明日正月十六日，还有一席，可请你每众伙计娘子走走去。是必休到根前又推故不去着。"（第七十九回）

"着"有时也用在祈使句中，表劝告、提醒语气。如：

（22）只怕你空心虚弱，且坐着，吃些甚么儿着，出去也不迟。（第七十九回）

例（22）中的"着"用同"罢（吧）"。不过这种用法在《词话》中甚为罕见。

（五）其他语气助词

第一，"家""上"在《词话》中均为句中语气助词，只见于陈述句中，且用例不多。如：

（23）昨日家又出去，有些小事，来家晚了。（第七十八回）

（24）因此上那老娘儿思想那大的孩儿，掉不下的心肠，时常在家啼哭。（第五十七回）

例（23）中的"家"在句中主要是表提顿，例（24）中的"上"的作用也同此。"家"和"上"的这种用法在今天的吴语中还保存着。

第二，"些""者""来""休"在《词话》中均为句末语气助词，用例也不多。如：

（25）他笑了，约会晚上些，伺候等爹过去坐坐，叫小的拿了这汗巾儿来。（第七十七回）

（26）你把脚步儿快走些些，我这里锦被儿重薰等待者。（第八十三回）

（27）伯爵道："我也是恁说。他说道：别的东西儿来，恐怕哥不稀罕。"（第六十一回）

（28）月娘道："你不好娶他的休。……"（第十六回）

例（25）中的"些"用在陈述句中，表确定的语气，说明一种情况已经发生，用同现代汉语中的语气助词"了"。例（26）中若前一个"些"尚可以看作表较小的数量，相当于今之"一点""一些"的话，那么后一个"些"只能看作语气助词。同例（25）稍有不同的是，"些"在这里是用于祈使句中，表催促语气。例（26）中还有一个"者"，也是语气助词，用在句末，表提示。例（27）中的"来"用在陈述句中，主要表停顿，相当于现代汉语中的"呢"。例（28）中的"休"用在祈使句句末，也表劝告、提醒，语气上较之"来"略重些。

《词话》中的语气助词还经常两两组合在一块儿，以表示各种不同的语气。这种情况在结构助词中也存在，如第一部分中的"的（得）"同"个"组合在一起，既增强了口语性，又强调了补语，但远没语气词之间的组合来得丰富多变。如：

（29）昨日差些儿没把俺大娘气杀了哩。（第八十六回）

（30）等我替你寻个单夫独妻，或嫁了小本经纪人家，养活得你来也。（第九十四回）

例（29）中的"了哩"同"了"的语气不同，也同"哩"的语气有别，"来也"也同此。

参考文献：

［1］马建忠．马氏文通［M］．北京：商务印书馆，1983.

［2］曹广顺．近代汉语助词［M］．北京：语文出版社，1995.

［3］北京大学中文系 1955、1957 级语言班．现代汉语虚词例释［M］．北京：商务印书馆，1982.

（原载于《苏州大学学报》2001 年第 3 期）

《金瓶梅词话》中的动态助词①

动态助词是近代汉语中新产生的一类助词，极富时代特色。曹广顺曾重点讨论了明代以前活跃在当时口语中的一些动态助词的使用情况，② 有不少新的发现。《金瓶梅词话》（以下简称《词话》）是一部由明人创作又刊行于明代的白话长篇小说，③ 其所使用的语言基本上反映了有明一代一个时期的语言概貌。书中运用了大量的助词，其中一部分是动态助词。这些动态助词较之以往的用法，有继承，也有一些值得关注的新的发展。这里我们将对《词话》中"将""着""的""子"等的使用情况作一番全面的考察。

一、将

在近代汉语的助词体系中，"将"是个用法丰富、变化频繁的动态助词。曹广顺在详尽地考察了自唐代至元代"将"在用法及功能上的演变轨迹之后，指出"经过元代的停顿之后，明代以后'动＋将'结构又有了新的发展，带宾语的少了，带补语，特别是复合趋向补语的日趋增多"。这话大致没错，但需作少许修正：明代以来，"动＋将"结构直接带宾语的少了，带宾语后又带补语或直接带补语的则明显增多。《词话》中的情况正是如此。

第一，《词话》中的"将"最常见的用法之一是用在动词之后，带上宾语和趋向补语，形成"动＋将＋宾＋补"结构，"将"表完成或获得结果。"将"的这种用法在《词话》中共有62例。如：

（1）我好意带将菜儿来，见你独自一个冷落落，和你吃杯酒。（第三十八回）
（2）他来寻趁将我来，你问众人不是。（第七十五回）

① 本文为江苏省哲学社会科学"十五"规划项目"《金瓶梅词话》语法研究"（K3 – 007）的前期成果之一。在修改及定稿过程中，采纳了刘晓南教授的一些意见和建议，在此特表谢忱。
② 曹广顺. 近代汉语助词［M］. 北京：语文出版社，1995：10.
③ 兰陵笑笑生. 金瓶梅词话［M］. 北京：人民文学出版社，1985.

有的时候，补语之后还会带上别的成分，这种情况并不多见，共有6例（包含在62例中）。如：

（3）不说叫将他来嗔喝他两句，亏你还雌着嘴儿，不知笑的是甚么！（第七十五回）

（4）不讨将寄放妆奁箱笼来家，我把你这淫妇活杀了！（第八十九回）

此外，宾语同补语的位置有时也会置换。如：

（5）又多谢老爹赐将来酒。（第六十一回）

这种情形共有4例（不包含在62例中）。

第二，《词话》中的"将"也常用在动词和补语之间，形成"动＋将＋补"结构。其中带单音节趋向补语的有44例，带复合趋向补语的有66例。如：

（6）不打紧，我这差人写封书，封些礼，问宋松原讨将来就是了。（第七十八回）

（7）今日一旦反面无恩，夹打小厮，攀扯人，又不容这里领赃，要钱才准，把伙计打骂将来。（第九十五回）

（8）须臾，大盘大碗嗄饭肴品摆将上来，堆满桌上。（第六十一回）

（9）月娘见他现做提刑官，不好不与他，银子也不曾收，只得把箱子与将出来。（第八十七回）

有的时候，"将"会插在复合趋向补语中，从而形成"动＋补＋将＋补"结构。如：

（10）发狠起将来，想着他恁不依说，拿到东京打的他烂烂的不亏！（第十四回）

只是这种情况极为罕见。

第三，《词话》中"将"也用在动词和宾语之间，形成"动＋将＋宾"结构。相对于前面讨论的两种结构来说，这种结构的数量要少得多，共有15例。如：

（11）（猫儿）猛然望下一跳，扑将官哥儿，身上皆抓破了。（第五十九回）

（12）平白教将人家汉子，睁着活眼，把手捏腕的，不知做甚么！（第七十五回）

（13）却说来旺次日依旧挑将生活担儿，来到西门庆门首，与来昭唱喏……（第九十回）

《词话》中"动＋将"结构共有191例，其中直接带宾语的占7.85%，直接带补语的占57.60%，带上宾语又带补语的或带上补语又带宾语的共占34.55%，体现出"动＋将"结构新的发展趋势，即直接带宾语的现象逐渐减少，而带宾语后又带补语或直接带补语的现象则日益增多。

二、着

明代以前，作为动态助词的"着"或表示动作的持续状态，或表示动作的进行状态，这两种用法在《词话》中依然大量存在，体现了"着"的功能的主流面。但同时我们也注意到了"着"在《词话》中还可表示动作的完成，功能同"了"。

第一，"着"在《词话》中常用在句末动词后或动词和宾语之间，形成"动＋着"或"动＋着＋宾"结构，"着"表动作的持续状态。如：

（1）于是不由分说，拉到院子内，教他顶着块大石头跪着。（第二十九回）

（2）落后待的李娇儿、玉楼、金莲众人都出去了，独月娘在屋里守着他。（第六十二回）

第二，"着"也常用在两动词性成分之间，形成"动$_1$＋着＋动$_2$"结构，其中动$_1$是动$_2$的方式、条件，"着"表动作的进行状态。如：

（3）众人都在炕上坐着吃茶……（第四十回）

（4）俺姐夫看着卸行李，还等着见俺爹，才来哩。（第五十九回）

第三，《词话》中的"着"还可用在动词后面，表动作的完成，功能同"了"。如：

（5）（潘金莲）望了一回不见，只得来到屋里，把笔在手，吟哦了几声，便

写一封信。封着，叫春梅："径送与陈姊夫。"（第五十五回）

（6）看毕，西门庆就把册叶儿收好，装入那锦套里头，把插销儿销着，锦带儿拴着，恭恭敬敬放在桌儿上面……（第五十七回）

（7）贼，且不要叫他进来，等我出去着！（第六十七回）

曹广顺认为，例（5）中的"着"表动作的完成，[①] 我们对此表示认同，例（6）中的"着"与例（5）中的"着"当属同一个"着"。例（7）中的"着"用在句末动词"出去"后面，既表动作的完成，又表变化已成定局，所以兼有动态助词"了"和语气助词"了"的功能。

有时，"着"也用在动补短语之后。如：

（8）我的十两银子在外，休要少了我的，说明白着。（第八十六回）

《词话》中"着"的用例不胜枚举，其中以用在句末动词之后或动词与宾语之间表动作的持续状态以及用在两个动词性成分之间表动作的进行状态的用例最为常见。而用例虽不多却需要加以关注的是，《词话》中有一部分"着"用在动词后表动作的完成，功能相当于"了"。

三、的

《词话》中的"的"是一个功能颇为复杂的助词，有的时候，它是一个结构助词，可用于定语后、补语前、状语后；有的时候，它是一个语气助词，可用在句尾，表肯定语气（关于"的"的上述功能我们将另文讨论）；也有的时候，它是一个动态助词，功能或相当于"着"，或相当于"了"。

第一，《词话》中的"的"作为动态助词，最为常见的一种语法现象是，用在句末动词后构成"动＋的"结构，作谓语。有两种情况：一种是用在描写句中，"的"表动作的持续，相当于"着"。这种情况在元曲中就已存在。如：

a. 山门下立地，看有甚么人来。（《西厢记》）
b. 马儿上簪簪稳坐的。（《冻苏秦》）

---

① 曹广顺. 近代汉语助词［M］. 北京：语文出版社，1995：36.

顾学颉、王学奇《元曲释词》将其中的"地（的）"释为"犹言着"①，当无误。《词话》中也有类似的用法。如：

（1）月娘陪吴大妗子从房里出来，看见金莲陪着李瓶儿坐的……（第十四回）
（2）过两日，西门庆正在前厅坐的，忽见冯妈妈来回话。（第三十七回）

例（1）（2）中有"看见……陪着""正在"等词语，足见"的"表持续状态，同"着"。

另一种是用在叙述句中，表动作的完成或实现，相当于"了"。如：

（3）（孙雪娥）连忙向前替西门庆接了衣服，安顿中间椅子上坐的。（第五十八回）
（4）李瓶儿在屋里守着不出来，看见李桂姐、吴银儿和孟玉楼、潘金莲进来，连忙让坐的。（第五十八回）

这种用法的"的"常写作"地"。如：

（5）却说西门庆送了长老，转到厅上，与应伯爵坐地……（第五十七回）
（6）同到月娘房中，大家道个万福，各各坐地。（第五十七回）

最早注意这种用法同前一种用法不同的是日本的香坂顺一先生，他认为《水浒传》② 中以下这些句子中的"地"均不能解释成"着"。如：

a. 那道人把竹篮放下，也来坐地。（《水浒传》第六回）
b. 便请宋江正面坐地……（《水浒传》第二十二回）

香坂顺一以为"地"类似于"下"。③ 我们以为"地"还是同"了"相近。因为这里的"的"主要还是表示动作的完成、实现。

第二，《词话》中的动态助词"的"也常用在动词和宾语之间或两个动词性

---

① 顾学颉，王学奇. 元曲释词：四［M］. 北京：中国社会科学出版社，1990：426.
② 施耐庵，罗贯中. 水浒传［M］. 北京：华文出版社，2019.
③ 香坂顺一. 水浒词汇研究：虚词部分［M］. 植田均，译；李思明，校. 北京：文津出版社，1992：418.

成分之间，分别表示不同的语法意义。

一是"的"表动作的持续，相当于"着"。如：

（7）（潘金莲）只等的西门庆往那里去，不在家，便使了丫鬟，叫进房中，与他茶水吃，常时两个下棋做一处。（第十八回）

（8）如今好容撰钱，怎么赶的这个道路！（第三十八回）

（9）你替他当个事干，他到明日也替你用的力。（第三十六回）

（10）该那个管，你交与那个就是了，来问我怎的，谁肯让的谁。（第七十六回）

"的"的这种用法《水浒传》中就已存在。如：

a. 你须不瞎，也见库局里贴的晓示。（《水浒传》第四回）

b. 小人如今在此，只做得些偷鸡盗狗的勾当，几时是了。（《水浒传》第四十六回）

香坂顺一认为"这些例句中的'得'（的）都可以改成'着'"。尤其是例a"形成了存在句，值得注意的是，贯本中改成了'着'"。① 《词话》中"的"的这种用法同《水浒传》中"的"的类似用法是一脉相承的。

二是"的"表动作的完成或实现，相当于"了"。如：

（11）（潘金莲）下的楼来，教春梅取板子来，要打秋菊。（第二十八回）

（12）（西门庆等）出的南门外，来到猪市街，到了杨家门首。（第七回）

（13）西门庆道："应二爹才送的他去，又做甚？"（第五十七回）

（14）妇人接的袖了，一直走到他前边。（第七十三回）

曹广顺认为例（14）中的"的"表动作的完成。② 至于例（11）~（13）诸例，《水浒传》中也有类似的例子，"得"替换"的"。如：

a. 进得殿帅府前，参见太尉……（《水浒传》第二回）

b. 入得山门里，仔细看来……（《水浒传》第六回）

---

① 香坂顺一. 水浒词汇研究：虚词部分［M］. 植田均，译；李思明，校. 北京：文津出版社，1992：415.

② 曹广顺. 近代汉语助词［M］. 北京：语文出版社，1995：79.

c. 过得桥来，一条平坦大路……（《水浒传》第九回）

香坂顺一注引黎锦熙、刘世儒《汉语语法教材》第二编第180页的说明，认为这些"得"表示完成动态，能换成"了"。①

三是"的"用在两个动词性成分之间，表示前一动作是后一动作的方式、状态，相当于"着"。这种用法元曲中就有。如：

卧地观经史，坐地对圣人。（《诈妮子调风月》）

顾学颉、王学奇释为"犹言着"。②《词话》中如：

（15）（婆子）陪的坐吃了两道茶，西门庆便要起身。（第七回）
（16）那猴子一面笑的耍去了。（第二十八回）
（17）不一时，请吴二舅到，在前厅陪他坐的吃酒……（第七十六回）
（18）那婆子听见，两步做一步走的去了。（第三十八回）

《词话》中的动态助词"的"经常用在句末动词（一般是动词"坐"）的后面，有的处在描写句中，表动作的持续，相当于"着"；有的处在叙述句中，表动作的完成或实现，相当于"了"。此外，"的"也用在动词和宾语之间或两个动词性成分之间，有的表动作的持续，相当于"着"；有的表动作的完成或实现，相当于"了"；有的表示前一动作是后一动作的方式、状态，相当于"着"。

四、子

动态助词"子"何时产生，现在尚不得而知，《词话》以前的文献资料中似也不多见。现在吴语中还用，只限于用在动词或动补短语之后，表动作的完成或实现，相当于"了"。如"俚（他）看见子孙子阿要开心煞""俚（他）推开子门看子一看"。

《词话》中"子"用得并不多，主要出现在动词和宾语之间，表动作的完成或获得某种结果，功能相当于"了"。如：

---

① 香坂顺一. 水浒词汇研究：虚词部分［M］. 植田均，译；李思明，校. 北京：文津出版社，1992：414.

② 顾学颉，王学奇. 元曲释词：四［M］. 北京：中国社会科学出版社，1990：426.

（1）只见管家的三步那来两步走，就如见子活佛的一般，慌忙请了长老。（第五十七回）

（2）尼姑生来头皮光，拖子和尚夜夜忙。（第五十七回）

（3）登时把胡僧吃的楞子眼儿……（第四十九回）

（4）荆统制娘子、张团练娘子、乔亲家母、崔亲家母、吴大姨、吴大妗子、段大姐，坐子好一回，上罢元宵圆子，方才起身，告辞上轿家去了。（第七十九回）

（5）那马见子只一惊躲，西门庆在马上打了个冷战……（第七十九回）

有时候"子"还用在句末，表示一种肯定的语气。这时的"子"不是动态助词，而是一种语气助词。如：

（6）（李桂）就是个真脱牢的强盗，越发贼的疼人子！（第四十五回）

（7）老汉在街上，恁问了两三日，走了十数条街巷，白讨不出块腊肉儿来，甚可嗟叹人子。（第五十八回）

《词话》中的动态助词，除了我们讨论的"将""着""的""子"之外，还有"了"和"过"，由于这两个助词在《词话》时代无论是功能还是意义较之前代均无多少变化，因此，我们在这里就不再展开了。

以上我们较为详尽地考察了《词话》中的动态助词的各种用法，其中有一些用法是前代的延续，有一些用法则是此前未曾有过的，或虽有，但未曾如此大量地使用的。这些都属于新的发展。从汉语史的角度来看，有明一代是近代汉语向现代汉语过渡的重要时期，从这个意义上而言，《词话》动态助词的讨论，无论是对明代汉语助词体系的建构，还是对汉语助词发展脉络的勾勒，甚至对汉语虚词史的研究，均是大有裨益的。

参考文献：

[1] 曹广顺. 近代汉语助词 [M]. 北京：语文出版社，1995.

[2] 兰陵笑笑生. 金瓶梅词话 [M]. 北京：人民文学出版社，1985.

[3] 顾学颉，王学奇. 元曲释词：四 [M]. 北京：中国社会科学出版社，1990.

[4] 香坂顺一. 水浒词汇研究：虚词部分 [M]. 植田均，译；李思明，校. 北京：文津出版社，1992.

［载于《古汉语研究》（哲学社会科学版）2002 年第 3 期］

《金瓶梅词话》中的时间、处所、方向类介词初探[①]

正像一些表空间概念的方位词也经常用来表时间概念一样，表时间、处所、方向的介词也经常通用。这种情形不唯汉语中如此，英语、法语、俄语中也如此；不唯现代汉语中如此，早在古代、近代汉语中就如此。所以，设若考察一部历史文献中的介词，要想将这三类介词分开来讨论，是一件徒劳的事情——往往剪不断，理还乱。因此，在对《金瓶梅词话》（简称《词话》）中的介词系统进行全面考察时，我们就将这三类介词作为一个相对独立的部分来加以讨论，这样可以使讨论更加全面一些，深入一些。[②]

《词话》中表时间、处所、方向的介词有"在""到""至""于""比及""打""自""从""自从""向""往""朝""望"13个。它们在《词话》中的使用情况详见表1：

表1　《词话》中表时间、处所、方向的介词使用频率

词项	在	到	至	于	比及	打	自	从	自从	向	往	朝	望
用例	3 505	1 692	66	160	21	49	148	308	73	223	954	17	26
百分比（％）	48.4	23.4	0.9	2.2	0.3	0.7	2.0	4.3	1.0	3.1	13.2	0.2	0.4

这些介词的一些用法还保留在现代汉语中，但更多的用法已经消失，转由别的介词承担了。

一、在、到、至、于、比及

"在"在上古汉语中原是个动词，汉代以后逐渐语法化，成为介词，但动词的用法依然存在，这种情形一直延续到现代汉语中。"在"是《词话》中使用频

---

① 本文为笔者主持的江苏省哲学社会科学"十五"规划基金项目"《金瓶梅词话》语法研究"（K3 –007）前期成果"《金瓶梅词话》介词研究"中的一部分。

② 本文写作所依据的是1957年文学古籍刊行社重印的古佚小说刊行会影印本《金瓶梅词话》。

171

率最高的一个介词，用例多达 3 505 例，占《词话》全部时间、处所、方向类介词用例的 48.4%。不仅如此，"在"的用法也颇多，概括起来讲主要有以下三种：

第一，"在"表示行为、动作发生的处所。这种用法还保存在现代汉语中。如：

(1) 不知在前头干甚么营生，那半日才进来。（第六十七回）
(2) 那李桂姐卖弄她是月娘的干女儿，坐在月娘炕上……（第三十二回）

这种用法的"在"有时也可带形容词，如：

(3) 正听在热闹，不防春梅走来，到根前向他腮颊子上尽力打了个耳刮子……（第七十八回）

这种用法的"在"有时还同"于"连用，构成的"在于"功能相当于"在"。如：

(4)（安童）虽落水中，幸得不死，浮没芦港，得岸上来，在于堤边号泣连声。（第四十七回）
(5) 于是走出外边来，站立在于花下。（第四十九回）

这种现象《水浒传》中也存在，香坂顺一指出："单音节的'在'为何要复合成'在于'，其中原因还不太清楚，不过这样可以使'在'失去动词性，并转到较为稳定的介词上，还是可以肯定的。"①

第二，介绍出动作的趋向。这种用法在现代汉语中已经消失，由介词"到"来承担了。如：

(6) 三姐，你在那里去来？（第十一回）
(7) 书童使画童儿用方盒把下饭先拿在李瓶儿房中。（第三十四回）

需要说明的是，"在"的这种用法在《词话》中是最为常见的。有时"在"还会同"到"形成对文。如：

———————————————
① 香坂顺一. 水浒词汇研究：虚词部分 [M]. 植田均，译；李思明，校. 北京：文津出版社，1992：300.

（8）金莲道："……三姐，你在那里去来？"玉楼道："才到后面厨房里走了一下。"（第十一回）

第三，表示动作行为在空间上的起点。这种用法在现代汉语中也已消失，由介词"从"承担了。由这种用法的"在"构成的介词短语只限于作状语。如：

（9）惠莲道："我早起身，就往五娘屋里，只刚才出来。你这因在那里来？"（第二十三回）

（10）伯爵道："李日新在那里来？你没曾打听得他每的事怎么样儿了？"（第五十二回）

介词"到"是由表达"到达"义的动词"到"发展演变而来的。"到"是《词话》中使用频率仅次于"在"的一个介词，用例多达 1 692 例，占《词话》全部时间、处所、方向类介词用例的 23.4%。同"在"一样，"到"的用法也颇多：

第一，介绍动作行为的趋向。这种用法在现代汉语中依然常见。由这种用法的"到"构成的介词短语都用在谓词性成分之后作补语。如：

（11）他爹昨日二更来家，走到上房里，和吴家的好了，在他房里歇了一夜。（第二十一回）

（12）玳安应诺，走到前边铺子里。（第五十回）

这种用法的"到"有时还同"于"连用，构成的"到于"功能同"到"。如：

（13）天么天么，姐夫贵人，那阵风刮你到于此处！（第十一回）
（14）于是押着他到于藏春坞雪洞内。（第二十八回）

现代汉语中已见不到"到于"这种形式。
第二，介绍动作行为的时间。这种用法也保留在现代汉语中。如：

（15）你到明日系出去，甚是霍绰。（第三十一回）
（16）谁知他安心早买了礼，就先来了，倒教我等到这咱晚。（第三十二回）

这种用法的"到"有时也同"于"连用，功能同"到"。如：

（17）到于晚夕，妇人先在后边月娘前，假托心中不自在，得了个金蝉脱壳，归到前边。（第八十三回）

第三，表示动作行为发生的处所。这种用法的"到"还可同"在"连用，功能相当于"在"。"到"的这种用法在现代汉语中已经消失，而由"在"承担了。如：

（18）这妇人一抹儿多看到在心里。（第九回）

"至"是古代汉语中常用的一个介词，常带上时间、处所名词，一起作状语或补语。近代汉语中沿用了"至"的这些用法。《词话》中"至"的用例不多，共有66例，占《词话》全部时间、处所、方向类介词用例的0.9%。

"至"在《词话》中的用法主要有以下三种：

第一，"至"带上表时间的名词性成分，作状语，表示某个事件到这时候才发生。这种用法在现代汉语中仍保留着。如：

（19）至晚，酒席上人散，查收家火，少了一把壶。（第三十一回）
（20）至次日，西门庆早往衙门中去了。（第六十八回）

第二，"至"带上表时间的名词性成分，作补语，表示到某个时间以前该状态一直持续着。这种用法现代汉语中也存在。如：

（21）昨日他家大夫人生日，房下坐轿子行人情，他夫人留饮至二更方回。（第三十三回）

第三，"至"介绍动作行为的趋向，所带的表处所的名词性成分是动作行为趋向的终点，由此组成的介词短语作补语。这种用法现代汉语中也能见到。如：

（22）西门庆款留不住，送至大门首，上轿而去。（第六十八回）

不过，这种用法在《词话》中极其少见。

"于"是古代汉语中的一个常用介词（按：这里只讨论作为"时间、处所、方向类介词"的"于"，作为"范围、对象类介词"的"于"我们将另文讨论），常常带上时间、处所名词，一起作补语。这在近代汉语中也十分常见。"于"在《词话》中的用例共有160例，占《词话》全部时间、处所、方向类介词用例的2.2%。

《词话》中的"于"的用法除了前面已经提到的同介词"在""到"连用之外，还有以下两种用法。

第一，用在"到""至""在"等动词后面，形成"到于NP""在于NP"等形式，表示动作发生的时间、处所。"于"的这种用法在现代汉语中已经消失了。如：

（23）到家门首，小厮叫开门，下马踏着那乱琼碎玉，到于后边仪门首。（第二十一回）

（24）郑妈妈出来迎接，至于中堂，见礼。（第七十七回）

（25）老爹烦恼，奶奶没了，在于甚时候？（第六十二回）

（26）五戒因问："红莲女子在于何处？"（第七十三回）

"在于NP"有时并不表时间、处所，而是表关键所在。如：

（27）玳安道："……娘说留丫头不留丫头不在于小的，小的管他怎的？"（第四十六回）

这种用法还保留在现代汉语中，不过现代汉语中的"在于"是一个动词。

第二，用在其他动作动词之后，表示动作行为发生的处所。如：

（28）须臾，潘道士瞑目变神，端坐于位上，据案击令牌……（第六十二回）

（29）等写了回帖，装于套内封了……（第七十八回）

需要指出的是，《词话》中由"于"构成的介词短语大多作补语，像下例中这样作状语的现象是少之又少的：

（30）于是酒也不吃，拉桂姐房中，只坐了没多一回儿，就出来推净手，于后门上马，一溜烟走了。（第十五回）

"比""及"在古代汉语中是两个词，"比"即"及"，意谓"等到"，均为表时间、处所的介词。《词话》中不见表时间、处所的"比"和"及"，而只有"比及"这一种形式，可以推测《词话》时代"比及"这种复合形式已取代了"比"和"及"，而成为一种凝固的形式。

《词话》中"比及"的用例共有21例，占《词话》全部时间、处所、方向类介词用例的0.3%。"比及"所带的宾语均为谓词性成分，所构成的介词短语表示某种情况是在发展到这种新情况产生时才发生变化的。用法同现代汉语中常见的介词"及至"。如：

（31）比及又等玉簫取茶果、茶匙儿出来，平安儿拿出茶去，那荆都监坐的久了，再三要起身，被西门庆留住。（第二十四回）

（32）比及来，这温秀才又衣巾过来伺候，具了一篇长柬，递与琴童儿。（第七十六回）

（33）比及玉楼回到里面屋里，不见李娇儿。（第七十九回）

（34）比及起了货来，狮子街卸下，就是下旬时分。（第七十七回）

有时"比及"还同表时间的介词"到"连用，用以强调时间。如：

（35）不想比及到黄昏时分，天气一阵阴黑来，窗外簌簌下起雨来。（第八十三回）

二、打、自、从、自从

介词"打"是近代汉语中新出现的一个介词，一般认为始见于唐代文献，不过用例极少，宋元时期才大量使用。关于介词"打"的由来，一直有不同的观点，比较有代表性的是日本学者的"由表'从、经由'义的'道'演变而来"说①，以及国内学者的"由表'扑打''冲撞'义的动词'打'虚化而来"说②。

"打"是《词话》中使用频率相对较低的一个介词，共有49例，占《词话》全部时间、处所、方向类介词用例的0.7%。

《词话》中"打"的用法比较单一，均表示动作行为经由的处所。由"打"构成的介词短语均作状语，未发现有作补语的。"打"的这种用法保留在了现代

---

①　太田辰夫．中国语历史文法［M］．蒋绍愚，徐昌华，译．北京：北京大学出版社，1987：237．

②　刘坚，江蓝生，白维国，等．近代汉语虚词研究［M］．北京：语文出版社，1992：229－232．

汉语中。如：

（1）少顷，只见一个青衣人慌慌打太师府中出来，往东去了。（第十八回）

（2）白来创躲在西厢房内，打帘里望外张看。（第三十五回）

有时介词"打"还同介词"从"连用，依然表示动作行为经由的处所。如：

（3）只见中门关着不开，官员都打从角门而入。（第五十五回）

（4）打从那流沙河、星宿海、潢儿水地方，走了八九个年头，才到中华区处。（第五十七回）

这种用法还保留在现代汉语中，并具有浓烈的口语色彩。

"自"和"从"均是古代汉语中常见的介词，常带上处所、时间名词，一起作状语，表示动作行为空间、时间上的起点。沿用至近代汉语中，依然是两个很常用的介词。

"自"在《词话》中的用例共有 148 例，占《词话》全部时间、处所、方向类介词用例的 2.0%。《词话》中"自"的用法主要有以下两种：

第一，表示动作行为空间上的起点。如：

（5）正乱着，只见西门庆自外来，问因甚嚷乱。（第三十一回）

（6）况黄太尉不久自京而至……（第六十五回）

第二，表示动作行为时间上的起点。"自"后面可以是名词性成分，如：

（7）那妇人自当日为始，每日蹅过王婆家来……（第四回）

（8）自此这小伙儿和这妇人日近日亲……（第十八回）

也可以是谓词性成分，如：

（9）（官哥）自进了房里，只顾呱呱的哭，打冷战不住。而今才住得哭，磕伏在奶子身上睡了……（第五十三回）

（10）且说苗员外，自与西门庆相会在太师府前，便请了一席酒，席上又把两个歌童许下了。（第五十五回）

从《词话》中的用例来看，"自"用来表动作行为时间上的起点的较多，而用来表动作行为空间上的起点的则较少。

"从"在《词话》中的用例要大大多于"自"，共有308例，占《词话》全部时间、处所、方向类介词用例的4.3%。

同"自"一样，《词话》中"从"的用法主要也有两种：

第一，表示动作行为时间上的起点。与"自"有别，"从"后面只限于带上名词性成分。如：

（11）潘妈道："他从小儿是这等快嘴，干娘休要和他一般见识。"（第六回）

（12）（来旺儿）哭哭啼啼，从四月初旬离了清河县，往徐州大道而来。（第二十六回）

第二，表示动作行为空间上的起点。如：

（13）（西门庆）撞见冯妈妈从南来，走得甚慌。（第十八回）

（14）却说西门庆从衙门中回来，吃了饭。（第六十八回）

太田辰夫曾经指出：古代汉语的"从""用于表示时间的较少，多用以表示处所"。从《词话》中"从"的使用情况来看，这种情形显然已发生了变化：用于表示时间的一点也不比用以表示处所的少。

介词"自"同介词"从"连用的现象在《词话》中比较常见，两者单用、连用的情况详见表2：

表2 《词话》中"自""从""自从"的使用频率

词项	自	从	自从
用例	148	308	73
百分比（%）	28.0	58.2	13.8

从具体用例来看，"自从"同"自"或"从"稍有不同：它只用于表示动作行为在时间上的起点，而不用于表示动作行为在空间上的起点；同时，"自从"后面所带的均为谓词性成分。如：

（15）自从坟上葬埋了官哥儿回来，第二日，吴银儿就家去了。（第六十回）

（16）自从李瓶儿死了，又见西门庆在他屋里把奶子也要了……（第六十八回）

如果要同时表示动作行为在时间、空间上的起点，一般要在"自从"后再添加个"在"。如：

（17）恰遇西门庆自从在东京来家，今日也接风，明日也接风，一连过了十来日，只不得个会面。（第五十六回）

三、向、往、朝、望

"向"是古代汉语中的一个介词，常带上处所名词，一起作状语，表示动作行为的方向。沿用至近代汉语中，不但日趋常用，而且功能上也得到了很大的拓展：既是时间、处所、方向类介词，又是范围、对象类介词。这里只讨论前者，后者我们将另文讨论。

"向"在《词话》中的用例共有223例，占《词话》全部时间、处所、方向类介词的3.1%。虽然用例数量不是十分多，用法却颇多，概括起来讲主要有以下四种：

第一，表示动作行为在空间上的起点，同介词"从"。如：

（1）那猴子便向腰里掏出一只红绣花鞋儿与经济看。（第二十八回）
（2）经济向袖中取出了纸帖儿来。（第八十三回）

第二，表示动作行为发生的处所，同介词"在"。如：

（3）虽故席上众人倒不曾看出来，却被他向窗隙灯影下观得仔细。（第二十四回）
（4）潘金莲又早向灯下除去冠儿，露着粉面油头……（第五十二回）

第三，表示动作行为的方向，同介词"朝"。如：

（5）不一时经济来到，向席上都作了揖，就在大姐下边坐了。（第二十一回）
（6）（迎春）忽然惊醒，见桌上灯尚未灭，向床上视之，还面朝里……（第六十二回）

第四，表示动作行为的趋向，同介词"到"。如：

（7）向各处都抓寻不着。（第三十一回）
（8）良久，酒阑上来，西门庆陪他复游花园，向卷棚内下棋。（第三十六回）

需要指出的是，尽管"向"的用法颇多，但有一点是共同的，即由"向"构成的介词短语，无一例外，均作状语。

介词"往"是由其表"到……去"义的动词"往"发展演变而来的，始见于唐代文献，但用例很少。宋代以后才大量使用，并由兼表动作行为发生的处所和动作行为的方向转变为主要乃至仅仅表示动作行为的方向。

"往"是《词话》中使用频率较高的一个介词，用例多达954例，占《词话》全部时间、处所、方向类介词用例的13.2%。

《词话》中的"往"用法比较单一，大多表示动作行为的方向。由"往"构成的介词短语常作状语。如：

（9）西门庆就往后边穿衣服去了。（第三十五回）
（10）他便与常时节作别，往杜家吃酒去了。（第六十回）

有时也作补语，只用于少数几个单音节动词后面。"往"的这种用法在现代汉语中依然存在。如：

（11）春梅没处出气，走往后边厨房下去……（第十一回）

"往"有时也表示行为或动作发生的时间。如：

（12）你看贼小淫妇儿，念了经打和尚，往后不省人了。（第二十一回）

不过这种用法极为罕见。

介词"朝"是由表"朝向"义的动词"朝"发展演变而来的，始见于明代的文章。《词话》中的"朝"既是时间、处所、方向类介词，又是范围、对象类介词。这里只讨论前者，后者我们将另文讨论。

香坂顺一指出："《水浒》中，介词'朝'用得很少，只用于'朝南''朝东'这类惯用语句。"① 同《水浒》的情形相似，"朝"是《词话》中时间、处所、方向类介词中使用频率最低的一个介词，用例仅 17 例，占《词话》全部时间、处所、方向类介词用例的 0.2%。而且，"朝"一般只限于同"上""里""东"等单音节方位名词组合，作状语，表示动作行为的方向。如：

（13）李铭朝上向众人磕下头去。（第二十一回）

（14）那惠莲也不理他，只顾面朝里睡。（第二十六回）

（15）那男子说："头朝东，脚也朝东奸来。"（第三十五回）

介词"望"是由表"向远处看"义的动词"望"发展演变而来的，始见于晚唐五代的文献。《词话》中的"望"既是时间、处所、方向类介词，又是范围、对象类介词。这里只讨论前者，后者我们将另文讨论。

"《水浒》中，'往'用作介词很少，'望'作介词占优势。"② 然而，《词话》中的情形正好相反，"望"的用例较之"往"的用例要少得多，仅有 26 例，占《词话》全部时间、处所、方向类介词用例的 0.4%。

"望"作为时间、处所、方向类介词，唯一的用法是：带上表处所的名词性成分，作状语，表示动作行为的方向。如：

（16）（西门庆）打马正望家走，到于东街口上……（第十八回）

（17）潘金莲和西门大姐、孙雪娥，都在玩花楼望下观看……（第十九回）

（18）这应伯爵用酒碟安三个钟儿，说："我儿，你们在我手里吃两钟。不吃，望身上只一泼！"（第六十八回）

从以上的讨论中，我们可以发现，现代汉语中一些常见介词的常见用法其实早在近代汉语中就已存在。一些现代汉语教材认为，现代汉语介词主要是由现代汉语动词兼任的，一小部分是古代汉语介词的遗留，这种看法有失偏颇，至少缺少历时的眼光。研究和讨论近代汉语的介词系统，不仅对于汉语语法史、汉语虚词史的研究大有裨益，就是对现代汉语介词的研究也不无好处，至少可以明其源流，知其沿革。

---

① 香坂顺一．水浒词汇研究：虚词部分［M］．植田均，译；李思明，校．北京：文津出版社，1992：312.

② 香坂顺一．水浒词汇研究：虚词部分［M］．植田均，译；李思明，校．北京：文津出版社，1992：310.

参考文献：

［1］香坂顺一．水浒词汇研究：虚词部分［M］．植田均，译；李思明，校．北京：文津出版社，1992．

［2］太田辰夫．中国语历史文法［M］．蒋绍愚，徐昌华，译．北京：北京大学出版社，1987．

［3］刘坚，江蓝生，白维国，等．近代汉语虚词研究［M］．北京：语文出版社，1992．

［4］冯春田．近代汉语语法研究［M］．济南：山东教育出版社，2000．

［5］王力．汉语语法史［M］．北京：商务印书馆，1989．

［原载于《苏州大学学报》（哲学社会科学版）2003 年第 4 期］

汉语虚词史研究

第二编 近代汉语助词、介词、连词研究

《金瓶梅词话》中"和"类虚词用法
差异计量考察①

有关"和"类虚词发展演变轨迹的探索和描写一直是汉语史研究中的一个热门话题。近20年来，海内外许多学者均对此作过独到的研究，获得了不少珍贵的学术成果。但是，诚如江蓝生先生曾经指出的："专书研究是断代研究的基础，而断代研究又是整个汉语史研究的基础。"②"和"类虚词发展演变轨迹的探索和描写面临的就是这么一个本末倒置的尴尬局面：专书研究几乎没有做，尤其是晚唐五代以降的这一块。说"几乎"，是因为有些研究者确乎也翻阅了不少文献，找到了一些自己需要的例证，但没有全面地、穷尽地去考察、研究其中的任何一部文献。如此，断代研究也就无从谈起。缺少了以翔实的专书研究为前提的可靠的断代研究的基础，史的勾勒也就难免底气不足，或言辞闪烁，或语焉不详。要准确揭示"和"类虚词的发展演变轨迹，看来是很有必要回过头去做一下专书考察的基础工作的。

关于"和"类虚词的所指，各家略有差异，主要有两种意见：一种是在近代汉语这个特殊的阶段上来使用这个概念的，主要有"共""连""和""同""跟"5个；③另一种是在整个汉语史的背景中来使用这个概念的，主要有"与""及""将""共""和""同""跟"7个。④前一种意见目前较为通行，它着眼的是讨论对象产生、出现的年代——均为南北朝以降才逐渐由动词语法化为介词和并列连词的，而将秦汉时期就已出现的那些兼作介词和并列连词的虚词排除在外。我们认为，即使是在近代汉语这个特殊的阶段上来使用"和"类虚词这个概念，也不能只局限于在这个阶段上新出现的成员，而是应该研究和考察在这个阶段上正在使用的那些兼作介词和并列连词的虚词，包括从秦汉时期一直传承下来的

---

① 本文为教育部人文社会科学研究 2005 年度规划基金项目"明代早中晚期三部白话小说虚词计量研究"（05JA740024）的成果。

② 江蓝生. 东汉—隋常用词演变研究·序 ［M］. 南京：南京大学出版社，2000.

③ 于江. 近代汉语"和"类虚词的历史考察 ［J］. 中国语文，1996（6）；高育花. 近代汉语"和"类虚词研究述评 ［J］. 古汉语研究，1998（3）.

④ 吴福祥. 汉语伴随介词语法化的类型学研究：兼论 SVO 型语言中伴随介词的两种演化模式 ［J］. 中国语文，2003（1）.

"与""及""并"等，也包括南北朝始逐渐由动词语法化而增添的新成员"将""连""共""和""同""跟"等。这样看来，上述两种意见似乎都有缺漏，我们的意见是，"和"类虚词的成员主要有"和""与""并""同""连""共""跟""及""将"9个。

有明一代时间跨度近300年，正值近代汉语逐渐向现代汉语过渡的时期，对这一时期"和"类虚词的断代研究，无疑将为"和"类虚词发展演变轨迹的准确揭示与客观描写提供重要的依据。而《金瓶梅词话》（简称《词话》）作为明代中后期的一部保存了大量明人口语语法资料——其中相当一部分还是未见于它以前的其他文献的首见资料——的重要文献，便自然成为这一断代研究中极为重要的一个考察点。这是一项已经滞后了的基础性的工作。下面，我们就来对《词话》中"和"类虚词成员"和""与""并""同""连""共""跟""及""将"的语法意义及分布情况逐个作一番计量考察①，并由此探寻它们在明代中后期所体现出的用法上的共性及差异。

一、和

已有的研究成果表明，早在唐宋之际，"和"就已经成为"和"类虚词的成员了。到了明代，无论是用例还是语法意义均极为丰富。《词话》中"和"的用例共有1 265例，使用频率仅次于"与"，位居第二。其中作介词的共有760例，作连词的共有505例。作介词的"和"语法意义极为丰富，主要有以下五种情形：

第一，"和"介绍出动作行为的偕同者。"和＋NP"之后往往有"一处""两个""同""同伙儿"等词语与之配合使用。这种用法的"和"在《词话》中共有448例。如：

（1）奴白日里只和孟三姐一处做针指，到晚夕早关了房门就睡了。（第十二回）
（2）潘金莲这妇人，青春未及三十岁，欲火难禁一丈高，每日和孟玉楼两个打扮的粉妆玉琢，皓齿朱唇……（第十二回）
（3）这金莲慌忙梳头毕，和玉楼同过李瓶儿这边来。（第二十一回）

---

① 本文讨论所依据的是1957年文学古籍刊行社重印的古佚小说刊行会影印本《金瓶梅词话》。在课题展开之前，我们将全书制作成电子版。以往我们在论文中所使用的统计数据因是手工翻阅获得，可能会有所遗漏，若有不同，悉以本文所提供的数据为准。

第二，"和"介绍出动作行为所涉及的对象，语法意义与介词"对"和"向"相当。这种用法的"和"在《词话》中共有228例。如：

（4）一日，来旺儿吃醉了，和一般家人小厮在前边恨骂西门庆。（第二十五回）

（5）金莲道："也没见这李大姐，不知和他笑什么，恰似俺每拿了他的一般。"（第三十三回）

（6）韩大婶叫住小的，要请爹快些过去，有句要紧话和爹说。（第四十七回）

第三，"和"介绍出某种状态的伴随者或相关者。这种用法的"和"在《词话》中共有47例。如：

（7）奴凡事依你，只愿你休忘了心肠，随你前边和人好，只休抛闪了奴家！（第十二回）

（8）你又和他老婆有连手，买了他房子，收着他寄放的许多东西。（第十六回）

（9）你好小胆子儿，明知道和来旺儿媳妇子七个八个，你还调戏他。（第二十八回）

第四，"和"介绍出比较的对象，"和＋NP"之后常跟有"一般""一样"等比况助词。这种用法的"和"在《词话》中共有25例。如：

（10）……就和你我等辈一般，甚么张致！大姐姐也就不管管儿。（第二十六回）

（11）这蝴蝶，就和你老人家一般，有些毬子心肠，滚上滚下的走滚大。（第五十二回）

（12）那李桂姐向席上笑道："这个姓包的，就和应花子一般，就是个不知趣的蹇味儿！"（第六十三回）

第五，"和"介绍出动作行为的受益者，语法意义与介词"为"和"给"相当。这种用法的"和"在《词话》中共有12例。如：

（13）今日门外去，因须南溪新升了新平寨坐营，众人和他送行。（第三十五回）

（14）西门庆与他买了两匹红绿潞绸，两匹锦绸，和他做里衣儿。（第三十七回）

（15）翟谦交府干收了，就摆酒和西门庆洗尘。（第五十五回）

除了作介词之外，"和"在《词话》中还大量用作并列连词，用例多达505例。如：

（16）只相那个调唆了爹一般，预备下粥儿不吃，平白新生发起要饼和汤。（第十一回）

（17）到明日，讨他大娘和五娘的脚样儿来，奴亲自做两双鞋儿过去，以表奴情。（第十三回）

（18）吴大妗子、潘姥姥、李瓶儿上坐，月娘和李娇儿主席，孟玉楼和潘金莲打横。（第十四回）

综上所述，《词话》中"和"的语法意义及分布情况详见表1：

表1 《词话》中"和"的语法意义及分布情况

"和"	介，偕同者	介，对象	介，伴随者	介，比较者	介，受益者	连，偕同者
用例	448	228	47	25	12	505
百分比（%）	35.4	18	3.7	2	1	39.9
现代汉语	存在	存在	存在	存在	消失	存在

二、与

"与"是秦汉时期极为常用的虚词，既作介词，也作连词，是"和"类虚词中产生时间最早、使用时间最长的一个成员。在近代汉语中"与"依然是"和"类虚词中最为活跃的成员之一，这一点在《词话》中也得到了充分的反映。《词话》中"与"的用例多达2 865例，是"和"的用例的2倍还多，为"和"类虚词成员中使用频率最高的一个。其中作连词的395例，作介词的2 470例，两者之比约为1∶6.3。可见，在《词话》时代，"与"以作介词为主。

《词话》中的"与"不仅保留了其秦汉时期的所有用法，还产生了一些新的用法。概括起来，主要有以下八种情形。

第一，作并列连词，连接句中并列的几个名词性成分，同现代汉语中的并列连词"和"。这种用法的"与"，去掉诗词中重复出现的，共有395例，是《词话》中使用频率仅次于"和"的一个并列连词。如：

（1）西门庆与吴月娘居上坐，其余李娇儿、孟玉楼、潘金莲、李瓶儿、孙雪娥、西门大姐都在两边列坐。（第二十四回）

（2）经济与来兴儿左右一边一个，随路放慢吐莲、金丝菊、一丈兰、赛月明。（第二十四回）

（3）春梅关了花园门回，来房打发西门庆与妇人上床就寝。（第二十七回）

第二，"与"置于动词之后，介绍出动作行为的承受者，语法意义与介词"给"相当。这种用法的"与"在《词话》中共有879例。如：

（4）玉楼把月琴递与春梅，和李瓶儿同往后去了。（第二十七回）

（5）吴月娘守寡，把小玉配与玳安为妻。（第三十一回）

（6）不想小玉和春梅好，又告诉与春梅……（第八十三回）

第三，"与"介绍出动作行为的偕同者，语法意义与表偕同的介词"和"相当。这种用法的"与"在《词话》中共有315例。如：

（7）月娘在后厅与众客饮酒，倒也罢了。（第二十二回）

（8）却说那陈经济因走百病儿，与金莲等众妇人嘲戏了一路儿。（第二十四回）

（9）（李瓶儿）磕毕头起来，与月娘、李娇儿坐着说话。（第四十一回）

第四，"与"介绍出动作行为的受益者，语法意义与介词"替""为"相当。这种用法的"与"在《词话》中共有747例。如：

（10）到次日，西门庆使了玳安送了一分礼来与子虚压惊。（第十四回）

（11）惠祥道："有人与你做主儿，你可不怕哩！"（第二十四回）

（12）绣春道："爹在房里，看着娘与哥裁衣服哩。"（第三十四回）

这种用法的"与"若不联系上下文，有时会与表示偕同的介词或连词"与"相混。如例（12）中的"与"，乍一看还真弄不清是表动作行为的偕同者的连词还是介绍出动作行为的受益者的介词，但联系下文"原来西门庆拿出两匹尺头来：一匹大红纻丝，一匹鹦哥绿潞绸，教李瓶儿替官哥裁毛衫儿、披袄、背心儿、护顶之类"，便可获知"与"就是"替"。

第五，"与"介绍出动作行为所涉及的对象。"与"的语法意义与介词"对"

"向"相当。这种用法的"与"在《词话》中共有352例。如：

（13）金莲道："他与你说些甚么来？"玉楼道："姐姐没言语。"（第十一回）

（14）冯妈妈抱毡包，天福儿跟轿。进门就先与月娘插烛也磕了四个头。（第十四回）

（15）这陈经济连忙接在手里，与他深深的唱个喏。（第二十八回）

第六，"与"介绍出比较的对象。"与"后面常常有比况助词"一样"与之配合使用。这种用法的"与"在《词话》中共有12例。如：

（16）这病与你老人家的病一样，有钱便流，无钱不流。（第十回）
（17）只见潘金莲上身穿了……与孟玉楼一样打扮。（第十四回）
（18）明日这边与那边，一样盖三间楼，与你居住，安两个角门儿出入。（第十六回）

第七，"与"介绍出动作的发出者。"与"的语法意义与表示使令的介词"让""叫"等相当。这种用法的"与"在《词话》中共有85例。如：

（19）李瓶儿叫迎春盒儿内取出头面来，与西门庆过目。（第十七回）
（20）惠莲于是搂起裙子来与玉楼看。（第二十四回）
（21）那来兴儿就把刀子放在面前，与西门庆看。（第二十六回）

第八，介词"与"同"我"组合后构成"与我 VP"格式，用在祈使句中，起加强语气的作用。"与"的这种用法显然是由介绍出动作行为的受益者的"与"发展而来，只不过"我"并不是真正意义上的受益者，"与我"的意义虚化了。这种"与我 VP"格式同现代汉语中起加强语气作用的"给我 VP"格式相当。这种用法的"与"在《词话》中共有80例。如：

（22）你既要与这伙人吃，趁早与我院里吃去……（第十三回）
（23）你趁早与我搬出去罢！（第十九回）
（24）不然，我打听出，每人三十板子，即与我离门离户！（第二十六回）

需要指出的是，《词话》中也有一些"与我 VP"格式并不是起加强语气的作用，而是表示受益者的。如：

(25) 先生仔细用心，与我回背回背。我这里一两银子相谢先生，买一盏茶吃。（第十二回）
(26) 你只与我好生收着，随问甚么人来抓寻，休拿出来。（第三十一回）

例（25）（26）中的"与我"意义很具体，并没有虚化，"与"引导出受益者"我"，"与我"即"替我"，而并不是起加强语气的作用。

《词话》中的"与"也有相当一部分是动词，如：

(27)（玉箫）问他要："你与我这个银红的罢！"（第三十一回）
(28) 月娘与了郁大姐一包二钱银子。（第四十六回）

例（27）（28）中"与"均带上双宾语作谓语，尤其是例（28）中"与"后面还带上了动态助词"了"，足见"与"为动词。

综上所述，《词话》中"与"的语法意义及分布情况详见表2：

表2　《词话》中"与"的语法意义及分布情况

"与"	连，偕同者	介，受事	介，偕同者	介，受益者	介，对象	介，比较	介，使令	介，强调
用例	395	879	315	747	352	12	85	80
百分比（%）	13.7	30.7	11	26.1	12.3	0.4	3	2.8
现代汉语	存在	消失	存在	消失	存在	存在	消失	消失

三、并

"并"是长期以来一直被学界忽视的近代汉语"和"类虚词成员。

"并"在现代汉语中并不属于"和"类虚词，现代汉语中的"并"同"并且"，是个表递进关系的连词。但是，在近代汉语中"并"则是"和"类虚词中极为重要的成员。《词话》中作为"和"类虚词成员的"并"的用例共有247例，使用频率低于"与""和"，位居第三。其中作并列连词的共有237例，作介词的有 10 例，两者之比是 23.7∶1，前者大大多于后者。可见，在《词话》中，作并列连词是"并"的主要用法。

关于《词话》中作并列连词的"并"的各种用法我们此前已有专文讨论，这里就不再详细展开了。需要略作说明的是那 10 例作介词的"并"，其中有 5 例是用来介绍出动作行为的偕同者的，如：

（1）一面使小厮请吴大舅来，并温秀才、应伯爵、傅伙计、甘伙计、贲地传、陈经济来坐，听唱。（第七十六回）

（2）不想李瓶儿抱着官哥儿，并奶子如意儿跟着，从松墙那边走来。（第五十二回）

（3）留下孙雪娥和大姐、众丫头看家，带了孟玉楼和小玉，并奶子如意儿抱着孝哥儿，都坐轿子，往坟上去。（第八十九回）

另有 5 例则是用来介绍出动作行为所涉及的另一（些）对象的，如：

（4）来到城外化人场上，便教举火烧化棺材，并武大尸首烧得干干净净。（第六回）

（5）通判听了，连夜修书，并他诉状封在一处，与他盘费，就着他往巡按山东察院里投下。（第四十七回）

（6）又教来兴儿宰了半口猪，半腔羊，四十斤白面，一包白米，一坛酒，两腿火熏，两只鹅，十只鸡，柴炭儿，又并许多油盐酱醋之类，与何千户送下程。（第七十二回）

《词话》中作为"和"类虚词成员的"并"的语法意义及分布情况详见表 3：

表3　《词话》中"并"的语法意义及分布情况

"并"	并列连词	介词，偕同者	介词，另一（些）对象
用例	237	5	5
百分比（%）	96	2	2

四、同

已有的研究成果表明，作为"和"类虚词成员的"同"产生的年代大致与

"和"相当。元明时期用例逐渐增多。《词话》中"同"的用例大大少于"与""和"，也少于"并"，共有201例，使用频率位居第四。

《词话》中"同"最主要的用法是作介词，用以介绍出动作行为的偕同者。"同"后的名词性成分全为表具体的人的词语，这与"和""与"有着较明显的区别。这种用法的"同"在《词话》中共有136例。如：

（1）奴那日同孟三姐在花园里做生活……（第十二回）
（2）那春梅笑嘻嘻同小玉进去了。（第二十回）
（3）西门庆再三款留不住，只得同吴大舅、二舅等，一齐送至大门。（第三十一回）

《词话》中"同"的另一个较常见的用法是作并列连词，连接句中并列的几个名词性成分。这种用法的"同"在词话中共有61例。如：

（4）雪娥同李娇儿又来告诉月娘。（第十二回）
（5）早辰，金莲领着他同潘姥姥，叫春梅开了花园门，各处游看了一遍。（第十四回）
（6）惟有潘金莲、孟玉楼同两个唱的，只顾搭伏着楼窗子往下观看。（第十五回）

《词话》中介词"同"虽然也可介绍出动作行为所涉及的对象，语法意义与介词"对""向"相当，但用例极少，仅见下面2例：

（7）十四日，贲四同薛姑子催讨，将经卷挑将来，一千五百卷都完了。（第五十九回）
（8）只见薛嫂儿来了，同经济道了万福。（第八十五回）

而更多的时候是由"与""和"来表示，尤其是当"同"和"与""和"出现在同一个句子中时，这种分工似乎更明显。如：

（9）你明日拿两锭大银子，同张安儿和他讲去。（第三十五回）
（10）他出来，都往家去了。明日同黄四来与爹磕头。（第六十七回）
（11）遂同玉楼到后边，与月娘道了万福。（第十一回）

或者干脆直接由介词"对"来表示：

（12）月娘一面同玉楼、金莲、李瓶儿、大姐并吴银儿，对西门庆说了，分付奶子在家看哥儿，都穿戴收拾定当，共六顶轿子起身。（第四十五回）

（13）你取张纸儿，写了个说帖儿，我如今同你到大官府里，对他说。（第三十四回）

《词话》中介词"同"虽然也可介绍出比较的对象，"同 + NP"之后也可跟有比况助词"一般"，但这种用法的"同"在《词话》中用例极少，也仅有 2 例。如：

（14）你来家，就同我去一般。（第八十二回）

（15）经济听了，欢喜不胜，就同六姐一般，正可在心上，以此与他盘桓一夜，停眠整宿。（第九十八回）

我们注意到，《词话》中"同"与"和"类虚词其他成员配合使用，不管其他成员是连词还是介词，"同"一般多为介词。在《词话》中我们共找到"同"与"和"类虚词其他成员配合使用的用例 15 例，其中 13 例中"同"为介词，如：

（16）小的与平安儿两个，同排军多看放了烟火。（第四十二回）

（17）钱老爹见了爹帖子，随即写书，差了一吏，同小的和黄四儿子，到东昌府兵备道下与雷老爹。（第六十七回）

（18）不一时，汪东桥与钱晴川就同王海峰来了。（第八十一回）

只有 2 例"同"为并列连词：

（19）父亲慌了，教儿子同大姐和些家伙箱笼，就且暂在爹家中寄放，躲避些时。（第十七回）

（20）小玉和奶子如意儿，同大妗子家使的老姐兰花，也在两边打横列坐，把酒来斟。（第八十九回）

可见，在《词话》时代，"同"用作介词的习惯就已露端倪。"同"多用作介词的这种分工到了现代汉语中则进一步彰显。

综上所述,《词话》中"同"的语法意义及分布情况详见表4:

表4　《词话》中"同"的语法意义及分布情况

"同"	连词,偕同者	介词,偕同者	介词,对象	介词,比较者
用例	61	136	2	2
百分比（%）	30.3	67.7	1	1
现代汉语	存在	存在	存在	存在

五、连

虽然从学界发现的"连"作介词的最早用例来看,早在魏晋时期,"连"已经完成了由动词而介词的语法化过程,但真正成为"和"类虚词的成员则要后于"和"与"同",大约在宋金时期,而大量使用则是在元明时期。

《词话》中"连"的用例共有157例,使用频率列"同"之后,位居第五。其中作介词的共有140例,作连词的共有17例。

《词话》中"连"最常见的用法是作介词,介绍出动作行为涉及的另一些对象,共有94例。如:

（1）孟玉楼道:"你踢将小厮便罢了,如何连俺们都骂将来?"（第十二回）

（2）且待二月间兴工动土,连你这边一所,通身打开,与那边花园取齐。（第十六回）

（3）月娘分付把李瓶儿灵床,连影抬出去,一把火焚之。（第八十回）

这种用法的"连"也能同连词"并""与""和"等以及介词"带"配合使用。如:

（4）连酒保王鸾,并两个粉头包氏、牛氏都拴了,竟投县衙里来见知县。（第九回）

（5）便向袖中取出汗巾,连挑牙与香茶盒儿,递与桂姐收了。（第十一回）

（6）李桂姐家去了。连大姐、银姐,和俺每六位去。（第四十五回）

（7）不如我在此等着放告牌出来,我跪门进去,连状带书呈上。（第四十八回）

《词话》中"连"的另一种较常见的用法是作介词，表强调，相当于"甚至"，常与副词"也""都"等配合使用，共有 46 例。具体又有以下三种情形：一种是强调动作、行为的发出者。如：

（8）如今他败落下来，你主子恼了，连你也叫起他淫妇来了！（第二十一回）

（9）伯爵让大舅吃，连谢希大也不知是甚么做的，这般有味，酥脆好吃。（第六十一回）

一种是强调动作、行为的受事。如：

（10）那厮杀你便该当，与我何干？连我一例也要杀！（第二十五回）

（11）昨日哥这里念经，连茶儿也不送，也不来走走儿，今日还来说人情！（第六十七回）

还有一种直接用在单音节动词前面，强调动作行为本身。如：

（12）可可儿家里就忙的怎样儿？连唱也不用心唱了。（第四十五回）

（13）娘昼夜忧戚，那样劳碌，连睡也不得睡。（第六十二回）

《词话》中的"连"也可作并列连词，连接句中并列的几个名词性成分，同现代汉语中的并列连词"和"。这种用法的"连"共有 17 例。高育花曾对于江援引的《词话》中"连"作并列连词的以下 3 个用例持怀疑态度：

（14）一日，（潘金莲）在园中置了一席，请吴月娘、孟玉楼连西门庆，四人共饮酒。（第十一回）

（15）月娘众人连吴银儿、大姶子，都在房里瞧着……（第五十九回）

（16）吹打毕，三个小厮连师范，在筵前银筝象板，三弦琵琶，唱了一套《正宫·端正好》……（第七十一回）

高育花认为上述诸例中的"'连'字作为介词来讲，似乎更合理一些"，理由是"在'N1 连 N2'中，N1 与 N2 并非等立的，N1 是句中动作的主要接受者或发出者，N2 只是补充说明这一受事或施事对象，若前后互换，则与上下文意不协"①。且不论其理由与例（14）~（16）是否吻合，即便拿此理由作为条件来看下面的例子，恐怕也难以否认"连"的连词性质：

（17）五娘、三娘都上覆你，使我买了酒、猪首连蹄子，都在厨房里。（第二十三回）

（18）家里三四个丫鬟连养娘轮流看视，只是害怕。（第三十九回）

（19）我这一回去，再把病妇谋死，这分家私连刁氏，都是我情受的。（第四十七回）

例（17）中，"酒、猪首连蹄子"均是买的货物，似不可说"酒、猪首"为主要货物，"蹄子"为次要货物；例（18）中，既然是"轮流看视"，也就不能说"三四个丫鬟"是主要看视者，"养娘"为从属看视者；例（19）在"我情受"的对象中，恐不能说"这分家私"为主，"刁氏"为辅。

而在我们看来，例（14）~（16）中的"连"均为连词，因为"连"连接的前后各项名词其实很难分出主从来，尤其是例（15）（16）。

综上所述，《词话》中"连"的语法意义及分布情况详见表5：

表5　《词话》中"连"的语法意义及分布情况

"连"	连词，表偕同	介词，另一（些）对象	介词，表强调
用例	17	94	46
百分比（%）	10.8	59.9	29.3
现代汉语	消失	存在	存在

六、共、跟、及、将

"共""跟""及""将"是《词话》中使用频率相对较低的4个"和"类虚词成员。而且"共""将"主要出现在《词话》的戏词、韵文甚至章回标题中，可见在《词话》时代，"共""将"已经很少在自然语言中使用了。

《词话》中"共"的用例有15例，其中作并列连词的有8例。如：

① 于江. 近代汉语"和"类虚词的历史考察［J］. 中国语文，1996（6）；高育花. 近代汉语"和"类虚词研究述评［J］. 古汉语研究，1998（3）.

（1）和尚灯，月明与柳翠相连；判官灯，钟馗共小妹并坐。（第十五回）

（2）言讫，西门庆共他相偎相抱，上床云雨，不胜美快之极。（第七十一回）

其中除了例（2）为自然语言外，其余均为韵文、戏词。

上述诸例中的"共"连接的均是名词性成分。"共"连接动词性成分的仅见1例：

（3）一壁厢舞着，唱着共弹着，惊人的这百戏其实妙，动人的高戏怎生学，笑人的院本其实笑。（第四十二回）

《词话》中的"共"作介词的有7例，有以下三种不同的语法意义：

第一，"共"介绍出动作行为的偕同者。这种用法的"共"在《词话》中共有2例。

（4）当初奴爱你风流，共你剪发燃香，雨态云踪两意投。（第八回）

（5）群星与皓月争辉，绿水共青天同碧。（第八回）

第二，"共"介绍出动作行为所涉及的对象。这种用法的"共"在《词话》中共有4例。

（6）一丈菊与烟兰相对，火梨花共落地桃争春。（第四十二回）

（7）惜玉怜香，我和他在芙蓉帐底抵面，共你把衷肠来细讲。（第四十四回）

第三，"共"介绍出动作行为涉及的另一（些）对象，同介词"连"。这种用法的"共"在《词话》中仅有1例。

（8）玳安道："大舅、二舅刚才来，和温师父，连应二爹、谢爹、韩伙计、姐夫，共爹八位人哩。"（第六十三回）

除了例（8）为自然语言外，其余或为章回标题，或为韵文，或为戏词。

综上所述，《词话》中"共"的语法意义及分布情况详见表6。

表 6　《词话》中"共"的语法意义及分布情况

"共"	连词，偕同者	介词，偕同者	介词，对象	介词，另一（些）对象
用例	8	2	4	1
自然语言中	1	0	0	1

《词话》中的"跟"最常见的用法是作动词，表"跟随"义。如：

（9）棋童道："小的原拿了两个来。玳安要了一个，和琴童先跟六娘家去了。"（第三十五回）

（10）潘金莲道："娘，你不消问这贼囚根子，他也不肯实说。我听见说蛮小厮昨日也跟他爹去来，你只叫了蛮小厮来问他就是了。"（第五十九回）

例中的"跟"很容易被误作为介词，但只要结合上下文，就会发现，它们实际上均为动词。

《词话》中的"跟"作并列连词的仅 1 例：

（11）伯爵道："我跟你爹在他家吃酒，他还小哩。这几年倒没曾见，不知出落的怎样的了。"（第五十八回）

作介词的也仅 1 例：

（12）摆设下刑具，监中提出陈三、翁八审问情由，只是供称："跟伊家人苗青同谋。"（第四十七回）

《词话》中的"及"只有并列连词的用例，而没有介词的用例。《词话》中作并列连词的"及"共有 15 例。从其用法来看，又有以下三种情形：

第一，连接句中并列的两个名词性成分，同现代汉语中的连词"和"。这种用法的"及"有 9 例，是《词话》中"及"最主要的用法。如：

（13）西门庆就叫玳安："把拜庙里的东西及猪羊收拾好了，待明早去罢。"（第五十三回）

（14）西门庆便把东京富丽的事情，及太师管待情分，备细说了一遍。（第五十五回）

第二，连接句中三个以上指人的名词性成分，所连接的前后各项往往存在主次差异。这种用法的"及"共有2例。如：

（15）那时，东平胡知府，及合属州县方面有司、军卫官员、吏典生员、僧道阴阳，都具连名手本，伺候迎接。（第四十九回）

（16）使人请吴大舅、应伯爵、谢希大、温秀才、傅自新、甘出身、韩道国、贲四、崔本，及女婿陈经济。（第六十五回）

第三，连接句中三个以上名词性成分，所连接的前后各项虽然很难说存在主次差异，但往往具有类别上的差异。这种用法的"及"共有4例。如：

（17）申请三天三境上帝、十极高真、三官四圣、泰玄都省，及天曹大皇万满真君、天曹掌醮司真君、天曹降圣司真君，到坛证监功德的奏收。（第三十九回）

（18）此一字，是晚朝谢恩诚词都疏，及一百八十表醮、经醮，云鹤，马子俵分钱马，满散关文。（第三十九回）

《词话》中的"将"仅有3例，均为介词，介绍出动作行为所涉及的对象，语法意义与介词"对"相当，且全部出现在戏文中：

（19）朕将卿如太甲逢伊尹，卿得嫂嫂呵恰便是梁鸿配孟光，则愿你福寿绵长！（第七十一回）

（20）他将我做哑谜儿包笼，我手里登时猜破。（第七十四回）

七、初步的结论

综上所述，《词话》中"和"类虚词成员"和""与""并""同""连""共""跟""及""将"等的语法意义及分布情况详见表7～表10。

表7　《词话》中"和"类虚词成员的语法意义及分布情况

词项	和	与	并	同	连	共	跟	及	将
用例	1 265	2 865	247	201	157	15	2	15	3
百分比（%）	26.5	60.1	5.2	4.2	3.3	0.3	0.04	0.3	0.06

表 8　《词话》中"和"类虚词成员用作连词的分布情况

词项	和	与	并	同	连	共	跟	及	将
用例（作连词）	505	395	237	61	17	8	1	15	0
百分比（％）	40.8	31.9	19.1	4.9	1.4	0.6	0.1	1.2	0

表 9　《词话》中"和"类虚词成员用作介词的分布情况

词项	和	与	并	同	连	共	跟	及	将
用例（作介词）	760	2 470	10	140	140	7	1	0	3
百分比（％）	21.5	69.9	0.3	4	4	0.2	0.03	0	0.1

表 10　《词话》中"和"类介词主要用法分布差异

介词	和	与	并	同	连	共	跟	及	将
偕同者	448	315	5	136	0	2	0	0	0
受益者	12	747	0	0	0	0	0	0	0
对象	228	352	0	2	0	4	1	0	3
比较	25	12	0	2	0	0	0	0	0
受事	0	879	0	0	0	0	0	0	0
使令	0	85	0	0	0	0	0	0	0
强调	0	80	0	0	46	0	0	0	0
另一（些）对象	0	0	5	0	94	1	0	0	0

从表中数据所反映的情况来看，我们至少可以得到明代中后期"和"类虚词成员"和""与""并""同""连""共""跟""及""将"等在语法意义及分布上所体现的一些特征。

第一，到了明代中后期，"和"类虚词成员"和""与""并""同""连""共""跟""及""将"在使用频率上呈现出很大的差异：

"和""与""并""同""连"为最常用的 5 个，占了"和"类虚词全部用例的 99.3％；尤其是"和"同"与"，占"和"类虚词全部用例的 86.6％。

"共""跟""及""将"则用例很少——总共才 35 例，只占"和"类虚词全部用例的 0.7%；其中"共""将"基本出现在韵文、戏词或者章回标题中，自然语言中几乎已不见用例；"跟"总共只有 2 例，是《词话》中使用频率最低的"和"类虚词成员。（详见表 7）

第二，到了明代中后期，介词"和""与""并""同""连""共""跟""及""将"在主要用法上也呈现出很大的差异：

"和""与""同"作为介词，主要用于引导出动作行为的偕同者，约占 99.2%；"并""共"已很少有此用法，约占 0.8%。

引导出动作行为的受益者主要用"与"，占 98.4%；偶尔也用"和"，仅占 1.6%。

引导出动作行为所涉及的对象主要用"和"同"与"，占 98.3%；偶尔也用"同""共""跟""将"，仅占 1.7%。

引导出比较的对象主要用"和"，占 64.1%；其次用"与"，占 30.8%，两者合起来占 94.9%。偶尔也用"同"，仅占 5.1%。

表示强调的只能用"与"和"连"：前者同"我"组合后构成"与我 VP"格式，用在祈使句中，起加强语气的作用；后者则直接置于名词或单音节动词之前，用以强调动作、行为的施事或受事或动作行为本身。

介绍出动作行为涉及的另一（些）对象的主要用"连"，占 94%；偶尔也用"并""共"，仅占 6%。（详见表 10）

第三，到了明代中后期，"和"类虚词成员"和""与""并""同""连""共""跟""及""将"在介词和连词的分布上已经出现了分工的苗头：

其中"和""与""并"作并列连词的用例占了整个并列连词用例的 91.8%；尤其是"并"，总共 247 例中，作并列连词的用例多达 237 例，作介词的仅 10 例，两者之比是 23.7∶1。

"和""与""同""连"作介词的用例占了整个介词用例的 99.4%，"并""共""跟"等只占 0.5%；尤其是"同"和"连"，作介词的用例与作并列连词的用例之比分别是 2.3∶1 和 8.2∶1；而且当"同"与其他"和"类虚词成员配合使用时，"同"多用作介词，"同"在现代汉语中习惯用作介词的端倪已见。

"将"只作介词，已无连词用例；"及"只作连词，已无介词用例。（详见表 8 和表 9）

参考文献：

[1] 江蓝生. 东汉—隋常用词演变研究·序 [M]. 南京：南京大学出版社，2000.

[2] 于江. 近代汉语"和"类虚词的历史考察 [J]. 中国语文，1996（6）.

[3] 高育花. 近代汉语"和"类虚词研究述评 [J]. 古汉语研究，1998（3）.

[4] 吴福祥. 汉语伴随介词语法化的类型学研究：兼论 SVO 型语言中伴随介词的两种演

化模式［J］．中国语文，2003（1）．

［5］曹炜．近代汉语并列连词"并"的产生、发展及其消亡［J］．语文研究，2003（4）．

［6］曹炜．近代汉语中被忽视的"和"类虚词成员"并"——以《金瓶梅词话》中"并"的用法及分布为例［J］．古汉语研究，2006（4）．

［原载于《江苏大学学报》（社会科学版）2007 年第 2 期］

近代汉语并列连词"并"的产生、发展及其消亡

"并"原本是个动词，表"合并""兼并"之意，这是"并"在秦汉时代最为常用的意义，《史记》《汉书》中的"并"十之八九均表此义。如：

（1）当是之时，秦地已并巴、蜀、汉中……（《史记·秦始皇本纪》）

（2）怀王并吕臣、项羽军自将之。（《汉书·高帝纪》）

（3）夺其军四千余人，并之，与魏将皇欣、武满军合，攻秦军。（《汉书·高帝纪》）

作为并列连词的"并"最早出现在东汉应劭的《汉书》注中：

（4）还，作甘泉通天台、长安飞廉馆。应劭曰："飞廉，神禽能致风气者也。明帝永平五年，至长安迎取飞廉并铜马，置之西门外，名平乐馆。"（《汉书·武帝纪》）

例（4）中的"并"无疑应是并列连词，功能同"和"，"飞廉并铜马"即"飞廉和铜马"。

唐代颜师古《汉书》注中也有表并列关系的"并"：

（5）殷后宋公孔弘，运转次移，更封为章昭侯，位为恪。师古曰："恪，敬也。言待之加敬，亦如宾也。周以舜后并杞、宋为三恪也。"（《汉书·王莽传》）

其中"周以舜后并杞、宋为三恪也"即谓"周以舜后和杞、宋为三恪也"，"并"为并列连词。

唐代张守节《史记正义》中也有这样的"并"：

（6）余并论次，择其言尤雅者，故著为本纪书首。张守节正义："太史公据古文并诸子百家论次，择其言语典雅者，故著为《五帝本纪》，在《史记》百三十篇之首。"（《史记·五帝本纪》）

而汉唐时期，尚未见作为伴随介词的"并"。

宋代的《朱子语类》中也有用作并列介词的"并"，但用例不多。如：

（7）诗云："遐不作人！"古注并诸家皆作"远"字，甚无道理。

（8）《尚书》并注序，某疑非孔安国所作。

（9）因出三江说并《山海经》二条云："此载得甚实。"

"并"作为并列连词比较频繁地使用是在元末明初问世的《三国演义》中。我们对《三国演义》全书一百二十回作了统计，作为并列连词的"并"的用例多达93例。如：

（10）张让、段珪、曹节、侯览将太后及太子并陈留王劫去内省，从后道走北宫。（第三回）

（11）卓命扶何太后并弘农王及帝妃唐氏于永安宫闲住，封锁宫门，禁群臣无得擅入。（第三回）

（12）云长请玄德并甘夫人、阿斗至船中坐定。（第四十二回）

其中例（10）（11）中"并"同"及"连用，前者"及"前"并"后，后者"并"前"及"后，足证"并"为并列连词。

并列连词"并"的大量使用是在与《三国演义》差不多同时问世的《水浒全传》中，达347例。"并"的这种用法曾引起香坂顺一先生的关注。香坂顺一先生在《水浒词汇研究：虚词部分》一书中曾列举了9条"并"的用例，其中7条用于名词性成分之间，如：

（13）众邻舍并十来个火家，那个敢向前来劝。（第三回）

（14）那张三、李四并众火伴一齐跪下说道……（第七回）

（15）耳朵并索儿都是麻编的。（第八回）

另2条用于谓词性成分之间，如：

（16）那人姓包名吉，已自得了毛太公银两，并听信王孔目之言，教对付他两个性命。（第四十九回）

（17）你且说与我姓名，共是几人去，并几人跟呼延灼来。（第一百一十四回）

香坂顺一先生这样分析道："这种'并'是连词还是介词？还很难说。从它的位置看，也许不是介词，但也可以看作介词的后置。不过，它有明显连接体词、词组的职能，还是看作连词比较好。"①

我们认为，例（13）～（15）中用于名词性成分之间的"并"确乎是表并列关系的连词；至于例（16）（17）中用于谓词性成分之间的"并"则以分别看作表示递进、顺承关系的连词为宜。

到了明代中后期的《金瓶梅词话》一百回中，用作并列连词的"并"不仅使用频率高，共有213例，而且用法更加多样。其主要用法有：

第一，用于句中并列的两个或三个名词性成分之间，与现代汉语中的连词"和"等同。如：

（18）凡家主，切不可与奴仆并家人之妇苟且私狎，久后必紊乱上下……（第二十二回）

（19）王六儿喜欢的要不的，把衣服和银子并说帖都收下。（第四十七回）

（20）西门庆留下孙雪娥并二女僧看家，平安儿同两名排军把前门。（第六十五回）

例（18）（19）中，"并"与并列连词"与""和"同用在一个联合词组中，例（20）中"并"跟并列连词"同"形成对文。

第二，用于句中三个以上名词性成分之间，所连接的前后各项往往有类别上的差异。这种用法的"并"在现代汉语的"和"类连词中没有与之对应的词。如：

（21）在西厢房先雇人造帏幕、帐子、桌围，并入殓衣衾缠带，各房里女人衫裙。（第六十二回）

（22）西门庆取过笔来，把李桂姐、秦玉芝儿，并老孙、祝日念名字多抹了。（第六十九回）

（23）当初干事的打上事件，我就把王三官、祝麻子、老孙，并李桂儿、秦玉芝名字多抹了，只来打拿几个光棍。（第六十九回）

---

① 香坂顺一. 水浒词汇研究：虚词部分［M］. 植田均，译；李思明，校. 北京：文津出版社，1992：346 - 347.

例（21）中"帏幕、帐子、桌围"属于灵堂陈设，而"入殓衣衾缠带"和"各房里女人衫裙"则分别是死者入殓、西门家人服丧用的服饰；例（22）中"并"前面的是女性，"并"后面的则是男性；例（23）中"并"前面的是男性，"并"后面的则是女性。

第三，用于句中三个以上指人的名词性成分之间，所连接的前后各项往往有主次之分。这种用法的"并"接近于现代汉语中的连词"以及"。如：

（24）惟有玉楼、金莲、李瓶儿三个并惠莲，在厅前看经济放花儿。（第二十四回）

（25）蒙大爹、大娘并众娘每抬举孩儿，这等费心，俺两口儿知感不尽。（第三十七回）

（26）那提、孔、节级并缉捕、观察都被乐三替苗青上下打点停当了。（第四十七回）

（27）回来家中摆酒，请吴道官、吴二舅、花大舅、沈姨夫、韩姨夫、任医官、温秀才、应伯爵，并会中人李智、黄四、杜三哥，并家中二个伙计，十二张桌儿。（第七十六回）

例（24）中"玉楼"等属主人，"惠莲"为仆人；例（25）中"大爹、大娘"分别指西门庆及其正妻吴月娘，"众娘每"则指的是西门庆的姨太太们；例（26）中"提、孔、节级"属于官吏，而"缉捕、观察"则属于差役；例（27）中两个"并"连接的三拨人在西门庆的社交圈中的地位、亲疏关系依次递降。上述诸例中，"并"后人物的地位以及在事件中的重要性均低于"并"前人物，虽然也有类别上的差异，但突显的是人物的主次差异。

到了明末的《型世言》中，作为并列连词的"并"依然比较常见。据我们统计，《型世言》四十回中作并列连词用的"并"共有29例。如：

（28）管解的就朦胧说中途烧死，止将铁尚书父母并长子二女，一行解京。（第一回）

（29）所付银两，并历年租银，俱各封识不动。（第二回）

（30）满城这些仗义的，并他本村的里邻，都去迎接……（第二回）

（31）他父亲叫做陈南溪，祖传一派山田并一块柴山、一所房子，与寡母林氏穷苦度日。（第四回）

而反映清代前期语言面貌的《红楼梦》一百二十回中，用作并列连词的"并"依然多达 171 例。如：

（32）于是宝玉出来，只有麝月秋纹并几个小丫头随着。（第五十四回）

（33）那两个小丫鬟，也都在旁屈膝捧着巾帕并靶镜脂粉之饰。（第五十五回）

（34）如今香料铺并大市大庙卖的各处香料香草儿，都不是这些东西？（第五十六回）

（35）老太太和哥儿、两位小姐并别位太太都没来，就只太太带了三姑娘来了。（第五十六回）

在反映清代中叶语言状况的《儿女英雄传》四十回中，用作并列连词的"并"的用例也有 37 例。如：

（36）那太太同公子并内外家人不肯就睡。（第一回）

（37）安太太便把自己怎的和媳妇许了十五日还愿的话并媳妇怎的要给那十三妹姑娘供长生禄位的话，一一的说明。（第十三回）

（38）安老爷坐下，看了看，也有厨下打发的整桌鸡鱼菜蔬，合煮的白鸭子白煮肉；又有褚大娘子里边弄的家园里的瓜菜，自己腌的肉腥，并现拉的过水面，现蒸的大包子。（第十六回）

然而，到了 20 世纪初的晚清四大谴责小说中，情形起了一些变化：并列连词"并"的用例已大大减少，除了较早的《官场现形记》中尚有 13 例之外，其余的均不满 10 例，其中《二十年目睹之怪现状》1 例，《老残游记》7 例，《孽海花》4 例。① 这个时期，"并"的主要用法有二：①语气副词，用在否定词前加强否定语气；②递进连词，表示进一层的意思。这两种用法的例子在上述 4 部小说中比比皆是，尤以前一种用法最为常见。

到了"五四"以后的《正红旗下》中，就剩下了作语气副词和递进连词的"并"，而作并列连词的"并"1 例也见不到了，最常见的并列连词是"与""和"等。

表 1 是明清以来白话文献中并列连词"并"的用例统计一览表②：

表 1　明清以来白话文献中并列连词"并"的分布情况

文献	三	水	金	型	红	儿	官	二	老	孽	正
用例	93	347	213	29	171	37	13	1	7	4	0

可见，在明清两代，作为并列连词的"并"的使用由盛而衰，"五四"以后，

---

①　这 4 部小说中作为并列连词的"并"的所有用例兹列如下：

《官场现形记》（1）赵老头儿从炕上爬起，唤醒了老伴并一家人起来。（第一回）（2）接着就演藤牌并各种技艺，翻筋斗、爬杆子，样样都做到。（第六回）（3）辰正三刻，摆齐全副执事，亲到抚院大堂拜受印信并王命旗牌。（第九回）（4）席间陶子尧提起他"贼内已经来到"，并刚才在栈房里大闹的话，全行告诉了魏翩仞。（第十回）（5）庄大老爷到此，方把捕快如何改扮，鲁某人如何托他销东西，因之破案，并自己的意思，说了一遍。（第十六回）（6）黄三溜子接到署院的手札，并附还符码一根。（第二十一回）（7）……然后自己带了一个姨太太，一个代笔师爷，又一个管帐的，并男女大小仆人、厨子、车夫人等。（第二十四回）（8）欲知信中所言何事，以及贾大少爷明天曾否赴黑、溥二人之约，并后来曾否再去访那姑子，且听三续书中分解。（第二十四回）（9）到了次日，刘期伯便去见桌台，申明老人家缴帖，并自己改号的意思。（第三十七回）（10）刁迈彭一听范颜清说的话很是有隙可乘，便把他拉到里间房里，……把抚台所托的事情，以及拉他帮忙的话，并如何摆布他三个的法子，密密的商量了半天。（第四十八回）（11）但是还怕兄弟并那张太太手下一班旧人说出他的底细。（第五十一回）（12）现有大嫂在芜湖道、县存的案，并前署芜湖道申详三宪公文为据，尽可就近一查。（第五十一回）（13）旋经该府讯明某守是日有病，某某确有疯疾，取具医生甘结，并该疯子家属供词，禀请核办前来。（第五十七回）

《二十年目睹之怪现状》：还有那外府荒僻小县，冒名小考的，并谒圣、簪花、竭师，都一切冒顶了。（第六十一回）

《老残游记》：（1）那三人却俱是空身，带了一个最准的向盘，一个纪限仪，并几件行船要用的物件，下了山。（第一回）（2）正在胡思乱想，见门外来了一乘蓝呢轿，并执事人等。（第六回）（3）这些鸟雀，无非靠着草木上结的实，并些小虫蚁儿充饥度命。（第六回）（4）两人跪到堂上，刚弼便从怀里摸出那个一千两银票并那五千五百两凭据和那胡举人的书子。（第十六回）（5）霎时差人带着管事的，并那两个月饼，都呈上堂来。（第十八回）（6）将此二人并全案分别解交齐河县去。（第二十回）（7）老残携同环翠并他兄弟同德慧生夫妇天明开车，结伴江南去了。（第二十回）

《孽海花》：（1）……沿途还拜各官，并德、俄诸领事。（第九回）（2）说罢，就把信并那包，一同送上去。（第十一回）（3）如今且把各人按下，单说雯青带着全眷并次芳等乘轮赴津。（第十九回）（4）日皇派遣医官两员并皇后手制裹伤绷带，降谕存问，且把山口县知事和警察长都革了职。（第二十八回）

②　表中所列"三"指《三国演义》，"水"指《水浒传》，"金"指《金瓶梅词话》，"型"指《型世言》，"红"指《红楼梦》，"儿"指《儿女英雄传》，"官"指《官场现形记》，"二"指《二十年目睹之怪现状》，"老"指《老残游记》，"孽"指《孽海花》，"正"指《正红旗下》。

就逐渐隐退了，由"和""跟""同""与"取代了，而"并"则专用在否定词前面，加强否定语气，或者表示进一层的意思。

吴福祥先生在《汉语伴随介词语法化的类型学研究：兼论 SVO 型语言中伴随介词的两种演化模式》中指出："和"类虚词均经历这么一个语法化链：伴随动词→伴随介词→并列连词。① 但是，作为"和"类虚词之一的"并"的语法化轨迹并没有经历这么一个语法化链。它是由伴随动词直接语法化为并列连词的，中间并没有经历一个"伴随介词"的阶段。

参考文献：

[1] 香坂顺一. 水浒词汇研究：虚词部分 [M]. 植田均，译；李思明，校. 北京：文津出版社，1992.

[2] 吴福祥. 汉语伴随介词语法化的类型学研究：兼论 SVO 型语言中伴随介词的两种演化模式 [J]. 中国语文，2003（1）.

[3] 吕叔湘. 现代汉语八百词 [M]. 北京：商务印书馆，1980.

（原载于《语文研究》2003 年第 4 期）

---

① 见吴福祥. 汉语伴随介词语法化的类型学研究：兼论 SVO 型语言中伴随介词的两种演化模式 [J]. 中国语文，2003（1）.

近代汉语中被忽视的"和"类虚词成员"并"

——以《金瓶梅词话》中"并"的用法及分布为例①

"和"类虚词一直是近代汉语虚词研究中一个惹人关注的话题，20 世纪 80 年代末以来，国内外许多学者均对此发表过自己的见解。《中国语文》1996 年第 6 期发表的《近代汉语"和"类虚词的历史考察》一文更是通过考察包括《金瓶梅词话》在内的 40 多种语料再一次讨论了这个话题；《古汉语研究》1998 年第 3 期发表的《近代汉语"和"类虚词研究述评》也对以往"和"类虚词的研究作了总结。然而，无论是前者的讨论还是后者的综述，均仅涉及"和""共""连""同""跟" 5 个"和"类虚词，而忽视了其中的一个重要成员"并"。2003 年第 1 期《中国语文》发表的《汉语伴随介词语法化的类型学研究》一文明确指出："根据现有的研究，我们知道，见于汉语历史语法的'和'类虚词（即同时兼有伴随介词和并列连词两种用法的虚词）主要有'与''及''将''共''和''同''跟'七个。"范围有所扩大，但依然不见"并"的踪影。

"并"在现代汉语中并不属于"和"类虚词，现代汉语中的"并"同"并且"，是个表递进关系的连词；然而在近代汉语中"并"应该是"和"类虚词极为重要的成员，其最常见的用法是用作表并列关系的连词，同时也用作伴随介词，这一点在《金瓶梅词话》（简称《词话》）中得到了充分的反映。下面，我们就以《词话》为例来讨论近代汉语"和"类虚词重要成员"并"在语法意义和分布上所体现出来的一些特征。②

一、并列连词"并"

从《词话》中"并"的使用情况来看，"并"最主要的语法作用是充当并列连词，而且也是近代汉语中语法意义最丰富、用法最多的一个并列连词。用作并

---

① 本文为笔者主持的教育部人文社会科学研究 2005 年度规划基金项目"明代早中晚期三部白话小说虚词计量研究"（05JA740024）的先期成果。

② 本文讨论所依据的是 1957 年文学古籍刊行社重印的古佚小说刊行会影印本《金瓶梅词话》。在课题展开之前，我们将全书制作成电子版。以往我们在论文中所使用的统计数据因是手工翻阅获得，可能会有所遗漏，若有不同，悉以本文所提供的数据为准。

列连词的"并"的语法意义和分布情况主要表现为以下 4 种情形：

第一，连接句中并列的几个名词性成分或动词性成分，同现代汉语中的连词"和"。这种用法的"并"，去掉诗词中重复出现的，共有 153 例，是《词话》中并列连词"并"最常见的用法。其中连接名词性成分的有 144 例，如：

（1）四月十八日，李娇儿生日，院中李妈妈并李桂姐，都来与他做生日。（第二十六回）

（2）不一时，迎春取了枕席并骨牌来。（第五十二回）

（3）这春梅真个押着他，花园到处并葡萄架根前，寻了一遍儿……（第二十八回）

上述诸例中的"并"均处在两个并列的名词性成分之间，构成一个联合词组作主语、宾语甚至状语。其中的"并"当为并列连词无疑。

连接动词性成分的有 9 例，这种用法的"并"依然是表并列关系的连词。

（4）西门庆把路上辛苦，并到翟家住下，明日蔡太师厚情，与内相日日吃酒事情，备细说了一遍。（第五十五回）

（5）经济就把从前西门庆家中出来，并讨箱笼的一节话，告诉玉楼。（第九十二回）

例（4）中"并"连接列举的"路上辛苦""到翟家住下"等 4 件事情，并与"事情"构成同位词组后作介词"把"的宾语；例（5）中"并"连接列举的"从前西门庆家中出来""讨箱笼" 2 件事情，并与"一节话"构成偏正词组后作介词"把"的宾语。

最能说明问题的是下面两个从不同人口中说出的表示同一意思的句子：

（6）到明日上任，参官赞见之礼，连摆酒，并治衣类鞍马，少说也得七八十两银子，那里区处？（第三十一回）

（7）他告我说，就是如今上任，见官摆酒，并治衣服之类，共要许多银子使。（第三十一回）

例（6）是吴典恩对应伯爵说的话，例（7）是应伯爵向西门庆转述吴典恩对自己说的话。例（6）中"并"与"连"连用，"连"后面的"摆酒"同"并"

后面的"治衣类鞍马"可以换位而不影响文意，足证"并"为并列连词；例（7）中"之类"煞尾前的"上任""见官摆酒""治衣服"显然是一种并列关系，"并"也当为并列连词。

第二，连接句中三个以上指人的名词性成分，所连接的前后各项往往存在主次差异。这种用法的"并"共有53例。这种用法的"并"同现代汉语中的并列连词"以及"相近，可以用"以及"替换。如：

（8）在座者有乔大户、吴大舅、吴二舅、花大舅、沈姨夫、韩姨夫、吴道官、倪秀才、温葵轩、应伯爵、谢希大、常时节，还有李智、黄四、傅自新等众伙计主管，并街坊邻舍，都坐满了席面。（第六十回）

（9）止有吴大舅、二舅、应伯爵、谢希大、温秀才、常时节，并众伙计在此，晚夕观看水火炼度。（第六十六回）

（10）那来旺儿又取一盒子各样大翠鬓花，翠翘满冠，并零碎草虫生活来。（第九十回）

例（8）中"乔大户"等在被西门庆宴请的人群中地位最高，"李智"等"众伙计主管"地位次之，而"街坊邻舍"则是地位最低的；例（9）中"吴大舅"等是被西门庆请来观看黄真人炼度的主要宾客，"众伙计"则是作陪的；例（10）中"各样大翠鬓花，翠翘满冠"是来旺售卖的主要商品，而"零碎草虫生活"则是次要的相对廉价的物品。总之，上述诸例中，"并"所连接的前后各项具有主次差异："并"前面的人或事物的地位以及在事件中的重要性均要高于"并"后面的人或事物，虽然也存在类别上的差异，但主要是为了显示人或事物的主次差异。

第三，连接句中三个以上名词性成分，所连接的前后各项虽然很难说存在主次差异，但往往具有类别上的差异。这种用法的"并"共有14例。如：

（11）有玉皇庙吴道官，使徒弟送了四盒礼物：一盒肉、一盒银鱼、两盒果馅蒸酥，并天地疏、新春符、谢灶诰。（第三十九回）

（12）统制领兵一万二千，在东昌府屯住已久，使家人周忠捎书来家，教搬取春梅、孙二娘并金哥、玉姐家小上车，止留下周忠。（第一百回）

例（11）中"并"前面的均是食品，"并"后面的均是除夕过年用的贴画、诰帖之属；例（12）中"并"前面的是周统制的两个小妾，"并"后面的则是他的一双儿女。以上诸例中，"并"所连接的前后各项很难说存在主次差异，但类别上的差异则是明显的。

"并"的这种显示类别差异的作用在下面的表述同一事件的不同话语中得到了充分的展示：

（13）西门庆取过笔来，把李桂姐、秦玉芝儿，并老孙、祝日念名字多抹了。（第六十九回）

（14）我就把王三官、祝麻子、老孙，并李桂儿、秦玉芝名字多抹了。（第六十九回）

例（13）是书中作者的叙述，例（14）是书中主人公西门庆的话语，说的是同一个事件，只是人物次序的颠倒，而这个颠倒并非杂乱无章的，是以"并"为分水岭的，前后各是一种性别类别。足可见这里的"并"显示的主要是类别上的差异。

第四，"并"同"并""与""和""及"等搭配连用在由三个以上名词性成分构成的一个复杂的联合词组中，所连接的前后各项通常既有主次区别，又有类别上的差异。这种用法的"并"共有17例。如：

（15）原来乔大户娘子，那日请了尚举人娘子，并左邻朱台官娘子，崔亲家母，并两个外甥、侄女儿——段大姐及吴舜臣媳妇儿郑三姐。（第四十一回）

（16）回来家中摆酒，请吴道官、吴二舅、花大舅、沈姨夫、韩姨夫、任医官、温秀才、应伯爵，并会中人李智、黄四、杜三哥，并家中二个伙计，十二张桌儿。（第七十六回）

其中，例（15）中，"并""并""及"连用：第一个"并"前面的客人要尊于"并"后面的客人；而第二个"并"前面的客人与主人同辈，后面的客人则均属主人的晚辈。例（16）中两个"并"连接的三拨人在西门庆的社交圈中的地位、亲疏关系依次递降；同时也存在类别上的差异：第一拨人是西门庆的亲友，第二拨人是会友，第三拨人是家中倚重的伙计。

综上所述，《词话》中并列连词"并"的语法意义及分布情况见表1：

表1 《词话》中并列连词"并"的语法意义及分布情况

并列连词"并"	表并列	表主次	表类别	兼表主次和类别
《词话》中用例	153	53	14	17
所占百分比（％）	64.6	22.4	5.9	7.2

其实，早在先秦时期就已有"并"作并列连词的用例，我们在《庄子》中就找到了2个这样的例子：

（17）小国不敢非，大国不敢诛，十二世有齐国，则是不乃窃齐国并与其圣知之法以守其盗贼之身乎？（《庄子·胠箧》）

（18）故逐于大盗，揭诸侯，窃仁义并斗斛权衡符玺之利者，虽有轩冕之赏弗能劝，斧钺之威弗能禁。（《庄子·胠箧》）

例（17）中"并"和"与"同义连用，"并"即"与"，"窃齐国并与其圣知之法"即"窃齐国与其圣知之法"；而且"齐国并与其圣知之法"作"窃"的宾语，可见其为名词性词组，"并"应为并列连词。例（18）中"并"所连接的"仁义"和"斗斛权衡符玺之利"均为名词性成分，"仁义并斗斛权衡符玺之利"为"窃"的宾语，"并"也无疑应为并列连词。

《汉书》东汉应劭注及《后汉书》中也有同样的用例：

（19）还，作甘泉通天台、长安飞廉馆。应劭曰："飞廉，神禽能致风气者也。明帝永平五年，至长安迎取飞廉并铜马，置上西门外，名平乐馆。董卓悉销以为钱。"（《汉书·武帝纪》）

（20）是时，酒泉太守梁统、金城太守厍钧、张掖都尉史苞、酒泉都尉竺曾、敦煌都尉辛彤，并州郡英俊，融皆与为厚善。（《后汉书·窦融列传》）

需要说明的是，自秦汉至唐宋，作为并列连词的"并"的使用频率均不高；这种情况到了元末明初才开始发生重大变化，无论是在使用频率，还是在语法意义及用法上，直到《词话》时代达到巅峰。

二、伴随介词"并"

如果说，根据目前的研究，"和"类虚词中的"共""连""和""同""跟"

等成员由动词语法化为介词均为六朝以后才陆续发生、出现的话，那么，介词"并"的出现却要早得多，我们同样在《庄子》中找到了如下用例：

（1）为之斗斛以量之，则并与斗斛而窃之；为之权衡以称之，则并与权衡而窃之；为之符玺以信之，则并与符玺而窃之；为之仁义以矫之，则并与仁义而窃之。（《庄子·胠箧》）

（2）然而田成子一旦杀齐君而盗其国，所盗者岂独其国邪？并与其圣知之法而盗之。（《庄子·胠箧》）

以上两例中出现的 5 个"并"均同"与"连用，"并""与"均为介词，表"连同"。如例（1）中"为之斗斛以量之，则并与斗斛而窃之"意谓："（圣人）制作了斗和斛是用来计量货物的，（盗跖）就连同斗和斛都偷了去。"

《汉书》《后汉书》中也有"并"作介词的用例：

（3）元鼎中，汉广关，以常山为阻，徙代王于清河，是为刚王。并前在代凡立四十年，薨，子顷王汤嗣。（《汉书·文三王传》）

（4）武振旅还京师，增邑七百户，并前千八百户，永平四年卒。（《后汉书·马武列传》）

例（3）中"并前在代凡立四十年"，意谓"连同此前为代王的时间，总共在位四十年"；例（4）中"并前千八百户"，意谓"连同以前的共有一千八百户"；两例中的"并"均为表"连同"的介词。

与作并列连词的"并"的情形相似的是，自秦汉至唐宋，作为介词的"并"的使用频率并不高；而与作并列连词的"并"的情形稍有不同的是，即使到了元明之际这种情形依然没有改变，反映在《词话》中也是如此。《词话》中作介词的"并"仅有 10 例，其中作伴随介词的有 5 例。如：

（5）黄通判听了，连夜修书，并他诉状封在一处，与他盘费，就着他往巡按山东察院里投下。（第四十七回）

（6）（西门庆）一面使小厮请吴大舅来，并温秀才、应伯爵、傅伙计、甘伙计、贲地传、陈经济来坐，听唱。（第七十六回）

（7）留下孙雪娥和大姐、众丫头看家，带了孟玉楼和小玉，并奶子如意儿抱着孝哥儿，都坐轿子，往坟上去。（第八十九回）

在《词话》中，使用频率最高的"和"类虚词成员依次是"与"和"并"。作为伴随介词的"与""和"等前面常常可以添加副词或表处所、时间的介词词组等作状语，而"并"前面有状语的则极为罕见，《词话》中也仅见下面这1例：

（8）又教来兴儿宰了半口猪，半腔羊，四十斤白面，一包白米，一坛酒，两腿火熏，两只鹅，十只鸡，柴炭儿，又并许多油盐酱醋之类，与何千户送下程。（第七十二回）

在考察中，我们注意到，在《词话》时代，作为"和"类虚词重要成员的"并"在语法意义的分布上是有明显的侧重的，即"并"主要用作并列连词，而较少用作伴随介词。这一点同"和"类虚词的其他成员是大相异趣的：如"与"在《词话》中用作伴随介词的用例与用作并列连词的用例之比约是0.8∶1，前者略少于后者；"和"在《词话》中用作伴随介词的用例与用作并列连词的用例之比是近0.9∶1，两者几近持平。详见表2：

表2　"并""与""和"在《词话》中作并列连词与伴随介词分布情况

	并	与	和
作并列连词（用例）	237	395	505
作伴随介词（用例）	5	315	448

最后，顺便说一下，《词话》中的"并"也有一部分是表示递进或顺承关系的连词，共有13例，与作为"和"类虚词的"并"的242例相比，使用频率之高低，所占比例之多寡，自不可同日而语，这一点与现代汉语是很不相同的。

三、结论

综上所述，从《词话》中"和"类虚词重要成员"并"的使用情况来看，"并"主要用作并列连词，约占总量的98%；且语法意义丰富多样：近65%表并列，35%强还可表主次、类别的差异。"并"较少用作伴随介词，只占总量的2%，这一点与《词话》中另两个使用频率也很高的"和"类虚词成员——"与""和"殊不相同。"并"在《词话》中的表现足以说明，"并"理应属于近代汉语"'和'类虚词"家族成员中的重要一员。因此，我们在对近代汉语

"和"类虚词"与""和""同""跟""共""连""将"等加以考察的同时，不应忽略了其中的一个重要成员——"并"。

参考文献：

[1] 刘坚. 试论"和"字的发展，附论"共"字和"连"字 [J]. 中国语文，1989（6）.

[2] 于江. 近代汉语"和"类虚词的历史考察 [J]. 中国语文，1996（6）.

[3] 高育花. 近代汉语"和"类虚词研究述评 [J]. 古汉语研究，1998（3）.

[4] 吴福祥. 汉语伴随介词语法化的类型学研究 [J]. 中国语文，2003（1）.

（原载于《古汉语研究》2006 年第 6 期）

第三编
上古、中古汉语代词研究

从《左传》看先秦第一人称代词的
句法、语义、语用特征①

先秦时期的汉语是现代汉语的源头部分，现代汉语中的不少语言现象，一旦溯源便会找到先秦时期，代词也不例外。现代汉语的代词系统多多少少都有先秦汉语代词的影子，要了解其功能用法的来源及变革，先秦时期的代词系统是永远也绕不过去的，人称代词更是如此：先秦汉语人称代词在现代汉语人称代词系统中留下的痕迹远较其他代词来得明显和直观。

《左传》是先秦时期的代表性文献，其展示的语言特点比较典型地反映了先秦汉语的基本面貌，而且其相对庞大的体量更是让先秦时期汉语的各种哪怕是比较细微的特征都能几乎无一遗漏地得以呈现，因此往往成为学者们借以管窥先秦时期汉语特征，尤其是语法特征的文献的不二选择。本文的写作便是基于此的一次探索：我们试图通过对《左传》中第一人称代词用法特征的计量考察，来归纳总结先秦时期第一人称代词的句法、语义、语用特征。

一、先秦第一人称代词的句法特征

《左传》中第一人称代词共有 5 个，分别是"我""吾""余""予"和"朕"。其中"我""吾"使用最多，"余"次之，"予"和"朕"则比较少见。《左传》中第一人称代词的句法分布情况详见表1：

表1　《左传》中第一人称代词的句法分布情况

词项	主语	宾语			定语	兼语	同位语	总数	百分比（%）
		动词前	动词后	介词后					
我	248	7	202	54	170	17	13	711	50.1

① 本文为2015年度国家社会科学基金一般项目"先秦至民国末期汉语代词发展演变史研究"（15BYY130）的阶段性成果。本文由笔者与笔者指导的苏州大学汉语言文字学专业博士研究生李璐同志合作完成。

（续上表）

词项	主语	宾语			定语	兼语	同位语	总数	百分比（%）
		动词前	动词后	介词后					
吾	384	5	1	4	136	0	7	537	37.8
余	94	3	34	4	20	4	7	166	11.7
予	0	2	0	0	1	0	0	3	0.2
朕	0	0	0	0	2	0	0	2	0.1

《左传》中第一人称代词"吾"共出现537次，其中作主语384次，宾语10次，定语136次，同位语7次。值得注意的是，《左传》中已经出现了"吾"直接位于动词后作宾语的情况。

一般认为，先秦时期第一人称代词"吾"不直接用于动词后作宾格。《马氏文通》就曾指出："发语者'吾'字，按古籍中用于主次、偏次者其常，至外动后之宾次，惟弗辞之句则间用焉，以其先乎动字也。"[①] 王力《汉语史稿》中也指出："在任何情况下，'吾'都不用于动词后的宾格。"[②] 不过到了后期，王力可能认识到了这一说法的绝对性，他在《汉语语法史》中修改了关于"吾"的早期认识："在先秦时代，除了否定句在宾语提到动词前面的情况下，'吾'字不用于宾语。但是到了战国时代，已经出现了少数例外。"[③] 从《左传》中"吾"的使用情况来看，先秦时期"吾"作宾语的情况应该已较为常见，《左传》中"吾"作宾语的情况大致分为三类。

第一，"吾"用于动词之前，且均为否定句中提到动词前面的情况，有5例：

（1）曰："何不吾谏？"对曰："惧先行。"（哀公十一年）
（2）楚弱于晋，晋不吾疾也。（襄公十一年）
（3）事若克，季子虽至，不吾废也。（昭公二十七年）
（4）吾由子事公孟，子假吾名焉，故不吾远也。（昭公二十年）
（5）子皮曰："愿，吾爱之，不吾叛也。使夫往而学焉，夫亦愈知治矣。"（襄公三十一年）

---

① 马建忠. 马氏文通［M］. 北京：商务印书馆，1983.
② 王力. 汉语史稿［M］. 北京：中华书局，2004.
③ 王力. 汉语语法史［M］. 北京：商务印书馆，1989.

第二，用于介词之后，均作介词"与"的宾语，有4例：

（6）吾父逐鞅也，不怒而以宠报之，又与吾同官而专之，吾父死而益富。（襄公二十一年）

（7）公曰："是其生也，与吾同物，命之曰同。"（桓公六年）

（8）子重曰："夫子尝与吾言于楚，必是故也，不亦识乎！"（成公十六年）

（9）若楚人与吾同恶，以德于我，吾固事之也，不敢贰矣。（成公十八年）

第三，"吾"用于动词之后充当宾语，有1例：

（10）赂吾以天下，吾滋不从也。（昭公二十六年）

例（10）很是难得，它表明，在《左传》时代已有"吾"在动词后作宾语的用法。

关于"吾"和"我"的区别，学界一直存在争议。一般认为，"吾"和"我"有格位的分别。胡适曾在《吾我篇》《论吾我两字之用法》中提出关于"吾""我"的八条"通则"：

第一，吾字用于主次。

第二，吾字用于偏次，犹今言"我的"或"我们的"也。位于名词之前，以示其所属。单数为常，复数为变。"犹吾大夫崔子也"。以上为复数（我们的），非常例也。

第三，吾字用于偏次，位于代词"所"字之前。

第四，吾字不可用于宾次。

第五，我字用于宾次，为外动词之止词。

第六，我字用于宾次，为介词之司词。

第七，我字用于偏次之时，其所指者，复数为常，单数为变。

第八，我字有时亦用于主次，以示故为区别或故为郑重之辞。

高本汉也在《原始中国语为变化语》一文中提到"我""吾"的分别："'吾''我'二代名词，经《论语》《孟子》《左传》所证明，'吾'字限用于主从两格，'我'字纯用于足格。"①

针对高本汉的观点，王力提出了不同的意见，他认为："'吾'和'我'的区别，就大多数情况看来是这样：'吾'字用于主格和领格，'我'字用于主格和宾格。当'我'用于宾格时，'吾'往往用于主格；当'吾'用于领格时，'我'常常用于主格。在任何情况下'吾'都不用于动词后的宾格。"②

王力关于"吾""我"分别的分析是具有借鉴意义的，《左传》中"吾""我"的用法也再次证明了王力提出的"吾""我"在格位上的规律。当然，王力的预判也有失偏颇。我们认为，当"吾""我"对举时更能看到两者的区别，因此，我们对《左传》中"吾""我"对举的情况进行了计量统计，结果如下。

其中，"吾"作主语，"我"作宾语的例句共 25 例。如：

（11）吾三分四军，与诸侯之锐以逆来者，于我未病，楚不能矣，犹愈于战。暴骨以逞，不可以争。（襄公九年）

（12）既入焉，而示之璧，曰："活我，吾与女璧。"（哀公十七年）

（13）小邾射以句绎来奔，曰："使季路要我，吾无盟矣。"（哀公十四年）

但当"吾"用于领格作定语时，"我"既可用于主格作主语，也可用于宾格作宾语。其中"我"作主语的共 16 例，如：

（14）我亡，吾二昆其忧哉！（成公五年）

（15）吾祖也，我知之。（昭公十七年）

（16）鼓人能事其君，我亦能事吾君。（昭公十五年）

"我"作宾语的共 10 例，如：

（17）吾先大夫子常易之，所以败我也。（哀公元年）

（18）其臣曰："孺子长矣，而相吾室，欲兼我也。"（昭公八年）

值得注意的是，《左传》中有许多"吾""我"对举使用均作主语的例句，共 13 例，如：

---

① 高本汉．原始中国语为变化语说［J］．冯承钧，译．东方杂志，1929，26（5）．

② 王力．汉语史稿［M］．北京：中华书局，2004：304.

221

（19）鬭伯比言于楚子曰："吾不得志于汉东也，我则使然。（桓公六年）

（20）我之有罪，吾死后矣！（成公十七年）

（21）既战，简子曰："吾伏弢呕血，鼓音不衰，今日我上也。"（哀公二年）

另有4例"我"作定语，"吾"作主语，如：

（22）孔丘使兹无还揖对曰："而不反我汶阳之田，吾以共命者，亦如之。"（定公十年）

（23）子玉曰："然，吾受命矣，子使告我弟。"（哀公十五年）

《左传》中"吾""我"在同一句中对举使用时的格位分布情况详见表2。

表2　《左传》中"吾""我"对举使用时的格位分布情况

分类	"吾"作主格，"我"作宾格	"吾"作领格，"我"作主格	"吾"作领格，"我"作宾格	"吾""我"均作主格	"我"作领格，"吾"作主格
用例	25	16	10	13	4
比例（%）	36.8	23.5	14.7	19.1	5.9

王力曾在《汉语史稿》中提到："如果毫无分别的两个人称代词在一种语言中（口语中）同时存在，并且经常同时存在，那是不能想象的。"[1] 我们认为，这一时期"吾"和"我"在格位分布上还没有严格意义上的区别，从上表可以看出，《左传》中"吾""我"在同一句中的格位分布情况并不限于"吾"作主格、"我"作宾格或"吾"作领格、"我"作主格这两种情况，"吾""我"均作主格的比重约占五分之一，由此看来，"吾""我"至少在《左传》时期还没有明显有分别的使用规律。

《左传》中"余"的使用情况同样反映了先秦时期第一人称代词使用上的灵活性。关于"余"，《马氏文通》曾指出："余字用于主次与动字后宾次者居多；若偏次，有间以'之'字者；而介字后宾次则罕见。"[2] 可惜《马氏文通》并未对此加以展开。而《左传》中"余"的使用情况倒是可以作为《马氏文通》上述观点的佐证。《左传》中第一人称代词"余"共出现了166次，其中用作主语

---

① 王力. 汉语史稿 [M]. 北京：中华书局，2004.

② 马建忠. 马氏文通 [M]. 北京：商务印书馆，1983：44.

的 94 次，作宾语的 41 次，作兼语的 4 次，作定语的 20 次，作同位语的 7 次。

"余"在《左传》中主要作主语，且主要用于对话中，共有 94 例，如：

（24）彼美，余惧其生龙蛇以祸女。（襄公二十一年）
（25）既而告人曰："己衰绖而生子，余何故舍钟？"（定公九年）

"余"也常作宾语，共有 41 例。其中分布于动词之后直接作宾语的有 32
例，如：

（26）公曰："季子欺余。"（成公十七年）
（27）陈侯扶其大子偃师奔墓，遇司马桓子，曰："载余！"（襄公二十五年）

分布于动词之前的仅有 3 例，如：

（28）会曰："偻句不余欺也。"（昭公二十五年）
（29）曰："宗不余辟，余独焉辟之？赋诗断章，余取所求焉，恶识宗？"
（襄公二十八年）

分布于介词之后的有 4 例，如：

（30）余不许，将戕于余；若杀夫人，将以余说。（定公十四年）
（31）还自郑，壬申，至于狸脤而占之，曰："余恐死，故不敢占也。今众繁
而从余三年矣，无伤也。"（成公十七年）

另有 2 例用于双宾式中作间接宾语：

（32）出雍门，陈豹与之车，弗受，曰："逆为余请，豹与余车，余有私焉。
事子我而有私于其仇，何以见鲁、卫之士？"（哀公十四年）
（33）遂幽其妻，曰："畀余而大璧！"（襄公十七年）

《左传》中"余"在句中充当定语的例句共有 20 例，均表单数意义。"余"
后直接加中心词的例句共 18 例，例如：

（34）将齐，入告夫人邓曼曰："余心荡。"（庄公四年）

（35）王曰："言出于余口，入于尔耳，谁告建也?"（昭公二十年）

"余"与中心词之间有"之"连接的例句仅2例：

（36）士鞅反，栾黡谓士匄曰："余弟不欲往，而子召之。余弟死，而子来，是而子杀余之弟也。弗逐，余亦将杀之。"（襄公十四年）

（37）吴子问于伍员曰："初而言伐楚，余知其可也，而恐其使余往也，又恶人之有余之功也。今余将自有之矣，伐楚何如?"（昭公三十年）

可见，《左传》中"余"作定语时以"之"字连接中心词的情况并不常见，大多为"余"直接加中心词的情况。但"余"作定语时有"之"字为间的情况应是先于"吾""我"的，《左传》时期并没有发现"吾""我"作定语时有"之"字为间的情况。"我"作主语时多出现"之"字为间的情况，此时"之"在句中均用于主谓之间取消句子独立性，例如：

（38）君实有臣而杀之，其谓君何? 我之有罪，吾死后矣!（成公十七年）

（39）康公，我之自出，又欲阙翦我公室，倾覆我社稷，帅我蟊贼，以来荡摇我边疆。（成公十三年）

（40）白狄及君同州，君之仇雠，而我之昏姻也。（成公十三年）

我们没有发现"吾之"的形式，可见，在《左传》时期，"我""吾"为偏次时还没有出现以"之"字为间的情况，像"吾之弟"之类的用法应是后期出现的。

"余"在句中作兼语的例句共4例，例如：

（41）郑伯有使公孙黑如楚，辞曰："楚、郑方恶，而使余往，是杀余也。"（襄公二十九年）

（42）大子无道，使余杀其母。（定公十四年）

（43）生拘石乞而问白公死焉，对曰："余知其死所，而长者使余勿言。"（哀公十六年）

作同位语的例句共7例。且《左传》出现了"名词+余"的形式：

（44）对曰："天威不违颜咫尺，小白余敢贪天子之命无下拜？恐陨越于下，以遗天子羞。敢不下拜？"（僖公九年）

其余 6 例均为"余＋同位名词"的形式，"余＋同位名词"多在句中作宾语：

（45）公诔之曰："旻天不吊，不慭遗一老。俾屏余一人以在位，茕茕余在疚。呜呼哀哉！尼父。无自律。"（哀公十六年）

（46）伯父若裂冠毁冕，拔本塞原，专弃谋主，虽戎狄其何有余一人？（昭公九年）

也有作主语的情况：

（47）余一人无日忘之，闵闵焉如农夫之望岁，惧以待时。（昭公三十二年）

（48）伯父若肆大惠，复二文之业，驰周室之忧，徼文、武之福，以固盟主，宣昭令名，则余一人有大愿矣。（昭公三十二年）

王力指出："'予''余'是在写法上有分别。它们自古就是同音词，因此不发生'变格'的问题。《书经》用'予'，《左传》用'余'。"① 但我们发现，《左传》中也有 3 处"予"用于第一人称代词的用例：

（49）文王将死，与之璧，使行，曰："唯我知女，女专利而不厌，予取予求，不女疵瑕也。"（僖公七年）

（50）卫成公梦康叔曰："相夺予享。"（僖公三十一年）

其中"予"在句中作状语②和宾语。

此外，第一人称代词"朕"在《左传》中也仅出现 2 例，且均为帝王自称，在句中作定语。

二、先秦第一人称代词的语义特征

关于第一人称代词的称数问题，学界已有很多学者进行过讨论。称数问题是

---

① 王力. 汉语史稿［M］. 北京：中华书局，2004.
② 何乐士在其《〈左传〉语法研究》中提到，"予"在此处作动词宾语置于动词之前，但我们认为此处"予"应作状语，修饰"取"和"求"，译为"从我这里取，从我这里求"。

225

就语义层面而言的，一个词或一个词组所指的可以是单个事物，也可以是多个可数事物。《左传》卷帙浩繁，第一人称代词的称数问题也比较复杂。为清晰展示《左传》中第一人称代词的称数情况，我们制作了表3。

表3 《左传》中第一人称代词的称数情况

	我	吾	余	予	朕	总计
单数	316 （22.3%）	404 （28.5%）	163 （11.5%）	3 （0.2%）	2 （0.1%）	888 （62.6%）
复数	395 （27.8%）	133 （9.4%）	3 （0.2%）	0 （0%）	0 （0%）	531 （37.4%）
总计	711 （50.1%）	537 （37.8%）	166 （11.7%）	3 （0.2%）	2 （0.1%）	1 419 （100%）

从表中我们可以看到，《左传》中第一人称代词主要以表单数语义为主，除了"我"，其余几个代词的单数义均占绝对优势。"我"表单数的例句共316例，且"我"表单数时多出现于对话中，表示说话人的自称，例如：

（1）曰："我之求也。此何罪？请杀我乎！"（桓公十六年）
（2）傅瑕曰："苟舍我，吾请纳君。"（庄公十四年）
（3）子若欲战，则吾退舍，子济而陈，迟速唯命，不然纾我。（僖公三十三年）
（4）曰："畴昔之羊，子为政；今日之事，我为政。"（宣公二年）

"我"表复数语义的共有395例，其中"我"多表"我们""我国""我们的君主"等语义，"我"用于国家、君王、军队之前的均表复数义，例如：

（5）无滋他族，实逼处此，以与我郑国争此土也。（隐公十一年）
（6）八月丁未，公及邾师战于升陉，我师败绩。（僖公二十二年）
（7）无禄，献公即世，穆公不忘旧德，俾我惠公用能奉祀于晋。（成公十三年）
（8）秦大夫不询于我寡君，擅及郑盟。（成公十三年）

"我"用于两军作战时一些动词如"侵""伐""谋""袭"等后时也均表复数义，例如：

（9）十年春，齐师伐我。（庄公十年）

（10）乃沟公宫，曰："秦将袭我。"民惧而溃，秦遂取梁。（僖公十九年）

（11）冬，楚师侵卫，遂侵我师于蜀。（成公二年）

（12）犹愿赦罪于穆公，穆公弗听，而即楚谋我。（成公十三年）

在对话中"我"常用于与他人进行对比，因此我们可以通过与其对比的对象来判断"我"的语义性质，例如：

（13）我则不德，而徼怨于楚，我曲楚直，不可谓老。（宣公十二年）

（14）楚有三施，我有三怨，怨仇已多，将何以战？（僖公二十八年）

（15）彼众我寡，及其未既济也请击之。（僖公二十二年）

（16）彼竭我盈，故克之。（庄公十年）

以上例句中"我"所对应的对比对象分别为"楚""楚""彼""彼"，均为复数义，因此和它们相对应的"我"也应表复数语义。

相较于"我"，"吾"以表单数义为主，这样的例句共404例，例如：

（17）公曰："为其少故也，吾将授之矣。使营菟裘，吾将老焉。"（隐公十一年）

（18）陈辕宣仲怨郑申侯之反己于召陵，故劝之城其赐邑，曰："美城之，大名也，子孙不忘。吾助子请。"（僖公五年）

（19）吾以勇求右，无勇而黜，亦其所也。（文公二年）

（20）吾尝学此矣，忠信之事则可，不然必败。（昭公十二年）

从"吾"表单数义的例句中，我们发现，当"吾"用于对话中时多表单数义，且"吾"在句中多作主语。

"吾"表复数义时可以分为两种情况，一种情况是"吾"单表复数义，这样的例句共127例。其中，当"吾"在句中作定语时，多表复数，例如：

（21）寡人之使吾子处此，不唯许国之为，亦聊以固吾圉也。（隐公十一年）

（22）吾先君新邑于此，王室而既卑矣，周之子孙日失其序。（隐公十一年）

（23）公曰："忌则多怨，又焉能克？是吾利也。"（僖公九年）

（24）吾兄弟之不协，焉能怨诸侯之不睦？（僖公二十二年）

"吾"在句中与复数义的事物进行对比时（如"楚""晋""宋"等）也常表复数语义，此时，"吾"在句中作主语或宾语，例如：

（25）楚弱于晋，晋不吾疾也。（襄公十一年）

（26）子展曰："与宋为恶，诸侯必至，吾从之盟。楚师至，吾又从之，则晋怒甚矣。晋能骤来，楚将不能，吾乃固与晋。"（襄公十一年）

（27）若适淫虐，楚将弃之，吾又谁与争？（昭公四年）

另一种情况是"吾"在《左传》中常与"侪"一起出现表复数语义，相当于后来的"我辈""我属"等，这样的例句共6例，例如：

（28）夫文王犹用众，况吾侪乎？（成公二年）

（29）吾侪偷食，朝不谋夕，何其长也？（昭公元年）

（30）然大国之忧也，吾侪何知焉？（昭公二十四年）

可见，这一时期已经出现了第一人称代词双音化的趋势，"吾侪"也是第一人称代词复数形式的早期形式，"侪①"是具有实际词汇意义的实词。这一时期人们开始有意识地利用加字法来表示人称代词的复数形式，对于人称代词的称数发展有划时代的意义。

与"我""吾"相比，"余"的称数情况则相对简单。②"余"主要表单数语义，这样的例句共163例，例如：

（31）郤克伤于矢，流血及屦，未绝鼓音，曰："余病矣！"（成公二年）

（32）晋侯梦大厉，被发及地，搏膺而踊，曰："杀余孙，不义。余得请于帝矣！"（成公十年）

（33）动无令名，非知也。必犯是，余将杀女。（定公四年）

（34）公知之，告皇野曰："余长魋也，今将祸余，请即救。"（哀公十四年）

"余"表复数义的例句仅有3例，且"余"在句中作主语和定语：

---

① 《说文解字》定义"侪"为："等辈也，从人，齐声。"《古汉语词典》对"侪"的解释为：辈，类。

② 胡伟、张玉金在《上古汉语中第一人称代词五平面研究》中提到："战国时期第一人称代词'余''予''朕'只表单数"，从《左传》中"余"的称数情况来看，这一说法显然太过绝对，"余"在这一时期可表复数，这样的例句在《左传》中出现了3例，其中"余"在句中多作定语，也可作主语。

（35）将战，国人受甲者皆曰："使鹤，鹤实有禄位，余焉能战！"（闵公二年）

（36）许曰："余旧国也。"（昭公十八年）

（37）郑曰："余俘邑也。"（昭公十八年）

此外，"予"和"朕"在《左传》中仅表单数语义，没有发现表复数语义的用例。

三、先秦第一人称代词的语用特征

（一）第一人称代词的语篇功能分析

人称代词可以表现两种语义关系：一种是论域中一定范围的一部分，一种是论域中的某一特定的个体。但无论哪种语义关系，人称代词的所指对象都只能在语篇的范围之内得以确认。例如：

（1）宣子与诸大夫皆患穆嬴，且畏逼……及董阴，宣子曰："我若受秦，秦则宾也；不受，寇也。既不受矣，而复缓师，秦将生心。先人有夺人之心，军之善谋也。逐寇如追逃，军之善政也。"（文公七年）

例（1）句中"我"的所指在其所在的分句中并不能得到确认，其所指只有联系前文的"宣子与诸大夫皆患穆嬴"才能识别，即这里的"我"指的是宣子与诸大夫，这里的语义联系就体现出了一种语篇关系。

马庆株指出，"语篇功能是指在形成连贯语篇的过程中语法单位所起的作用，如衔接作用"[①]。从这一角度出发，我们把第一人称代词的语篇功能概括为确指、移指、回指三个方面。

我们在研究第一人称代词的指称关系时通常要提到一个参照点的问题，在语篇中，一个成分通常是另一个成分的参照点，参照点与参照点之间建立的前后呼应关系以及语义上的联系就是我们所说的指称关系。以话语参与者的角色为参照，第一人称代词通常指代说话人自身，我们将这样的情况称为"确指"。例如：

（2）穿曰："我不知谋，将独出。"（文公十二年）

（3）君曰："诺。吾将复请。七日新城西偏，将有巫者而见我焉。"（僖公十年）

---

① 马庆株. 结构、语义、表达研究琐议——从相对义、绝对义谈起［J］. 中国语文，1998（3）：176.

(4) 史朝亦梦康叔谓己:"余将命而子苟与孔烝鉏之曾孙圉相元。"(昭公七年)

这三个例句用于对话中,第一人称代词出现在对话中,直接用引号标出,对话前常指出具体的发话人,便于读者判别。例(2)是赵穿对军吏说的话,其中"我"的语义指向是赵穿;例(3)是太子申生对狐突说的话,"吾"的语义指向是太子;例(4)是史朝梦到康叔对自己说的话,其中"余"的语义指向是康叔。

移指通常指词语的语义随着语境的不同而发生改变,第一人称代词以话语参与者为参照,其指示意义通常指说话人本身,但在具体的语境中这种指示意会表现出一定的灵活性,发生不同程度的指称游移,这种指称错位现象就是代词的移指。人称代词的移指通常包含"数"和"人称"两个方面。《左传》第一人称代词的移指主要表现在"数"这个方面,即单数移指复数。第一人称单数一般用来指称说话人本身,大多属于客观性叙述;而第一人称复数通常不仅仅是简单地叙述,还体现出说话人的主观情感、态度,更多属于主观层面。以下我们将《左传》中第一人称代词移指的现象分为两类:

一类是我/吾/余单用。例如:

(5) 天方授楚,楚之赢,其诱我也,君何急焉?(桓公六年)
(6) 岁云秋矣,我落其实而取其材,所以克也。(僖公十五年)
(7) 吾又执之,以信齐沮,吾不既过矣乎?(宣公十七年)
(8) 将战,国人受甲者皆曰:"使鹤,鹤实有禄位,余焉能战!"(闵公二年)

例(5)楚武王入侵随国,季梁劝阻随侯不要急于进攻楚国,以单数形式"我"移指随军,这种说法可以让受话人感觉到说话人是站在自己的立场上考虑问题的,缩短了对话双方的心理距离,从而达到劝说人的目的。例(6)卜徒父向秦穆公详细解释他占卜的结果,以单数"我"移指我方,突出了与受话人之间的亲密关系,表达了很强烈的主观情感。例(7)苗贲黄劝说晋景公善待使者,用单数"吾"移指我方,来表示与受话者站在同一立场,增强了说服力。例(8)狄人进攻卫国时,接受甲胄的人们不满卫懿公让鹤坐位子,以单数形式"余"移指他们自身,来表明他们是一个整体,与鹤形成了对立面,增强了话语的感染力。

另一类是"我/吾 + NP"。人称代词往往需要依附一定的语境来指代所要陈述的对象,因此就产生了"我/吾 + NP"的结构形式,用组合式的人称指示来对人称代词进行修饰,更能突出被陈述对象的某些特征。《左传》中仅有"吾/我 + NP"的情况,且从例句统计来看,"我 + NP"(69例)在数量上占绝对优势。在

"我/吾 + NP"结构中,当"我/吾"表复数时,后面的 NP 一般都为复数形式,我们将《左传》中出现的 NP 分为了以下几类:

第一,NP 表亲属关系,例如:

(9) 天降祸于周,俾我兄弟并有乱心,以为伯父忧。(昭公三十二年)

(10) 子玉曰:"然,吾受命矣,子使告我弟。"(哀公十五年)

(11) 弥庸见姑蔑之旗,曰:"吾父之旗也。不可以见仇而弗杀也。"(哀公三年)

第二,NP 表州郡地理,例如:

(12) 冬,齐人、宋人、陈人伐我西鄙。(庄公十九年)

(13) 康犹不悛,入我河曲,伐我涑川,俘我王官,翦我羁马,我是以有河曲之战。(成公十三年)

(14) 及武王克商,蒲姑、商奄,吾东土也;巴、濮、楚、邓,吾南土也;肃慎、燕、亳,吾北土也。(昭公九年)

第三,NP 表军事类,例如:

(15) 夏五月,子尾杀闾丘婴以说于我师。(襄公三十一年)

(16) 我师次于督扬,不敢过郑。(成公十六年)

(17) 穆子曰:"吾军帅强御,卒乘竞劝,今犹古也,齐将何事?"(昭公十二年)

第四,NP 表社交称谓,例如:

(18) 秋七月,冬十有二月己丑,葬我君桓公。(桓公十八年)

(19) 王使巡师曰:"吾先君文王克息,获三矢焉。伯棼窃其二,尽于是矣。"(宣公四年)

第五,NP 表国家、民族,例如:

(20) 唯我郑国之有请谒焉,如旧昏媾,其能降以相从也。(隐公十一年)

（21）楚虽大，非吾族也，其肯字我乎？（成公四年）

第六，NP表官职身份，例如：

（22）昔先君成公，命我先大夫婴齐曰："吾不忘先君之好，将使衡父照临楚国，镇抚其社稷，以辑宁尔民。"（昭公七年）

（23）栾伯，吾帅也，吾将从之。（襄公十四年）

第七，NP表数量关系，例如：

（24）若我一二兄弟甥舅，奖顺天法，无助狡猾，以从先王之命，毋速天罚，赦图不穀，则所愿也。（昭公二十六年）

（25）文嬴请三帅，曰："彼实构吾二君，寡君若得而食之，不厌，君何辱讨焉！使归就戮于秦，以逞寡君之志，若何？"（僖公三十三年）

第八，NP为表具体事物的名词，例如：

（26）从政一年，舆人诵之，曰："取我衣冠而褚之，取我田畴而伍之。孰杀子产，吾其与之！"（襄公三十年）

（27）将战，魏舒曰："彼徒我车，所遇又厄，以什共车必克。困诸厄，又克。请皆卒，自我始。"（昭公元年）

（28）公曰："吾牲牷肥腯，粢盛丰备，何则不信？"（桓公六年）

第九，NP为表抽象事物的名词或形容词，例如：

（29）东道之不通，则是康公绝我好也。（成公十三年）

（30）公曰："忌则多怨，又焉能克？是吾利也。"（僖公九年）

（31）不图晋忧，重其怒也；我食吾言，背天地也。（僖公十五年）

《左传》中"我""吾"后的NP，使用情况又有所不同，具体情况见表4、表5：

表4 《左传》中"我＋NP"结构中NP的分布情况

分类	亲属关系	州郡地理	军事类	社交称谓	国家、民族	官职身份	数量关系	其他名词		总计
								抽象	具体	
用例	19	61	5	50	10	5	3	11	6	170
比例（%）	11.2	35.9	2.9	29.4	5.9	2.9	1.8	6.5	3.5	100

表5 《左传》中"吾＋NP"结构中NP的分布情况

分类	亲属关系	州郡地理	军事类	社交称谓	国家、民族	官职身份	数量关系	其他名词		总计
								抽象	具体	
用例	17	12	5	18	4	9	3	38	23	129
比例（%）	13.2	9.3	3.8	14.0	3.1	7.0	2.3	29.5	17.8	100

从上述两个表格中，我们可以发现"我"和"吾"后NP的使用情况有很大的差异。"我"后的NP大多表州郡地理和社交称谓，而"吾"后的NP用来表州郡地理和社交称谓的情况则比较少；"吾"后NP大多为表一般事物的名词，且表抽象事物较多，如"志""愿"等，具体事物如"田""牲牷"等前也多用"吾"，由此可以看出当时人们在第一人称代词使用上的习惯。

与"我""吾"相比，"余"用于定语的情况就比较少见了，《左传》中"余"后加NP的例句仅有19例，其中NP主要为表一般事物的名词，而且以具体事物居多，例如：

（32）张侯曰："自始合，而矢贯余手及肘，余折以御，左轮朱殷，岂敢言病。吾子忍之！"（成公二年）

（33）知伯视齐师，马骇，遂驱之，曰："齐人知余旗，其谓余畏而反也。"（哀公二十三年）

表6 《左传》中"余"后NP的分布情况

分类	亲属关系	州郡地理	国家、民族	其他名词		总计
				抽象	具体	
用例	5	2	1	4	7	19
比例（%）	26.3	10.5	5.3	21.1	36.8	100

在探讨了第一人称代词后 NP 的具体分布情况后，我们很有必要对人称代词与其后 NP 的语义关系做进一步研究。《左传》中第一人称代词与 NP 的语义关系可分为偏正关系和同位关系两种。相对而言，偏正关系的组合结构远多于同位结构，例如：

（34）康公，我之自出，又欲阙翦我公室，倾覆我社稷，帅我蟊贼，以来荡摇我边疆。（成公十三年）

（35）吾子孙其覆亡之不暇，而况能禋祀许乎？（隐公十一年）

（36）孟氏之御驺丰点好羯也，曰："从余言，必为孟孙。"（襄公二十三年）

第一人称代词与 NP 为同位语义关系的情况在《左传》中较少，且对第一人称的使用是有限制的，只有"我／吾 ＋ NP"有表同位语义关系的情况，"余 ＋ NP"则均表偏正语义关系，表同位语义关系的例句仅有 22 例，例如：

（37）我周之东迁，晋、郑焉依。（隐公六年）

（38）公欲反，叔仲昭伯曰："我楚国之为，岂为一人？行也！"（襄公二十八年）

（39）今王室实蠢蠢焉，吾小国惧矣。（昭公二十四年）

《左传》中第一人称代词与 NP 组合结构的语义关系分布情况见表 7：

表 7 《左传》中第一人称代词与 NP 组合结构的语义关系分布情况

	我	吾	余	总计
偏正关系	213（93.0%）	128（95.5%）	19（100%）	360（94.2%）
同位关系	16（7.0%）	6（4.5%）	0（0%）	22（5.8%）

从例句中我们可以发现，表偏正关系的例句中，NP 是话语谈论的中心，第一人称代词是对话直接指涉的对象，且与 NP 有密切的关系。表同位语义关系的例句，第一人称代词与 NP 的所指内容是一致的，采用同位结构来表达语义，并没有违背语言的经济性原则，还可以增强语言的表达效果，起到强调的作用。例如，"吾小国惧矣"中"吾"和"小国"所指相同，通过重复可以强调我们是小国这个事实，比起只使用第一人称代词"吾"来说，增强了表达效果，引起了听者的共鸣。

《左传》中并没有出现第一人称代词人称移指的现象，这一时期第一人称代词尚未脱离具体指代义而虚化为别的语义，但已经出现了一些虚化的迹象，如"彼竭我盈""彼众我寡""彼骄我怒"等的使用，"彼"和"我"对举，第一人称代词"我"和第三人称代词"彼"均有失去人称意义的迹象。

回指是一种比较常见的语言现象。"回指是指一个（往往是最简略的）语言表达式用来指代用一篇章中（通常是上文已经出现过的，但也不排除是下文的）另一种语言表达式所表达的事物或意义。"① 汉语中有三种回指形式：零形回指、代词回指和名词回指。这里我们主要探讨第一人称代词指代回指现象。

在讨论第一人称代词指代回指现象之前，我们有必要先对第一人称代词回指对象即先行语②的构成作个考察。

《左传》中第一人称代词的先行语主要分为以下几类：

第一，帝室称谓，例如：

（40）公曰："尔有母遗，繄我独无!"（隐公元年）

第二，官名，例如：

（41）薛侯曰："我先封。"滕侯曰："我，周之卜正也。"（隐公十一年）

第三，人名，例如：

（42）费曰："我奚御哉!"（文公二年）
（43）傅瑕曰："苟舍我，吾请纳君。"（庄公十四年）

第四，社交称谓，例如：

（44）其友曰："吾与女为难。"（文公二年）

从以上例句可以看出，在《左传》中，第一人称代词常出现于对话中，用引号标出，说话人是先行语，且第一人称代词一般用于"N＋曰"和"N1＋谓＋N2＋曰"两种话语模式中。"N＋曰"这种话语模式最为常见，占比较大的比重，例如：

----

① 陈平．汉语零形回指的话语分析［J］．中国语文，1987（5）．
② 注：与代词同指的名词性成分称作先行语。

（45）貜曰："子无我迂。不幸而后亡。"（昭公二十一年）

（46）子产曰："兄弟而及此，吾从天所与。"（襄公三十年）

（47）禅灶曰："不用吾言，郑又将火。"（昭公十八年）

"N1＋谓＋N2（＋曰）"这种话语模式在《左传》中出现的次数较少，均为说话人 N1 与受话人 N2 加直接引语构成一段对话，例如：

（48）公谓公冶曰："吾可以入乎？"（襄公二十九年）

（49）晋侯谓伯瑕曰："吾所问日食，从矣，可常乎？"（昭公七年）

（50）南蒯谓子仲："吾出季氏，而归其室于公。子更其位。我以费为公臣。"（昭公十二年）

第一人称代词语义回指一般遵守语义指同的各个代词句内不同现的原则，但《左传》中出现了很多例外现象，尤以"我""吾"同现最为常见，例如：

（51）退朝，见之，曰："子三困我于朝，吾惧，不敢不见。吾过，子姑告我。何疾我也？"（襄公二十二年）

（52）我张吾三军而被吾甲兵，以武临之，彼则惧而协以谋我，故难间也。（桓公六年）

例（51）是薳子冯进见申叔豫时说的一段话，对话中的"吾"和"我"均指薳子冯自己，两个代词同指共现；例（52）是鬪伯比对楚武王说的一段话，"我张吾三军而被吾甲兵"中动词"张"和"被"各带了一个宾语，而宾语部分是定中结构，"吾"与前面的"我"同指共现，实现句内回指照应。由于主语不是名词性成分，而由代词充当，换用语义相同的表达形式可以避免重复。

第一人称代词的回指会随着句法结构的不同而呈现出不同的特点。主谓宾句中的代词回指现象最为常见，例如：

（53）小人曰："我毒秦，秦岂归君？"（僖公十五年）

（54）大子曰："唯佐也能免我。"（襄公二十六年）

这两个例句分别是第一人称代词作主语回指和作宾语回指的情况。在主谓宾句中，第一人称代词常常居于动词的论元位置①。例（53）中动词"毒"连接了两个论元"我"和"秦"，"我"是施事论元，"秦"则为受事论元；例（54）中"免"也连接了两个论元，而"我"则为受事论元。

除了主谓宾句，第一人称代词在判断句中也有语义回指现象，且《左传》中均为无系词的判断句，例如：

（55）二人曰："我，大史也，实掌其祭。不先，国不可得也。"（闵公二年）

兼语句中也有代词语义回指现象，例如：

（56）曰："郑人使我掌其北门之管，若潜师以来，国可得也。"（僖公三十二年）

在兼语句中，先行词是独立于对话之外的说话人，例句中的"我"与说话人形成了语义回指。

（二）第一人称代词的语用功能分析

随着功能语言学、语用学和认知语言学的兴起，长期以来以"科学主义"为主张的结构语言学和形式语言学受到了挑战，因此，越来越多的学者认为，"语言不仅仅客观地表达命题式的思想，还要表达言语的主体即说话人的观点、感情和态度"②。这也就体现了语言的主观性和主观化。对于语言的主观性和主观化的研究一般从三个方面进行：说话人的视角、说话人的情感和说话人的认识③。我们主要从说话人的情感方面对《左传》中第一人称代词的主观化进行讨论。

Halliday 将语言的功能分为指称功能、表述功能和表情功能。沈家煊在《语言的"主观性"和"主观化"》中将感情的表达称作一种"社会指称"④，在对语言的理解中，我们都要借助社会语境中的感情成分才能判断说话人要表达的语义。《左传》中人称代词的使用就说明了这一点。例如：

---

① 类型学中将人的词语自控度强弱进行了排序：第一有生代词＞第二有生代词＞第三有生代词＞专有名词＞称谓名词＞指人一般名词。邓军在《〈三国志〉代词综论》中也提到："'自控度'与'生命度''施动力'相关，生命度决定自控度。"可见"我""吾"作为自控度高的第一人称代词作施事的比率很高。
② 沈家煊. 语言的"主观性"和"主观化"［J］. 外语教学与研究，2001（4）.
③ 说话人的"视角"就是说话人对客观情状的观察角度，或是对客观情状加以叙说的出发点；"情感"包括感情、情绪、意向、态度等。
④ 注：社会指称指人们从交往的人和社会环境中获取感情信息来帮助理解不确定的信息，并作出相应的反应，详见沈家煊. 语言的"主观性"和"主观化"［J］. 外语教学与研究，2001（4）.

（57）晋士鞅、赵鞅、荀寅救我。（定公八年）

（58）我以伐君在此矣。（定公十三年）

通过语境我们知道，例（57）发生在齐国攻打鲁国时，晋国的士鞅、赵鞅、荀寅救援鲁国，因此，这里的"我"指的是鲁国；例（58）是齐国高强说的一句话，其中的"我"是指他自己，可见同一个代词"我"在不同的社会语境中就产生了不同的语义和情感。

对"情感"研究比较深入的是"移情"现象。Kuno 提出了移情的两条原则，其中"表层结构移情等级体系"主要指主语所指对象往往比其他名词短语所指对象更容易取得较高的移情值，该原则用公式表示为：

SSEH：Subject > other NPs

这一原则在《左传》中得到了验证。《左传》中第一人称代词在主语位置时更容易发生移情，例如：

（59）我实不能御楚，又不能庇郑，郑何罪？（襄公十年）

（60）为是犯难而来，吾若善逆彼以怀来者。（宣公十七年）

"言语行为移情等级体系"指说话人本身总是比别人更容易获得较高的移情值，或者说说话人与自己的关系总是与别人的关系更密切，由此我们可以推出第一人称代词更容易获得较高的移情值。从以上的两个例句来看，"我"和"吾"都是第一人称代词，且均处于主语的位置，"我""吾"将情感转移到了更加宽泛意义的"我们国家"上，拉近了叙事人和听者之间的心理距离，更容易引起共鸣。《左传》中第一人称代词的移情现象还表现在"我/吾/余 + NP"结构的使用上，例如：

（61）十有二年春王二月，莒人伐我东鄙，围台。（襄公十二年）

（62）赵孟赋《常棣》，且曰："吾兄弟比以安，尨也可使无吠。"（昭公元年）

例（61）中"我东鄙"表现出对"东鄙"的爱护，"吾兄弟"表现出兄弟情谊深厚，带有一种亲切的感觉。"第一人称代词 + NP"这种结构凸显了说话人的主体意识，抒发出强烈的亲切感，凸显出说话人的强烈移情。

Traugott 提出了"语法化中的主观化"① 这一问题，由于人们在说话的过程中总想用有限的词语去传递尽量多的信息，包括说话人的态度和情感，因此就产生了语用推理，英语中"while"的语义由"同时"演变出让步转折的过程同时也是一个主观化的过程。我们认为《左传》中"吾子"的产生就是一个主观化和语法化的结果。

"吾"出现的时间较晚，开始使用于春秋中期。"吾"和"我"虽然都表示自称，但在语义上仍有些许差异。元赵德曾在《四书笺义》中提到"'吾'是就己而言，'我'是因人而言"，也就是说"我"是对着别人说自己，"吾"则基本上是说自己。关于"吾""我"的语用义，学界有不同的看法②。我们认可何乐士在这一点上的看法，就"吾""我"的主要倾向而言，"我"有强调和加重语气的作用，而"吾"则表示礼貌，有自谦的意味。正是由于"吾"大量被用于表示礼貌和自谦的对话中，它才渐渐与同样表示礼貌的"子"结合形成"吾子"这一词来表示"您"。在《左传》中"吾子"共出现 78 次，例如：

（63）若吾子之德莫可歌也，其谁来之？盍使睦者歌吾子乎？（文公七年）

（64）畏君之震，师徒桡败，吾子惠徼齐国之福，不泯其社稷，使继旧好，唯是先君之敝器、土地不敢爱。（成公二年）

（65）韩献子使行人子员问之，曰："子以君命，辱于敝邑。先君之礼，藉之以乐，以辱吾子。吾子舍其大，而重拜其细，敢问何礼也？"（襄公四年）

从我们的统计来看，"吾子"多用于对话中，且均表示对对方的尊称，体现礼貌或自谦的意味。"吾子"在《左传》中多作主语和宾语，部分作定语和兼语。

Langacker 是认知语法的开创者，他主要从共时的角度来看待主观化，他定义的"主观性"包括人对情景的"心理扫描"，主观性的强弱问题就牵涉到了话语的话题焦点性质，话题焦点"表示了说话人在一句话中要强调的交际内容的重

---

① Traugott 是研究"语法化"的专家，她认为主观化是一种从语义到语用的演变，即"意义变得越来越依赖于说话人对命题内容的主观信念和态度"。沈家煊在《语言的"主观性"和"主观化"》中提到 Traugott 认为语法化和主观化的联系是，它们都"强调局部的上下文在引发这种变化中所起的作用，强调说话人的语用推理过程。语用推理的反复运用和最终的凝固化，结果就形成主观性表达成分"。

② 李开（1984）认为："与'我'相比，'吾'的意义重在自我称说，但这种自我称说又含倨义。"何乐士（1989）却认为，"我"表示第一人称代词的强调和加重语气，"吾"则表示礼貌、自谦意味。邹秋珍、胡伟（2010）认为，"吾"和"我"没有明显意义上的谦敬的差异。在举例上，邹秋珍、胡伟举了《论语》中的例句：子贡曰："我不欲人之加诸我也，吾亦欲无加诸人。"我们认为，在这个例句中，前半句表现的是自己不希望的，是从他人意义上强调自我，而后半句更多地表现出了一种自律、自谦的意味，体现出了谦敬的意义。

点"①。学界普遍认为焦点的实质是信息强度，即"被突出或强调的程度，特定话语成分主要是通过对比或比较的方式才脱颖而出成为焦点的"②。《左传》中的话题焦点的使用主要分为无标用法和有标用法两类。无标用法具体用于以下几种情况：

第一类是在判断句中表达亲切、喜爱、赞美的情感，例如：

（66）公曰："我姬姓也，何戎之有焉？"（哀公十七年）

（67）对曰："我远于陈氏矣。且其违者，不过数人，何尽逐焉？"（哀公十四年）

（68）邓祁侯曰："吾甥也。"（庄公六年）

例（66）中"我姬姓也"表现出一种自豪的感情色彩，例（67）中"我远于陈氏矣"表现出对陈氏的赞美，例（68）中"吾甥也"则表现出对外甥的喜爱之情。

第二类则是使用焦点标记强调的方式，加强语气，表达强烈的情感，其中以"我"的使用最多，例如：

（69）进之。宁我薄人，无人薄我。（宣公十二年）

（70）盈曰："虽然，因子而死，吾无悔矣。我实不天，子无咎焉。"（襄公二十三年）

用对比的方式，将双方进行比较，凸显焦点，例如：

（71）他日我曰："子为郑国，我为吾家，以庇焉，其可也。"（襄公三十一年）

（72）子西曰："胜如卵，余翼而长之。楚国第，我死，令尹、司马，非胜而谁？"（哀公十六年）

上述两例中，"我"被对举，成为话语的焦点，人称代词的焦点性质在于它的对比性。

我们把人称代词中称代形式与所指实体不同的现象称为人称代词的有标用法。《左传》中人称代词的有标用法又可以分为单用和"代词＋NP"两种形式，

---

① 范开泰. 语用分析说略［J］. 中国语文，1985（6）.
② 韩蕾. "人称代词＋称谓"序列的话题焦点性质［J］. 汉语学习，2009（5）.

汉语虚词史研究

———— 第三编 上古、中古汉语代词研究

且以单用比较常见，例如：

（73）叔向曰："楚辟我衷，若何效辟？《诗》曰：'尔之教矣，民胥效矣。'从我而已，焉用效人之辟？《书》曰：'圣作则。'无宁以善人为则，而则人之辟乎？匹夫为善，民犹则之，况国君乎？"（昭公六年）

（74）我得天，楚伏其罪，吾且柔之矣。（僖公二十八年）

上述两例中"我"在数上发生变化，说话人通过对比移情于"我"，形成了听觉上的视角转换，当作亲历的主体与第三方"楚"形成了对立，表达了说话人的情感态度。其中"我"分别在句中作话题的次焦点和主焦点，通过对比，体现了代词参与话题焦点对比的独特意义。

"我/吾/余＋NP"是《左传》中人称代词有标用法的另一种表现形式。《左传》中以"我＋NP"最为常见，例如：

（75）邾人伐我南鄙，叔彭生帅师伐邾。（文公十四年）

（76）丁巳，葬我君定公，雨，不克葬。（定公十五年）

（77）夫晏子何罪？昔者诸侯事吾先君，皆如不逮，举言群臣不信，诸侯皆有贰志。（宣公十七年）

"我南鄙"中，"我"是"南鄙"的修饰成分，"南鄙"是"我"的从属成分，以"我＋NP"这一构式表达了对我们领地的保护之情；"我君"和"吾先君"是领导与被领导的关系，表达了对君王的敬爱之情。

四、结论

在句法平面上，先秦时期第一人称代词"我"主要作主语、宾语和定语，"吾"主要作主语和定语，"余"主要作主语。《左传》中出现了"吾"直接位于动词之后作宾语的情况。就"我"和"吾"在格位上的区别来看，我们认为这一时期"我"和"吾"在格位上没有严格意义上的区别，"我"和"吾"在同一句中的格位分布情况大致可以分为五类，其中以"吾"作主格、"我"作宾格和"吾"作领格、"我"作主格这两种情况比较常见。

在语义平面上，先秦第一人称代词主要以表单数语义为主，但"我"则例外。"我"表复数语义略多于单数语义，表单数语义时多表示说话人的自称，表复数语义时多用于国家、君王、军队之前，或用于两军作战时一些动词前，也用于和他者进行对比的例句中。"吾"作定语时或与复数义的事物相对比时多表复数义。值得注意的是，这一时期出现了"吾侪"这一加字式的复数形式。

在语用平面上，从第一人称代词的语篇功能和人称代词的语用功能两个方面进行分析，我们把第一人称代词的语篇功能概括为确指、移指和回指三大类。从语言的主观性和主观化出发，我们发现，"我"一般多从他人意义上强调自我，有强调和加强语气的作用，"吾"更多从自我意义上表示自称，且表达一种礼貌、自谦的意味。

参考文献：

［1］马建忠. 马氏文通［M］. 北京：商务印书馆，1983.

［2］王力. 汉语史稿［M］. 北京：中华书局，2004.

［3］王力. 汉语语法史［M］. 北京：商务印书馆，1989.

［4］高本汉. 原始中国语为变化语说［J］. 冯承钧，译. 东方杂志，1929，26（5）.

［5］马庆株. 结构、语义、表达研究琐议——从相对义、绝对义谈起［J］. 中国语文，1998（3）.

［6］陈平. 汉语零形回指的话语分析［J］. 中国语文，1987（5）.

［7］沈家煊. 语言的"主观性"和"主观化"［J］. 外语教学与研究，2001（4）.

［8］范开泰. 语用分析说略［J］. 中国语文，1985（6）.

［9］韩蕾. "人称代词＋称谓"序列的话题焦点性质［J］. 汉语学习，2009（5）.

［原载于《江南大学学报》（人文社会科学版）2017 年第 4 期］

从《左传》看先秦第二人称代词的句法、语义、语用特征^①

《左传》中第二人称代词共有"女（汝）""尔""而""子""乃"5个，其具体使用情况详见表1：

表1 《左传》中第二人称代词使用情况

句法位置	女（汝）	尔	而	子	乃	总计
用例数量	99	61	61	456	10	687
所占比例（%）	14.4	8.9	8.9	66.4	1.4	100

其中"女""乃"最早在甲骨卜辞中即已出现，"……古代'乃''而'实一音二字，常相通假"^②，又出现了第二人称代词"若"，但不久即逐渐消亡。第二人称代词"戎"最早出现于《诗经·民劳》中，之后也逐渐消失。"尔"最早出现于《尚书·盘庚》，之后成为古代汉语中最主要的第二人称代词之一。

潘允中指出："'女（汝）''尔''若''而''戎'五个代词，上古音为泥母，中古属日母；'乃'则中上古都属泥母，或接近泥母。那末，这几个第二人称代词从上古音系上看，实同出一源。"^③ 所论允当。

《左传》是先秦时期的代表性文献，其展示的语言特点比较典型地反映了先秦汉语的基本面貌，使先秦时期汉语比较细微的特征都能得以呈现，因此，往往成为学者们借以管窥先秦时期汉语特征的重要文献。下文将通过对《左传》中第二人称代词用法特征的计量考察，来归纳总结先秦时期第二人称代词的句法、语义、语用特征。

---

① 本文为2015年度国家社会科学基金一般项目"先秦至民国末期汉语代词发展演变史研究"（15BYY130）的阶段性成果。本文由笔者与笔者指导的苏州大学汉语言文字学专业博士研究生李璐同志合作完成。

② 潘允中.汉语语法史概要［M］.郑州：中州书画社，1982：79.
③ 潘允中.汉语语法史概要［M］.郑州：中州书画社，1982：78.

一、先秦第二人称代词的句法特征

殷商时代，"女"本作名词，后来借作第二人称代词。从《殷墟甲骨刻辞词类研究》中"女"的用例可以看出，甲骨文中已经出现了"女"假借为第二人称代词的情况。例如：

(1) 王曰："侯虎，余其得女，受……"（《甲骨文合集》3301）
(2) 癸卯卜，贞：不女得……（《甲骨文合集》439）

甲骨文中并没有发现"汝"字，"汝"本为名词。《说文解字》："汝，水出弘农卢氏，还归山东，入淮，从水女声，人渚切。"①

可以看出，"汝"最初是"汝水河"之义。杨希英②对各个时代"女""汝"出现的总次数以及作名词、代词的情况进行了统计，通过她的统计我们发现，在春秋末期的《墨子》之前，"汝"在各部主要典籍中均未出现（仅《诗经》中有3例作名词的例句），更没有假借为第二人称代词的情况。从《墨子》开始，"汝"才零星出现，并假借为第二人称代词使用，可见这一时期人们更喜欢选用"女"。

第二人称代词"女（汝）"在《左传》中共出现了99例，其中"女"98例，"汝"1例③。"女"在《左传》中主要作主语和宾语，作主语的例句有45例，例如：

---

① 许慎．说文解字［M］．徐铉，校定．北京：中华书局，2013：225.
② 杨希英．"女"和"汝"与第二人称代词（rǔ）之关系考［J］．江西社会科学，2006（2）：181.
③ 关于"汝"和"女"的关系，各家莫衷一是。有的学者认为"汝"和"女"是古今字的关系，也有的学者认为两者是通假字的关系。章士钊在《中等国文典》中提到："第二人称如'尔''汝''女''子'等字，其最习用者也。"且他在后文又分别举例说明了"女"和"汝"，可见，章士钊认为"女""汝"是两个字；杨树达在《高等国文法》中只对"女"的例句进行了列举，而后在"尔汝表轻贱或亲爱"一部分时直接用了"汝"，可见，在杨树达看来，"女"和"汝"字是没有区别的；杨希英在《"女"和"汝"与第二人称代词（rǔ）之关系考》中对比了"女"和"汝"在不同时期的使用规律后，认为"'女'和'汝'字的产生是不是一前一后，就现有材料来看，是不能确定的，所以我们不能认为两者之间一定是古今字的关系。从殷商时代至东汉，第二人称代词（rǔ）既可以借用'女'来表示，也可以借用'汝'来表示，就现有材料来看，两者之间是通假关系"。参见章士钊．章士钊全集（1903.5.3 - 1911.10.3）：第一卷［M］．上海：文汇出版社，2000：222；杨树达．高等国文法［M］．上海：商务印书馆，1934：59；杨希英．"女"和"汝"与第二人称代词（rǔ）之关系考［J］．江西社会科学，2006（2）：183.

（3）王使让之曰："夏征舒为不道，弑其君，寡人以诸侯讨而戮之，诸侯、县公皆庆寡人，女独不庆寡人，何故？"（宣公十一年）

（4）姜怒，公子偃、公子鉏趋过，指之曰："女不可，是皆君也。"（成公十六年）

（5）而遂酌以饮工，曰："女为君耳，将司聪也。辰在子卯，谓之疾日。君彻宴乐，学人舍业，为疾故也。君之卿佐，是谓股肱。股肱或亏，何痛如之？女弗闻而乐，是不聪也。"（昭公九年）

作宾语的例句共50例，其中用作动词宾语的例句共38例，例如：

（6）公谓行父曰："征舒似女。"对曰："亦似君。"（宣公十年）

（7）今诸侯之事我寡君不如昔者，盖言语漏泄，则职女之由。（襄公十四年）

（8）宣伯曰："鲁以先子之故，将存吾宗，必召女。召女，何如？"（昭公四年）

用作双宾式中的间接宾语，共4例：

（9）晋侯嘉焉，授之以策，曰："子丰有劳于晋国，余闻而弗忘。赐女州田，以胙乃旧勋。"（昭公三年）

（10）既入焉，而示之璧，曰："活我，吾与女璧。"（哀公十七年）

（11）先战，梦河神谓己曰："畀余，余赐女孟诸之麋。"（僖公二十八年）

（12）王使刘定公赐齐侯命，曰："昔伯舅大公，右我先王，股肱周室，师保万民，世胙大师，以表东海。王室之不坏，繄伯舅是赖。今余命女环！兹率舅氏之典，纂乃祖考，无忝乃旧。敬之哉，无废朕命！"（襄公十四年）

用作介词宾语，共8例，例如：

（13）其母曰："能如是乎？与女偕隐。"（僖公二十四年）

（14）瞫曰："吾未获死所。"其友曰："吾与女为难。"（文公二年）

（15）君亦悔祸之延，而欲徼福于先君献、穆，使伯车来，命我景公曰："吾与女同好弃恶，复修旧德，以追念前勋。"言誓未就，景公即世，我寡君是以有令狐之会。（成公十三年）

"女"作定语的例句仅有 1 例①：

（16）曰："人夺女妻而不怒，一抶，女庸何伤！"（文公十八年）

"女"作兼语的例句共 3 例：

（17）王使周公召郑伯，曰："吾抚女以从楚，辅之以晋，可以少安。"（僖公五年）

（18）叔孙曰："见我，吾告女所行货。"（昭公二十三年）

（19）鲍牧又谓群公子曰："使女有马千乘乎？"（哀公八年）

"汝"在《左传》中仅出现 1 例，且在句中作宾语：

（20）干犫请一矢，城曰："余言汝于君。"对曰："不死伍乘，军之大刑也。干刑而从子，君焉用之？子速诸。"（昭公二十一年）

《左传》中"女（汝）"的句法分布情况见表2：

表2　《左传》中"女（汝）"的句法分布情况

句法位置	主语	宾语			定语	兼语	总计
		动宾	介宾	双宾			
用例数量	45	38	8	4	1	3	99
所占比例（%）	45.5	38.4	8.1	4.0	1.0	3.0	100

可见，先秦第二人称代词"女（汝）"在句中绝大多数作主语和宾语，只有零星几例作定语和兼语，且作宾语时多在动宾结构中出现。此外，值得注意的是，这一时期"汝"假借为第二人称代词的情况已经开始出现，但例句很少。

"尔"作为第二人称代词最早在殷商甲骨文中就已出现，《左传》中第二人称

①　马建忠在《马氏文通》中曾提到："代与语者，'尔''汝'两字，各次皆用。"周法高在《中国古代语法：称代编》中曾指出："在金文、《书》（商周书）、《诗经》、《论语》、《檀弓》、《左传》诸书里，'汝（女）'绝少用于领位。"从《左传》中"女"作定语的情况来看，这种说法是符合《左传》中"女"的实际面貌的。详见马建忠. 马氏文通［M］. 北京：商务印书馆，1983：44；周法高. 中国古代语法：称代编［M］. 北京：中华书局，1990：87.

代词"尔"共出现 62 例，且"尔"在句中以作主语为主，这样的用例共 35 例，例如：

（21）士蔿曰："去富子，则群公子可谋也已。"公曰："尔试其事。"（庄公二十三年）

（22）宋及楚平，华元为质。盟曰："我无尔诈，尔无我虞。"（宣公十五年）

（23）王曰："令尹之不能，尔所知也。国将讨焉，尔其居乎？"对曰："父戮子居，君焉用之？泄命重刑，臣亦不为。"（襄公二十二年）

常作定语，共 19 例，例如：

（24）晋侯使栾枝对曰："寡君闻命矣。楚君之惠未之敢忘，是以在此。为大夫退，其敢当君乎？既不获命矣，敢烦大夫谓二三子，戒尔车乘，敬尔君事，诘朝将见。"（僖公二十八年）

（25）齐人或为孟氏谋，曰："鲁，尔亲也。饰棺置诸堂阜，鲁必取之。"（文公十五年）

（26）昔先君成公，命我先大夫婴齐曰："吾不忘先君之好，将使衡父照临楚国，镇抚其社稷，以辑宁尔民。"（昭公七年）

"尔"在句中作宾语的例句共 4 例：

（27）秋七月乙卯夜，齐商人弑舍而让元。元曰："尔求之久矣。我能事尔，尔不可使多蓄憾。将免我乎？尔为之！"（文公十四年）

（28）晋师归，范文子后入。武子曰："无为吾望尔也乎？"对曰："师有功，国人喜以逆之，先入，必属耳目焉，是代帅受名也，故不敢。"（成公二年）

（29）知伯怒，投之以机，出于其间，曰："女成二事而后告余。余恐乱命，以不女违。女既勤君而兴诸侯，牵帅老夫以至于此，既无武守，而又欲易余罪，曰：'是实班师，不然克矣。'余赢老也，可重任乎？七日不克，必尔乎取之！"（襄公十年）

（30）使吏数之，曰："伯有之乱，以大国之事，而未尔讨也。尔有乱心，无厌，国不女堪。专伐伯有，而罪一也。昆弟争室，而罪二也。薰隧之盟，女矫君位，而罪三也。有死罪三，何以堪之？不速死，大刑将至。"（昭公二年）

"尔"在句中作兼语的例句仅有2例：

（31）卫侯使赂周颛、冶廑，曰："苟能纳我，吾使尔为卿。"（僖公三十年）

（32）巫臣自晋遗二子书，曰："尔以谗慝贪婪事君，而多杀不辜。余必使尔疲于奔命以死。"（成公七年）

作同位语的例句共2例：

（33）宁武子与卫人盟于宛濮，曰："天祸卫国，君臣不协，以及此忧也。今天诱其衷，使皆降心以相从也。不有居者，谁守社稷？不有行者，谁扦牧圉？不协之故，用昭乞盟于尔大神以诱天衷。自今日以往，既盟之后，行者无保其力，居者无惧其罪。有渝此盟，以相及也。明神先君，是纠是殛。"（僖公二十八年）

（34）献子以朱丝系玉二瑴，而祷曰："齐环怙恃其险，负其众庶，弃好背盟，陵虐神主。曾臣彪将率诸侯以讨焉，其官臣偃实先后之。苟捷有功，无作神羞，官臣偃无敢复济。唯尔有神裁之！"（襄公十八年）

《左传》中"尔"的句法分布情况见表3：

表3 《左传》中"尔"的句法分布情况

句法位置	主语	定语	宾语	兼语	同位语	总计
用例数量	35	19	4	2	2	62
所占比例（%）	56.5	30.6	6.5	3.2	3.2	100

可见，这一时期"尔"主要在句中作主语，包括两种情况，一种情况是作整个句子的主语，一种情况是在主谓句中作主语；"尔"常作定语，且"尔"后多为有生名词；此外，"尔"在少量例句中作宾语、兼语和同位语。

"而"在这一时期经常作为第二人称代词出现，《左传》中第二人称代词"而"共有61例。"而"主要作定语，这样的例句共38例，例如：

（35）乃使公孙获处许西偏，曰："凡而器用财贿，无置于许。我死，乃亟去之。吾先君新邑于此，王室而既卑矣，周之子孙日失其序。夫许，大岳之胤也，天而既厌周德矣，吾其能与许争乎？"（隐公十一年）

（36）遇贾获，载其母妻，下之，而授公车。公曰："舍而母！"辞曰："不

祥。"（襄公二十五年）

（37）史朝亦梦康叔谓己："余将命而子苟与孔烝鉏之曾孙圉相元。"（昭公七年）

常作主语，这样的例句共21例，例如①：

（38）王闻之，召武子曰："季氏，而弗闻乎？王享有体荐，宴有折俎。公当享，卿当宴，王室之礼也。"（宣公十六年）

（39）宣子喜，曰："而杀之，所不请于君焚丹书者，有如日！"（襄公二十三年）

（40）大宰犯谏曰："诸侯唯宋事其君，今又争国，释君而臣是助，无乃不可乎？"王曰："而告我也后，既许之矣。"（昭公二十一年）

"而"作宾语的例句在《左传》中共2例，其中1例作介词的宾语：

（41）齐侯曰："勿杀！吾与而盟，无入而封。"弗听，杀而脯诸城上。（成公二年）

1例"而"用于双宾句中作间接宾语：

（42）南遗为费宰。叔仲昭伯为隧正，欲善季氏而求媚于南遗，谓遗："请城费，吾多与而役。"故季氏城费。（襄公七年）

《左传》中"而"的句法分布情况见表4：

表4　《左传》中"而"的句法分布情况

句法位置	主语	定语	宾语	总计
用例数量	21	38	2	61
所占比例（%）	34.4	62.3	3.3	100

---

①　何乐士在《〈左传〉语法研究》中统计认为《左传》中"而"作主语的例句仅有3例，经过我们的计量统计，这一数据显然是有误的，《左传》中"而"作主语的例句应有21例。而《马氏文通》中也提到："'而'字用于主次者其常。"可见，这一时期"而"作主语的情况应是比较常见的。详见何乐士.《左传》语法研究［M］.开封：河南大学出版社，2012：165.

这一时期"而"作第二人称代词时以作主语和定语为主，作宾语的例句极少，且仅有作介词宾语的情况，可见"而"作为第二人称代词时一般不作动词的宾语。①

《左传》中第二人称代词"子"② 大量出现，"子"单独作句法成分时以作主语为主，这样的例句共235例，例如：

（43）公曰："多行不义，必自毙，子姑待之。"（隐公元年）

（44）叔伯曰："子若国何？"对曰："吾以靖国也。夫有大功而无贵仕，其人能靖者与有几？"（僖公二十三年）

（45）郢子士请御之。弥援其手，曰："子则勇矣，将若君何？不见先君乎？君何所不逞欲？且君尝在外矣，岂必不反？当今不可，众怒难犯，休而易间也。"（哀公二十五年）

常作宾语，且"子"多作动词宾语，这样的例句共75例，例如：

（46）将适齐，谓季隗曰："待我二十五年，不来而后嫁。"对曰："我二十五年矣，又如是而嫁，则就木焉。请待子。"（僖公二十三年）

（47）出，其御曰："孟孙之恶子也，而衰如是。季孙若死，其若之何？"（襄公二十三年）

（48）子玉曰："人将忍子，吾不忍俟也。"乃行。国每夜骇曰："王入矣！"（昭公十三年）

---

① 王力在《古代汉语》中曾提到："'而'不能用作宾语（连否定句的宾语都不能），一般也不用作主语。"从《左传》中"而"的使用情况来看，这一说法显然是不准确的。一方面，《左传》中有"而"作宾语的例句，且"而"可作介词宾语，也可作双宾句中的间接宾语。另一方面，从上述统计例句来看，"而"在《左传》中作主语的例句有21例，占全部例句的三分之一强。此外，何乐士在《〈左传〉语法研究》中将"使人弗去，曰：'罪无所归，将加而师。'"归为"而"作双宾句中间接宾语的情况，我们认为不妥，此处"而"与"师"构成定中结构，应为"而"作定语的用例。详见王力.古代汉语：第一册[M].北京：中华书局，1999：355；何乐士.《左传》语法研究[M].开封：河南大学出版社，2012：166.

② 关于"子"是否为第二人称代词的问题，学界众说纷纭。何乐士在《〈左传〉语法研究》中讨论第二人称代词时将"子"排除在外；洪波认为"子""……并不是地道的对称代词。'子'是对有身份、地位的人的尊称形式"；最早章士钊在《中等国文典》中已经明确指出："第二人称如'尔''汝''女''子'等字，其最习用者也。而'若''而''乃'三字皆'汝'之义，亦习用之。"经过我们的分析，"子"在《左传》中有三分之一的例句用于身份地位低下的人对身份高贵的人的对话中，可见，"子"并不一定均用于对有身份、地位人的尊称中，且"子"在《左传》中大量出现，用于指代对方，因此，我们认为应该将"子"归入第二人称代词中。详见洪波.先秦汉语对称代词"尔""女（汝）""而""乃"的分别[J].语言研究，2002（2）：30；章士钊.章士钊全集（1903.5.3 – 1911.10.3）：第一卷[M].上海：文汇出版社，2000：222.

"子"作介词宾语的例句共31例，例如：

（49）访于臧纥，臧纥曰："饮我酒，吾为子立之。"（襄公二十三年）

（50）叔孙使告之曰："公衍、公为实使群臣不得事君。若公子宋主社稷，则群臣之愿也。凡从君出而可以入者，将唯子是听。子家氏未有后，季孙愿与子从政，此皆季孙之愿也，使不敢以告。"（定公元年）

（51）阳生驾而见南郭且于，曰："尝献马于季孙，不入于上乘，故又献此，请与子乘之。"（哀公六年）

"子"作定语的例句共37例，且"子"作定语时多有"之"连接，这样的例句共有29例，例如：

（52）反自箕，襄公以三命命先且居将中军，以再命命先茅之县赏胥臣曰："举郤缺，子之功也。"（僖公三十三年）

（53）司马侯问焉，曰："子之车，尽于此而已乎？"对曰："此之谓多矣！若能少此，吾何以得见？"（昭公元年）

（54）使少司寇牼以归，曰："子之齿长矣，不能事人，以三公子为质，必免。"（昭公二十年）

"子"直接连接名词的情况仅有8例，例如：

（55）夏四月，周公忌父、王子党会齐隰朋立晋侯。晋侯杀里克以说。将杀里克，公使谓之曰："微子则不及此。虽然，子弑二君与一大夫，为子君者不亦难乎？"（僖公十年）

（56）韩献子谓桓子曰："彘子以偏师陷，子罪大矣。子为元帅，师不用命，谁之罪也？失属亡师，为罪已重，不如进也。事之不捷，恶有所分，与其专罪，六人同之，不犹愈乎？"（宣公十二年）

（57）子产曰："人心之不同，如其面焉。吾岂敢谓子面如吾面乎？抑心所谓危，亦以告也。"（襄公三十一年）

《左传》中"子"作兼语的例句共3例，例如：

（58）陈寅曰："必使子往。"（定公六年）

（59）宋穆公疾，召大司马孔父而属殇公焉，曰："先君舍与夷而立寡人，寡人弗敢忘。若以大夫之灵，得保首领以没，先君若问与夷，其将何辞以对？请子奉之，以主社稷，寡人虽死，亦无悔焉。"（隐公三年）

（60）公山不狃曰："非礼也。君子违，不适仇国。未臣而有伐之，奔命焉，死之可也。所托也则隐。且夫人之行也，不以所恶废乡。今子以小恶而欲覆宗国，不亦难乎？若使子率，子必辞，王将使我。"（哀公八年）

《左传》中"子"的句法分布情况见表5：

表5　《左传》中"子"的句法分布情况

句法位置	主语	宾语		定语	兼语	总计
		动宾	介宾			
用例数量（个）	235	75	31	37	3	381
所占比例（%）	61.7	19.7	8.1	9.7	0.8	100

可见，先秦时期第二人称代词"子"主要作主语，约占全部例句的三分之二，"子"作定语时分为两种情况，大多数情况下，"子"与名词之间用"之"连接。

《左传》中出现了很多代词"吾"和"子"连用的现象，即"吾子"用来指代与语者，由于"吾子"和"子"的语义特征比较相近，我们将其放在第二人称代词中进行讨论。《左传》中"吾子"共有75例，且以作主语为主，这样的例句有54例，例如：

（61）张侯曰："自始合，而矢贯余手及肘，余折以御，左轮朱殷，岂敢言病。吾子忍之！"（成公二年）

（62）子反曰："如天之福，两君相见，无亦唯是一矢以相加遗，焉用乐？寡君须矣，吾子其入也！"（成公十二年）

（63）子产拜，使五卿皆拜，曰："吾子靖乱，敢不拜德？"（昭公十六年）

"吾子"在句中作宾语的例句共10例，其中"吾子"作动词宾语的例句有9例，例如：

（64）叔孙见士伯，士伯曰："寡君以为盟主之故，是以久子。不腆敝邑之礼，将致诸从者，使弥牟逆吾子。"（昭公二十四年）

（65）季孙意如会晋荀跞于适历。荀跞曰："寡君使跞谓吾子：'何故出君？有君不事，周有常刑，子其图之！'"（昭公三十一年）

（66）室老闻之，曰："乐王鲋言于君无不行，求赦吾子，吾子不许。祁大夫所不能也，而曰'必由之'，何也？"（襄公二十一年）

作介词宾语的例句1例：

（67）宾将撤，主人辞曰："亡人之忧，不可以及吾子。草莽之中，不足以辱从者。敢辞。"（昭公二十年）

"吾子"在句中作定语的例句共9例，且与"子"类似，"吾子"作定语时"吾子"和名词之间也多有"之"连接，例如：

（68）对曰："婴齐，鲁之常隶也，敢介大国以求厚焉！承寡君之命以请，若得所请，吾子之赐多矣。又何求？"（成公十六年）

（69）公跣而出，曰："寡人之言，亲爱也。吾子之讨，军礼也。寡人有弟，弗能教训，使干大命，寡人之过也。子无重寡人之过，敢以为请。"（襄公三年）

（70）事毕，富子谏曰："夫大国之人，不可不慎也，几为之笑而不陵我？我皆有礼，夫犹鄙我。国而无礼，何以求荣？孔张失位，吾子之耻也。"（昭公十六年）

作兼语的例句共2例：

（71）召之，而谢过焉，曰："武不才，任君之大事，以晋国之多虞，不能由吾子，使吾子辱在泥涂久矣，武之罪也。敢谢不才。"（襄公三十年）

（72）寡人之使吾子处此，不唯许国之为，亦聊以固吾圉也。（隐公十一年）

《左传》中"吾子"的句法分布情况见表6：

表6　《左传》中"吾子"的句法分布情况

句法位置	主语	宾语		定语	兼语	总计
		动宾	介宾			
用例数量	54	9	1	9	2	75
所占比例（%）	72	12	1.3	12	2.7	100

从"吾子"的句法分布情况来看，"吾子"的使用情况与"子"相类似，主要在句中作主语，作定语时常有"之"。

第二人称代词"乃"在《左传》中仅有10例，用于定语9例①，例如：

（73）王曰："舅氏！余嘉乃勋，应乃懿德，谓督不忘。往践乃职，无逆朕命！"（僖公十二年）

（74）晋侯嘉焉，授之以策，曰："子丰有劳于晋国，余闻而弗忘。赐女州田，以胙乃旧勋。"（昭公三年）

（75）昔秦人迫逐乃祖吾离于瓜州，乃祖吾离被苫盖，蒙荆棘，以来归我先君。（襄公十四年）

"乃"作兼语的例句仅有1例：

（76）王使单平公对曰："肜以嘉命来告余一人。往谓叔父，余嘉乃成世，复尔禄次。敬之哉！方天之休，弗敬弗休，悔其可追？"（哀公十六年）

《左传》中"乃"的句法分布情况见表7：

表7　《左传》中"乃"的句法分布情况

句法位置	定语	兼语	总计
用例数量	9	1	10
所占比例（％）	90	10	100

可见，第二人称代词"乃"的句法功能比较单一，在句中作定语是"乃"的主要用法，且"乃"后的名词多为无生名词。

二、先秦第二人称代词的语义特征

先秦第二人称代词在语义上也有些许差异，主要体现在单复数语义表达上，

---

① 洪波在《先秦汉语对称代词"尔""女（汝）""而""乃"的分别》一文中提到"'乃'只作领属性定语用"，从我们对"乃"的句法功能分布情况的统计来看，"乃"虽然以作定语为主，但也可作兼语使用，其句法功能并非单一的。详见洪波. 先秦汉语对称代词"尔""女（汝）""而""乃"的分别[J]. 语言研究，2002（2）：35.

下面我们分别加以讨论。

《左传》中"女（汝）"主要表单数语义，这样的例句共86例，例如：

（1）王曰："杀女，我伐之。"（宣公十四年）

（2）摄车从之，遇栾氏，曰："乐免之，死将讼女于天。"（襄公二十三年）

（3）鲍子曰："女忘君之为孺子牛而折其齿乎？而背之也！"（哀公六年）

"女（汝）"在《左传》中表复数语义的例句仅有13例，例如：

（4）君有贰心于狄，曰："晋将伐女。"（成公十三年）

（5）今楚来讨曰："女何故称兵于蔡？"（襄公八年）

（6）其母曰："深山大泽，实生龙蛇。彼美，余惧其生龙蛇以祸女。女，敝族也。国多大宠，不仁人间之，不亦难乎？余何爱焉！"（襄公二十一年）

"尔"在《左传》中也主要表单数语义，这样的例句共52例，例如：

（7）楚子将杀之，使与之言曰："尔既许不穀而反之，何故？非我无信，女则弃之，速即尔刑。"（宣公十五年）

（8）夜梦之曰："余，而所嫁妇人之父也。尔用先人之治命，余是以报。"（宣公十五年）

（9）重丘人闭门而詢之，曰："亲逐而君，尔父为厉。是之不忧，而何以田为？"（襄公十七年）

"尔"表复数语义的例句仅有10例，例如：

（10）野人歌之曰："既定尔娄猪，盍归吾艾豭。"（定公十四年）

（11）赐我先君履，东至于海，西至于河，南至于穆陵，北至于无棣。尔贡包茅不入，王祭不共，无以缩酒，寡人是征。（僖公四年）

（12）夷与孤之二三臣相及于绛，虽我小国，则蔑以过之矣。今大国曰："尔未逞吾志。"（文公十七年）

"而"表单数的例句共47例，例如：

255

（13）对曰："其信！知罃之父，成公之婿也，而中行伯之季弟也，新佐中军，而善郑皇戌，甚爱此子。其必因郑而归王子与襄老之尸以求之。郑人惧于邲之役而欲求媚于晋，其必许之。"（成公二年）

（14）子重复谓子反曰："初陨师徒者，而亦闻之矣！盍图之？"（成公十六年）

（15）与士鞅驰秦师，死焉。士鞅反，栾黡谓士匄曰："余弟不欲往，而子召之。余弟死，而子来，是而子杀余之弟也。弗逐，余亦将杀之。"（襄公十四年）

"而"表复数语义的例句共14例，例如：

（16）癸亥，王子虎盟诸侯于王庭，要言曰："皆奖王室，无相害也。有渝此盟，明神殛之，俾队其师，无克祚国，及而玄孙，无有老幼。"（僖公二十八年）

（17）曹人复请于晋，晋侯谓子臧："反，吾归而君。"（成公十六年）

（18）楚王奉孙吴以讨于陈，曰："将定而国。"（昭公十一年）

此外，"子"和"乃"均只能表单数语义。

《左传》中第二人称代词表单复数语义情况见表8：

表8 《左传》中第二人称代词表单复数语义情况

第二人称代词	单数	复数
女（汝）	86（86.9%）	13（13.1%）
尔	52（83.9%）	10（16.1%）
而	47（77.0%）	14（23.0%）
子	381（100%）	0（0%）
吾子	75（100%）	0（0%）
乃	10（100%）	0（0%）
总计	651（94.6%）	37（5.4%）

从《左传》中第二人称代词表单复数语义的情况来看，总体而言，这一时期的第二人称代词主要表单数语义，表复数语义只有5.4%；"女（汝）""尔""而"三个第二人称代词表单复数语义均可，但主要表单数语义，相比而言，"而"表复数语义的情况比较常见，"子"和"乃"则只能表单数语义。

三、先秦第二人称代词的语用特征

《左传》中第二人称代词"女（汝）"主要用于身份地位高的人对身份地位低的人的对话中，这样的例句共90例，例如：

（1）楚子将杀之，使与之言曰："尔既许不毂而反之，何故？非我无信，女则弃之，速即尔刑。"（宣公十五年）

（2）君来赐命曰："吾与女伐狄。"（成公十三年）

（3）君曰："余不女忍杀，宥女以远。"（昭公元年）

仅有9例用于身份地位平等者之间的对话中，例如：

（4）瞫曰："吾未获死所。"其友曰："吾与女为难。"（文公二年）

（5）曰："人夺女妻而不怒，一抶，女庸何伤！"（文公十八年）

何乐士指出"女（汝）"常"表示比较随便而亲昵，不大尊敬甚或有责难、咒骂等意味的场合"①，例如：

（6）苦夷曰："虎陷二子于难，不待有司，余必杀女。"（定公七年）

（7）寺人披请见，公使让之，且辞焉，曰："蒲城之役，君命一宿，女即至。其后余从狄君以田渭滨，女为惠公来求杀余，命女三宿，女中宿至。虽有君命，何其速也。夫祛犹在，女其行乎。"（僖公二十四年）

（8）子产曰："印也若才，君将任之。不才，将朝夕从女。女罪之不恤，而又何请焉？不速死，司寇将至。"（昭公二年）

表示随便、亲昵的比较少见，例如：

（9）庆封曰："苟利夫子，必去之！难，吾助女。"（襄公二十七年）

与"女（汝）"类似，《左传》中"尔"也主要用于身份地位高的人与身份

---

① 详见何乐士.《左传》语法研究［M］. 开封：河南大学出版社，2012：164.

地位低的人的对话中，这样的例句共40例，例如：

（10）公问之，对曰："小人有母，皆尝小人之食矣，未尝君之羹，请以遗之。"公曰："尔有母遗，繄我独无！"（隐公元年）

（11）召观从，王曰："唯尔所欲。"对曰："臣之先，佐开卜。"（昭公十三年）

（12）王曰："言出于余口，入于尔耳，谁告建也？"（昭公二十年）

但与"女（汝）"不同的是，"尔"一般用于比较庄重、正式的场合，且多用于身份地位高的人对身份地位低的人（君对臣、父对子）的命令或告诫中，例如：

（13）昔先君成公，命我先大夫婴齐曰："吾不忘先君之好，将使衡父照临楚国，镇抚其社稷，以辑宁尔民。"（昭公七年）

（14）桓子咋谓林楚曰："而先皆季氏之良也，尔以是继之。"对曰："臣闻命后。阳虎为政，鲁国服焉。违之，征死。死无益于主。"（定公八年）

（15）及范氏出，张柳朔谓其子："尔从主，勉之！我将止死。王生授我矣，吾不可以僣之。"（哀公五年）

其中，前两例都是君王对臣下的命令，最后1例是张柳朔对儿子的告诫。

"尔"通常用于不太友好的场合，表示对对方的不满、责备，① 例如：

（16）楚子将杀之，使与之言曰："尔既许不穀而反之，何故？非我无信，女则弃之，速即尔刑。"（宣公十五年）

（17）巫臣自晋遗二子书，曰："尔以谗慝贪婪事君，而多杀不辜。余必使尔疲于奔命以死。"（成公七年）

（18）子驷抑尉止曰："尔车，非礼也。"（襄公十年）

从以上例句来看，例（16）是楚庄王对解扬的责备；例（17）是巫臣对子反、子重的责备之辞；例（18）是子驷阻止和责备尉止的话。从这些例句来看，

---

① 何乐士在《〈左传〉语法研究》中总结出第二人称代词"尔"和"女"的区别为："表示比较礼貌、比较尊敬和友好的场合，多用'尔'；表示比较随便而亲昵，不大尊敬甚或有责难、咒骂等意味的场合，多用'女'。"我们认为这样的说法是不妥的。经过我们的统计，《左传》中第二人称代词"尔"主要用于不太友好、不尊重对方的场合，并非比较礼貌、尊敬和友好的场合。详见何乐士.《左传》语法研究［M］. 开封：河南大学出版社，2012：164.

"尔"大多用于不太友好的场合。

"尔"有时也用于高兴、礼貌、比较友好的场合，但总体来说是比较少的，例如：

（19）晋师归，范文子后入。武子曰："无为吾望尔也乎？"（成公二年）
（20）夜梦之曰："余，而所嫁妇人之父也。尔用先人之治命，余是以报。"（宣公十五年）

洪波（2002）提到说话人用"女"称呼对方，在听话人的态度方面与"尔"比较起来在语境上的几点差异：

第一，当说话人谴责、辱骂听话人时，一般用"女"而不用"尔"。

第二，当听话人是说话人的妻妾、嬖宠或地位极为卑下的人，说话人皆用"女"。

第三，当说话人向听话人转述别人对自己所说之言的时候，转述言语中的对称代词（称代转述者本人或转述者相关之人）皆用"女"。

第四，"女"可以加在称代对象的名字之前。

对于以上的观点，我们只认同第二和第四条。

第一条所述显然有违语言事实。从《左传》中"女""而"的使用情况看，当说话人谴责、辱骂听话人时，用"女"和"尔"均比较常见，只不过相较于"尔"，使用"女"时表示谴责、辱骂的程度更深一些，且更随意一些而已。第三条所述也同样是有违语言事实的。从《左传》第二人称代词的使用情况看，当说话人向听话人转述别人对自己所说之言时，说话人除用"女"之外，也可用"而"，而并非如洪波所述"皆用'女'"。例如：

（21）秋七月，郑罕虎如晋，贺夫人，且告曰："楚人日征敝邑，以不朝立王之故。敝邑之往，则畏执事，其谓寡君'而固有外心'。其不往，则宋之盟云。进退罪也。寡君使虎布之。"（昭公三年）
（22）公曰："又有恿焉。谓寡人'必以而子与大夫之子为质'。"（定公八年）
（23）大叔曰："吉贱，不获来，畏大国，尊夫人也。且孟曰：'而将无事。'吉庶几焉。"（昭公三年）

《左传》中第二人称代词"而"主要是位尊者对位卑者说话时使用，这样的例句共37例，例如：

（24）君命敝邑："修而车赋，儆而师徒，以讨乱略。"（襄公八年）

（25）王曰："取而臣以往，盗有宠，未可得也。"（昭公七年）

（26）王曰："而敢来，何也？"对曰："使而失命，召而不来，是再奸也。逃无所入。"（昭公二十年）

其余均为地位、长幼方面处于平等关系的人说话时使用。

从《左传》中"而"与第一人称代词的配合情况来看，"而"可以与"我""吾""余"配合使用，不与"朕"配合使用，其中，与"吾"配合使用更多，例如：

（27）莒人囚楚公子平，楚人曰："勿杀！吾归而俘。"（成公九年）

（28）齐侯曰："勿杀！吾与而盟，无入而封。"弗听，杀而膊诸城上。（成公二年）

（29）王使召之，曰："来，吾免而父。"（昭公二十年）

"吾"一般用于对别人的尊称，带有比较亲切的感觉，"而"常与"吾"一起出现，可见"而"常在比较亲切的语境中出现①。

《左传》中第二人称代词"乃"则全部是位尊者对位卑者说话时使用。同时，"乃"可与第一人称代词"我""余""朕"配合，且与"余""朕"配合的频率最高，例如：

（30）王曰："舅氏！余嘉乃勋，应乃懿德，谓督不忘。往践乃职，无逆朕命！"（僖公十二年）

（31）王使刘定公赐齐侯命，曰："昔伯舅大公，右我先王，股肱周室，师保万民，世胙大师，以表东海。王室之不坏，繄伯舅是赖。今余命女环！兹率舅氏之典，纂乃祖考，无忝乃旧。敬之哉，无废朕命！"（哀公十六年）

（32）王使单平公对曰："肸以嘉命来告余一人。往谓叔父，余嘉乃成世，复

---

① 洪波总结了说话人用"而"称呼听话人时的话语态度与"尔"或"女"的不同，主要有以下四点：第一，"而"可以用于国与国之间的盟誓，这与"尔"相同而与"女"不同；第二，说话人称呼自己的妻妾、嬖宠时从不用"而"，这也与"尔"相同而与"女"不同；第三，天子、诸侯对臣下的诰辞或训词这种比较正式的话语中除了用"乃"之外，可以用"尔"或"女"，但从不用"而"，这与"尔""女"都不同；第四，"而"与"尔""女"虽然同样多是尊长对卑下或平辈之间的称呼，但说话人用"而"时，听话人多是说话人嬖宠、妻妾之外的亲近之人，或者是说话人有所求的对象。经过我们的分析统计，文章关于"而"语用情况的总结是比较全面的。详见洪波. 先秦汉语对称代词"尔""女（汝）""而""乃"的分别［J］. 语言研究，2002（2）：35.

尔禄次。敬之哉！方天之休，弗敬弗休，悔其可追？"（哀公十六年）

由"余""朕"尊崇的感情色彩，我们不难推出：第二人称代词"乃"带有尊敬的色彩。

与"女""尔""而""乃"不同，《左传》中"子"在说话人与听话人关系上比较随意，既可以在位卑者对位尊者说话时使用，这样的例句共122例，例如：

（33）宣子曰："不然。"对曰："子为正卿，亡不越竟，反不讨贼，非子而谁？"（宣公二年）

（34）石成子曰："师败矣。子不少须，众惧尽。子丧师徒，何以复命？"皆不对。又曰："子，国卿也。陨子，辱矣。子以众退，我此乃止。"（成公二年）

（35）猛笑曰："吾从子如骖之靳。"（定公九年）

也可以用于位尊者对话位卑者中，这样的例句共65例，例如：

（36）公曰："吾不能早用子，今急而求子，是寡人之过也。然郑亡，子亦有不利焉。"（僖公三十年）

（37）王送知䓨，曰："子其怨我乎？"（成公三年）

（38）王曰："昔诸侯远我而畏晋，今我大城陈、蔡、不羹，赋皆千乘，子与有劳焉。诸侯其畏我乎？"（僖公三十三年）

其余均为地位、长幼方面处于平等关系的人说话时使用的情况。但从整体来看，使用第二人称代词"子"时，均为说话人尊敬听话人的场合。

与"子"的情况相似，"吾子"虽然在不同身份地位的人之间均可使用，但使用"吾子"时多带有尊敬的感情色彩。例如：

（39）以乘韦先，牛十二犒师，曰："寡君闻吾子将步师出于敝邑，敢犒从者，不腆敝邑，为从者之淹，居则具一日之积，行则备一夕之卫。"（僖公三十三年）

（40）然明曰："蔑也今而后知吾子之信可事也。小人实不才，若果行此，其郑国实赖之，岂唯二三臣？"（襄公三十一年）

（41）魏戊谓阎没、女宽曰："主以不贿闻于诸侯，若受梗阳人，贿莫甚焉。吾子必谏。"（昭公二十八年）

但也有例外，"吾子"偶尔也被用来表示对对方的责备，例如：

（42）士文伯让之，曰："敝邑以政刑之不修，寇盗充斥，无若诸侯之属辱在寡君者何？是以令吏人完客所馆，高其闬闳，厚其墙垣，以无忧客使。今吾子坏之，虽从者能戒，其若异客何？以敝邑之为盟主，缮完葺墙，以待宾客，若皆毁之，其何以共命？寡君使匄请命。"（襄公三十一年）

从总体来看，"子"的尊敬的色彩比"吾子"更浓厚。

《左传》中"女""尔""而""乃""子""吾子"的语用特征情况见表9：

表9　《左传》中"女（汝）""尔""而""乃""子""吾子"的语用特征

参数	女（汝）	尔	而	乃	子	吾子	总计
上对下	90 （90.9%）	40 （65.6%）	37 （60.7%）	10 （100%）	65 （17.1%）	16 （22.2%）	258 （37.7%）
下对上	0 （0%）	2 （3.3%）	1 （1.6%）	0 （0%）	122 （32.0%）	31 （43.1%）	156 （22.8%）
平级	9 （9.1%）	19 （31.1%）	23 （37.7%）	0 （0%）	194 （50.9%）	25 （34.7%）	270 （39.5%）

因此，我们可以根据第二人称代词的语用情况，将其分为两类："女（汝）""尔"为一类，我们称作Ⅰ类；"而""乃""子""吾子"为一类，我们称作Ⅱ类。

在Ⅰ类第二人称代词中，使用"女（汝）"时，说话人有明显的随便、轻贱乃至鄙夷的态度，在与第一人称代词的配合使用时，"女（汝）"与"我""吾""余"均可一起出现；而"尔"多用于比较庄重的场合，多用于对听话人的命令与告诫，且主要与"我"相配合。总体来看，两者均出现在不太友好的场合。

在Ⅱ类第二人称代词中，使用"而"时，说话人对听话人有明显的亲近的态度，且"而"多与"吾""余"相配合；"乃"则多用于表示对对方的尊敬之情，多与"朕""余"相配合；"子"和"吾子"也多表示对对方的尊敬。总体而言，Ⅱ类第二人称代词多出现于比较友好的场合中。

四、结论

从《左传》第二人称代词的句法特点来看，先秦时期"女（汝）"在句中绝大多数作主语和宾语，且作宾语时多在动宾结构中出现。值得注意的是，这一时期"汝"假借为第二人称代词的情况已经开始出现，但例句很少。"尔"主要在句中作主语和定语，且"尔"后多为有生名词。这一时期"而"以作主语和定语为主，其作为第二人称代词时一般不作动词的宾语。"子"主要作主语，约占全部例句的三分之二。"吾子"的使用情况与"子"相类似，主要在句中作主语。"乃"的句法功能比较单一，主要在句中作定语。

从《左传》第二人称代词的语义情况来看，先秦时期的第二人称代词主要表单数语义，相比而言，"而"表复数语义的情况比较常见，"子"和"乃"则只能表单数语义。

从《左传》第二人称代词的语用情况来看，先秦时期的第二人称代词可分为两类："女（汝）""尔"为一类，"而""乃""子""吾子"为一类。使用"女（汝）"时，说话人有明显的随便、轻贱乃至鄙夷的态度，在与第一人称代词的配合上，"女（汝）"与"我""吾""余"均可一起出现；而"尔"多用于比较庄重的场合，多用于对听话人的命令与告诫，且主要与"我"相配合，总体来看，两者均出现在不太友好的场合。使用"而"时，说话人对听话人表现出明显的亲昵的感情，且"而"多与"吾""余"相配合；"乃"则多用于表示对对方的尊敬之情，多与"朕""余"相配合；"子"和"吾子"也多表示对对方的尊敬。

（原载于《阅江学刊》2017 年第 4 期）

试论《左传》第三人称代词的
句法、语义、语用特征^①

　　近百年来，学界关于先秦时期是否存在第三人称代词^②以及有哪些第三人称代词的争议一直存在，这也许与这一时期代词的"兼指"现象有很大关系。《左传》是先秦时期的代表性文献，我们试图通过对《左传》中第三人称代词用法特征的计量考察，来归纳总结先秦时期第三人称代词的句法、语义、语用特征。

　　据我们考察，《左传》中第三人称代词主要有"之""其""彼""厥""夫"5 个，且这五个代词均存在"兼指"^③ 现象。

　　作为《左传》中出现频率最高的第三人称代词，"之"的兼指现象最为典

---

　　① 本文为 2015 年度国家社会科学基金一般项目"先秦至民国末期汉语代词发展演变史研究"（15BYY130）的阶段性成果。本文在形成过程中，得到了苏州大学汉语言文字学专业博士研究生李璐同志的许多帮助，特此说明，并表谢忱。

　　② 关于先秦时期是否有第三人称代词，学界莫衷一是。《马氏文通》中称第三人称代词为"为语者"，且认为"彼""其""他""伊""渠""夫""之"均有第三人称代词的用法。杨树达的《高等国文法》称第三人称代词为"他称代名词"，并指出古书中的他称代名词有"子""彼""丑""夫"等。章士钊的《中等国文典》中提到："第三人称之习用者，为'彼''其''之'等字。"吕叔湘《中国文法要略》中则认为："严格说，文言没有第三身指称词，'之''其''彼'三字都是从指示词转变过来的。"王力在《汉语史稿》中提到："第三人称有'其''之''厥'等。"且将第三人称定义为"兼指事物的人称代词"。张斌、胡裕树在《汉语语法研究》中谈到上古的人称代词时提到："第三人称代词有'彼''夫''其''之'等。"何乐士在《〈左传〉语法研究》中指出："《左传》的第三人称代词主要有 4 个，即'之''其''彼''厥'。"综合前贤关于这一时期第三人称代词界定的意见，我们认为《左传》中的"夫"也具备了第三人称代词的特点，也应被归入第三人称代词之中。

　　③ 崔立斌（1989）曾指出："古汉语中的'其''之'，通常被看作第三人称代词和指示代词。这种人称代词兼指示代词的现象是中外语言中所罕见的。相反，指示代词兼指称人的现象则是语言中较普遍的。"受崔氏的启发，我们将这种可以兼指人称代词和指示代词或可以同时兼指第一、二、三人称的现象称为"兼指现象"。值得注意的是，我们所说的"兼指"与洪波（1991）提出的"兼指代词"的概念是不一样的，洪氏提出的"兼指代词"是就指示代词的范畴而言的，指既可以指远又可以指近的指示代词。

型。①《左传》中"之"兼具人称代词和指示代词的功能，同时作为人称代词又可以兼指第一、二、三人称②，这里我们仅讨论"之"作为人称代词的情况。

《左传》中"之"表第一人称代词的例句共 10 例，且"之"在句中均作宾语，大多为动宾结构，例如：

（1）将起师，子重曰："君弱，群臣不如先大夫，师众而后可。《诗》曰：'济济多士，文王以宁。'夫文王犹用众，况吾侪乎？且先君庄王属之曰：'无德以及远方，莫如惠恤其民，而善用之。'"（成公二年）

（2）叔鱼见季孙曰："昔鲋也得罪于晋君，自归于鲁君。微武子之赐，不至于今。虽获归骨于晋，犹子则肉之，敢不尽情？归子而不归，鲋也闻诸吏，将为子除馆于西河，其若之何？"（昭公十三年）

（3）对曰："不死伍乘，军之大刑也。干刑而从子，君焉用之？子速诸。"（昭公二十一年）

也有 2 例双宾结构：

（4）君若惠顾诸侯，矜哀寡人，而赐之盟，则寡人之愿也。（成公十三年）
（5）若以先臣之故，不绝季氏，而赐之死。（昭公三十一年）

"之"表第二人称的例句有 6 例，且均在句中作宾语③，例如：

（6）对曰："告之以临民，教之以军旅，不共是惧，何故废乎？且子惧不孝，

---

① 对于古代汉语中的"之"是否为第三人称代词，学界还没有定论。杨树达曾在其早期的《词诠》中将"之"归入第三人称代词，但之后在《高等国文法》中又不把"之"列入人称代名词，而将其归入指示代名词中。郭锡良在其《汉语第三人称代词的起源和发展》一文中也认同这一观点，虽然他认为"先秦很多用作宾语的'之'，已经由指示代词向第三人称代词转化，把它理解成现代汉语的'他'（它），比较顺当"，但还是提出"春秋战国时'之'已经从指示代词向第三人称代词转化，但并没有完成这一转化过程"的结论。从郭氏的论述来看，他认可当"之"作宾语和作兼语时很多情况下可以理解为第三人称代词，据我们对《左传》中的"之"的考察，可以说《左传》中可以理解为第三人称代词的"之"俯拾皆是，我们认为到《左传》时期，大量的"之"已经具有第三人称代词的性质，应把"之"归入第三人称代词之列。

② 易敏（1994）将古汉语中之"之""其"称代第一人称和第二人称的现象称为"自指"现象，并总结了"之""其"自指现象产生的原因："上古汉语第三人称代词不够成熟，……'之''其'自指现象多数发生在讲和、上书、起誓等形式各异的对话场合，对话双方的身份、地位关系或是已然存在的，或是临时构成的，此时说话人的身份往往低于对方。"从《左传》中"之""其"自指的用例来看，易氏所述是符合当时的语言事实的。

③ 何乐士在《〈左传〉语法研究》中提出，"之"代第二人称的例句仅 2 例，经我们考察，"之"代第二人称的例句共 6 例，以上是我们列出的何氏遗漏的 4 例。

无惧弗得立，修己而不责人，则免于难。"（闵公二年）

（7）初，郑文公有贱妾曰燕姞，梦天使与己兰，曰："余为伯鯈。余，而祖也，以是为而子。以兰有国香，人服媚之如是。"（宣公三年）

（8）子会而赦有罪，又赏其贤，诸侯其谁不欣焉望楚而归之，视远如迩？（昭公元年）

（9）今又杀三不辜，以兴大谤，几及子矣。子而不图，将焉用之？（昭公二十七年）

据张玉金《甲骨文虚词词典》所述，"之"在甲骨文中"就为第三人称代词，可以指代单个人，也可以指代多数人"①。刘翔、陈抗、陈初生、董琨在《商周古文字读本》中也指出，"之"在金文中也可指代第三人称。因此，我们猜测，"之"用来指代第三人称应早于先秦时期。《左传》中"之"主要用作第三人称代词，"之"在《左传》中的句法功能分布情况见表1：

表1 《左传》中"之"的句法功能分布情况

句法位置	主语	宾语			定语	兼语	总计
		动宾	介宾	双宾			
用例数量	2	1 960	126	93	23	19	2 223
所占比例（%）	0.09	88.17	5.67	4.18	1.04	0.85	100

早在马建忠的《马氏文通》中就已提到："'之'字单用，宾次者其常。"②从《左传》中"之"的句法功能分布情况来看，这一论述是符合语言事实的。《左传》中第三人称代词"之"主要在句中作宾语，约占全部例句的98%，且以作动宾结构中的宾语为主，这样的例句有1 960例，例如：

（10）庄公寤生，惊姜氏，故名曰"寤生"，遂恶之。（隐公元年）

（11）夏，遂因氏、颌氏、工娄氏、须遂氏飨齐戍，醉而杀之，齐人歼焉。（庄公十七年）

（12）子尾见强，宣子谓之如子旗。大夫多笑之，唯晏子信之，曰："夫子，君子也。君子有信，其有以知之矣。"（昭公二年）

---

① 张玉金. 甲骨文虚词词典［M］. 北京：中华书局，1994.
② 马建忠. 马氏文通［M］. 北京：商务印书馆，1983：47.

"之"在介宾结构中作宾语的例句有126例，例如：

（13）亟请于武公，公弗许。及庄公即位，为之请制。（隐公元年）

（14）初，子驷与尉止有争，将御诸侯之师而黜其车。尉止获，又与之争。（襄公十年）

（15）还如楚，令尹子木与之语，问晋故焉，且曰："晋大夫与楚孰贤？"（襄公二十六年）

此外，还有93例"之"处于双宾结构中作宾语，例如：

（16）国老皆贺子文，子文饮之酒。蒍贾尚幼，后至，不贺。（僖公二十七年）

（17）公享晋六卿于蒲圃，赐之三命之服。（襄公十九年）

（18）少姜有宠于晋侯，晋侯谓之"少齐"。（昭公二年）

《马氏文通》中提到"之"作定语的情况时作如下论述："'之'在'为'字后有偏次之解，其他动字后，则'之'为偏次者仅矣。"① 据我们考察，《左传》中"之"作定语的例句共23例，而处于"为"字之后的例句仅有8例，例如：

（19）子颓有宠，蒍国为之师。（庄公十九年）

（20）魏绛多功，以赵武为贤而为之佐。（襄公九年）

（21）楚子次于乾溪，以为之援。（昭公十二年）

其余大多数"之"均处于其他动字后作定语，例如：

（22）公知其无罪也，枕之股而哭之。（僖公二十八年）

（23）履士会之足于朝。秦伯师于河西，魏人在东。（文公十三年）

（24）抑人亦有言曰："牵牛以蹊人之田，而夺之牛。"牵牛以蹊者，信有罪矣；而夺之牛，罚已重矣。（宣公十一年）

（25）郤至从郑伯，其右茀翰胡曰："谍辂之，余从之乘而俘以下。"（成公十六年）

（26）或淫于外州，外州人夺之轩以献。（哀公十一年）

① 马建忠. 马氏文通［M］. 北京：商务印书馆，1983：48.

关于第三人称代词"之"作主语的情况,《马氏文通》中提到:"'之'字有用为主次者,经籍中仅一二见。"① 《左传》中"之"作主语的例句仅 2 例,且"之"在句中均作主谓作宾句中的小主语:

(27) 小人戚,谓之不免。君子恕,以为必归。(僖公十五年)

(28) 鱼石曰:"右师苟获反,虽许之讨,必不敢。且多大功,国人与之,不反,惧桓氏之无祀于宋也。右师讨,犹有戌在,桓氏虽亡,必偏。"(成公十五年)

《左传》中第三人称代词"之"作兼语的例句有 19 例,例如:

(29) 陈辕宣仲怨郑申侯之反己于召陵,故劝之城其赐邑,曰:"美城之! 大名也,子孙不忘。吾助子请。"(僖公五年)

(30) 晋人或以广队不能进,楚人惎之脱扃,少进,马还,又惎之拔旆投衡,乃出。顾曰:"吾不如大国之数奔也。"(宣公十二年)

(31) 与其射御,教吴乘车,教之战陈,教之叛楚。(成公七年)

除了"之","其"也是《左传》中比较常见的一个第三人称代词②。《马氏文通》指出:"指名代字用以指前文者,'之'、'其'二字最为习用。《韵会》解'其'为指物之辞,所谓'物'者,兼人物言,且兼人己言。"③ 《左传》中代词"其"也具有兼指功能,其中"其"作第一人称的用例有 7 例,例如:

(32) 稽首而对曰:"臣竭其股肱之力,加之以忠贞。其济,君之灵也;不济,则以死继之。"(僖公九年)

(33) 民知穷困,而受盟于楚,狐也与其二三臣不能禁止。(襄公八年)

(34) 子强曰:"久将垫隘,隘乃禽也。不如速战! 请以其私卒诱之,简师陈以待我。我克则进,奔则亦视之,乃可以免。不然,必为吴禽。"(襄公二十五年)

"其"作第二人称的例句仅 2 例:

(35) 晋州绰及之,射殖绰,中肩,两矢夹脰,曰:"止,将为三军获。不

---

① 马建忠. 马氏文通 [M]. 北京:商务印书馆,1983:47.
② 崔立斌 (1989) 曾提到先秦汉语中"之"和"其"的区别:"'其'表示特指,'之'表示泛指。"
③ 马建忠. 马氏文通 [M]. 北京:商务印书馆,1983:46.

止，将取其衰。"（襄公十八年）

（36）晋人召季孙，献子使私焉，曰："子必来，我受其无咎。"（昭公三十一年）

这一时期"其"作第三人称代词的情况是比较常见的①，《左传》中"其"作第三人称代词的例句共有 1 754 例，且其句法功能分布情况见表 2②：

表 2　《左传》中第三人称代词"其"的句法功能分布情况

句法位置	主语	宾语	定语	兼语	总计
用例数量	187	10	1 544	13	1 754
所占比例（%）	10.66	0.57	88.03	0.74	100

《左传》中"其"在句中主要作定语和主语，且作定语的比重占全部例句的88%左右，共 1 544 例，例如：

（37）公曰："君谓许不共，故从君讨之。许既伏其罪矣，虽君有命，寡人弗敢与闻。"（隐公十一年）

（38）栾武子曰："郑人立君，我执一人焉，何益？不如伐郑而归其君，以求成焉。"（成公十年）

（39）令尹炮之，尽灭郤氏之族党，杀阳令终与其弟完及佗，与晋陈及其子弟。（昭公二十七年）

王力在《汉语史稿》中曾提出："上古第三人称代词不用于主格，同时也不用于主语。"③ 何乐士也曾在《〈左传〉语法研究》中指出："没有用作主语或宾语的'其'。"④ 而据我们考察，《左传》中"其"常用作主语，从上下文语境以

---

①　郭锡良在《汉语第三人称代词的起源和发展》中提到："代词'其'……字在先秦也已向第三人称代词转化，在某些句子中把它理解成第三人称代词'他（它）'的更顺当一些。"但也提出："代词'其'……在先秦虽然已经由特指词向第三人称代词转化，但也未完成它的转化过程。它的第三人称代词的性质比'之'更弱一些。"但据我们对《左传》中的"其"的考察，《左传》中可以理解为第三人称代词的"其"要占全部"其"的一半以上，比"之"的第三人称代词性质更为明显。因此，我们认为对"其"作第三人称代词的情况进行讨论是很有必要的。

②　吕叔湘曾在《近代汉语指代词》中明确提出："'其'字在古代是只用于领格的。"详见吕叔湘.近代汉语指代词［M］.江蓝生，补.上海：学林出版社，1985：14.

③　王力.汉语史稿［M］.北京：中华书局，2015.

④　何乐士.《左传》语法研究［M］.开封：河南大学出版社，2012.

及汉语语法来看，我们没有理由把这些例句从作主语句法功能的例句中排除在外。我们认为一种语法现象的出现绝不是突然爆发的，既然中古时期"其"字作主语等成分的情况大量出现，"其"字作主语应该是经历了一个缓慢的发展过程。且早在《马氏文通》中就已提到："'其'字指名有两用焉，一为读之起词而居主次，二以附名而居偏次。'其'为读之主次者，或其读为一句之起词，或为一句之止词，或其读有连字而词气未全者。至承接之读，则'其'字仍居主次，而为接读代字，非此例也。"① 据我们统计，《左传》中"其"作主语的例句一共有187例②，我们把"其"作主语的情况分为两类，一种情况下"其"处于主谓作宾句中充当小主语，这样的例句共117例，例如：

（40）公闻其入郭也，将救之，问于使者曰："师何及？"（隐公五年）

（41）于是昭公十九年矣，犹有童心，君子是以知其不能终也。（襄公三十一年）

（42）归鲁季孙，称其诈也，以宽鲁国，晋不为虐。邢侯之狱，言其贪也，以正刑书，晋不为颇。（昭公十四年）

另一种情况下"其"单独作主语，这样的例句共70例，例如：

（43）王赐之命而惰于受瑞，先自弃也已，其何继之有？（僖公十一年）

（44）对曰："其信！知䓨之父，成公之嬖也，而中行伯之季弟也，新佐中军，而善郑皇戌，甚爱此子。其必因郑而归王子与襄老之尸以求之。郑人惧于邲之役而欲求媚于晋，其必许之。"（成公二年）

（45）固问之，对曰："其为大子也，师保奉之，以朝于婴齐而夕于侧也。不知其他。"（成公九年）

可见，"其"在这一时期存在不少作主语的用例，且"其"单独作主语的情况也较为常见。

"其"作宾语的例句较少，符合《马氏文通》中提到的"'其'字用诸宾次罕见"③ 的结论。但并非没有作宾语的用法。郭锡良在《汉语第三人称代词的起

---

① 马建忠. 马氏文通［M］. 北京：商务印书馆，1983：50.

② 吴伯方（1980）也认可"其"在上古时期可以作主语的观点，他提出："三身代词'其'字能用于主语，早在上古时期已经出现。它能充当句中主语，也能作为主谓词组中的主语部分，因此具有一定的系统性。只要上文有先行词语，明确提过有关事物，下文为了精简简洁，'其'字用作主语是十分自然的。"详见吴伯方. 上古汉语"其"字用法的几个问题［J］. 华南师院学报（哲学社会科学版），1980（1）.

③ 马建忠. 马氏文通［M］. 北京：商务印书馆，1983：45.

源和发展》一文中曾提到："先秦的'其'，一般只作定语，不能作其他的句子成分。"① 而据我们对《左传》中"其"的用法的考察，这一时期"其"存在作宾语的用法，《左传》中"其"用于宾次时均处于双宾结构中②，这样的例句有10例，例如：

（46）申侯见，曰："师老矣，若出于东方而遇敌，惧不可用也。若出于陈、郑之间，共其资粮屝屦，其可也。"（僖公四年）

（47）若见费人，寒者衣之，饥者食之，为之令主，而共其乏困。（昭公十三年）

（48）尽具其帑，与其器用财贿，亲帅扞之，送致诸竟。（文公六年）

《左传》中"其"也有作兼语的情况，这样的例句共13例，例如：

（49）二十三年春，齐侯伐宋，围缗，以讨其不与盟于齐也。（僖公二十三年）

（50）我先王赖其利器用也，与其神明之后也，庸以元女大姬配胡公，而封诸陈，以备三恪。（襄公二十五年）

（51）平丘之会，数其贿也，以宽卫国，晋不为暴。（昭公十四年）

对于"彼"是否可以作第三人称代词，学界也是有争议的。王力在《汉语史稿》中曾提到："上古有一个'彼'字可用于主语，但是'彼'字的指示性很重，又往往带感情色彩，并不是一般的人称代词。"③ 郭锡良在《汉语第三人称代词的起源和发展》中也提出："'彼'是与'此'相对的远指代词，指示性特别强。"④ 但《马氏文通》在谈到第三人称代词时就已作如下总结："所为语者，惟一'彼'字用于句之主次，而读之主次则用'其'字。（另详）'彼'字用于宾次者其常，而用为偏次者则为指示代字矣。"⑤ 据我们考察，"彼"始见于金文，方述鑫等在《甲骨金文字典》中列出了"彼"的两个义项："第三人称代词，相当于'他'；指示代词，相当于'那''那个'，与'此'相对。"⑥ 我们由此猜

① 郭锡良．汉语史论集［M］．增补本．北京：商务印书馆，2005．

② 吴伯方（1980）也提到："'其'字用于宾语和兼语，也是先秦时期早有的语言现象。它充当宾语，一般不能单用，或者跟指物宾语一起组成双宾语，或者另带有补语。"详见吴伯方．上古汉语"其"字用法的几个问题［J］．华南师院学报（哲学社会科学版），1980（1）．

③ 马建忠．马氏文通［M］．北京：商务印书馆，1983：45．

④ 郭锡良．汉语史论集［M］．增补本．北京：商务印书馆，2005：8．

⑤ 马建忠．马氏文通［M］．北京：商务印书馆，1983：45．

⑥ 方述鑫，等．甲骨金文字典［M］．成都：巴蜀书社，1993．

测，"彼"作第三人称代词也应早于先秦时期①。据我们对《左传》中"彼"的考察，《左传》中"彼"表达第三人称范畴的例句有46例，其句法功能分布情况见表3：

表3　《左传》中第三人称代词"彼"的句法功能分布情况

句法位置	主语	宾语		定语	总计
		动宾	介宾		
用例数量	40	3	1	2	46
所占比例（％）	86.96	6.52	2.17	4.35	100

《左传》中"彼"主要作主语，这样的例句有40例，占全部例句的87％左右，例如：

（52）鬭伯比言于楚子曰："吾不得志于汉东也，我则使然。我张吾三军而被吾甲兵，以武临之，彼则惧而协以谋我，故难间也。汉东之国随为大，随张必弃小国，小国离，楚之利也。少师侈，请羸师以张之。"（桓公六年）

（53）子尾欲复之，子雅不可，曰："彼其发短而心甚长，其或寝处我矣。"（昭公三年）

（54）对曰："楚执政众而乖，莫适任患。若为三师以肆焉，一师至，彼必皆出。彼出则归，彼归则出，楚必道敝。亟肆以罢之，多方以误之。既罢而后以三军继之，必大克之。"（昭公三十年）

"彼"作宾语的例句共4例，其中有3例处于动宾结构中：

（55）子犯曰："师直为壮，曲为老。岂在久乎？微楚之惠不及此，退三舍避之，所以报也。背惠食言，以亢其仇，我曲楚直。其众素饱，不可谓老。我退而楚还，我将何求？若其不还，君退臣犯，曲在彼矣。"（僖公二十八年）

（56）为是犯难而来，吾若善逆彼以怀来者。（宣公十七年）

---

①　赵振兴、李新飞（2007）对《周易》中的第三身代词进行了考察，认为："……西周末年'其''之''厥'基本上已完成了由指示代词向第三身称代词的转化，而'彼'仍保留些许远指性，还没有完全完成转指。"从我们对《左传》中"彼"的用例的考察来看，《左传》中有一些"彼"的用例已经明显具有了很强的第三人称代词性质，基本上已完成了从指示代词到第三人称代词的转指。详见赵振兴，李新飞.《周易》第三身代词考察［J］. 古汉语研究，2007（2）：56-62.

（57）天或者将弃彼矣。（襄公二十七年）

1 例处于介宾结构中：

（58）荀罃不可，曰："我辞礼矣，彼则以之。犹有鬼神，于彼加之。"（襄公十年）

"'彼''夫'二字用于偏次者，则有指示之意。"① 据此，很多学者认为"彼"作定语时应为指示代词，但我们在《左传》中发现了以下 2 例"彼"作定语的例句：

（59）赵盾曰："彼宗竞于楚，殆将毙矣。姑益其疾。"乃去之。（宣公二年）
（60）王鲋曰："子为彼栾氏，乃亦子之勇也。"（襄公二十一年）

第一个例句中的"彼"指的是楚国的鬬椒，在这样的语境下只能理解为"他那个宗族在楚国争权夺利"，且要和后面的"其"相对应，这里的"彼"和"其"均为第三人称代词；第二个例句只能理解为"您如果做他们的栾氏，那就是您的勇士了"。而不能说"您如果做那个栾氏"，因此，这里的"彼"也只能理解为第三人称代词。

张玉金（2006）指出，"厥""这个词在传世文献中作'厥'，在出土文献中作'氒'"②。《左传》中第三人称代词"厥"在句中均作定语，这样的例句共 8 例，例如：

（61）亦悔于厥心，用集我文公，是穆之成也。（成公十三年）
（62）至于夷王，王愆于厥身，诸侯莫不并走其望，以祈王身。（昭公二十六年）
（63）寡君闻楚为不道，荐伐吴国，灭厥民人。（哀公十五年）

但其实"厥"在上古时期不仅仅可以作定语，也可作其他句法成分。"厥"在上古时期可作主语，例如：

（64）厥诰毖庶邦庶士越少正御事，朝夕曰"祀兹酒"。（《尚书·酒诰》）

① 马建忠．马氏文通［M］．北京：商务印书馆，1983：46．
② 张玉金．论西周汉语第三人称代词的句法功能［J］．古籍整理研究学刊，2006（5）．

（65）厥既得卜，则经营。（《尚书·召诰》）

除此之外，"厥"也可作兼语，例如：

（66）亦厥君先敬劳，肆徂厥敬劳。（《尚书·梓材》）

何乐士在《〈左传〉语法研究》中并没有把"夫"归入第三人称代词之列，但据我们考察，早在《马氏文通》中，马氏既已把"夫"归入"与语者代字"之列，并指出："'夫'字间与'彼'字互用，或单用，惟主次耳，他次则未之见也。用于偏次者，则亦为指示代字，非此例也。"① 之后，杨树达的《高等国文法》也将"夫"归入代名词中的"他称代名词"中，且提按语道："'夫'古音如'罢'，'彼'古音如'波'，一声之转也。"② 据我们对《左传》中"夫"的考察，"夫"在先秦时期应可作第三人称代词。《左传》中第三人称代词"夫"共8例，且"夫"在句中绝大多数作主语，例如：

（67）夫固谓君训众而好镇抚之，召诸司而劝之以令德，见莫敖而告诸天之不假易也。不然，夫岂不知楚师之尽行也？（桓公十三年）

（68）公曰："夫不恶女乎？"（襄公二十六年）

还有1例作兼语：

（69）子皮曰："愿，吾爱之，不吾叛也。使夫往而学焉，夫亦愈知治矣。"（襄公三十一年）

王力曾在《汉语史稿》中提到："上古人称代词的单复数没有明确的界限。"③ 那先秦时期第三人称代词的单复数情况是怎样的呢？我们考察了《左传》中第三人称代词的单复数情况，以期探寻这一时期第三人称代词表示单复数语义的规律。《左传》中第三人称代词表单复数情况见表4：

---

① 马建忠. 马氏文通［M］. 北京：商务印书馆，1983：45.
② 杨树达. 高等国文法［M］. 北京：东方出版社，2013.
③ 王力. 汉语史稿［M］. 北京：中华书局，2015：259.

表4　《左传》中第三人称代词表单复数语义情况

	之	其	彼	厥	夫
单数	1 730（77.82%）	1 555（88.81%）	19（41.30%）	6（75.00%）	6（75.00%）
复数	493（22.18%）	196（11.19%）	27（58.70%）	2（25.00%）	2（25.00%）
总计	2 223（100%）	1 751（100%）	46（100%）	8（100%）	8（100%）

《左传》中第三人称代词"之"主要表单数语义，这样的例句有1 730例，约占全部例句的77%，例如：

（70）颍考叔为颍谷封人，闻之，有献于公。公赐之食，食舍肉。（隐公元年）

（71）又射之，中股，反队，遂弑之。（襄公二十五年）

（72）公敛阳请追之，孟孙弗许。阳欲杀桓子，孟孙惧而归之。（定公八年）

表复数语义的例句共493例，例如：

（73）与公谋而聘于晋，欲以晋人去之。（宣公十八年）

（74）卫人逆之，妇人哭于门内，送亦如之。（成公二年）

（75）沈尹戌曰："此行也，楚必亡邑。不抚民而劳之，吴不动而速之，吴踵楚，而疆场无备，邑能无亡乎？"（昭公二十四年）

第三人称代词"其"也以表单数语义为主，这样的例句有1 555例，约占全部例句的88%，例如：

（76）翼人立其弟鄂侯。（桓公二年）

（77）既，崔氏之臣曰："与我其拱璧，吾献其柩。"（襄公二十八年）

（78）阴不佞以温人南侵，拘得玉者，取其玉，将卖之，则为石。（昭公二十四年）

"其"表复数语义的例句共196例，例如：

（79）吾先君新邑于此，王室而既卑矣，周之子孙日失其序。（隐公十一年）

（80）桓公是以纠合诸侯而谋其不协，弥缝其阙而匡救其灾，昭旧职也。（僖公二十六年）

275

（81）子大叔闻之，曰："楚王将死矣。使民不安其土，民必忧，忧将及王，弗能久矣。"（昭公二十五年）

第三人称代词"彼"在《左传》中则以表复数语义为主，这样的例句共27例，例如：

（82）司马曰："彼众我寡，及其未既济也请击之。"（僖公二十二年）

（83）将战，魏舒曰："彼徒我车，所遇又厄，以什共车必克。困诸厄，又克。请皆卒，自我始。"（昭公元年）

（84）所从必言诸大夫，曰："彼皆偃蹇，将弃子之命。皆曰：'高、国得君，必逼我，盍去诸？'固将谋子，子早图之。图之，莫如尽灭之。需，事之下也。"（哀公六年）

"彼"表单数语义的例句共19例，例如：

（85）楚人谓夫旌，子重之麾也。彼其子重也。（成公十六年）

（86）令尹子瑕言蹶由于楚子曰："彼何罪？谚所谓'室于怒，市于色'者，楚之谓矣。舍前之忿可也。"（昭公十九年）

（87）不狃曰："彼为君也，子何怨焉？"（定公五年）

《左传》中"厥"和"夫"均主要表单数语义，例如：

（88）公筮之，史曰："吉。其卦遇《复》，曰：'南国蹙，射其元王，中厥目。'国戚王伤，不败何待？"（成公十六年）

（89）昭子曰："夫非而仇乎？"（哀公五年）

"厥"和"夫"表复数语义的例句仅有零星几例，例如：

（90）寡君闻楚为不道，荐伐吴国，灭厥民人。（哀公十五年）

（91）子木曰："夫独无族姻乎？"（襄公二十六年）

王力曾在《汉语史稿》中提到："凡是现代汉语需用主语'他'或'他们'

的地方，在上古汉语里就只用名词来重复上文，或者省略了主语。"① 名词复说确实是上古汉语中一种常见的表达方式，但我们认为很多情况是为了表达清楚语义而特意为之，第三人称代词的使用是很常见的，尤其是在表复数语义的话语中。当先行词是复数时，名词复说显然就行不通了，且据我们考察，只有少数是直接省略主语的。这应该也是第三人称代词"彼"表复数语义情况更多的原因之一。且看以下几个例句：

（92）王叔之宰曰："筚门闺窦之人而皆陵其上，其难为上矣！"（襄公十年）

（93）对曰："伯有侈而愎，子皙好在人上，莫能相下也。虽其和也，犹相积恶也，恶至无日矣。"（襄公三十年）

（94）文嬴请三帅，曰："彼实构吾二君，寡君若得而食之，不厌，君何辱讨焉！使归就戮于秦，以逞寡君之志，若何？"（僖公三十三年）

例（92）用"其"来承指前面的"筚门闺窦之人"；例（93）中用"其"来承指前面的"伯有"和"子皙"；例（94）用"彼"来承指前面的"三帅"。

除了从句法、语义角度对第三人称代词进行确认，我们还可以从认知学的角度来确定我们的观点。"根据韩氏理论，人称代词域中只有第三人称代词才可当文内词语照应（endophora）的重任。"② 而这种"照应"关系又可以分为"表层回指"③ 和"深层回指"两种类型。在表层回指中，建立回指应具备两个条件：在语篇中有明确的回指词所指的先行词；回指词在人称、性、数上与先行词保持一致。《左传》中第三人称代词大多数都以这种表层回指的"照应"关系存在，例如：

（95）凡公女嫁于敌国，姊妹则上卿送之，以礼于先君；公子则下卿送之。于大国，虽公子亦上卿送之。于天子，则诸卿皆行，公不自送。于小国，则上大夫送之。（桓公三年）

（96）徐仪楚聘于楚。楚子执之，逃归。惧其叛也，使薳泄伐徐。（昭公六年）

（97）椒举娶于申公子牟，子牟得戾而亡，君大夫谓椒举："女实遣之！"惧

① 王力. 汉语史稿［M］. 北京：中华书局，2015：258.

② 朱迎春. 认知推理与深层回指中第三人称代词指代的确定［J］. 浙江师范大学学报，2003（5）.

③ 赵振兴等（2007）将第三人称代词的这种回指分为内指和外指两种，内指是指"所指对象在语句中能找得到，外指所指对象在语句中找不到，而存在于语句之外的客观环境或言谈现场。"我们认为，赵氏所说的"内指"与这里所说的"表层回指"是一致的。详见赵振兴，李新飞.《周易》第三身代词考察［J］. 古汉语研究，2007（2）：56–62.

而奔郑,引领南望曰:"庶几赦余!"亦弗图也。今在晋矣。晋人将与之县,以比叔向。彼若谋害楚国,岂不为患?(襄公二十六年)

上述例句中的"之""其""彼"分别承指前面的先行词"公女""徐仪""椒举"。吕叔湘曾在《现代汉语八百词》中指出:"人称代词只有称代作用,而没有指别作用。"① 之后,很多学者依据代词是否只具有称代作用来判断一个代词是否为第三人称代词。我们可以发现,表层回指关系中的代词只具有称代性,而不具有指别性。因此,《左传》中处于表层回指关系中的代词应具有第三人称代词的性质。

深层回指有赖于语境因素的介入,所指对象在语句中找不到,而存在于语句之外的客观环境和言谈现场。《左传》中处于深层回指关系中的代词较少,例如:

(98)及朝,则曰:"彼虎狼也,见我在子之侧,杀我无日矣。请就之位。"(哀公六年)

(99)既败,王使谓之曰:"大夫若入,其若申、息之老何?"(僖公二十八年)

(100)《商颂》有之曰:"不僭不滥,不敢怠皇,命于下国,封建厥福。"(襄公二十六年)

以上例句中的代词"彼""之""厥"均没有承指对象出现,要依靠语境来判定所指的对象,但其中的代词也只有称代作用,没有指别作用,那么,这些代词也就是真正的第三人称代词了。

总之,《左传》中第三人称代词主要有"之""其""彼""厥""夫"5个,其中"之""其"最为常见。

从《左传》第三人称代词的句法特点来看,"之""其"都可兼指第一、二、三人称,这一时期第三人称代词"之"在句中绝大多数作宾语,"之"在句中作定语时并非以处于"为"字之后为主。《左传》中"其"在句中主要作定语,常用作主语,且"其"作主语的情况可以分为两类,一种情况下"其"处于主谓作宾句中充当小主语,另一种情况下"其"单独作主语。"其"用于宾次时均处于双宾结构中。《左传》中第三人称代词"彼"主要作主语,且我们在《左传》中发现了"彼"作定语的情况,第三人称代词"厥"在句中均作定语,"夫"在句中绝大多数作主语。

---

① 吕叔湘.现代汉语八百词 [M].增订本.北京:商务印书馆,1980.

从《左传》中第三人称代词的单复数语义情况来看，第三人称代词"之""其""彼""厥""夫"均可表单复数语义，除了"彼"之外，"之""其""厥""夫"均主要表单数语义，"彼"表复数语义的情况更多一些。

从认知学角度来看，《左传》中第三人称代词在句中的"照应"关系可以分为"表层回指"和"深层回指"两种类型，且以表层回指为主，但无论是表层回指还是深层回指中的代词，都只具有称代功能，这从另一面反映出这些代词在这一时期已经基本上完成了从指示代词到第三人称代词的转指。

参考文献：

［1］张玉金. 甲骨文虚词词典［M］. 北京：中华书局，1994.

［2］马建忠. 马氏文通［M］. 北京：商务印书馆，1983.

［3］王力. 汉语史稿［M］. 北京：中华书局，2015.

［4］何乐士.《左传》语法研究［M］. 开封：河南大学出版社，2012.

［5］郭锡良. 汉语史论集［M］. 增补本. 北京：商务印书馆，2005.

［6］方述鑫，等. 甲骨金文字典［M］. 成都：巴蜀书社，1993.

［7］张玉金. 论西周汉语第三人称代词的句法功能［J］. 古籍整理研究学刊，2006（5）.

［8］杨树达. 高等国文法［M］. 北京：东方出版社，2013.

［9］朱迎春. 认知推理与深层回指中第三人称代词指代的确定［J］. 浙江师范大学学报，2003（5）.

［10］吕叔湘. 现代汉语八百词［M］. 增订本. 北京：商务印书馆，1980.

（原载于《学术交流》2018 年第 4 期）

从《世说新语》看魏晋南北朝时期第一人称
代词的句法、语义、语用特征①

　　汉魏以降的中古时期是汉语代词发展的重要时期，代词家族无论是成员构成还是句法、语义、语用功能都有了很大的突破，第一人称代词自然也不例外。

　　《世说新语》是这一时期的代表性文献，其展示的语言特点比较典型地反映了魏晋南北朝汉语的基本面貌，正如王力先生所说："自从南北朝骈文盛行以后，书面语和口语才分了家。在这时期中，只有《世说新语》《颜氏家训》等少数散文作品是接近口语的。"② 为了对这一时期第一人称代词进行较为准确可信的描写和讨论，我们选择《世说新语》作为考察立足点，试图通过对《世说新语》中第一人称代词用法特征的计量考察，来归纳总结魏晋南北朝时期第一人称代词的句法、语义、语用特征和规律。

　　在《世说新语》时代，第一人称代词除了保留先秦时期的"我""吾""余""予""朕"以外，还新出现了"身"和"阿"这两个新的成员；而且，句法分布情况也有了很大的变化。

　　《世说新语》中第一人称代词主要以"我"为主，共有164例，其中"我"单独作句法成分的例句有154例，"我"在句中以作主语为主，这样的例句共91例，例如：

　　（1）庾曰："若文度来，我以偏师待之；康伯来，济河焚舟。"（言语第二）

　　（2）袁彦伯作《名士传》成，见谢公，公笑曰："我尝与诸人道江北事，特作狡狯耳，彦伯遂以著书。"（文学第四）

　　（3）妇捐酒毁器，涕泣谏曰："君饮太过，非摄生之道，必宜断之！"伶曰："甚善。我不能自禁，唯当祝鬼神自誓断之耳！便可具酒肉。"（任诞第二十三）

---

　　① 本文为2015年度国家社会科学基金一般项目"先秦至民国末期汉语代词发展演变史研究"（15BYY130）的阶段性成果。本文由笔者与笔者指导的苏州大学汉语言文字学专业博士研究生李璐同志合作完成。

　　② 王力. 汉语史稿［M］. 北京：中华书局，1980：24.

"我"在句中作宾语的情况可分为两类。一种情况是"我"作动词的宾语，形成动宾结构，这样的例句共20例，例如：

（4）桓素待企生厚，将有所戮，先遣人语云："若谢我，当释罪。"（德行第一）

（5）范玄平在简文坐，谈欲屈，引王长史曰："卿助我！"王曰："此非拔山力所能助！"（排调第二十五）

（6）后为继母族党所谮，诬之为狂逆。将远徙，友人王夷甫之徒，诣槛车与别。玄问："朝廷何以徙我？"（黜免第二十八）

另一种情况是"我"作介词的宾语，形成介宾结构，这样的例句共11例，例如：

（7）见其坐六尺簟，因语恭："卿东来，故应有此物，可以一领及我。"（德行第一）

（8）王丞相云："顷下论以我比安期、千里，亦推此二人。唯共推太尉，此君特秀。"（品藻第九）

（9）后有伧人来，先道人寄语云："为我致意愍度，无义那可立？治此计，权救饥尔！无为遂负如来也。"（假谲第二十七）

"我"作定语的例句有27例，例如：

（10）事奏，帝曰："让是杀我侍中者，不可宥！"诸公以少主不可违，并斩二人。（政事第三）

（11）王子猷说："世目士少为朗，我家亦以为彻朗。"（赏誉第八）

（12）殷觊病困，看人政见半面。殷荆州兴晋阳之甲，往与觊别，涕零，属以消息所患。觊答曰："我病自当差，正忧汝患耳！"（规箴第十）

"我"在句中作兼语的例句仅有4例：

（13）殷仲堪精核玄论，人谓莫不研。殷乃叹曰："使我解《四本》，谈不翅尔。"（文学第四）

（14）王浑妻钟氏生女令淑，武子为妹求简美对而未得。有兵家子，有俊才，

欲以妹妻之，乃白母，曰："诚是才者，其地可遗，然要令我见。"（贤媛第十九）

（15）或谓之曰："卿乃可纵适一时，独不为身后名邪？"答曰："使我有身后名，不如即时一杯酒！"（任诞第二十三）

（16）女厉声曰："是何小人！我伯父门，不听我前！"（贤媛第十九）

《世说新语》中"我"的句法功能分布情况见表1：

表1　《世说新语》中"我"的句法功能分布情况

分类	主语	宾语		定语	兼语	总计
		动宾	介宾			
用例	91	20	11	27	4	153
比例（%）	59.5	13.1	7.2	17.6	2.6	100

此外，《世说新语》中也出现了一些代词连用的现象，如"彼""我"连用，这样的例句在《世说新语》中共出现了4例：

（17）裴冀州释二家之义，通彼我之怀，常使两情皆得，彼此俱畅。（文学第四）

（18）顷之，长史诸贤来清言，客主有不通处，张乃遥于末坐判之，言约旨远，足畅彼我之怀，一坐皆惊。（文学第四）

（19）既彼我相尽，丞相乃叹曰："向来语，乃竟未知理源所归。至于辞喻不相负，正始之音，正当尔耳。"（文学第四）

（20）彼我奋掷麈尾，悉脱落，满餐饭中。（文学第四）

其中前两例"彼我"在句中作定语，且均用"之"连接中心语，后两例"彼我"在句中作主语。

值得一提的是，这一时期"我"新出现了复数形式"我辈"，语义大致等同于先秦时期的"我曹"。"我辈"在《世说新语》中共有4例：

（21）范曰："恐子之金石，非宫商中声。"然每至佳句，辄云："应是我辈语。"（文学第四）

（22）桓曰："第一流复是谁？"刘曰："正是我辈耳！"（品藻第九）

（23）王曰："圣人忘情，最下不及情。情之所钟，正在我辈。"（伤逝第十七）

（24）阮籍嫂尝还家，籍见与别，或讥之，籍曰："礼岂为我辈设也？"（任诞第二十三）

其中第 1 例"我辈"在句中作定语，后 3 例作宾语。

从《世说新语》中"我"的句法功能分布情况来看，到了魏晋南北朝时期，"我"在句中主要作主语，且作主语的比重大幅度上升[1]，"我"作宾语的比重降低；同时这一时期"我"作宾语仅有动宾和介宾两种结构，没有发现"我"位于动词前的情况[2]。此外，这一时期新出现了第一人称代词的复数形式"我辈"，在句中主要作宾语。

"吾"的句法功能在这一时期也发生了很大变化。《世说新语》中"吾"共出现 58 例，与"我"类似，"吾"在句中也主要作主语，这样的例句共 43 例，例如：

（25）至，遇德操采桑，士元从车中谓曰："吾闻丈夫处世，当带金佩紫，焉有屈洪流之量，而执丝妇之事？"（言语第二）

（26）钟曰："国乱不能匡，君危不能济，而各逊遁以求免，吾惧董狐将执简而进矣！"（方正第五）

（27）庾道季云："思理伦和，吾愧康伯；志力强正，吾愧文度。自此以还，吾皆百之。"（品藻第九）

"吾"也常作定语，在句中作定语的例句共 12 例，例如：

（28）季方曰："吾家君譬如桂树生泰山之阿，上有万仞之高，下有不测之深；上为甘露所沾，下为渊泉所润。当斯之时，桂树焉知泰山之高，渊泉之深？不知有功德与无也。"（德行第一）

（29）又尝同席读书，有乘轩冕过门者，宁读如故，歆废书出看，宁割席分坐，曰："子非吾友也！"（德行第一）

---

① 《左传》中"我"作主语的例句约占"我"所有例句的三分之一，而到了《世说新语》时期，"我"作主语的比重大幅度上升，约占全部例句的三分之二。《左传》中"我"作宾语的比重约为 37%，到了《世说新语》中"我"作宾语的比重仅占 20% 左右。详见曹炜，李璐. 从《左传》看先秦第一人称代词的句法、语义、语用特征［J］. 江南大学学报（人文社会科学版），2017（4）.

② 《左传》中"我"和"吾"作宾语的情况可以分为三类：位于动词之前，例如："何不吾谏？"位于动词之后，例如："赂吾以天下。"位于介词之后，例如："与我伐夷而取其地。"到了《世说新语》时期，"我"和"吾"位于动词之前的情况逐渐消失。

"吾"作宾语的例句共出现 2 例，处于动宾结构和介宾结构中各 1 例：

（30）母都无戚容，语之曰："为子则孝，为臣则忠，有孝有忠，何负吾邪？"（贤媛第十九）

（31）玄就车与语曰："吾久欲注，尚未了。听君向言，多与吾同，今当尽以所注与君。"遂为服氏注。（文学第四）

作兼语的例句仅有 1 例：

（32）巨伯曰："远来相视，子令吾去，败义以求生，岂荀巨伯所行邪！"（德行第一）

《世说新语》中"吾"的句法功能分布情况见表 2：

表 2　《世说新语》中"吾"的句法功能分布情况

分类	主语	宾语		定语	兼语	总计
		动宾	介宾			
用例	43	1	1	12	1	58
比例（％）	74.2	1.7	1.7	20.7	1.7	100

此外，与"我"一样，"吾"也出现了新的复数形式"吾辈"。"吾辈"在句中仅出现了 1 例，且在句中作主语：

（33）贼相谓曰："吾辈无义之人，而入有义之国。"（德行第一）

可见，到了魏晋南北朝时期，"吾"在句中仍以作主语为主，作宾语的比重逐渐降低，且"吾"在否定句中出现于动词前的情况逐渐消失，打破了先秦时期"吾"作宾语多处于否定句中的规律。与此同时，这一时期新出现了"吾"的复数形式"吾辈"。

往往在同一个句子里，"吾"和"我"同时并用，最能说明它们在语法上的分工。①《世说新语》中"我"和"吾"在同一个句子中使用的例句共 4 例：

---

① 王力. 汉语语法史［M］. 北京：商务印书馆，2005.

（34）每语子弟云："勿以我受任方州，云我豁平昔时意，今吾处之不易。贫者士之常，焉得登枝而捐其本？尔曹其存之。"（德行第一）

（35）王公曰："我与元规虽俱王臣，本怀布衣之好。若其欲来，吾角巾径还乌衣，何所稍严。"（雅量第六）

（36）络秀语伯仁等："我所以屈节为汝家作妾，门户计耳！汝若不与吾家作亲亲者，吾亦不惜余年！"（贤媛第十九）

（37）既见，便阳言："此定可，殊不如人所传，那得至今未有婚处？我有一女，乃不恶，但吾寒士，不宜与卿计，欲令阿智娶之。"（假谲第二十七）

从"我""吾"在同一句子中的使用情况来看，这一时期"我"和"吾"同作主语的情况更为常见，同时也存在"我"作主语、"吾"作定语的情况。但在表示比较的语境中，均用"我"，而不用"吾"。①

这一时期其他第一人称代词使用不多。"余"在《世说新语》中仅有5例，且有两例为前代的赋或诔，实际上这一时期使用的仅有3例，其中"余"在句中作主语的例句有2例：

（38）敦谓鲲曰："余不得复为盛德之事矣！"鲲曰："何为其然？但使自今以后，日亡日去耳。"（规箴第十）

（39）常谓人曰："昔匠石废斤于郢人，牙生辍弦于钟子，推己外求，良不虚也。冥契既逝，发言莫赏，中心蕴结，余其亡矣！"（伤逝第十七）

1 例作定语：

（40）袁即于坐揽笔益云："感不绝于余心，溯流风而独写。"公谓王曰："当今不得不以此事推袁。"（文学第四）

第一人称代词"予"在《世说新语》中仅出现2例：

---

① 关于"我"和"吾"的区别，庄正容（1984）提出："二者同时用在同一个复句或上下文里，分别作各分句或前后句的主语时，'我'都放在前面，'吾'都放在后面。"我们认为这种说法缺乏可靠的依据。我们统计了《左传》中"我""吾"处于同一个复句或上下文里作主语的情况，发现《左传》中"吾""我"同作主语时大多为"吾"在前、"我"在后，这与《世说新语》的情况就截然相反了。我们认为，"吾""我"的使用应该还是与其本身的特点有关，"我"更多地用在和他人的对比中，是就别人而言自己，而"吾"更多用在就自己而言谈自己的情境中，表达一种自谦的意味，这一点在《世说新语》中也表现得很明显。

（41）何骠骑弟以高情避世，而骠骑劝之令仕，答曰："予第五之名，何必减骠骑？"（栖逸第十八）

（42）羊孚年三十一卒，桓玄与羊欣书曰："贤从情所信寄，暴疾而殒，祝予之叹，如何可言！"（伤逝第十七）

"予"在句中分别作主语和宾语。①

"朕"在《世说新语》中共出现了3例，均在句中作主语：

（43）休曰："虽为小物，耿介过人，朕所以好之。"（规箴第十）

（44）魏文帝受禅，陈群有戚容。帝问曰："朕应天受命，卿何以不乐？"（方正第五）

（45）康帝登阼，会群臣，谓何曰："朕今所以承大业，为谁之议？"（方正第五）

值得注意的是，这一时期"身"作为第一人称代词广泛运用。② "身"在《世说新语》中共出现10例，其中9例作主语，例如：

（46）值王昨已语多，小极，不复相酬答，乃谓客曰："身今少恶，裴逸民亦近在此，君可往问。"（文学第四）

---

① 关于第一人称代词"余"和"予"，很多学者认为"余"和"予"是通假字，可作一个词来考察。我们认为这种观点有待商榷。叶玉英（2010）认为："'余'和'予'并非同词异写的关系，二者出现的时代和来源都不同……'予'作为第一人称代词直到汉代才出现。"关于这一观点，我们认可"余"和"予"非同词异写的关系，但不认同"予"作为第一人称代词直到汉代才出现的说法，《左传》中即有两例"予"作为第一人称代词的用例："文王将死，与之璧，使行，曰：'唯我知女，女专利而不厌，予取予求，不女疵瑕也。'"此外，孟子引用古文时曾将原文中的"余"改为了"予"，这一点更让我们觉得"余"和"予"至少在某些时代或某些地域中是不可混用的。

② 关于"身"是否为第一人称代词，学界众说纷纭，主要有以下三种不同的观点。第一，"人称代词说"，吕叔湘《近代汉语指代词》创此说。其说以《尔雅·释诂》及郭璞注为佐证：卬、吾、台、予、朕、身、甫、余、言，我也。朕、余、躬，身也。郭璞注云："今人亦自呼为身。"同时，吕叔湘还指出："'身'用作'我'，不自魏晋始，汉代或更早已有此用法。"第二，"人己代词说"，俞理明（1993）创此说。俞理明（1993）认为，"身"虽然常用作自称，相当于一个第一人称代词，它还是以己称为常，且"身"指代三身，与其他人己代词一样，是依靠语境来确定人称的。第三，"兼作人称代词和人己代词说"，杨树达（1954）和周法高（1959）等持此说。杨树达在《词诠》中将"身"分为自称人称代名词和人称代名词两类；周法高在《中国古代语法》的"称代编"中将"身"分为第一身代词和复指代词两类。邓军在《魏晋南北朝代词研究》中认为，"身"可表示自称，但主要在魏晋南北朝时期，其第一人称代词的用法即从"自身"发展而来。我们认同邓军的看法。通过对先秦时期"身"的考察，我们发现，先秦时期"身"主要作人己代词，表示自身、自己。到了魏晋南北朝时期，"身"作为第一人称代词开始涌现，且主要在句中作主语。

（47）丞相自起解帐带麈尾，语殷曰："身今日当与君共谈析理。"（文学第四）

（48）王子敬语谢公："公故萧洒。"谢曰："身不萧洒，君道身最得，身正自调畅。"（赏誉第八）

1 例作定语：

（49）谢曰："噫！刘尹秀。"王曰："若如公言，并不如此二人邪？"谢云："身意正尔也。"（赏誉第八）

同时，《世说新语》中还出现了"阿"作第一人称代词的用例，仅有1例：

（50）谢车骑问谢公："真长性至峭，何足乃重？"答曰："是不见耳！阿见子敬，尚使人不能已。"（赏誉第八）

董志翘、蔡镜浩（1994）认为，第一人称代词"阿""大约为方言词，由'我'音转而致。可译作'我'"①。
作为第一人称代词的"阿"最早出现在《三国志》中：

（51）东方人名我为阿，谓乐浪人本其残余人。（《三国志·魏书·韩传》）

据此可知以"阿"称我，为东方人之语，在中原一带并不流行，故陈寿唯恐一般人不懂，特此说明②。
《古小说钩沉·裴子语林》中有1例"汝""阿"代词连用现象③：

（52）太傅曰："汝阿见子敬，便沐浴为论兄辈。"

《世说新语》中"余""予""朕""身""阿"的句法分布情况见表3：

---

① 《尔雅义疏·释诂上》："我声近阿，《木兰诗》云'阿耶无大儿'，'阿耶'犹言我母也。"我们认为这种说法值得商榷。我们认为，此处"阿"当为词头，并非第一人称代词。董志翘、蔡镜浩（1994）指出："阿"的另一种用法是词缀，且总结了"阿"作为词缀的几种用法：（1）冠于代词之前；（2）冠于名词之前；（3）冠于数词之前。《世说新语》中也出现了很多"阿"的用例，如"阿母""阿兄""阿奴"等，我们认为这些都是"阿"作为词缀的用法，仅有1例为第一人称代词。

② 董志翘，蔡镜浩. 中古虚词语法例释［M］. 长春：吉林教育出版社，1994：1.

③ 董志翘、蔡镜浩《中古虚词语法例释》认为"汝阿"即"你我"，我们认同这一说法。

表3 《世说新语》中第一人称代词句法分布情况

句法位置分类	主语	宾语	定语	总计
余	2	0	1	3
予	1	1	0	2
朕	3	0	0	3
身	9	0	1	10
阿	1	0	0	1

可见，到了《世说新语》时期，"余"和"予"的使用都很少，且"余"的使用中有一半以上为做诔、做赋语，表明"余"和"予"二字在口语中可能已经逐渐消失。同时，不同于"古者贵贱皆称'朕'"，"朕"在《世说新语》中均用于皇帝自称，且均用于主位。在这一时期，"身"作为第一人称代词的广泛运用，成为这一时代的一大特点。值得注意的是，这一时期出现了"阿"在句中作第一人称代词的现象，这应是魏晋吴方言的特殊用法。

到了《世说新语》时期，第一人称代词的单复数表达也发生了很大变化，尤其是"我"和"吾"。《世说新语》中"我"已演变为专指单数，且这一时期多用"我"后加"家"等词来表复数语义，例如：

（53）旧以桓谦比殷仲文。桓玄时，仲文入，桓于庭中望见之，谓同坐曰："我家中军那得及此也！"（品藻第九）

（54）王大将军下，庾公问："闻卿有四友，何者是？"答曰："君家中郎、我家太尉、阿平、胡毋彦国。阿平故当最劣。"（品藻第九）

（55）桓公曰："仁祖是胜我许人。"君章云："岂有胜公人而行非者，故一无所问。"（规箴第十）

这一时期第一人称代词的复数形式"我辈"在口语中使用较频繁。"我辈"最早出现在东汉时期，"随着汉语双音化的加快，代词'我'逐渐失去了复数形式的语法功能，在中土文献中也出现了双音代词"①。但总体而言，"我辈"的使用高峰出现在东汉汉译佛经中。

"吾"在这一时期也逐渐失去了表复数语义的功能，《世说新语》中"吾"

---

① 周永军. 从东汉汉译佛经代词看《汉语大词典》疏失［J］. 宁夏大学学报（人文社会科学版），2012（6）.

均表单数语义。

第一人称复数形式"吾辈"在《世说新语》中仅出现1例，与"我辈"不同，"吾辈"在东汉汉译佛经中并未出现，可见，汉语代词的发展具有不对称性。

此外，《世说新语》中"余""予""朕""身""阿"等第一人称代词均专指单数，可见到了魏晋南北朝时期，第一人称代词已演变为专指单数。

到了魏晋南北朝时期，第一人称代词在语用特征上也发生了一些变化。经过我们的统计，《世说新语》中"我"用于上对下的用例有76例，例如：

（56）武帝语和峤曰："我欲先痛骂王武子，然后爵之。"峤曰："武子俊爽，恐不可屈。"（方正第五）

（57）武帝闻尚不和，乃怒问雄曰："我令卿复君臣之好，何以犹绝？"雄曰："古之君子，进人以礼，退人以礼；今之君子，进人若将加诸膝，退人若将坠诸渊。臣于刘河内，不为戎首，亦已幸甚，安复为君臣之好？"（方正第五）

（58）小庾在荆州，公朝大会，问诸僚佐曰："我欲为汉高、魏武，何如？"一坐莫答。长史江虨曰："愿明公为桓、文之事，不愿作汉高、魏武也。"（规箴第十）

例（56）是晋武帝对和峤说的一段话，例（57）是晋武帝与向雄说的话，例（58）是庾翼与僚属们的对话，均为帝王或官僚对臣下所言。

"我"用于下对上的例句有7例，例如：

（59）企生答曰："为殷荆州吏，今荆州奔亡，存亡未判，我何颜谢桓公？"（德行第一）

（60）妇曰："亲卿爱卿，是以卿卿；我不卿卿，谁当卿卿？"遂恒听之。（惑溺第三十五）

（61）刘令言始入洛，见诸名士而叹曰："王夷甫太解明，乐彦辅我所敬，张茂先我所不解，周弘武巧于用短，杜方叔拙于用长。"（品藻第九）

"我"用于地位、身份相当的人之间的有70例，例如：

（62）王谓何曰："我今故与林公来相看，望卿摆拨常务，应对玄言，那得方低头看此邪？"（政事第三）

（63）何对曰："我不看此，卿等何以得存？诸人以为佳。"（政事第三）

（64）桓公少与殷侯齐名，常有竞心。桓问殷："卿何如我？"殷云："我与我周旋久，宁作我。"（品藻第九）

（65）温公劝庾诣陶，曰："卿但遥拜，必无它。我为卿保之。"庾从温言诣陶。（假谲第二十七）

"我"用于身份地位相当的人之间时多为"我"和"卿"对举使用。

可见，这一时期口语中已开始将"我"混用于不同身份地位的人之间了，在口语中各方面差异缩小。当然，"我"用于上对下的用例依然是最多的，"我"的自我强调功能仍然很明显，在势差交际中如鱼得水。

《世说新语》中"吾"用于上对下的例句共19例，例如：

（66）"今晋祚虽衰，天命未改，吾欲立功于河北，使卿延誉于江南，子其行乎？"温曰："峤虽不敏，才非昔人，明公以桓、文之姿，建匡立之功，岂敢辞命！"（言语第二）

（67）魏武曰："卿未可言，待我思之。"行三十里。魏武乃曰："吾已得。"令修别记所知。（捷悟第十一）

（68）王长史求东阳，抚军不用。后疾笃，临终，抚军哀叹曰："吾将负仲祖于此。"命用之。长史曰："人言会稽王痴，真痴。"（方正第五）

例（66）是刘琨对温峤说的一段话，温峤是刘琨的属下，刘琨用"吾"而不用"我"，可以看出他对属下的敬重，语气委婉，从后文的"子"也可看出其谦卑的态度；例（67）是曹操对杨修说的话，曹操用"吾"体现他的身居高位而不自傲；例（68）是抚军对王长史说的话，从"吾"的使用可以看出他是真心后悔没有让王长史担任东阳太守，态度诚恳。

用于下对上的仅6例，例如：

（69）周子居常云："吾时月不见黄叔度，则鄙吝之心已复生矣。"（德行第一）

（70）曹公少时见乔玄，玄谓曰："天下方乱，群雄虎争，拨而理之，非君乎？然君实是乱世之英雄，治世之奸贼。恨吾老矣，不见君富贵，当以子孙相累。"（识鉴第七）

（71）姑以属公觅婚，公密有自婚意，答云："佳婿难得，但如峤比，云何？"姑云："丧败之余，乞粗存活，便足慰吾余年，何敢希汝比？"（假谲第二十七）

"吾"大部分例句均为地位相当的人之间的对话，这样的例句共 34 例。例如：

（72）庚公造周伯仁，伯仁曰："君何所欣说而忽肥？"庚曰："君复何所忧惨而忽瘦？"伯仁曰："吾无所忧，直是清虚日来，滓秽日去耳。"（言语第二）

（73）王公曰："我与元规虽俱王臣，本怀布衣之好。若其欲来，吾角巾径还乌衣，何所稍严。"（雅量第六）

（74）顾劭尝与庞士元宿语，问曰："闻子名知人，吾与足下孰愈？"曰："陶冶世俗，与时浮沉，吾不如子；论王霸之余策，览倚仗之要害，吾似有一日之长。"（品藻第九）

可见，这一时期"吾"仍然保留着先秦时期表达谦卑语气的语用特征，使用"吾"的故事中，大多属于传递正能量，宣扬美好品德的情况，当然也有一些例外，但极少。总体而言，这一时期"吾"在口语中的使用率下降，且"吾""我"之间的差异在逐渐缩小。

"余"和"予"在先秦时期同为贵族使用，到了这一时期，"余"和"予"的使用均减少。与"予"相比，"余"多含谦抑意味，例如：

（75）孙长乐作王长史诔云："余与夫子，交非势利，心犹澄水，同此玄味。"（轻诋第二十六）

（76）敦谓鲲曰："余不得复为盛德之事矣！"鲲曰："何为其然？但使自今以后，日亡日去耳。"（规箴第十）

"予"则表现出比较强烈的自我感，《世说新语》中"予"仅有 2 例，但均体现了这种意味：

（77）何骠骑弟以高情避世，而骠骑劝之令仕，答曰："予第五之名，何必减骠骑？"（栖逸第十八）

（78）羊孚年三十一卒，桓玄与羊欣书曰："贤从情所信寄，暴疾而殒，祝予之叹，如何可言！"（伤逝第十七）

"朕"在这一时期发展为帝王专用的自称词。

"身"作为第一人称代词主要用于地位相当的人之间的对话中，《世说新语》

中这种用法的"身"有6例，例如：

（79）中朝时，有怀道之流，有诣王夷甫咨疑者。值王昨已语多，小极，不复相酬答，乃谓客曰："身今少恶，裴逸民亦近在此，君可往问。"（文学第四）

（80）支徐徐谓曰："身与君别多年，君义、言了不长进。"（文学第四）

（81）二人尝诣蔡，语良久，乃问蔡曰："公自言何如夷甫?"答曰："身不如夷甫。"（文学第四）

用于上对下的例句有4例，例如：

（82）贺曰："身被征作礼官，不关此事。"群小叩头曰："若府君复不见治，便无所诉。"（规箴第十）

（83）郗受假还东，帝曰："致意尊公，家国之事，遂至于此。由是身不能以道匡卫，思患预防。愧叹之深，言何能喻?"（言语第二）

"身"用于第一人称代词有强调自我的意味，从自己出发，在语用特征上更接近于"吾"。

由于《世说新语》中仅出现1例"阿"，且"阿"可能由"我"音转而成，我们无法看出其语用特征。

《世说新语》中第一人称代词的语用特征情况见表4：

表4　《世说新语》中第一人称代词的语用特征

	上对下	下对上	平级	总计
我	76	7	70	153
吾	19	6	34	59
朕	3	0	0	3
身	4	0	6	10
余	0	0	3	3
予	1	1	0	2

从表4可以看出，《世说新语》中第一人称代词总体上主要用于上对下，下对上用第一人称代词已经不再是礼貌性的交际方式，这一时期"我""吾"的尊卑色彩有些弱化，但仍然保留着先秦时期"我""吾"在语用上的感情色彩；此

外，"余"多含谦抑意味，"予"则多表现出较强烈的自我感，"身"虽多从自我出发，却与"予"有相反的感情色彩，多表自谦意味。

综上所述，从《世说新语》第一人称代词的使用情况可以管窥魏晋南北朝时期汉语第一人称代词在家族成员的此消彼长以及句法、语义、语用上的一些特征。

从第一人称代词的句法分布情况来看，"我"在句中主要作主语，"我"作宾语的比重降低，这一时期新出现了第一人称代词的复数形式"我辈"，在句中主要作宾语。"吾"在句中仍以作主语为主，且作宾语的比重逐渐降低，且"吾"在否定句中出现于动词前的情况逐渐消失，打破了先秦时期"吾"作宾语多处于否定句中的规律。与此同时，这一时期新出现了"吾"的复数形式"吾辈"。从"我""吾"在同一句子中的使用情况来看，这一时期"我"和"吾"同作主语的情况更为常见，同时也存在"我"作主语，"吾"作定语的情况。但在表示比较的语境中，均用"我"，而不用"吾"。"余"和"予"的使用都很少，且"余"的使用中有一半以上为做诔、做赋语。同时，不同于"古者贵贱皆称'朕'"，"朕"在《世说新语》中均为皇帝自称，且均用于主语。在这一时期，"身"作为第一人称代词的广泛运用，成为这一时代的一大特点。值得注意的是，这一时期出现了"阿"在句中作第一人称代词的情况，这应是魏晋吴方言的特殊用法。

从第一人称代词所表单复数语义的情况来看，《世说新语》中第一人称代词的复数形式"我辈"在口语中使用较频繁，"吾"在这一时期也逐渐失去了表复数语义的功能，《世说新语》中"吾"均表单数。第一人称复数形式"吾辈"在《世说新语》中仅出现1例，与"我辈"不同，"吾辈"在东汉汉译佛经中并未出现，可见，汉语代词的发展具有不对称性。《世说新语》中"余""予""朕""身""阿"等第一人称代词均专指单数，可见到了魏晋南北朝时期，第一人称代词已演变为专指单数。

从第一人称代词的语用特征来看，《世说新语》中第一人称代词总体上主要用于上对下，下对上用第一人称代词已经不再是礼貌性的交际方式，这一时期"我""吾"的尊卑色彩有些弱化，但仍然保留着先秦时期"我""吾"在语用上的感情色彩；此外，"余"多含谦抑意味，"予"则多表现出较强烈的自我感，"身"虽多从自我出发，却与"予"有相反的感情色彩，多表自谦意味。

参考文献：

［1］邓军. 魏晋南北朝代词研究［M］. 上海：上海人民出版社，2008.

［2］董志翘，蔡镜浩. 中古虚词语法例释［M］. 长春：吉林教育出版社，1994.

［3］曹炜，李璐．从《左传》看先秦第一人称代词的句法、语义、语用特征［J］．江南大学学报（人文社会科学版），2017（4）．

［4］杨树达．词诠［M］．北京：中华书局，1954.

［5］叶玉英．人称代词"予"的出现时代及与"余"、"舍"的关系［J］．中山大学学报（社会科学版），2010，50（3）．

［6］俞理明．佛经文献语言［M］．成都：巴蜀书社，1993.

［7］王力．汉语语法史［M］．北京：商务印书馆，2005.

［8］王力．汉语史稿［M］．北京：中华书局，1980.

［9］庄正容．《世说新语》中的人称代词［J］．福建师范大学学报（哲学社会科学版），1984（4）．

［10］周法高．中国古代语法：称代编［M］．"中央研究院"历史语言研究所，1959.

［11］周永军．从东汉汉译佛经代词看《汉语大词典》疏失［J］．宁夏大学学报（人文社会科学版），2012（6）．

（原载于《文献语言学》2018 年第 6 辑）

从《世说新语》看魏晋南北朝时期第二人称代词的句法、语义、语用特征①

魏晋南北朝时期是汉语史上极为重要的时期，上古汉语中的不少语法现象在这个时期都开始产生变化，一些旧质要素逐渐式微，一些新质要素开始出现，代词也不例外。

《世说新语》是魏晋南北朝时期的代表性文献，其展示的语言特点比较典型地反映了魏晋南北朝汉语的基本面貌，我们试图通过对《世说新语》中第二人称代词用法特征的计量考察，来归纳总结魏晋南北朝时期汉语第二人称代词的句法、语义及语用规律。

与《左传》所处的先秦时期相比，《世说新语》中第二人称代词的用法特点发生了很大的变化。《世说新语》中的第二人称代词有"汝""尔""卿""子""乃"5个②。各个代词的分布情况见表1。

表1　《世说新语》中第二人称代词的分布情况

参数	汝	尔	卿	子	乃	总计
用例	62	12	190	13	2	279
比例（%）	22.4	4.3	68.0	4.6	0.7	100

"汝"在《左传》时期多写作"女"，《左传》中仅出现1例"汝"，其余均作"女"。到了《世说新语》时期，已均作"汝"。《世说新语》中第二人称代词"汝"共出现62例，约占该书所有第二人称代词用例的22.5%。其中"汝"在

① 本文为2015年度国家社会科学基金一般项目"先秦至民国末期汉语代词发展演变史研究"（15BYY130）的阶段性成果。本文由笔者与笔者指导的苏州大学汉语言文字学专业博士研究生李璐同志合作完成。

② 关于《世说新语》时期第二人称代词种类的问题，很多学者已做过考察。庄正容（1984）认为《世说新语》中第二人称代词有"汝""尔""乃"三个，刘汉生（2007）提出："《世说新语》第二人称代词只有'汝'和'尔'两个。"张振德在《〈世说新语〉语言研究》中指出："《世说新语》中的第二人称代词有'汝''尔'和'子'。"通过考察分析，我们认为《世说新语》中"汝""尔""子""卿"和"乃"均符合第二人称代词的特质。

句中仍然以作主语为主，这样的例句共有38例，例如：

（1）贼既至，谓巨伯曰："大军至，一郡尽空，汝何男子，而敢独止？"（德行第一）

（2）食竟，取笔题白事后云："若得门庭长如郭林宗者，当如所白。汝何处得此人？"（政事第三）

（3）谢公甚器爱万，而审其必败，乃俱行。从容谓万曰："汝为元帅，宜数唤诸将宴会，以说众心。"（简傲第二十四）

这一时期"汝"作宾语的例句大量减少，《世说新语》中"汝"作宾语的例句仅有8例，其中作动词宾语的有4例：

（4）谢公尝与谢万共出西，过吴郡，阿万欲相与共萃王恬许，太傅云："恐伊不必酬汝，意不足尔。"（简傲第二十四）

（5）张苍梧是张凭之祖，尝语凭父曰："我不如汝。"（排调第二十五）

（6）姑云："丧败之余，乞粗存活，便足慰吾余年，何敢希汝比？"（假谲第二十七）

（7）母流涕曰："王敦昔肆酷汝父，假手世将。吾所以积年不告汝者，王氏门强，汝兄弟尚幼，不欲使此声著，盖以避祸耳！"（仇隙第三十六）

作介词宾语的例句有3例，如：

（8）孔子曰："衣夫锦也，食夫稻也，于汝安乎？"吾不取也！（规箴第十）

（9）皓正饮酒，因举觞劝帝而言曰："昔与汝为邻，今与汝为臣。上汝一杯酒，令汝寿万春！"（排调第二十五）

作双宾句中宾语的例句仅1例：

（10）皓正饮酒，因举觞劝帝而言曰："昔与汝为邻，今与汝为臣。上汝一杯酒，令汝寿万春！"（排调第二十五）

"汝"作定语的例句共有14例,且"汝"后大多为亲属称谓①。例如:

(11)王僧恩轻林公,蓝田曰:"勿学汝兄,汝兄自不如伊。"(品藻第九)

(12)王太尉问眉子:"汝叔名士,何以不相推重?"眉子曰:"何有名士终日妄语?"(轻诋第二十六)

(13)宣武谓曰:"汝叔落贼,汝知不?"(豪爽第十三)

"汝"作兼语的例句仅有2例:

(14)皓正饮酒,因举觞劝帝而言曰:"昔与汝为邻,今与汝为臣。上汝一杯酒,令汝寿万春!"(排调第二十五)

(15)魏武常言:"人欲危己,己辄心动。"因语所亲小人曰:"汝怀刃密来我侧,我必说'心动',执汝使行刑,汝但勿言其使,无他,当厚相报。"(假谲第二十七)

《世说新语》中"汝"的句法分布情况见表2:

表2　《世说新语》中"汝"的句法功能分布情况

句法位置	主语	宾语			定语	兼语	总计
		动宾	介宾	双宾宾语			
用例	38	4	3	1	14	2	62
比例(%)	61.3	6.5	4.8	1.6	22.6	3.2	100

　　《左传》中"汝"在句中主要作主语,从《世说新语》中"汝"的句法分布情况来看,这一时期"汝"仍以作主语为主,且"汝"作主语的比例呈逐渐增加的趋势,"汝"作定语的比例也大幅度增加,但"汝"作宾语的比例大幅度降低,尤其是"汝"作动词宾语的情况。由此可见,由《左传》时期的"女"到《世说新语》时期的"汝",在句法功能上已发生了很大的变化。

　　第二人称代词"尔"在这一时期的用例逐渐减少,《世说新语》中"尔"仅有12例,占该书所有第二人称代词用例的4.3%,可见这一时期第二人称代词

---

① 邓军在《魏晋南北朝代词研究》中指出:"三国以来发生了质的变化:'汝'分布广泛,使用频率和所占比例超过'尔'(少数除外,如《魏诗》),这表明'汝'在领格已占据主导地位,这是魏晋以来语法范畴上的一次重大变化。"据我们考察,邓氏所论是符合《世说新语》时期的语言事实的。

"尔"已不常见。① 《世说新语》中"尔"主要作定语，这样的例句共 6 例，例如：

(16) 陆曰："既开青云，睹白雉，何不张尔弓，布尔矢?"（排调第二十五）

(17) 王右军少时甚涩讷。在大将军许，王、庾二公后来，右军便起欲去，大将军留之，曰："尔家司空、元规，复可所难?"（轻诋第二十六）

也常作主语，这样的例句共 4 例：

(18) 元帝失色，曰："尔何故异昨日之言邪?"答曰："举目见日，不见长安。"（夙慧第十二）

(19) 朔曰："此非唇舌所争，尔必望济者，将去时，但当屡顾帝，慎勿言! 此或可万一冀耳。"（规箴第十）

(20) 太丘曰："尔颇有所识不?"（夙慧第十二）

(21) 既至，帝核问之，允对曰："'举尔所知'，臣之乡人，臣所知也。陛下检校为称职与不，如不称职，臣受其罪。"（规箴第十）

"尔"作宾语的例句仅有 1 例，且作双宾句的宾语：

(22) 夜，华林园中饮酒，举杯属星云："长星! 劝尔一杯酒，自古何时有万岁天子!"（雅量第六）

作兼语的例句也仅有 1 例：

(23) 陆玩拜司空，有人诣之，索美酒，得，便自起，泻著梁柱间地，祝曰："当今乏才，以尔为柱石之用，莫倾人栋梁。"（规箴第十）

《世说新语》中"尔"的句法功能分布情况见表 3：

---

① 《左传》时期"汝"在使用频率上略占优势，到了《世说新语》中，"汝"已占绝对优势。详见曹炜，李璐. 从《左传》看先秦第二人称代词的句法、语义、语用规律 [J]. 阅江学刊，2017（4）：90–101.

表3　《世说新语》中"尔"的句法功能分布情况

参数	主语	定语	宾语	兼语	总计
用例	4	6	1	1	12
比例（％）	33.4	50	8.3	8.3	100

可见，到了《世说新语》时期，"尔"在句中仍以作主语和定语为主，在句法功能分布比例上没有发生很大变化，但总体上"尔"的用例大幅度减少。

第二人称代词"子"在《左传》时期用得比较多，之后就渐趋式微。《世说新语》中第二人称代词"子"仅有13例，且"子"在句中绝大多数作主语，共10例，例如：

（24）荀巨伯远看友人疾，值胡贼攻郡，友人语巨伯曰："吾今死矣，子可去！"（德行第一）

（25）德操曰："子且下车。子适知邪径之速，不虑失道之迷。昔伯成耦耕，不慕诸侯之荣；原宪桑枢，不易有官之宅。何有坐则华屋，行则肥马，侍女数十，然后为奇？此乃许、父所以慷慨，夷、齐所以长叹。虽有窃秦之爵，千驷之富，不足贵也。"（言语第二）

（26）明旦往，及未窹，便呼："子慎！子慎！"（文学第四）

"子"作定语的例句有2例：

（27）范曰："恐子之金石，非宫商中声。"（文学第四）

（28）安仁诗所谓"子亲伊姑，我父唯舅"。（赏誉第八）

"子"作宾语的例句仅有1例：

（29）曰："陶冶世俗，与时浮沉，吾不如子；论王霸之余策，览倚仗之要害，吾似有一日之长。"（品藻第九）

《世说新语》中"子"的句法功能分布情况见表4：

表4 《世说新语》中"子"的句法功能分布情况

参数	主语	定语	宾语	总计
用例	10	2	1	13
比例（%）	76.9	15.4	7.7	100

《世说新语》中新出现了第二人称代词"卿"，且共出现了187例，成为这一时期最主要的第二人称代词。① 第二人称代词"卿"在句中主要作主语，这样的例句共有111例，例如：

（30）武帝谓刘仲雄曰："卿数省王、和不？闻和衷苦过礼，使人忧之。"（德行第一）

（31）王公曰："卿欲希嵇、阮邪？"答曰："何敢近舍明公，远希嵇、阮！"（言语第二）

（32）刘真长与殷渊源谈，刘理如小屈，殷曰："恶！卿不欲作将善云梯仰攻。"（文学第四）

常作定语，这样的例句有33例，例如：

（33）毓面有汗，帝曰："卿面何以汗？"毓对曰："战战惶惶，汗出如浆。"（言语第二）

（34）袁公曰："孤往者尝为邺令，正行此事。不知卿家君法孤，孤法卿父？"（政事第三）

（35）瑗见其二子，并总发，超观之良久，谓瑗曰："小者才名皆胜，然保卿家者，终当在兄。"（识鉴第七）

作宾语的例句共32例，其中处于动宾结构的有19例，例如：

（36）孟昶为刘牢之主簿，诣门谢，见云："羊侯，羊侯，百口赖卿。"（文

---

① 张振德在《〈世说新语〉语言研究》中将"卿"称为"第二人称代词的代用品"，且指出："尽管'卿'大量用来指代对方，其使用量约相当于'尔'、'汝'和'子'总量的1.9倍，它仍然不是真正的代词，而只能是第二人称代词的代用品。"张氏并没有指出"卿"不能视为第二人称代词的原因，但经过我们的考察，无论是从句法还是语义、语用上，"卿"均具备了第二人称代词的所有特质，因此，我们认为"卿"是这一时期新出现的第二人称代词。详见张振德，等.《世说新语》语言研究［M］.成都：巴蜀书社，1995：190.

学第四)

　　(37) 王丞相尝谓骏曰："孔愉有公才而无公望，丁潭有公望而无公才，兼之者其在卿乎?"(品藻第九)

　　(38) 桓公停欲言，中悔，曰："卿喜传人语，不能复语卿。"(品藻第九)

　　其中有 2 例处于双宾结构中：

　　(39) 太傅曰："我知，我知。"即举酒云："桓义兴，劝卿酒!"(言语第二)

　　(40) 丞相让之，大将军曰："自杀伊家人，何预卿事!"(汰侈第三十)

　　处于介宾结构的例句有 13 例，例如：

　　(41) 谢胡儿语庚道季："诸人莫当就卿谈，可坚城垒。"(言语第二)

　　(42) 明帝问周侯："论者以卿比郗鉴，云何?"(品藻第九)

　　(43) 初宦当出，虞存嘲之曰："与卿约法三章：谈者死，文笔者刑，商略抵罪。"(排调第二十五)

　　"卿"在《世说新语》中作兼语的例句共 3 例：

　　(44) 谓温峤曰："班彪识刘氏之复兴，马援知汉光之可辅。今晋祚虽衰，天命未改，吾欲立功于河北，使卿延誉于江南，子其行乎?"(言语第二)

　　(45) 武帝闻尚不和，乃怒问雄曰："我令卿复君臣之好，何以犹绝?"(方正第五)

　　(46) 中宗笑曰："此事岂可使卿有勋邪?"(排调第二十五)

　　值得注意的是，这一时期"卿"还有作谓语的情况：

　　(47) 王安丰妇，常卿安丰。安丰曰："妇人卿婿，于礼为不敬，后勿复尔。"妇曰："亲卿爱卿，是以卿卿；我不卿卿，谁当卿卿?"遂恒听之。(惑溺第三十五)

　　(48) 王太尉不与庚子嵩交，庚卿之不置。王曰："君不得为尔。"庚曰："卿自君我，我自卿卿；我自用我法，卿自用卿法。"(方正第五)

　　"卿"作同位语的例句共 4 例：

（49）庾公曰："卫风韵虽不及卿诸人，倾倒处亦不近。"（赏誉第八）

（50）刘曰："卿诸人真忧渊源不起邪？"（识鉴第七）

（51）谢太傅曰："卿兄弟志业，何其太殊？"戴曰："下官不堪其忧，家弟不改其乐。"（栖逸第十八）

（52）孙皓问丞相陆凯曰："卿一宗在朝有人几？"陆曰："二相，五侯，将军十余人。"（规箴第十）

《世说新语》中"卿"的句法功能分布情况见表5：

表5　《世说新语》中"卿"的句法功能分布情况

参数	主语	定语	宾语		兼语	谓语	同位语	总计
			动宾	介宾				
用例	111	33	19	13	3	7	4	190
比例（%）	58.4	17.4	10.0	6.8	1.6	3.7	2.1	100

从表5中可以看出，这一时期"卿"大量出现，成为《世说新语》中最主要的第二人称代词，且"卿"在句中主要作主语，占全部例句的一半以上，作定语的情况也较为常见。同时，"卿"还可以在句中作宾语、兼语、谓语和同位语等成分，句法功能种类也比较多。

值得注意的是，这一时期大多数"乃"已经失去了第二人称代词的特性，常在句中作状语，表"竟然""尚且"等语义，属副词。但仍有用于第二人称代词的情况，且在句中均作主语①：

（53）王长史道江道群："人可应有，乃不必有；人可应无，已必无。"（赏誉第八）

（54）谢镇西书与殷扬州，为真长求会稽，殷答曰："真长标同伐异，侠之大者。常谓使君降阶为甚，乃复为之驱驰邪？"（轻诋第二十六）

---

① 关于《世说新语》中"乃"作第二人称代词的情况，庄正容（1984）已进行过相关考察。庄氏认为"既彼我相尽，丞相乃叹曰：'向来语，乃竟未知理源所归。至于辞喻不相负，正始之音，正当尔耳'"。一句中"乃"在句中作第二人称代词，我们认为这是不正确的。从上下文语境可以看出，这句话是丞相王导与殷浩谈论玄理之后的慨叹之词，而并非他和殷浩的对话，"乃"自然也不能译为"你"，而应该与后面的"竟"一起译为"竟然"。

《世说新语》中有一些代词，学界有不同看法。

《汉语大词典》认为"伊"在《世说新语》中可作第二人称代词，且对"伊"字的释义中有一条是这样写的：你。南朝刘义庆《世说新语·品藻》："勿学汝兄，汝兄自不如伊。"

而《辞源》中对"伊"的释义则是：第三人称代词。《世说新语·品藻》："王僧恩（袆之）轻林公（支遁）。蓝田（王述）曰：'勿学汝兄，汝兄自不如伊。'"

这两本著名的工具书对于同样一个例句训释同一个字竟然得出了不同的结论，必然有一个所述有误。对于"伊"字在这里的用法，于其（1995）已进行过相关考察，且从当时的历史背景出发对"伊"的属性进行了讨论，认为此处"伊"应是第三人称代词。我们认同于氏的看法，根据这句话所传达的信息及前后文语境，王僧恩的哥哥王文度与支道林不和，王述因自己的儿子王僧恩也轻视支道林，于是对他说："你不要学你的哥哥（王文度），你哥哥还不如他（支道林）。"因此，此处《辞源》的释义应是正确的，《汉语大词典》乃误。

"伊"字确有第二人称的用法，吕叔湘曾在《近代汉语指代词》中提出："在金元人的曲文里，'伊'字常作'你'字用。"[1] 但于氏提出："早在敦煌变文中即已出现这种特殊用法。"[2] 对此，我们并不认同。我们认为，"伊"有第二人称代词的用法应早于敦煌变文，《世说新语》中有这样的例句：

（55）安仁诗所谓"子亲伊姑，我父唯舅"。是许允婿。（赏誉第八）

此处的"伊"应为第二人称代词，这句话引述了潘安仁的诗。可见"伊"作第二人称代词应早于《世说新语》时期。

此外，"之"在这一时期也可表第二人称代词，只是这样的例句在《世说新语》中仅1例：

（56）慈明曰："足下相难，依据者何经？"阆曰："方问国士，而及诸兄，是以尤之耳。"（言语第二）

这段话是慈明和袁阆的对话，可以释为："慈明问：'您责备我，依据什么原则？'袁阆回答：'我刚才问国士，你却谈自己的诸位兄长，因此我才责问你

① 吕叔湘. 近代汉语指代词 ［M］. 江蓝生，补. 上海：学林出版社，1985：18.
② 于其."伊"义辨误 ［J］. 辞书研究，1995（1）：140－141.

呀!'"很明显此处"之"用来表第二人称。但鉴于代词"之"在《世说新语》中绝大多数用来表第三人称,我们将"之"放在第三人称代词中加以讨论。

相对于《左传》时期,《世说新语》中第二人称代词表单复数的情况有了很大变化。第二人称代词"汝"在《左传》时期既可表单数语义,也可表复数语义,到了《世说新语》时期,"汝"在句中均表单数语义,例如:

(57)江左殷太常父子,并能言理,亦有辩讷之异。扬州口谈至剧,太常辄云:"汝更思吾论。"(文学第四)

(58)乳母既至,朔亦侍侧,有谓曰:"汝痴耳!帝岂复忆汝乳哺时恩邪!"(规箴第十)

(59)复欲害东阿,太后曰:"汝已杀我任城,不得复杀我东阿。"(尤悔第三十三)

这一时期新出现了"汝"的复数形式"汝等"和"汝辈"等,共3例:

(60)儿以咨母,母曰:"汝等虽佳,才具不多,率胸怀与语,便无所忧。不须极哀,会止便止。又可少问朝事。"(贤媛第十九)

(61)王右军郗夫人谓二弟司空、中郎曰:"王家见二谢,倾筐倒庋;见汝辈来,平平尔。汝可无烦复往。"(贤媛第十九)

(62)庾夫人云:"汝等近,过我余年,我养之,不忍见行此事。"(仇隙第三十六)

可见,由于"汝"的复数形式的出现,原本还有少量表复数语义的情况在《世说新语》时期已基本消失,均表单数语义,其复数语义由"汝等""汝辈"等承载。

与《左传》时期"尔"表单复数语义的情况相似,《世说新语》中第二人称代词"尔"同样既可表单数语义,也可表复数语义。表单数语义的例句有9例,例如:

(63)因语之曰:"恐阿大非尔之友,终乖爱好。"(识鉴第七)

(64)既至,帝核问之,允对曰:"'举尔所知',臣之乡人,臣所知也。"(贤媛第十九)

表复数语义的例句仅有 3 例，其中包括 1 例新出现的复数形式"尔等"：

（65）周伯仁母冬至举酒赐三子曰："吾本谓度江托足无所，尔家有相，尔等并罗列吾前，复何忧？"（识鉴第七）

（66）太丘曰："尔颇有所识不？"对曰："仿佛记之。"（夙慧第十二）

与"汝"不同，"尔"除了可以用"尔等"来承载复数语义，"尔"本身也可表复数语义。

第二人称代词"子"在《世说新语》中表单复数的情况也与《左传》时期相一致，均表单数语义，例如：

（67）巨伯曰："远来相视，子令吾去，败义以求生，岂苟巨伯所行邪！"（德行第一）

（68）曰："陶冶世俗，与时浮沉，吾不如子；论王霸之余策，览倚仗之要害，吾似有一日之长。"（品藻第九）

"卿"在《世说新语》中主要表单数语义，共有 183 例，例如：

（69）后大闻之，甚惊，曰："吾本谓卿多，故求耳。"对曰："丈人不悉恭，恭作人无长物。"（德行第一）

（70）文帝问曰："卿何以不谨于文宪？"桢答曰："臣诚庸短，亦由陛下纲目不疏。"（言语第二）

（71）车骑下车，抱术曰："族弟发狂，卿为我宥之！"（方正第五）

表复数语义仅有 7 例，例如：

（72）何对曰："我不看此，卿等何以得存？"（政事第三）

（73）谢太傅曰："卿兄弟志业，何其太殊？"戴曰："下官不堪其忧，家弟不改其乐。"（栖逸第十八）

（74）桓曰："我若不为此，卿辈亦那得坐谈？"（排调第二十五）

与"汝""尔"相似，"卿"也产生了其复数形式"卿辈""卿等"，从"卿"表复数语义的情况来看，"卿"表复数语义可以分为两类，一类是与"等"

一起出现，构成"卿等""卿辈"这两个复数结构表复数语义，一类情况出现在同位结构中，如"卿兄弟""卿一宗"等，可见"卿"一般不单独表复数语义。

"乃"在《左传》中仅表单数语义，到了《世说新语》时期，"乃"仍然仅表单数语义，例如：

（75）王长史道江道群："人可应有，乃不必有；人可应无，己必无。"（赏誉第八）

《世说新语》中第二人称代词表单复数语义的情况见表6：

表6　《世说新语》中第二人称代词表单复数语义的情况

第二人称代词	单数	复数
汝	62	0
尔	9	3
子	13	0
卿	183	7
乃	2	0
总计	266	10

据我们考察，《左传》时期第二人称代词以表单数语义为主，发展到《世说新语》时期，第二人称代词表单数语义的倾向更为明显。"汝"在《左传》中尚有表复数语义的情况，但到了《世说新语》中均表单数语义，我们没有发现任何一个代词从不表复数语义发展出表复数语义的情形。

第二人称代词"汝"在《世说新语》中主要用于身份地位高的人对身份地位低的人的对话中，这样的例句共43例。例如：

（76）韩康伯时为丹阳尹，母殷在郡，每闻二吴之哭，辄为凄恻，语康伯曰："汝若为选官，当好料理此人。"（德行第一）

（77）敕世子毗曰："夫学之所益者浅，体之所安者深。闲习礼度，不如式瞻仪形；讽味遗言，不如亲承音旨。王参军人伦之表，汝其师之。"或曰："王、赵、邓三参军，人伦之表，汝其师之。"（赏誉第八）

（78）因不复前而叹曰："狗鼠不食汝余，死故应尔！"至山陵，亦竟不临。（贤媛第十九）

例（76）为母亲嘱咐儿子的对话，例（77）是东海王告诫自己儿子的话语，例（78）是太后对自己儿子的不满之辞，由此可见，"汝"在这一时期多用于告诫、责备的语境中。

"汝"有15例用于身份地位平等者之间的对话中，仅有4例用于身份地位低的人对身份地位高的人的对话中，如：

（79）晋武帝问孙皓："闻南人好作尔汝歌，颇能为不？"皓正饮酒，因举觞劝帝而言曰："昔与汝为邻，今与汝为臣。上汝一杯酒，令汝寿万春！"帝悔之。（排调第二十五）

此处孙皓是晋武帝的降臣，晋武帝让孙皓以"尔汝"称呼自己，实际上是自取其辱，由此可见"汝"一般用于表示对对方的轻视。

与"汝"相似，《世说新语》中"尔"也大多用于身份地位高的人对身份地位低的人的对话中，这样的例句共9例。例如：

（80）陆玩拜司空，有人诣之，索美酒，得，便自起，泻著梁柱间地，祝曰："当今乏才，以尔为柱石之用，莫倾人栋梁。"（规箴第十）

（81）元帝失色，曰："尔何故异昨日之言邪？"答曰："举目见日，不见长安。"（夙慧第十二）

（82）王右军少时甚涩讷。在大将军许，王、庾二公后来，右军便起欲去，大将军留之，曰："尔家司空、元规，复可所难？"（轻诋第二十六）

其余3例用于身份地位平等者的对话中。从"尔"在《世说新语》中的使用情况，我们可以发现，"尔"也多用于位尊者对位卑者的对话中，"汝"多用于亲属关系中，"尔"则多用于君臣和上下级关系中。

第二人称代词"子"在《世说新语》中并没有严格意义上的尊卑色彩，据我们统计，"子"大多用于身份地位平等者之间的对话中，且"子"既可以表达对对方的责备，例如：

（83）子曾不如太原温颙、颍川荀寓、范阳张华、士卿刘许、义阳邹湛、河南郑诩。（排调第二十五）

也可以表示对对方的称赞和期许之情，例如：

（84）谓温峤曰："班彪识刘氏之复兴，马援知汉光之可辅。今晋祚虽衰，天命未改，吾欲立功于河北，使卿延誉于江南，子其行乎？"（言语第二）

《现代汉语词典》（第6版）对"卿"的释义为：①古代高级官名：~相。②古时君称臣。③古时夫妻或好朋友之间表示亲爱的称呼。④姓。据我们对《世说新语》中"卿"的语用色彩的考察，这个释义显然是不全面的。"卿"在《世说新语》中主要用于身份地位平等者之间的对话中，其次是位尊者与位卑者的对话中，例如：

（85）复问会："卿何以不汗？"对曰："战战栗栗，汗不敢出。"（言语第二）

（86）帝问曰："朕应天受命，卿何以不乐？"（方正第五）

（87）范豫章谓王荆州："卿风流俊望，真后来之秀。"王曰："不有此舅，焉有此甥？"（赏誉第八）

前两例是君对臣的对话，后一例是王忱与他舅舅之间的对话，可见"卿"使用的范围十分广泛，具有一般第二人称代词的特点。其次，"卿"既可以表示对话者之间亲昵的感情，例如：

（88）王太尉不与庾子嵩交，庾卿之不置。王曰："君不得为尔。"庾曰："卿自君我，我自卿卿；我自用我法，卿自用卿法。"（方正第五）

（89）王安丰妇，常卿安丰。安丰曰："妇人卿婿，于礼为不敬，后勿复尔。"妇曰："亲卿爱卿，是以卿卿；我不卿卿，谁当卿卿？"遂恒听之。（惑溺第三十五）

但也有例外，例如：

（90）夷甫骤谏之，乃曰："非但我言卿不可，李阳亦谓卿不可。"（规箴第十）

（91）步兵曰："仲容已预之，卿不得复尔。"（任诞第二十三）

（92）鸿胪卿孔群好饮酒，王丞相语云："卿何为恒饮酒？不见酒家覆瓿布，日月糜烂？"（任诞第二十三）

例（90）是夷甫对自己妻子的劝诫，例（91）是阮籍对他儿子的劝诫，例（92）是丞相王导对孔群的责备之词。可见，"卿"不仅仅用于表示对话者之间的亲爱的称呼，也可用于表示对对方的劝诫和责备。但总体而言，"卿"主要用于友好的场合中。

第二人称代词"乃"在《左传》中多用于表示对对方的尊敬之情，而到了《世说新语》中，"乃"表尊敬的意味逐渐消失，多用于表示对对方轻微的责备和劝诫，例如：

（93）谢镇西书与殷扬州，为真长求会稽，殷答曰："真长标同伐异，侠之大者。常谓使君降阶为甚，乃复为之驱驰邪？"（轻诋第二十六）

《世说新语》中第二人称代词的语用特征分布情况见表7：

表7　《世说新语》中第二人称代词的语用特征分布情况

参数	汝	尔	子	卿	乃	总计
上对下	43 （69.3%）	9 （75%）	2 （15.4%）	70 （36.8%）	0 （0%）	124 （44.9%）
下对上	4 （6.5%）	0 （0%）	0 （0%）	6 （3.2%）	0 （0%）	10 （3.6%）
平级	15 （24.2%）	3 （25%）	11 （84.6%）	114 （60%）	2 （100%）	142 （51.5%）

由此我们可以发现，"汝"在这一时期多用于位尊者对位卑者的对话中，多表示对对方的告诫、责备和轻视，"尔"也多用于位尊者对位卑者的对话中，且"汝"多用于亲属关系中，"尔"则多用于君臣和上下级关系中。第二人称代词"子"在《世说新语》中并没有严格意义上的尊卑色彩，大多用于身份地位平等者之间的对话中。"卿"主要用于友好的场合中，但不仅仅用于表示对话者之间的亲爱的称呼，也可用于表示对对方的劝诫和责备。第二人称代词"乃"在《左传》中多用于表示对对方的尊敬之情，而到了《世说新语》中，"乃"表尊敬的意味逐渐消失，多用于表示对对方轻微的责备和劝诫。

《世说新语》中的第二人称代词有"汝""尔""卿""子""乃"5个。"汝"在句中主要作主语，相对于《左传》时期，"尔"的用例大幅度减少，"汝"在使用频率上大大超过了"尔"；"子"在句中绝大多数作主语。《世说新语》中新出现了第二人称代词"卿"，且在句中主要作主语。这一时期大多数"乃"已经失去了表第二人称代词的特性，常在句中作状语，表"竟然""尚且"等语义，属副词。

《世说新语》时期，"汝""子""乃"在句中均表单数语义，这一时期新出现了复数形式"汝等""汝辈""尔等""卿等""卿辈"等，第二人称代词"尔"和"卿"既可表单数语义，也可表复数语义。总体而言，第二人称代词表单数语义的倾向更为明显。

"汝"在这一时期多用于位尊者对位卑者的对话中，多表示对对方的告诫、责备和轻视，"尔"也多用于位尊者对位卑者的对话中，且"汝"多用于亲属关系中，"尔"则多用于君臣和上下级关系中。第二人称代词"子"在《世说新语》中并没有严格意义上的尊卑色彩，大多用于身份地位平等者之间的对话中。"卿"主要用于友好的场合中，但不仅仅用于表示对话者之间的亲爱的称呼，也有一些表示对对方的劝诫和责备。第二人称代词"乃"在《左传》中多用于表示对对方的尊敬之情，而到了《世说新语》中，"乃"表尊敬的意味逐渐消失，多用于表示对对方轻微的责备或劝诫。

参考文献：

［1］曹炜，李璐．从《左传》看先秦第二人称代词的句法、语义、语用规律［J］．阅江学刊，2017（4）．

［2］于其．"伊"义辨误［J］．辞书研究，1995（1）．

［3］中国社会科学院语言研究所词典编辑室．现代汉语词典［M］．6版．北京：商务印书馆，2013.

（原载于《学术交流》2017年第12期）

第四编
汉语虚词研究史

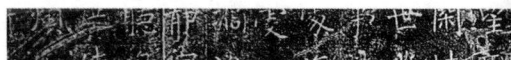

近代汉语虚词研究概论^①

关于近代汉语虚词的研究，据我们掌握的材料，主要始自十四世纪上半叶问世的元代卢以纬的《助语辞》，明清时期问世的一些诠释虚词的著作中也每有涉及。然近代汉语虚词研究的隆兴还是在20世纪，尤其是20世纪的最后20年，一直延续至21世纪初期的今天。

一般认为，语法学来自欧洲，是舶来品。19世纪末问世的模仿欧洲语法学著作写就的《马氏文通》被公认为中国第一部系统的语法学著作。在此之前，中国国内不存在系统的语法学著作，有的只是零星地散见于历代训诂学著作中的被称为语法学思想之萌芽的一些有点暧昧的文字表述。我们经常在国内已有的一些汉语语法学史著作中看到类似的表述。

我们以为，这就是徐通锵先生一再提及的"印欧语眼光"。正确的表述应该是，在《马氏文通》之前中国不存在像欧美语法学这样的语法学。

其实在20世纪以前的数千年漫长岁月中，中国就有自己的语法学，那就是虚词学。在中国人的心目中，虚词研究就是语法研究的全部内容。现在的由词法、句法构成的语法学才是舶来品，是欧美人眼中的语法学。中国虚词学的第一部著作《助语辞》，便是中国第一部语法学著作。其后出现的《经传释词》《助字辨略》等也都是中国的语法学著作，只是不同于欧美语法学罢了。

关于近代汉语虚词的研究，则是汉语虚词研究不可或缺的一个环节，也是汉语虚词研究中相对薄弱的一个环节。个中缘由，蒋绍愚先生在其《近代汉语研究概况》中已经作了精要的分析^②，这里不再赘述。自20世纪80年代以降，近代汉语虚词研究有了长足的发展，个案探讨的文章不断涌现，专书专题讨论的论著也数量可观。但是，离建立一部翔实的近代汉语虚词史所必需的各方面准备还有不小的距离，下面需要着手的事情还有许多，其中较为重要的一项便是对此前的所有研究作一下盘点，看看究竟还存在哪些缺陷，哪些地方还需要我们下大力气予以夯实。现在是到了该对近代汉语虚词研究的发展作一番梳理、盘点、总结的

① 本文为2008年度国家社会科学基金一般项目"北京话虚词史（1750—1950）"（08BYY049）的阶段性成果。

② 蒋绍愚. 近代汉语研究概况［M］. 北京：北京大学出版社，1994：15－16.

时候了。

近代汉语虚词研究的历史可以分为五个部分来对其进行描写和勾勒，它们分别是：近代汉语代词研究史、近代汉语助词研究史、近代汉语介词研究史、近代汉语连词研究史和近代汉语副词研究史。

一、近代汉语代词研究概况

近代汉语代词的研究历史大致可以分为19世纪以前、19世纪末至20世纪60年代、20世纪80年代、20世纪90年代和21世纪第一个十年五个发展阶段。

在19世纪以前的岁月里，近代汉语代词研究不能说毫无触及，但总的来说还是一块不毛之地，研究成果寥寥无几。究其原因，正如袁宾等在《二十世纪的近代汉语研究》中所指出的那样，"这一方面固然与《马氏文通》之前中国尚无系统的语法观念有关，另一方面，在'小学为经学服务'的思想支配下，'重文言、轻白话'的观念在当时深入人心，以至于在刘氏之前之后所出的'同类著作几乎都专以先秦散文为对象'，比方刘氏之后的王引之《经传释词》一书就是这样"①。

自《马氏文通》始，一直到20世纪40年代之前，学者们在汉语代词上的兴趣还是集中在文言文领域，即文言代词的研究，而对晚唐以降的白话文代词的研究成果却很难寻见，只是在章太炎的《新方言》中略有提及。

20世纪40年代，情况开始出现转机：先是吕叔湘的《释"您""俺""咱""喒"，附论"们"字》（1940）一文的发表，正式揭开了近代汉语代词研究的序幕；尔后吕叔湘《中国文法要略》（1942），王力的《中国现代语法》（1943）、《中国语法理论》（1945），高名凯的《汉语语法论》（1948）等均对近代汉语中的部分代词进行了初步的讨论。

到了20世纪50年代，王力的《汉语史稿》（1958）讨论了近代汉语中的众多语法问题，其中的代词部分比较详尽地讨论并勾勒了人称代词、指示代词和疑问代词从上古汉语到近代汉语的演变过程，为后人的进一步研究提供了一个比较全面的框架和基础。

20世纪80年代的情形就很不一样了，主要表现在：第一，从数量上看，不论是专著还是论文明显增多；第二，从研究内容上看，对人称代词、指示代词、疑问代词的探讨均有涉及，其中有语源的探讨，也有语法功能的讨论；第三，从

---

① 袁宾，等. 二十世纪的近代汉语研究［M］. 太原：书海出版社，2001：5.

研究方法上看，通过语音来探求语源是近代汉语代词研究中常见的一种方法，吕叔湘、王力等在探求代词语源时均采用了这种方法。

20 世纪 90 年代不但承续了 80 年代研究的良好势头，而且有了可喜的进步：第一，在数量上，相较于 80 年代，不论是专著还是论文都有进一步的提升；第二，从研究内容看，90 年代对于近代汉语代词的研究取得了很大进展，有些问题已经取得了共识，有些问题虽然看法不一致，但也研究得比较深入；第三，从方法上看，研究方法更加丰富多样，对语料的运用更加扎实，对语料的分析更加细致，对语料的发掘也更加深入，在对共时平面研究下功夫的前提下能够注重虚词的历时演变的动态勾勒，并力求从中找到一些规律性的东西，同时，研究中除了继续运用语音探源的方法外，还常常运用计量统计、方言佐证等方法。

纵观 21 世纪头十年的近代汉语代词研究，我们可以发现：从数量上看，研究成果进一步增多，尤其是论文方面，由于近代汉语日渐受到重视，很多年轻的学者也加入对近代汉语代词的讨论中，不仅期刊论文数量大增，很多博士、硕士学位论文也涉及该领域的研究；从研究内容看，新世纪伊始，一些专著致力于对过去的研究进行回顾和总结，找出差距，以便更好地推动近代汉语的研究；从研究方法上看，除了近代汉语研究常用的语音探源、语法分析及计量统计等方法外，21 世纪以来的研究更加注意对现代语言学一些理论和方法的运用。

二、近代汉语助词研究概况

虽然，在 19 世纪以前的个别虚词研究著作中，曾经涉及近代汉语助词的探讨，但总体来讲乏善可陈。学者们还是把精力放在了文言文中的句首、句中、句末等助词的研究。

1898 年问世的《马氏文通》是接受了欧洲学者的语法学思想而写出的第一部较有系统的汉语文言语法学著作。虽然就其语法体系而论，确乎是形式主义地吸收了西方的语法学理论框架，但就其虚词部分的讨论而言，却不乏可取之处。至少，运用系统的语法观来研究文言虚词无疑比前人进了一大步。马建忠发现汉语里的"焉""哉""乎""也"等虚词是不能归入欧洲传统词类的任何一类的，于是立"助字"一类，并说助词为"华文所独"。这是助词第一次作为虚词内部的一种下位词类名称被提出来，难能可贵。

清末民初章太炎的《新方言》一书，在吸收古代训诂学研究成果的基础上，根据文献资料和实际语言相结合的原则，运用声韵演变的规律，以"对转""旁转"等理论来考查助词语音形式的发展，以期达到"以古语证今语，以今语通古语"的目的，其中也颇涉近代汉语中的一些助词。

真正开近代汉语助词研究先河的是吕叔湘。在20世纪40年代，吕叔湘发表了《释〈景德传灯录〉中"在""着"二助词》《论"底""地"之辨及"底"字的由来》等多篇研究近代汉语助词的文章，为近代汉语助词研究的隆兴，创具规模，开了一个很好的头。

20世纪50年代，太田辰夫的《中国语历史文法》（1958）对近代汉语中出现的"词组助词""句末助词"和"准句末助词"进行了初步的探讨。

到了20世纪80年代，近代汉语助词研究开始隆兴，出现了一大批研究近代汉语助词的论文，主要有两种类型：一是对近代汉语各个时期的一系列重要文献中的某类助词或某个助词进行封闭语料的研究，当时大家较多涉猎的近代汉语重要文献是《敦煌变文集》、《祖堂集》、寒山诗、《老乞大》、《朴通事》、元杂剧、《水浒传》、《西游记》、《儿女英雄传》等；二是对某个助词的历史来源及发展演变的个案研究。这个时期，助词研究主要以前者为主，对后者的探讨比较少见。

值得一提的是，在这个时期，日本国内也出现了一些涉及近代汉语助词的论著，比较重要的有志村良治的《中国中世语法史研究》（1984）、香坂顺一的《水浒词汇研究：虚词部分》（1992）等。

20世纪90年代延续了80年代的良好局面，近代汉语助词研究走向了繁荣，一批专门讨论研究近代汉语助词或者把近代汉语助词作为对象之一的著作开始问世，这是20世纪80年代所不曾出现的景观，重要的著作有曹广顺的《近代汉语助词》（1995）、孙锡信的《近代汉语语气词》（1999）、祝敏彻的《〈朱子语类〉句法研究》（1991）、吴福祥的《敦煌变文语法研究》（1996）、卢烈红的《〈古尊宿语要〉代词助词研究》（1998）、冯春田的《近代汉语语法问题研究》（1991）、向熹的《简明汉语史》（1993）、蒋绍愚的《近代汉语研究概况》（1994）、俞光中和日本学者植田均的《近代汉语语法研究》（1999）等。

这一时期，也涌现了大量的研究近代汉语助词的论文，所涉及的近代汉语重要文献较之20世纪80年代有所扩大，如王梵志诗、《歧路灯》、《金瓶梅词话》等也开始进入学者们的视野。与20世纪80年代稍有不同的是，这个时期对某个助词的历史来源及发展演变进行个案研究的论文开始大量问世，重要的有江蓝生对比况助词"似的"语源及发展的讨论、曹广顺和赵日新先后对助词"个"语源及发展的讨论、朱庆之对语气助词"那"的历史来源的讨论、冯春田和江蓝生先后对结构助词"底"的语源及发展的讨论以及宋金兰对"了""着"语源的讨论等。

进入21世纪，近代汉语语法研究越来越受到学界重视，最显著的一个特征是专书语法研究呈现出全面开花之势，比较重要的有冯春田的《〈聊斋俚曲〉语法研究》（2003），吴福祥的《敦煌变文 12 种语法研究》（2004）、《〈朱子语类辑略〉语法研究》（2004），刁宴斌的《〈三朝北盟会编〉语法研究》（2007），高育花的《元刊〈全相平话五种〉语法研究》（2007），曹炜等的《〈水浒传〉虚词计量研究》（2009），曹广顺和梁银峰的《〈祖堂集〉语法研究》（2011），李崇兴的《〈元典章·刑部〉语法研究》（2011），曹炜的《〈金瓶梅词话〉虚词计量研究》（2011）、曹炜等的《〈型世言〉虚词计量研究》（2011）、杨永龙和江蓝生的《〈刘知远诸宫调〉语法研究》（2012）等，这些专书语法著作中均辟有专章讨论助词现象。

除此之外，21 世纪以来，汉语言文字学专业的博士学位、硕士学位论文中也出现了一批研究近代汉语特定文献中的助词的论文，几乎宋元明清的任何一个时期的文献都有涉猎。

值得注意的是，21 世纪以来语法化研究越来越受关注，在近代汉语助词研究方面，也有不少人尝试用语法化的理论来进行研究。

三、近代汉语介词研究概况

近代汉语介词的研究也开始于元代卢以纬的《助语辞》。《助语辞》中讨论的近代汉语介词有"从""将""用""在"等。

清代刘淇的《助字辨略》虽然主要讨论的是文言介词，但所收录的 400 多个虚字中，也有一部分是近代汉语介词。

但这个时候还没有介词这一个词类术语。

《马氏文通》第一次使用了"介字"这个术语，但所讨论的大部分是文言介词，也有的并非介词。

第一次使用"介词"这个词类术语的是章士钊的《中等国文典》（1907），但讨论的依然是文言介词。

现代学者中第一个详尽讨论近代汉语介词的是吕叔湘。吕叔湘的《"把"字用法的研究》（1948）讨论了介词"把"和"将"的语源和句法功能。只是这类文章在 20 世纪中叶很难见到。

近代汉语介词研究的隆兴开始于 20 世纪 80 年代，出现了一批专书介词研究的论文，重要的有李思明的《从〈水浒全传〉〈红楼梦〉〈家〉看"与"字的发展》（1981）、钱学裂的《试论〈红楼梦〉中的"把"字句》（1986）、马贝加的《介词"沿、往、望、朝"的产生》（1987）、沈锡伦的《晚唐宋元被字句考察》

（1988）、徐静茜《"三言二拍"中的"把"和"将"》（1988）、日本学者植田均的《近代汉语中介词"和""同""替"的特殊用法》（1989）、江蓝生的《被动关系词"吃"的来源初探》（1989）等。

到了 20 世纪 90 年代，介词的个案探讨形成了一个热点，重要的论文有刘丽川的《介词"向"与"嚮"在近代汉语中的发展》（1991）、王锳的《古代诗文中"就"的介词用法》（1992）、李崇兴的《〈元曲选〉宾白中的介词"和""与""替"》（1994）等。这里尤其要提及的是马贝加，她自 20 世纪 90 年代初起，发表了一系列近代汉语介词个案探讨的论文，成为这个时期成果最为卓著的近代汉语介词研究学者，其重要的论文有《介词"按""依""乘""趁"探源》（1990）、《介词"沿"的产生》（1992）、《方式介词"凭""据""随""论"的产生》（1992）、《介词"照"的产生》（1992）、《汉语中"趁着"义介词探析》（1995）、《介词"缘"的产生及其意义》（1996）、《介词"方"探源》（1996）、《介词"因"辨义》（1996）、《介词"就"的产生及其意义》（1997）、《处所介词"向"的产生及其发展》（1999）、《介词"经"的产生与发展》（1999）等。

21 世纪以来，近代汉语介词研究继续呈现繁荣的景象，出现了一些具有较高学术价值的著作，如马贝加的《近代汉语介词》（2002）、张赪的《汉语介词词组次序的历史演变》（2002）等。同时，研究近代汉语介词的论文依然不断涌现，重要的如赵日新的《说"在"及相当于"在"的成分》（2001）、马贝加的《在汉语历时分析中如何区分动词和介词》（2003）、王鸿宾的《处所介词"于（於）"的衰落与"在"的兴起》（2003）、曹炜的《〈金瓶梅词话〉中的时间、处所、方向类介词初探》（2003）、董为光的《介词"打"来源补说》（2004）、周四贵的《〈金瓶梅词话〉中介词短语的句法分布情况》（2008）、张云峰的《〈儿女英雄传〉中凭借方式介词研究》（2009），等等。

四、近代汉语连词研究概况

在近代汉语虚词研究中，连词的研究是最为薄弱的一个环节，所取得的成果相对于其他虚词来说，是少而又少的。

在 20 世纪 80 年代以前，关于近代汉语连词研究的成果比较少见。太田辰夫的《中国语历史文法》（1958）首次对近代汉语连词作了概括性论述，他把他所认定的近百个连词分为"用于等立句的连词"和"用于主从句的连词"两大类。用于等立句的连词又分为并列、累加、选择、承接、转折五小类；用于主从句的连词又分为两大类：一类是时间、比较，另一类是因果、让步、推论、假定、纵予、限定、不限定等。在每一个小类下，他又举例分项论述，还对大部分连词进行了溯源。

这个时期的相关研究论文也很少，胡竹安的《敦煌变文中的双音连词》（1961）是一篇比较早的讨论近代汉语连词的文章，文章对敦煌变文中的连词进行了分类，剔除部分唐以前就出现的双音连词，所得到的结论是：①用同义词构成的连词数量相当多；②连词既能放在主语之前又能放在谓语之前的现象已经比较普遍；③复句中成对的关联词（连词和连词、连词和副词）连用已大量出现，而多数跟现代汉语相当；④在偏正复句中已出现带有连词的偏句在后的语序。

近代汉语连词的隆兴是 20 世纪 80 年代以后的事情了，越来越多的近代汉语语法著作对连词予以了认真的关注，不少著作对近代汉语连词的分类、语法功能、渊源、发展演变等问题进行了初步的讨论。一些论文开始关注连词与介词的区分问题、部分连词的产生年代及发展问题、连词的语法化问题等。

进入 21 世纪以来，对近代汉语连词的关注逐渐升温，比较显著的标记是席嘉的《近代汉语连词》（2010）一书的问世。这部近 50 万字的著作"比较全面地揭示了近代汉语连词系统的面貌"①。前述助词研究部分论及的一批专书语法著作也均辟有专章讨论连词问题。因为大家都注意到了近代汉语连词研究的薄弱，因此，同助词的研究情形类似，不少汉语言文字学专业的博士生、硕士生将近代汉语专书连词研究作为自己的学位论文，这些论文所涉及的时代遍布宋元明清的任何一个时期。

自 20 世纪 80 年代至 21 世纪初，有一个亮点是关于"和"类虚词的讨论。刘坚发表在《中国语文》上的一篇文章《试论"和"字的发展，附论"共"字和"连"字》（1989）一石激起千层浪，引来了学界对近代汉语"和"类连词的持续关注和讨论，于江的《近代汉语"和"类虚词的历史考察》（1996），高育花的《近代汉语"和"类虚词研究述评》（1998），曹炜的《近代汉语并列连词"并"的产生、发展及其消亡》（2003）、《近代汉语中被忽视的"和"类虚词成员"并"》（2006）等均对"和"类连词作了进一步的深入讨论。

五、近代汉语副词研究概况

关于近代汉语副词的讨论一直可以上溯到元代卢以纬的《助语辞》。该书共收录 66 组虚词或与虚词有关的词组，计 136 个词条，其中就收有少量近代汉语副

---

① 席嘉. 近代汉语连词［M］. 北京：中国社会科学出版社，2010：1.

词，如"莫""咸"等。其后刘淇的《助字辨略》共收录200多个副词，其中除博采先秦古籍中的副词外，还收录了唐宋诗文中的副词。

在20世纪80年代以前，包括《马氏文通》《汉语史稿》《中国语历史文法》在内的一些汉语语法学专著均有对近代汉语副词的讨论分析，但总体而言过于简略。

到了20世纪80至90年代，汉语学术界逐渐重视近代汉语副词的研究，取得了一些可喜的成果，其中最有代表性的是杨荣祥的《近代汉语副词研究》(1999)，该书对近代汉语不同时代的一些代表性文献《敦煌变文集》《朱子语类》《新编五代史平话》《金瓶梅词话》进行了穷尽性的研究，并结合了《祖堂集》《乙卯入国奏请（并别录)》《三朝北盟会编（选)》《元曲选》《水浒传》等语料，整理出晚唐五代至明代汉语中使用的639个副词，讨论了近代汉语副词的分类和结构形式，分析了近代汉语副词的来源及发展，考察了近代汉语副词的组合功能，总结出近代汉语副词发展的规律和特点，并对一些重要的近代汉语副词产生和消失的时代作出了判断。

这个时期还涌现了大批专书副词研究和副词个案研究的论文，从而使近代副词研究呈现出繁荣的景象。

进入21世纪之后，近代汉语副词的研究呈现出以下特点：一是研究成果数量不断增加，主要是不少年轻的学者投入到了近代汉语副词的研究中，一些高校的研究机构也将研究重点转向近代汉语的专书语法研究，如此一来就使得研究近代汉语副词的论文数量急剧增加；二是随着西方语法化理论的引进和介绍，学者们开始致力于汉语副词的语法化研究。他们力求从汉语的实际出发，通过对语言事实的发掘和描写，揭示隐藏于其中的规律和机制，从而概括出若干副词语法化的原则和基本规律。

总而言之，近代汉语虚词的研究起步较晚，而且在很长的一段时间内不受重视。大家的兴趣多集中在文言虚词的研讨上，真正重视近代汉语虚词的研究是20世纪80年代以后的事情，而且分布也不均衡，其中助词、介词、副词的研究成果不少，而代词、连词的研究则相对较为薄弱。迄今为止，近代汉语虚词研究中还有不少有待填补的空白，现在是到了该对近代汉语虚词研究的发展作一番梳理、盘点、总结的时候了。

[原载于《苏州科技学院学报》（社会科学版）2012年第6期]

20 世纪 80 年代以前的汉语代词研究

——汉语代词研究史之发轫成长期①

代词是汉语词类中颇具特色的一类词，早在古代就已进入语言学者们的视野，成为他们关注的对象，如《尔雅》《说文解字》等古代语言研究著作中就有所涉及，但真正把代词作为一种语法现象加以系统讨论则是晚近的事情了。对于汉语代词而言，20 世纪是个非常重要的历史节点，短短的百年时间，汉语代词研究完成了"发轫草创—不断成长—停滞冷寂—重新出发并迅速走向繁荣"这么一个华丽转身，个中的曲折起伏、质疑纷争、学者们付出的心血和智慧等不能不令人叹为观止。对这一段研究历史的梳理，对这一段研究历史中所出现的每一项研究成果的客观评述和总结，对汉语代词的下一步的深入研究无疑是极为必要的。

如果一定要对这百来年汉语代词研究的历史作一个粗略的切分，那么大致可以分为三个历史阶段：发轫草创不断成长期（19 世纪末至 20 世纪 70 年代末）；重新出发并迅速繁荣期（20 世纪 80 年代）；继续繁荣并走向成熟期（20 世纪 90 年代）。限于篇幅，我们这里，拟对汉语代词发轫成长期的基本状况作个全面梳理和基本总结。

就 80 年的发轫成长期而言，以 1950 年为界线分为前后两个时期应该不会有多大异议。前半段，也就是 20 世纪上半叶，基本可定性为汉语代词研究的发轫期，无论是投入的学者还是形成的学术成果，均呈现出发轫期的草创特点。这一时期在汉语代词研究上作出重要贡献的学者有马建忠、严复、胡适、章士钊、黎锦熙、陈承泽、容庚、杨树达、吕叔湘、王力、高名凯等。后半段，也就是 20 世纪 50 年代初至 70 年代末，可以确定为汉语代词研究的成长期。之所以确定为成长期，是因为虽然有 20 世纪 50 年代中晚期至 60 年代中期的这一段研究兴盛时光，但极为短暂，与 20 世 80 年代以降的真正繁荣景象有霄壤之别。这一时期在汉语代词研究上作出重要贡献的学者有吕叔湘、王力、高名凯、周法高、张彦昌、严修、胡明扬、张成材、周大璞、何融、黄盛璋、于细良、洪诚、向熹、贺

① 本文为笔者主持的 2015 年度国家社会科学基金一般项目"先秦至民国末期汉语代词发展演变史研究"（15BYY130）的阶段性成果。本文由笔者与笔者指导的苏州大学汉语言文字学专业博士研究生李璐同志合作完成。

魏、黄丁华、祝敏彻、胡安良等。下面我们来分别加以梳理和总结。

一、20 世纪上半叶的汉语代词研究

最早把代词集中起来作为一种语言现象加以讨论的应该是 1898 年问世的马建忠的《马氏文通》。作为国内第一部系统研究汉语语法的语法学著作，《马氏文通》从《左传》《论语》《孟子》等古代典籍中收集了大量的古代汉语代词用例来加以考察讨论。在讨论展开的过程中作者并不满足于分类和举例，而是尝试发现并总结出代词的一些使用规律，如：疑问代词作宾语，位置在动词之前；否定句中代词作宾语，位置在动词之前等。① 这些论断都是由《马氏文通》第一次提出的。尽管其中也存在一些缺憾，如将"皆""众""具""悉""遍""都""咸"等表统括的范围副词都归入了代词中，未免失之粗率；同时，有些规律的总结尚不够科学等。但《马氏文通》在汉语代词研究上所作的贡献及所体现的价值是值得珍视的，其中对代词用法和规律的总结，至今在古代汉语语法研究中仍然被广泛采纳，而后来的学者关于代词的讨论基本上是建立在《马氏文通》代词相关讨论基础之上的。

第二位对汉语代词的分类及其用法予以关注的，则是严复。他在《英文汉诂》一书中将称代字分为五种：三身之称代、指事、发问、复牒和无定。严氏第一次提出了"三身"的概念，即"三身云者，以人言语之际，有言者，有所语者，有所言者，凡此谓之语次三身"②。从三身称代看，严复认为，上古汉语的人身代词与上古欧洲语言人称代词的功能和位置相似，但他并没有给出足够的理由来解释中西人称代词的"同原"，也没有指出"吾""我"作为第一人称代词在古欧洲语言中有没有对应的区分。

之后，胡适连续发表《吾我篇》和《尔汝篇》等论文，首次从形态视角阐释上古汉语人称代词繁复的原因，胡氏在《吾我篇》中指出："'吾'字用于偏次，单数为常，复数为变。'我'字用于偏次之时，其所指者，复数为常，单数为变。"③ 在《尔汝篇》中又指出："'尔'为众数对称代词，'汝'为单数对称代词。"④

到了 20 世纪 20 年代，《马氏文通》开始引起学界的广泛关注，在它的影响

---

① 详见马建忠. 马氏文通 [M]. 北京：商务印书馆，1983：71.

② 严复. 英文汉诂 [M]. 上海：商务印书馆，1933：34. 按：《英文汉诂》是严复于 1903 年为中国英语初学者编纂的一本英语语法书。商务印书馆赞其为"西学之金针，而学界之鸿宝"。

③ 胡适. 吾我篇 [J]. 留美学生季报，1917 (3).

④ 胡适. 尔汝篇 [J]. 留美学生季报，1917 (3).

下相继出现了一批效仿它的汉语语法学著作，其中较有特色的是章士钊的《中等国文典》、黎锦熙的《新著国语文法》和陈承泽的《国文法草创》。

章士钊在《中等国文典》中首次将代词分为人称、疑问、指示三类，排除了《马氏文通》中提出的"接读代字"。但其中关于代词用法的总结存在着诸多疏漏，如"第一人称虽各字皆用为主格，而古籍中以用'吾'字者较多"。"第二人称之'乃'字，第三人称之'其''之'字，无用为主格者也"等。①经过我们的考察，古籍中虽然"吾"字使用很多，但"我"仍然是使用率最高的第一人称代词，且"其"和"之"都有用为主格的情况。②

与《中等国文典》不同的是，黎锦熙的《新著国语文法》主要从现代汉语中的代名词出发，联系了北方方言中代名词读音的转变因素，探索现代汉语代名词的源头。他将代名词分为四大类：称谓代名词、指示代名词、疑问代名词和联接代名词。③书中首次提出了联接代名词这一说法，但仅设一章进行分类说明，没有作具体阐述。

陈承泽的《国文法草创》则沿用了《马氏文通》的说法，仍将代词称为代名字，他将代名字分为人称代名字、指示代名字和疑问代名字三种，并提出"代名字概由词来（亦有由字来者，如'他'为'它'之假，'无他'即'无它'是，又如《三国志》'身是张翼德'之'身'，由普通名字转来），而人称代名字与疑问代名字尤为间接，盖人称代名字率由指示代名字转来，而疑问代名字则由感字转来也"④的观点，首次注意到了代词的来源问题。

20世纪20年代末，学界开始关注对上古时期出土文献语言文字的研究。最早将上古出土文献中的代词作为研究对象加以研讨的应该是容庚，其《周金文中所见代名词释例》一文对西周出土文献中的代词进行了考察，并逐个进行了分析。⑤这就将代词研究的语料范围从传世文献扩展到了出土文献中。

20世纪30年代初，杨树达的《高等国文法》在吸收了章士钊、陈承泽等语法学著作中代词研究成果的基础上继续对汉语代词进行系统探讨。在代词的分类上，杨氏基本采用了《马氏文通》中的分类，将代词分为四类；但在具体代词个体的认识上，则有不同的看法，杨氏对《马氏文通》将"都""咸""皆"等归为代词提出了质疑，而是将其归入了副词中。在展开讨论时作者基本使用逐个对

---

① 章士钊. 中等国文典［M］. 上海：商务印书馆，1922：69.

② 曹炜，李璐. 从《左传》看先秦第一人称代词的句法、语义、语用特征［J］. 江南大学学报，2017（4）.

③ 黎锦熙. 新著国语文法［M］. 上海：上海书店出版社，1924：112.

④ 陈承泽. 国文法草创［M］. 北京：商务印书馆，1982：29.

⑤ 容庚. 周金文中所见代名词释例［J］. 燕京学报，1929（6）.

代词进行分析、例举的方法，引用了前人有关古籍的按语、注释、笺语等，且根据同义字的声韵关系来为其表同一语义作佐证，同时对《马氏文通》中关于代词的观点作了补充和修订。但遗憾的是仅有简单的分类列举，没有详细的文字说明。值得注意的是，杨氏在《高等国文法》中改变了一些他早期对代名词的观点，如他早期在《述古书中之代名词》① 和《词诠》② 中将上古时期的"之"列入人称代名词，而在《高等国文法》中则将"之"归入了指示代名词中③。

整个 20 世纪 30 年代，除了杨树达的《高等国文法》之外，学界再也没有关于代词研究的任何成果了。直到 40 年代初，汉语代词研究的冷寂局面才被打破，那就是吕叔湘的《中国文法要略》和王力的《中国现代语法》的问世。

吕叔湘的《中国文法要略》，诚如朱德熙在该套丛书总序中所言，是国内第一部也是 20 世纪 80 年代以前唯一的一部"对汉语句法全面进行语义分析的著作"。该书首次将汉语代词系统分为指称（有定）和指称（无定）两大部分，且在人称代词名称上沿用了严复的"三身代词"的说法，所研究的代词范围主要是近现代汉语代词，同时对汉语代词的来源进行了考察。但书中对各个代词仅有简单的介绍，并没有深入剖析，且有一些代词用法规律的总结值得商榷。如书中提到，"'之''其'这两个词没有一个能作句的主语""'之''其'都有时候代表第一身，'其'字有时还代第二身"。④ 但据我们考察，《左传》中有不少"其"在句中作主语的情况，"之"也有作第二身代词的情况。⑤

王力的《中国现代语法》将代词分为人称代词，无定代词、复指代词等，指示代词和疑问代词四大类，并首次提出了人称代词复数的包括式和排除式，且提出古代汉语在"最恭敬的会话里不用人称代词"⑥ 的观点。此外，该书在句法结构的分析上也有不少创见，从近现代汉语出发，大量引用了《红楼梦》中的例句，分析并总结了"其""之"等代词的不同用法，可以称得上是《红楼梦》的代词研究。但遗憾的是该书对于代词的分类比较零散，没有系统地分析。

20 世纪 40 年代末，高名凯的《汉语语法论》问世。高氏在第二编"范畴论"中分设两章讨论了指示词和人称代词。⑦与此前的语法学著作相比，这本著作更加注重理论的探讨，从作者对代词的讨论中我们可以注意到，在理论思想上

① 杨树达. 述古书中之代名词 [J]. 民铎杂志，1922，3（2）.
② 杨树达. 词诠 [M]. 上海：商务印书馆，1928.
③ 杨树达. 高等国文法 [M]. 北京：商务印书馆，1984.
④ 吕叔湘. 中国文法要略 [M]. 北京：商务印书馆，1982：153.
⑤ 曹炜，李璐. 从《左传》看先秦第二人称代词的句法、语义、语用规律 [J]. 阅江学刊，2017（4）.
⑥ 王力. 中国现代语法 [M]. 北京：商务印书馆，1985：201.
⑦ 高名凯. 汉语语法论 [M]. 北京：商务印书馆，1986：105.

作者深受索绪尔及其后法兰西学派的梅耶、房德里叶斯和马伯乐等人的语言学理论的影响；此外，在对代词的分析中不仅仅是简单的分类叙述，也随处可见作者自己独到的见解，如对高本汉认为古代汉语第一、二人称代词有格的变化的学说的批评，将汉语近指代词按其声韵特点分为齿音和喉牙音两套系统等。该书的研究对象不仅包括古代汉语，也讨论了近现代汉语乃至现代汉语方言中的代词。但从该书对代词系统的描写来看，其所揭示的更多是汉语代词不同于西方语言代词的用法特点，关于汉语代词本身特点的讨论较少，因此还不能完全摆脱西方语法的格局和影响。

二、20 世纪 50 年代至 70 年代的汉语代词研究

20 世纪 50 年代，经过了半个世纪的积累之后，汉语代词的研究迎来了首次短暂的兴盛。说其短暂，是因为学界这次对代词的热度只持续了不到十年就戛然而止了。

50 年代初吕叔湘在《语法学习》一书中单设一章讨论了代词的用法，仍然将代词分为有定和无定两大类，有定代词分为三身代词（人称代词）和指示代词，无定代词即疑问代词。进而又在《中国文法要略》的基础上提出了代词的两种作用，即替代和指称。①

这一时期，学界关于代词本身的词性、存在性等问题存在较大争议。王力、吕叔湘、高名凯分别就代词的词性问题提出了自己的看法，他们均认为代词不是虚词，王力（1959）提出："至于代词，我仍然认为它是半虚半实的词类。代词在虚实问题上有它的两面性……"② 同时，乃凡（1955）对代词的存在性存在质疑，他提出："有些词可以代替名词（如'我'）；有些词可以代替形容词（如'怎么'）；有些词可以代替加语形容词或名词（如'这'）。所以，在代词一类中，词与词之间没有一个共同的功能，因此无法加起来成为一个词类。换句话说'代词'这个词类是不存在的。"③

这一时期周法高的《中国古代语法·称代编》是研究代词的重要著作。周氏结合了甲骨文中代词的字形和殷商至汉魏六朝传世文献中的语料，对上古汉语中代词的全貌进行了描写。比较有特色的是，该书注重将汉语中的代词与英语中的代词进行比较，且更关注代词之间的关系，还加入了对代词性助词的讨论，有助

① 吕叔湘. 语法学习 [M]. 上海：复旦大学出版社，2006：46.
② 王力. 汉语实词的分类 [J]. 北京大学学报（人文科学），1959（2）：53 –67.
③ 乃凡. 关于代词 [J]. 中国语文，1955（4）：41.

于人们把握代词的发展演变。

之后，张彦昌（1958）就人称代词的语法特点这一问题，通过俄汉语对比，提出了自己的一些看法。张氏对学界将人称代词的替代性作为否定代词存在的理由持反对意见，认为替代性并不是代词独有的特点，代词均具有指示意义才是它们共同的特点。①

严修（1959）就同义人称代词的相关问题提出了质疑，严氏认为高本汉、胡适关于"吾""我"、"尔""汝"的语言观是受了西方语言学家叶斯丕森的"语言进步论"的影响。他通过对早期几部重要文献中"吾""我"、"尔""汝"的格位、数、感情色彩的讨论，提出了古代汉语中"吾""我"、"尔""汝"没有格位、数、感情色彩上的区别的观点，这完全颠覆了高本汉、胡适的观点，甚至颠覆了学界大多数学者对于"吾""我"、"尔""汝"区别的认识。② 文中有些观点有待商榷，但其中也有些观点具有很高的学术价值。

到了50年代末，学界开始关注方言中的代词。

最早撰文探讨方言代词用法的应是胡明扬。他在《海盐通园方言的代词》一文中描写了通园方言人称代词中的第一人称、第三人称单数各有的两种语音形式，双音节的语音形式用在动词前面，单音节的用在动词后面。③

随后，张成材（1958）通过举例说明了商县方言人称代词中虽然不用"们"来表复数，但其单复数的分别是十分明显的，并指出商县话的人称代词用变调的方式来表示单复数，让我们对商县方言人称代词有了一定的了解。

周大璞（1959）则从汉语音韵发展的历史出发，对湖北天门话中的四个疑问代词的用法作了说明。④

此外，这一时期还出现了俄语代词的相关研究。朴富宁（1957）最早撰文探讨俄语代词，并指出："俄语代词是最古老的词类之一。"⑤ 该文从俄语代词的语义特点、语法特征两个方面总结出了现代俄语代词的特点，对人们了解俄语代词的相关用法有很大帮助。当然，这并不属于汉语代词研究的篇什。

到了60年代，学界开始关注汉语代词的历时发展问题，开始着眼于对某一时期代词的发展变化状况进行归纳总结，较有代表性的是何融（1961）和黄盛璋（1963）。

何氏考察了六朝时期几个比较特殊的代词，人称代词"身"、疑问代词"何

① 张彦昌．试论人称代词的语法特点［J］．东北人民大学人文科学学报，1958（1）：127－143.
② 严修．批判高本汉和胡适对吾我、尔汝的错误论点［J］．人文杂志，1959（2）：37－43.
③ 胡明扬．海盐通园方言的代词［J］．中国语文，1957（6）．
④ 周大璞．天门话的疑问代词［J］．武汉大学人文科学学报（语文专号），1959（10）：58－60.
⑤ 朴富宁．关于现代俄语代词的若干特征［J］．武汉大学人文科学学报，1957（2）：147－169.

物"何等"、指示代词"许"等，从其来源、语法特征等方面分别进行了论证，且与同语义的代词进行了对比，基本揭示了六朝时期代词的概貌。^① 对于人们研究六朝时期的代词具有很好的借鉴作用和参考价值。

黄盛璋则对先秦时期的人称代词进行了系统的讨论。黄氏指出，"首先提出古汉语代词有格位、数的分别的是胡适，其次是高本汉"，并指出其观点的错误性，进而批判了高本汉、胡适等学者唯心主义的研究方法，在此基础上，黄氏以先秦近二十部可信的古籍为主要语料，并加入甲骨文、金文的语料，对其中的人称代词逐一进行了考察，通过统计数据得出结论：有些代词肯定是没有格位的分别的，在第一身有"我"，第二身有"尔"；有些代词在某些格位的用法上是有些分别和限制的；就单复数问题而言，古代汉语代词都能表示单数，而能否表复数各代词情形各不同。^② 黄氏的讨论，反映出作者对先秦时期代表性语料的娴熟把握以及计量统计方法的娴熟运用，立论非常具有说服力。

值得注意的是，这一时期有一些学者开始关注单个代词的溯源研究。周大朴《"阿堵"这个词》是单个代词溯源研究的佳作。在这篇论文中，周氏对"阿堵"一词的来龙去脉做了一个梳理，从古人用韵、"者"的声纽特点、"者"字的字形构造特点、古字的假借、现在的方言等几个方面证明了"阿堵"与"者"是音义相通的。作者主要就清代学者郝懿行的观点作了说明，对其观点中的疏漏之处进行了修正和补充。^③ 该论文具有很高的学术价值。

这一时期，也有学者对汉语疑问代词的特殊用法进行了比较深入的探讨。于细良的《疑问代词的重叠用法》和《疑问代词的任指用法》分别就疑问代词的重叠用法和任指用法的特点进行了归纳总结。于细良（1964）将疑问代词的重叠用法分为三种类型，分别加以论述，最终得出结论：疑问代词只有用于非疑问的时候才能重叠；^④ 于细良（1965）将疑问代词的任指用法也分为三类：周遍性的任指、呼应性的任指以及对待性的任指，并分别就每一类任指用法的特点作了说明。^⑤

同时，这一时期也出现了一些相互质疑、互相切磋的商榷性文章。洪诚（1964）对王力《汉语史稿》中关于第三人称代词的用法问题提出了质疑，他指出："'他'字没有变成第三身代词以前，单用时只指事物，不指人，意义作'别

① 何融．谈六朝时期的几个代词［J］．中山大学学报（社会科学），1961（4）：1-8.
② 黄盛璋．古汉语的人身代词研究［J］．中国语文，1963（6）：443-472.
③ 周大朴．"阿堵"这个词［J］．江汉学报，1962（2）：46-47.
④ 于细良．疑问代词的重叠用法［J］．中国语文，1964（4）：279.
⑤ 于细良．疑问代词的任指用法［J］．中国语文，1965（1）：30-33.

的'解，不作'别人'解。"① 而向熹（1965）对洪氏的这种观点提出了质疑，向熹通过考察和梳理，认为"他"在上古单用时不仅可以指事物，也可以指人，因此洪氏对王力《汉语史稿》中"他"的商榷未必是恰当的。②

承续 50 年代末兴起的方言代词研究的余波，60 年代对汉语方言代词的讨论依然是学界关于汉语代词研究的一个亮点，较有代表性的学者是贺巍和黄丁华，贺巍的《中和方言的代词》（1962）主要探讨了中和方言中疑问代词和指示代词中的几种现象；③ 黄丁华的《闽南方言里的疑问代词》（1963）是其研究闽南方言中代词的又一篇力作。④ 黄氏早年曾在《中国语文》发表《闽南方言里的人称代词》⑤ 和《闽南方言里的指示代词》⑥ 两篇文章，这三篇文章分别就闽南方言中的人称代词、指示代词和疑问代词的概貌进行了描写，并就其指称意义、句法功能和活用情况等进行了讨论。

20 世纪 60 年代中期开始，至 70 年代中期结束，整整十年，全国进入"文化大革命"时期，学术界也无能幸免，学术研究全部中止，汉语代词的研究也陷入了长达十年的沉寂期，没有任何相关研究成果。这种沉寂的局面直到 70 年代末期"文化大革命"结束之后才被打破。

20 世纪 70 年代末期关于代词的研究主要体现在两个方面。

一个方面是关于外族语言代词的研究。比较有代表性的是李民的《凉山彝语人称代词的几个问题》（1978）一文和谢联发的《日语人称代词和对人关系用语》（1978）一文。李文主要从人称代词的数、格等方面对凉山彝语中的人称代词作了研究，提出凉山彝语中人称代词的格有逐渐消失的趋势；⑦ 谢文则对日语中的人称代词和对人关系用语作了说明，主要就"您"一词的使用作了研究，对于日语教学有重要参考价值。⑧

另一个方面是汉语单个代词的研究。比较有代表性的是祝敏彻的《论"所""所以"》（1979）一文和胡安良的《"之"字分解》（1979）一文。祝文认为古汉语中"所"的词性是特指代词，文章通过对"所"的词性和语法作用、"所以"是复音词还是词组的讨论，最终得出古汉语"所"字在各种用法里都是代词而不是助词的结论。在讨论过程中，祝文还对学界关于"所"字结构的研究状况

① 洪诚. 王力《汉语史稿》语法部分商榷 [J]. 中国语文，1964（3）.
② 向熹. 关于"他"的上古用法 [J]. 中国语文，1965（3）：251.
③ 贺巍. 中和方言的代词 [J]. 中国语文，1962（1）.
④ 黄丁华. 闽南方言里的疑问代词 [J]. 中国语文，1963（4）.
⑤ 黄丁华. 闽南方言里的人称代词 [J]. 中国语文，1959（12）.
⑥ 黄丁华. 闽南方言里的指示代词 [J]. 中国语文，1961（12）.
⑦ 李民. 凉山彝语人称代词的几个问题 [J]. 中央民族学院学报，1978（3）：68 – 75.
⑧ 谢联发. 日语人称代词和对人关系用语 [J]. 现代外语，1978（1）：32 – 35.

作了梳理。① 胡文分别从"之"在句中用作动词、代词、助词三个方面讨论了"之"的用法,涵盖了古汉语中"之"的全部用法,对于人们研究汉语中的常用词"之"具有重要的参考价值。② 但文章在没有作计量统计的基础上就说"之"的主要用法是助词,从我们的考察来看,这种说法是值得商榷的。

纵观 20 世纪前 80 年的汉语代词研究,虽然总体热度不够,投入的学者也不多,研究成果也并不丰硕,同其后的 80 年代、90 年代不可同日而语,后者十年中投入的学者、形成的成果较之前 80 年的要多得多,但是,前者却是弥足珍贵、不可或缺的。没有 19 世纪末 20 世纪初的跟跄起步,三四十年代的筚路蓝缕,五六十年代的散枝拓展,也就不会有 80 年代的初步繁荣,更不会有 90 年代的巅峰时代。百来年的汉语代词研究史便是在这样一种接力式的承续传递中完成自己的华丽书写的。

［原载于《江南大学学报》(人文社会科学版) 2018 年第 4 期］

---

① 祝敏彻. 论"所"、"所以"[J]. 甘肃社会科学, 1979 (2): 102 - 109.

② 胡安良. "之"字分解 [J]. 青海民族学院学报, 1979 (1): 51 - 67.

20 世纪 90 年代的汉语代词研究①

如果说，20 世纪 80 年代是汉语代词研究初步走向繁荣的时期，② 那么，进入 90 年代，汉语代词的研究则进一步得到强化，研究成果呈现井喷态势，汉语代词研究真正进入繁荣鼎盛期。具体表现在以下几个方面：①不少成果积极引进西方的语言学理论，不断丰富汉语代词研究的理论和方法；②在特定类别代词的研究方面不断拓宽，涉及不少此前尚未论及的代词类别；③单个代词的研究不仅在数量上有所增加，在研究方法上也有所突破；④方言代词研究的成果逐渐增多。

一、关于代词整体研究的成果激增

20 世纪 90 年代对代词整体进行研究的成果大多为专书的代词研究或历史上特定时段的代词研究。其中，最具代表性的是吴福祥、卢烈红以及俞光中、植田均（日本）等的代词研究。

吴福祥在《敦煌变文语法研究》"称代篇"③ 中对《敦煌变文》中出现的代词进行了计量研究。值得关注的是，作者在计量统计得到各个代词使用频率的基础上，还详尽地分析了其从先秦到敦煌变文时期发展变化的原因，让我们对这一时期的代词系统有了更深的认识。

卢烈红的《〈古尊宿语要〉代词助词研究》④ 对《古尊宿语要》的代词在穷尽性调查的基础上进行了详细的静态描写，溯源讨流，长跨度地进行历时比较，是一本汉语代词和助词研究的专书，对于我们了解唐宋时期汉语代词系统的实际面貌有重要意义。

俞光中、植田均的《近代汉语语法研究》⑤ 立足于现代汉语语法，研究近代汉语语法。对近代汉语中出现的代词进行了分类讨论，且与作者的家乡方言相结

---

① 本文为笔者主持的 2015 年度国家社会科学基金一般项目"先秦至民国末期汉语代词发展演变史研究"（15BYY130）的阶段性成果。

② 李璐. 二十世纪八十年代的汉语代词研究概论［J］. 学术交流，2018（12）.
③ 吴福祥. 敦煌变文语法研究［M］. 长沙：岳麓书社，1996：1－102.
④ 卢烈红.《古尊宿语要》代词助词研究［M］. 武汉：武汉大学出版社，1998.
⑤ 俞光中，植田均. 近代汉语语法研究［M］. 上海：学林出版社，1999.

合，在语音特点的描写上独具特色。

90 年代初期，孙学钧（1991）① 将萨莫斯的代词理论介绍进来且作了评述，通过孙氏的介绍，我们了解到萨莫斯把代词看作由量词和代项组成的复合表达式，并结合语境把代词分为了四类，孙氏分别从逻辑学和语言哲学的角度讨论了萨莫斯的代词理论，这也是学界为数不多的对代词理论的介绍性文章。

随着计算机语言学的产生和发展，国内外的语言学家、认知心理学家、计算机科学家都发现了它与不同领域的关系，其中代词所指这一语言现象也一直受到有关专家学者的关注。

国内关于代词所指的研究始于 20 世纪 80 年代，"范继淹等（1981）的 RJD - 80 和李家治等（1982）的 ACLUS 系统，均以句法、语义及推理方法处理所建系统中某些代词的所指问题；王开铸（1987）的 CQAES - 1 系统，以实验验证了句内代词所指的理解层次；倪子伟、李堂秋（1991）的 XMMT 系统，则运用组合途径对系统中的代词所指问题作了一些尝试性的研究。"② 到了 90 年代，王苏仪（1995）根据汉语自身的特点，提出了一种"基于语料库和基于规则相结合"③ 的研究设想，并一一作了介绍，这就为计算机理解汉语代词提供了一种有效可行的处理模式。

此后，缪小春（1996）也对代词所指的确定因素进行了考察，并提出"语义是影响代词加工的主要因素，被试基本上根据语义信息确定代词的所指。代词和先行词在句子中语法功能一致性的作用是有限的，它只在一定条件下加快代词先行词的确定。先行词是否是句子的主语或首先出现的名词也在一定程度上影响先行词的选择和选择的速度，这比较明显地表现在被动句中"④。同时，作者在另一篇文章中就句子语义、代词和先行词的距离对代词加工的影响作了研究。⑤

90 年代中叶之后，学界对代词整体的研究注重总结代词发展的声韵、语义和语用规律。马思周（1996）从近代汉语代词的音韵特点出发总结出了一套近代汉语代词分化的原则。马氏首先分别讨论了"怎""那""恁""宁馨""能"等代词的来源和分化，提出它们都是按上声、去声一分为二，上声用为疑问代词，去声用为指示代词，不分化的代词也按"上问去答"的原则改变读调的。接着论述

---

① 孙学钧. 萨莫斯的代词理论述评 [J]. 湖北大学学报（哲学社会科学版），1991（2）：10 - 16.
② 王苏仪. 汉语代词所指研究的新设想 [J]. 浙江大学学报（社会科学版），1995，9（3）：113.
③ 王苏仪. 汉语代词所指研究的新设想 [J]. 浙江大学学报（社会科学版），1995，9（3）：114.
④ 缪小春. 影响代词加工的语义和语法因素研究 [J]. 心理学报，1996，28（4）：357.
⑤ 缪小春. 句子语义、代词和先行词的距离对代词加工的影响 [J]. 心理科学，1996，19（2）：71 - 74，78，127.

了"上问去答"原则（即"凡问句用上扬语调，凡答句用下降语调"①）的社会因素，指出这种变化"不是声调常规演变规律的内容，而是社会实际语言交际习惯制约的结果"②。

高宁慧（1996）③ 以篇章为角度，统计了学生的作文和他们在代词填空测试中所反映出来的代词偏误并对其进行分类，通过对代词篇章研究的结果，综合考察，说明和解释这些偏误，进而总结出了代词在篇章中的一些使用原则。

刘家荣、文旭（1996）④ 从功能的角度，分代词的功能为指示和非指示两种，探讨人称代词、指示代词以及连接代词在英语话语中的功能，并且讨论了话语中代词的释义问题。

此后，毕海荣（1999）⑤ 发现在一些语言中仍然存在着两种第二人称单数的称呼，而这两种称呼与权势和同等关系密切相关，因此毕氏根据拉丁文中表示熟悉和表示礼节的代词，对表示权势和同等关系的代词进行了分析。

这一时期也有一些商榷性文章，较有代表性的是董志翘等的成果。董志翘在《近代汉语指代词札记》中提出了一些与《近代汉语指代词》不一样的看法，主要包括两个问题：第一个问题是关于"伊"在金元人曲文中表现出第二人称用法的原因问题。吕叔湘认为"伊"字在曲文中用作第二人称代词，是想要"利用'伊'字的平声来协律，因为'你'字没有一个平声的同义字，不象'我'字可以利用'咱'字。"董志翘（1997）则提出，"伊"作"你"用，从六朝时期就开始了，因此，曲文中的"伊"字应该不是为了协律，而是真正的第二人称代词。董氏又相继分析了"彼""渠"等字，发现"'伊''彼''渠'在上古都是指示代词，后来转为第三人称代词。到了中古，又都产生了第二人称的用法，不过，一般都是出现在对话的场合。这正与上古汉语中'之''其'原本都是指示代词，后转为第三人称代词，在对话环境中又可临时活用为第二人称的情况相类似"⑥。对于这一问题，俞理明（1999）也提出了自己的看法，他认为"'伊''渠'表示第二人称应该有声律以外的原因。它们原来的意义和用法，妨碍了它们作为一个专门的第三人称代词的使用，'渠'可能受了'其'的直接影响，'伊'的指示代词用法在文言中一直残存"⑦。第二个问题则是关于"几""多少"

---

① 马思周. 近代汉语代词分化的"上问去答"原则［J］. 中国语文, 1996（2）: 139.
② 马思周. 近代汉语代词分化的"上问去答"原则［J］. 中国语文, 1996（2）: 139.
③ 高宁慧. 留学生的代词偏误与代词在篇章中的使用原则［J］. 世界汉语教学, 1996（2）: 61 – 71.
④ 刘家荣, 文旭. 话语中代词的功能及其释义问题［J］. 四川外语学院学报, 1996（1）: 52 – 59.
⑤ 毕海荣. 论表示权势与同等关系的代词［J］. 学术交流, 1999（3）: 228, 254.
⑥ 董志翘. 近代汉语指代词札记［J］. 中国语文, 1997（5）: 374.
⑦ 俞理明. 汉语称人代词内部系统的历史发展［J］. 古汉语研究, 1999（2）: 92.

的问题。吕叔湘认为"'几'是问数量的，那么'几时'应该是问时间的久暂"①。而董氏提出"'几时'作'何时'，杜甫诗中已多见"②，认为这里的"几时"应为"何时"义。接着，董氏对"多少"的相关问题进行了说明，如"多少"作状语时可表示数量较少或程度轻微，自魏晋起就很常见，"魏晋以降，由两个性状词合成一个词用以询问的情况渐多，最常见的是多少、大小、早晚。除此之外还有多种形式，出现较为频繁的是'远近'或'近远'"③。

同时，这一时期学界开始关注儿童语言中代词的使用。较有代表性的是孔令达、陈长辉的研究。孔令达、陈长辉（1999）④ 通过调查说明了儿童语言中代词的发展顺序，并从认知和功能的角度解释了其合理性，提出了儿童习得各种语言成分时间早晚的制约因素。这也是学界对儿童语言中代词研究的最早成果。

二、人称代词依然是代词研究的主要议题

这一时期人称代词仍然是学界代词研究的主要议题，研究的范围上迄甲骨金文时期，下至现代汉语中的人称代词。

继 20 世纪 60 年代黄盛璋对上古人称代词的"格"问题进行讨论后，赵世举（1990）以《尚书》和甲骨金文为例，对这一时期人称代词的"格"问题进行了分析。赵氏比较分析了《尚书》和甲骨金文中人称代词在格位使用上的特点，对学界提出的上古人称代词有变格的观点提出了质疑，认为"至少在殷商甲金文及《尚书》时代人称代词不存在所谓变格现象"⑤。

之后，钱宗武（1994）以《尚书》为例，对早期汉语人称代词的特点进行了总结。他将我们一般意义上的第一身代词"我""吾""朕""卬""台""予"称为"自称代词"⑥，并对《尚书》中的自称代词作了计量统计，同时，钱氏对各个自称代词的特点及其原因也进行了剖析，使我们对《尚书》时期的自称代词系统有了深入的认识。

黄宇鸿（1995）对《诗经》中的人称代词进行了分类计量讨论。值得注意的是，黄氏注意到了《诗经》中同义人称代词的声韵特点，按其声韵特征进行了分

① 吕叔湘. 近代汉语指代词［M］. 江蓝生，补. 上海：学林出版社，1985.

② 董志翘. 近代汉语指代词札记［J］. 中国语文，1997（5）：375.

③ 董志翘. 近代汉语指代词札记［J］. 中国语文，1997（5）：377.

④ 孔令达，陈长辉. 儿童语言中代词发展的顺序及其理论解释［J］. 语言文字应用，1999（2）：43－48.

⑤ 赵世举.《尚书》和甲骨金文中人称代词的"格"问题［J］. 古汉语研究，1990（1）：90.

⑥ 钱宗武.《尚书》自称代词及其特点［J］. 古汉语研究，1994（4）：61－65.

类。此外，黄氏根据《诗经》中人称代词的特点，也对这一时期不同人称代词的起源与使用情况进行了总结，提出"上古第二人称代词的起源都是由假借义而来的"① 的观点。同时，作者注意到了上古汉语往往用几个代词来表示同一人称，并提出这样的解释："上古人称代词最初都是一元的，后来由于假借，形成了字形的多元；由于声转，形成了字音的多元。"②

徐适端（1990）则对《韩非子》的人称代词系统作了详细的描写，总结了这一时期的三身代词各自在使用上的特点。同时，徐氏注意到了三身代词发展到战国末期在感情色彩上的变化，如"吾"在早期一般有自谦意味，而到了这一时期即使说话者在盛怒之时仍以"吾"自称；徐氏也认可"子"在这一时期发展为第二人称代词，且提出"子""与'女（汝）'系代词之间在使用对象上的分工是必然的"③ 的观点。

赵小刚（1991）④ 考察了《庄子》中第一、二人称代词在语义、语法等方面的特点，并对同义代词在使用上的差异作了对比。

夏先培一直致力于人称代词的研究，他在这一时期发表的两篇文章均是关于先秦时期人称代词的研究。夏先培（1991）⑤ 讨论了从西周金文到《左传》再到《孟子》《韩非子》时期人称代词感情色彩的发展演变，并注意到了人称代词感情色彩和"数"的关系。之后，他在1993年的《避复用法与先秦人称代词的繁复现象》一文中总结出六条先秦人称代词繁复的原因，且指出避复用法是繁复原因中最重要的一条。⑥

吴福祥（1995）以《敦煌变文集》为研究对象，结合唐五代其他文献，考察了敦煌变文时期人称代词的用法和功能。值得关注的是，吴氏将"儿""奴家""某"和"某乙"等代名词也归入了第一人称代词中。

李崇兴（1999）⑦《元典章·刑部》中的人称代词，归纳了元代北方汉语的人称代词系统。分第一人称"我""俺""咱"，第二人称"你""您"，第三人称"他"，且分别论述了不同人称代词的形式、用法等。

———————————

① 黄宇鸿.《诗经》中的人称代词［J］.武汉教育学院学报，1995，14（5）：26.
② 黄宇鸿.《诗经》中的人称代词［J］.武汉教育学院学报，1995，14（5）：27.
③ 徐适端.《韩非子》人称代词的使用特点［J］.西南师范大学学报（人文社会科学版），1990（1）：108.
④ 赵小刚.《庄子》中第一、二人称代词的比较研究［J］.兰州大学学报，1991（3）：145－151.
⑤ 夏先培.论先秦人称代词的感情色彩［J］.长沙水电师院学报（社会科学版），1991（1）：134－137.
⑥ 夏先培.避复用法与先秦人称代词的繁复现象［J］.长沙水电师院学报（社会科学版），1993（3）：102－104.
⑦ 李崇兴.《元典章·刑部》中的人称代词［J］.华中理工大学学报（社会科学版），1999（4）：109－111，116.

张惠英（1995）对《金瓶梅词话》中带词头"自"的人称代词进行了考察，发现在《金瓶梅词话》中"自我"用作"我"、"自你"用作"你"、"自他""自伊"用作"他"。此外，张氏发现，《金瓶梅词话》中这种用"自"作人称代词词头的语言特点反映了吴方言的特点，且特别指出敬称"自恁"是"模仿北方话的敬称'您'再加上吴语的人称代词词头及其构造方式配制而成"①。

以上均为专书人称代词的研究。除了专书中人称代词的研究，这一时期也有一些学者对人称代词的整个发展史进行了考察。

李作南、李仁孝②对汉语从上古发展到宋元时期第一人称代词的变化作了总结，同时叙述了蒙语在这种发展变化中所起的作用。

之后，俞理明（1999）③对现代汉语称人代词内部系统的形成过程进行了详细的叙述，首先根据指称对象的不同，将汉语代词分为泛指事物的指示代词和专门指称人的称人代词，又将现代汉语的称人代词分为三身代词和话题人物代词。接着，俞氏分别论述了三身代词，旁称、己称、统称代词的发展演变过程，重点对第三身代词的孕育过程进行了讨论，值得注意的是，俞氏在研究中加入了自己的看法，如"侬"与"身"一样，不是真正意义上的三身代词，扩大了语料的选择范围，加入了汉译佛经中代词的讨论，出现了很多在一般文献资料中没有出现过的语言现象。

这一时期也出现了一些从语音角度研究人称代词的文章。徐世荣（1993）④对北方话人称代词产生鼻韵尾的原因进行了猜测和论证，为我们解决北方话尤其是北京话中一些特殊的口语现象提供了依据。竟成（1996）⑤从语音结构出发对汉语人称代词进行了考察，认为 d 系代词应属于借词，通过分析其语音结构回答了为什么汉语要借入一套代词以及从哪里借入的问题，且通过分析 t、n、l 类成分在不同方言中的分布情况对代词后的附加成分进行了分析，让我们看到了人类"语系"形成之前的语言状况。

这一时期关于人称代词的研究不仅仅包括对人称代词本身的研究，也有一些学者注意到了人称代词所处结构的特点，讨论人称代词所在的句法结构。较有代表性的是刘继超（1995）、李锦望（1995）和杨敬宇（1998）。

---

① 张惠英.《金瓶梅》人称代词的特点［J］.语言研究，1995（1）：14.
② 李作南，李仁孝.论汉语第一人称代词的发展和蒙语对它的影响［J］.内蒙古大学学报（哲学社会科学版），1993（4）：55－64.
③ 俞理明.汉语称人代词内部系统的历史发展［J］.古汉语研究，1999（2）：91－95.
④ 徐世荣.北方话人称代词鼻韵尾的来历［J］.语言教学与研究，1993（3）：32－36.
⑤ 竟成.简论汉语人称代词［J］.古汉语研究，1996（1）：77－81，95.

刘继超（1995）① 从《金瓶梅词话》等文献中的一种动宾结构式出发探讨北方话人称代词宾语语序的发展，刘氏以《金瓶梅词话》《水浒传》和《红楼梦》中都存在的一种人称代词宾语放在重叠的动词中间的 VOV 形式为例，论述了 VOV 形式的兴盛时期及变式，进而论证了北方话中人称代词宾语的语序的发展。

王力在《汉语语法史》中提到："在上古时代，领位不加'之'字，不能说'吾之''我之''予之''汝之''尔之'等，到了后代，才有加'之'字的。"② 以及"人称代词用作定语，一般不用'之'字为介。我们看见有极少数例外……"③。李锦望（1995）在对先秦著作的用语事实进行考察之后发现："'人称代词＋之＋名词'结构是存在的，且数量不少。"④

杨敬宇（1998）分类举例讨论了"人称代词＋指人名词"这一形式会产生的歧义，并分析出现歧义的原因。杨氏首先因人称代词的单复数的不同对"人称代词＋指人名词"结构义的影响作了分析，其次将"人称代词＋指人名词"的组合能构成的语法关系总结为三类：偏正关系、同位关系和主谓关系，重点讨论了前两种语法关系，随后讨论了人们应对这两种歧义结构时的第一反应有所不同，且认为"这种不同倾向的反应可能与两类指人名词的［＋关系］语义特征的强度不同有关"⑤。

值得注意的是，90 年代学界对人称代词的研究大多集中于古汉语和近代汉语中的人称代词，但也有一些学者关注到了现代汉语人称代词的特点，且大多都从语义、语用和修辞的角度进行考察。

崔希亮（1992）⑥ 以人称代词"我/我们"为例，对"PP 与 N 的语义关系与'的'的隐现"，"'的'的隐现与语义重心"等几个方面进行了探索。

沈志刚（1993）⑦ 认为，人称代词除了具有指代人或事物名称的一般意义，还能产生"语境意义"。沈志刚总结了"语境意义"三种表现形式，并就每一种表现形式进行了考察。

王桂安（1995）⑧ "人称代词活用"是句子语法学提出的概念，文章用分析推理的方法，从字面意义虚化和"数""身"换指的角度描绘了"人称代词活

① 刘继超. 从《金瓶梅词话》的一种动宾结构式看北方话人称代词宾语语序的发展［J］. 陕西师大学报（哲学社会科学版），1995（3）：129－132.

② 王力. 汉语语法史［M］. 北京：商务印书馆，1989：47.

③ 王力. 汉语语法史［M］. 北京：商务印书馆，1989：139.

④ 李锦望. 上古汉语"人称代词＋之＋名词"结构［J］. 古汉语研究，1995（1）：24.

⑤ 杨敬宇. "人称代词＋指人名词"结构的歧义［J］. 汉语学习，1998（3）：57.

⑥ 崔希亮. 人称代词修饰名词时"的"字隐现问题［J］. 世界汉语教学，1992（3）：179－184.

⑦ 沈志刚. 人称代词意义在语境中的变化［J］. 汉语学习，1993（5）：25－27.

⑧ 王桂安. 论"人称代词活用"［J］. 华南师范大学学报（社会科学版），1995（2）：82－86.

用"，指出这种活用属于语言义与语境义的关系，揭示了活用的本质与特点。

王聿恩（1997）和袁世全（1999）均从修辞学角度出发来考察汉语中的人称代词。王聿恩（1997）① 举例分析了句群中"前词→代词"常见的四种形式，并说明了具体在使用时要做到语言简明且不混乱等。袁世全（1999）② 列举分析了一些文学作品段落中人称代词出现频率高从而导致的两种截然不同的情况：文章单调、赘余和增强文章表现力，说明了重复与反复的区别。

三、古代汉语指示代词研究成为新热点

这一时期学界也致力于古汉语中指示代词的研究。

段德森（1992）③ 分别探讨了古汉语指示代词转化为其他代词、连词、助词等的情况，并总结了发生转化的原因。

崔立斌（1993）④ 对《孟子》中的指示代词进行了定性和定量的分析，将其分为近指代词、远指代词、特指与泛指代词、谓词性代词、特殊的指示代词、不定指代词和辅助性指示代词七大类。

这一时期吴福祥（1996）和卢烈红（1998）均关注到了唐宋时期近指代词系统的发展变化。

吴福祥（1996）以《敦煌变文集》为调查对象，讨论了敦煌变文中的近指代词。吴氏将敦煌变文中的近指代词系统分为 A 类和 B 类，A 类是古汉语中即已使用的近指代词，B 类是近代汉语中新产生的指示词。通过对变文中这两类词的比较分析，发现"在变文近指代词系统中，上古汉语产生的近指代词在频率、用法上仍占较大优势，而近代汉语里出现的近指代词尚处于从属地位"⑤。随后，吴氏分析了"这""这个""这般""没""只没"等近指代词的语义及功能，在分析的过程中不仅仅以变文为考察对象，且加入了唐宋时期其他的口语性文献。之后通过对唐五代几种文献近指代词频率、用法的考察总结了唐五代时期"这"系指示词的发展演变状况，从而发现"晚唐五代时期，汉语近指代词已有较大的变化和发展，而变文、《祖堂集》之间的差异很可能反映出其时东南与西北地域方言间近指代词发展的不平衡性"⑥。

---

① 王聿恩. 句群中人称代词的简明美 [J]. 修辞学习, 1997 (6)：29－30.
② 袁世全. 重复与反复：人称代词及其他 [J]. 修辞学习, 1999 (5)：21－24.
③ 段德森. 古汉语指示代词的转化 [J]. 语文研究, 1992 (1)：12－17.
④ 崔立斌.《孟子》的指示代词 [J]. 语文研究, 1993 (4)：16－23, 15.
⑤ 吴福祥. 敦煌变文的近指代词 [J]. 语文研究, 1996 (3)：36.
⑥ 吴福祥. 敦煌变文的近指代词 [J]. 语文研究, 1996 (3)：36.

卢烈红（1998）则以南宋初年的禅宗语录总集《古尊宿语要》为考察对象，讨论了其中的近指代词。卢氏将《古尊宿语要》中的近指代词分为三组，分别是：甲组唐宋时新产生的、乙组六朝时产生而《语要》袭用的、丙组先秦时产生而《语要》袭用的，且分别就这三组近指代词的语法功能进行了逐一分析。随后卢氏总结了从先秦至唐五代时期近指代词的发展演变情况，在分析的过程中对各个时代代表性文献中的近指代词都作了计量统计，同时参考了吴文对敦煌变文时期近指代词的研究，得出"东南方言中'这'的发展快于西北方言"① 的结论。值得注意的是，卢氏经过考察发现了《语要》中"这"有了明显的较大发展，不仅体现在数量上开始占优势，也体现在"这"在《语要》中语法功能的拓展上，这也就意味着"此"的主导地位已经动摇。

我们一般将指示代词按照其指示的远近分为近指、远指和中指，但也有学者依据指示的内容对其进行分类。陈文杰（1999）② 讨论了指示代词中表方所的一类。陈氏根据汉译佛典与其他语料，讨论了其中表示方所的指示代词"此中""此间""是中""是间""彼中""彼间"的使用情况，总结出汉语在中古阶段表方所的指示代词的面貌变化，并讨论了汉语中表示方所的指示代词的发展情况。

除此之外，也有学者从语用出发对现代汉语中的指示代词进行了考察。石毓智（1997）讨论了指示代词"在回指前文所述内容的同时，兼任所在句子的成分，通常为话题或者小主语，与句子的其他成分发生语义或句法关系"③，石氏总结了两种不同的语序，即"指示代词＋S＋VP"和"S＋指示代词＋VP（AP）"，通过比较这两种不同语序，发现这种语序随着 NP 的不同会发生变化，即当 AP 是描写指示代词所替代内容的性质时，指示代词居于主语之后；当指示代词与 NP 是施受关系时，指示代词出现在主语之前。之后，石氏用汉语中存在的两种倾向性来解释这一现象，认为"指示代词的两种语序的分工来自汉语更大的结构规律"④。石氏的研究也体现了汉语有严格的语言使用规律，将这种使用规律挖掘出来可以很大程度地促进汉语教学。

除了比较常见的近指代词、远指代词的研究，这一时期也出现了对隐名代词、旁指代词、兼指代词等的专门研究。

最早关注到隐名代词的是清代顾炎武的《日知录》。之后吕叔湘在《近代汉语指代词》中重新讨论了隐名代词，对"某""某甲""某乙""甲""乙"等隐

① 卢烈红.《古尊宿语要》的近指代词［J］. 武汉大学学报（哲学社会科学版），1998（5）：101.
② 陈文杰. 从早期汉译佛典看中古表方所的指示代词［J］. 古汉语研究，1999（4）：15－20.
③ 石毓智. 指示代词回指的两种语序及其功能［J］. 汉语学习，1997（6）：3.
④ 石毓智. 指示代词回指的两种语序及其功能［J］. 汉语学习，1997（6）：6.

名代词进行了论述。周法高在《中国古代语法》的"称代篇"中将隐名代词称作"无定代词"。而最早撰专文对隐名代词进行研究的则是刘忠信（1992）①，刘氏对《祖堂集》中的隐名代词作了计量研究，值得注意的是，刘氏虽以《祖堂集》中的隐名代词为考察对象，但研究的过程中不仅仅局限于对《祖堂集》中的隐名代词进行研究，对先秦至汉唐时期隐名代词的发展也进行了梳理，基本上勾勒了隐名代词的发展演变史。

据我们的考察，最早关注到旁指代词的应是杨树达的《词诠》。杨氏提到了"他""它""佗"的两种用法，即"旁指指示代名词"和"旁指指示形容词"②。但杨树达在《高等国文法》中却将"他""它""佗"等称为"他指指示代名词"③。最早撰专文讨论旁指代词的则是卢烈红（1999）④，卢氏对《古尊宿语要》一书中的旁指指示代词进行了计量考察，分别对"他（它）""别""余（自余、诸余、余二、余外）"等旁指代词的用法作了说明。

一般认为，汉语指示代词分为近指代词和远指代词两种（也有三分说，即加入了中指代词），但洪波则认为先秦时期的指示代词应分为四种：近指代词、远指代词、中指代词和兼指代词。洪波（1991）提出了兼指代词的定义："兼指代词是根据指代词指代远近的语义功能来分类的，是既可以指近又可以指远的一套指代词。"⑤ 洪氏首先分别从兼指代词的指近指远、实指虚指、回指与前指以及指示与代替等几个方面讨论了兼指代词的语义功能，接着对兼指代词的内部关系及其句法功能进行了分析，发现了兼指代词在句法功能上的互补分布性，进而根据兼指代词在先秦时期的互补分布性，提出了"兼指代词在原始汉语中乃是一套具有格位分别的指代词"⑥ 的假说。之后，洪波（1994）⑦ 又对兼指代词的特点和来源进行了说明，用西周铜器铭文、《诗经》、《山海经》等材料证明了兼指代词来源于周人母语，对人们重新认识兼指代词有重要意义。

这一时期学界对疑问代词整体的研究较少，且大多从现代汉语疑问代词入手，较有代表性的是卫斓（1998）和胡松柏（1998）。

卫斓（1998）将疑问代词的任指用法分为三种格式："疑问代词……都/也……""疑问代词……疑问代词"以及"不论（不管、无论）……，都/

---

① 刘忠信.《祖堂集》中的隐名代词 [J]. 镇江师专学报（社会科学版），1992（2）：52–54.
② 杨树达. 词诠 [M]. 北京：中华书局，1954：60.
③ 杨树达. 高等国文法 [M]. 北京：商务印书馆，1984：81.
④ 卢烈红.《古尊宿语要》的旁指代词 [J]. 古汉语研究，1999（3）：12–14.
⑤ 洪波. 兼指代词的原始句法功能研究 [J]. 古汉语研究，1991（1）：35.
⑥ 洪波. 兼指代词的原始句法功能研究 [J]. 古汉语研究，1991（1）：35.
⑦ 洪波. 兼指代词语源考 [J]. 古汉语研究，1994（2）：33–39，90.

也……"，探讨了这三种格式的周遍性、表态性和概括说明性等的语义特点，并讨论了其使用条件，即"只有在表示说话人的态度时，对上下文进行补充说明或总述等时，并且需要强调范围广和'在任何条件下都会出现'或在某种条件下才会产生某种结果时，常会用到疑问代词的任指用法"[①]。

胡松柏（1998）[②] 讨论了现代汉语中疑问代词叠用的结构，分析了疑问代词叠用的意义，且根据组合段、结构成分在结构和表义上的特点，归纳了疑问代词叠用的常见类型。

四、代词个案研究成果丰硕

90 年代单个代词或几个代词的研究成果颇丰，且仍然集中在对人称代词的研究上。这一时期学界对第一人称代词的研究主要集中在比较研究上，最典型的是"吾"和"我"的比较研究。

杉田泰史（1993）讨论了《论语》中第一人称代词"吾""我"的区别，将"吾""我"分别命名为"先行型"和"消极型"，并提出了"吾""我"的区别是"两种不同语法规则的交错现象"[③]。

几乎同时，山崎直树、李运富（1993）考察了《左传》中"吾""我"格表示的分裂条件，指出："《左传》里的'吾''我'，在用于主语位置和名词限定语位置时，体现出格表示的分裂。"[④] 作者分别从这两方面对这种分裂条件进行了说明。除了"吾""我"的比较研究，还有对其他第一人称代词的比较研究。

洪波（1996）根据"余""我""朕"三个第一人称代词在上古文献中的使用情况，指出这三个代词的"根本区别不在形式上而在意义上，在于意义上有谦敬功能的差别。'余（予）'是谦称形式，表示谦卑；'朕'是尊称形式，表示尊崇；'我'是通称形式，既不表示谦卑也不表示尊崇"[⑤]。同时，洪氏考察了亲属语言中第一人称代词的用法，发现亲属语言的人称代词也存在谦敬功能的分别，证明了这种现象并不是上古汉语第一人称代词中的一种孤立的现象。

此外，刘乃叔（1998）[⑥] 根据词义"同步引申"规律，考察了"朕"的词族

① 卫斓. 疑问代词任指法的使用条件［J］. 南京大学学报（哲学·人文科学·社会科学版），1998（3）：183.
② 胡松柏. 现代汉语疑问代词叠用式［J］. 厦门大学学报（哲学社会科学版），1998（1）：107－113.
③ 杉田泰史.《论语》的第一人称代词"吾"与"我"的区别［J］. 古汉语研究，1993（4）：27.
④ 山崎直树，李运富.《左传》中"吾""我"格表示的分裂条件［J］. 古汉语研究，1993（1）：90.
⑤ 洪波. 上古汉语第一人称代词"余（予）""我""朕"的分别［J］. 语言研究，1996（1）：85.
⑥ 刘乃叔."朕"本义考［J］. 东北师大学报，1998（5）：69－70，72.

系统，探索"朕"的源流关系，并参考《尔雅》等，考证出"朕"的本义为"给予"。

这一时期学界对单个第二人称代词的研究较有代表性的是夏先培（1992）、谢俊英（1993）、俞理明（1993）和平山久雄（1995）。

夏先培（1992）① 主要从语法特点、感情色彩两方面对《左传》中的称谓词"子"进行了考察，同时对"子"的词性进行了讨论，认为"子"不是代词，而是名词。在感情色彩的考察中，夏氏通过计量发现"子"主要用于平等身份者之间，并不仅仅用于礼貌称呼中。夏氏对"子"的讨论有自己独到的见解，但在"子"的语法特点的考察上并不准确，据我们考察，"子"在《左传》中有 3 例作兼语的用例②，夏氏并没有指出，而是将其归为其他用例。

谢俊英（1993）③ 从历代俗文学作品中"您"的使用情况和现代方言中"您"的使用情况出发，考察了"您"与金元时期就有的代词"您"的语义联系及其变异情况。

俞理明（1993）④ 对于"乃"由最初的第二人称代词发展出敬辞等用法的过程作了梳理。

平山久雄（1995）是这一时期为数不多的从音韵学角度讨论人称代词的学者。作者首先通过《毛诗音》等材料补充证实了前辈"鱼韵属开口"的说法，接着用朝鲜译音、越南译音、现代闽方言音以及中古汉语内部的材料对汉语第二人称代词之间音韵特点的联系提供了依据，由此提出了"第二身代词'你'看做是'汝'的弱化形式，它并不一定是由'尔'变来的"的观点。⑤

这一时期学界对第三人称代词的研究主要集中在对"它""他"的探讨上。

施光亨（1993）⑥ 将"它"命名为第三身中性代词，就"它"的文体特点、语用功能、语义特点等方面进行了统计、分析，且对现代汉语和近代汉语语料中的"它"的使用情况进行了对比。

同样对"它"的用法进行探讨的还有王志（1998）⑦。王氏从使用条件、篇

---

① 夏先培.《左传》称谓词"子"的考察［J］.长沙水电师院学报（社会科学版），1992（4）：84－88.

② 曹炜，李璐.从《左传》看先秦第二人称代词的句法、语义、语用规律［J］.阅江学刊，2017（4）：33－46.

③ 谢俊英.汉语人称代词"您"的变异研究［J］.语文研究，1993（4）：27－34.

④ 俞理明.敬辞"乃"——你的，我的，他的？［J］.语文建设，1993（5）：45－46.

⑤ 平山久雄.中古汉语鱼韵的音值——兼论人称代词"你"的来源［J］.中国语文，1995（5）：336－344.

⑥ 施光亨.说"它"［C］//《第四届国际汉语教学讨论会论文选》编辑委员会.第四届国际汉语教学讨论会论文选.北京：北京语言学院出版社，1993：343.

⑦ 王志.篇章代词"它"用法探析［J］.世界汉语教学，1998（3）：37－42.

章结构层次、与"这"的比较这三个方面，初步探析了"它"在现代汉语篇章中的用法。

继80年代唐作藩、郭锡良等对"他"的用法进行讨论后，90年代末期也有一些学者致力于对"他"的来源和用法进行考察。

李功成（1997）就人称代词"他"的起源问题提供了一个《搜神记》中的例句，即"适来饮他酒脯，宁无情乎？"李氏认为这例中的"他""实代前文已经提到的'置脯斟酒'的颜超，当为他称代词"①，并由此推出："'饮他酒脯'的'他'正隐含着无定代词'他'发展为他称代词'他'的轨迹。"②

而薛少春（1998）③对这一说法提出了质疑，整合了学界对这一例句中"他"的词性的看法。通过薛氏的整理，我们可以发现：最早引用这一例句的是高名凯的《唐代禅家语录所见的语法成分》；之后，郭锡良的《汉语第三人称代词的起源和发展》和吕叔湘的《近代汉语指代词》也曾引用过；蒋绍愚在《近代汉语研究概况》中曾补充论证过这个"他"不是第三人称代词。

几乎同时，郭红（1998）也注意到了这个用例，并对学界流传的他称代词"他"的产生年代的两种说法进行了讨论，指出："汉语他称代词'他'应该是在唐代才真正出现的。"④

除了"他"和"它"，也有学者关注到了其他第三人称代词的用法。

易敏（1994）考察了古汉语中"之""其"指代说话人自己的现象，认为"'之''其'自指并非它们不合常理地具有兼指若干人称的'特异功能'，而是由语句内在的委婉修辞方式引起形式上的语法变化"⑤，并提出"应该从语法和修辞相结合的角度来观察'之''其'自指现象"⑥的主张，这就给了我们一个新的视角来认识这种代词兼指现象。

于其（1995）⑦对一些辞书中关于"伊"字释义的错误之处进行了指正，认为《世说新语》中的用例"勿学汝兄，汝兄自不如伊"中的"伊"不是第二人称代词，而是第三人称代词，且分别从语言环境和"伊""汝"用法的特点作了论证。

---

① 李功成. 他称代词"他"的起源［J］. 中国语文，1997（4）：310.
② 李功成. 他称代词"他"的起源［J］. 中国语文，1997（4）：310.
③ 薛少春. 关于《搜神记》"饮他酒脯"的"他"［J］. 中国语文，1998（5）：397.
④ 郭红. 他称代词"他"究竟产生于何时［J］. 中国语文，1998（5）：399.
⑤ 易敏. "之""其"自指浅析［J］. 古汉语研究，1994（2）：40.
⑥ 易敏. "之""其"自指浅析［J］. 古汉语研究，1994（2）：41.
⑦ 于其. "伊"义辨误［J］. 辞书研究，1995（1）：140－141.

五、反身代词研究异军突起

与 80 年代单个代词的研究相比，90 年代反身代词研究成果的大量出现是这一时期代词研究的特点。较有代表性的是许和平（1992）、吴福祥（1994）和程工（1999）等。

许和平（1992）① 把反身代词分为"指代用法""强调用法""同指用法"和"方式用法"四类，讨论了"自己""本人""本身"及"自身"等反身代词在这四种用法中的分布特征，对于对外汉语教学中反身代词的辨别使用有重要意义。

吴福祥（1994）② 讨论了敦煌变文中人称代词"自己"和"自家"的异同，同时在此基础上考察了它们在唐宋文献中的使用情况，讨论了"自家"和"自己"的联系，对于我们了解整个唐宋时期"自家""自己"的使用面貌和发展演变情况都有很大帮助。

程工（1999）③ 通过分析代词与反身代词的区别，"自己"的历时演变，探讨并阐述其性质，论述了汉语中的"自己"一词不是纯粹的反身代词，而是复合词，由一个反身代词和一个泛指代词构成。

此外，这一时期还出现了一些对代词的复数形式及代词前缀、语尾的研究。

王宇（1991）对现代汉语中表统括意义的代词"大家"的演变作了考察，指出最初"大家"的意义是"王之子弟及公卿大夫的封地"④，随后引申出两个方向的意义，分别是"士大夫之家"和"天子、主人等"，最后发展成为今天的"众人"。

王冬梅（1997）⑤ 论述了指代词"人家"在表指示、替代和对待三种不同情况下的语法位置、指称对象和情感色彩。关于"人家"一词的考察，吕叔湘在《近代汉语指代词》的"们和家"一部分已经作过论述，吕氏讨论了"人家"一词以人字为主体的意义，对其从泛指别人演变成专指别人里头的一个（意义等同于"他"）的过程进行了梳理。

疑问代词和复数词尾是两个不同的语法范畴，江蓝生（1995）却发现疑问代词"麽"和复数词尾"们"是同一来源。江氏首先从连续式音变和叠置式变异两

---

① 许和平．试说"自己""本人""本身"及"自身"——兼议"本人""本身""自身"的词性[J]．世界汉语教学，1992（3）：200 – 204.

② 吴福祥．敦煌变文的人称代词"自己""自家"[J]．古汉语研究，1994（4）：33 – 37.

③ 程工．汉语"自己"一词的性质[J]．当代语言学，1999（2）：33 – 43，62.

④ 王宇．试论古汉语"大家"的意义演变[J]．古籍整理研究学刊，1991（4）：39 – 40，7.

⑤ 王冬梅．指代词"人家"的句法、语义考察[J]．汉语学习，1997（4）：50 – 53.

个方面解释了语源"物"与唐代以来的复数词尾用字"弭""伟""每"以及"懣""门""们"之间的音变关系；其次从文献资料和现代方言的例子入手说明了"麼""们"之间的同源关系；最后总结了实词"物"语法化的四个特点，并得出结论："复数词尾'弭''彌'是其语源'物'脱尾音变的结果；'每''伟'是'弭''彌'的方言变体；而'门'组字不是从'物'纵向音变而来的，它是通过其白读音［mei］跟'每'读音相同而充当复数词尾标记的，最后又以其文读音［men］取代了白读音［mei］的。"①

曹小云（1996）② 则列举了《西游记》中人称代词前面加"是"的例句，分析这类"是"所作的语法成分及其语法功能，在联系其他文献及其他学者的研究之后，分析了此类句式中"是"为前缀，而非判断词。

六、方言代词的研究有长足的发展

发展到90年代，汉语方言代词的研究无论从研究成果的数量还是从涉及的范围上看都有了很大的发展。这一时期出现了汉语方言代词研究的论文集，李如龙、张双庆的《代词》③ 是一本关于方言中代词研究的论文集，该书收集了多地区方言中代词研究的文章，共17篇，其中有5篇是吴语的代词研究，对我们了解方言中的代词有重要意义。

张惠英（1997）④ 对汉语方言中代词之间的联系进行了考察，并分5节分别加以叙述：疑问词和处所词；疑问词和指示词；第三人称代词和指示词"兀""那""个"；复数人称代词的词尾和指示词和量词；领属助词的关系。且以粤语、闽南语、晋语等方言中代词的使用为例分别作了说明，是对汉语方言整体进行考察的代表作品。

我们统计了这一时期各地方言研究的成果，发现这一时期学界对山西方言的研究成果最多，约占全部研究成果的三分之一。对山西方言中代词研究较有代表性的有宋秀令（1992）、乔全生（1996）和李小平（1999）等。

宋秀令（1992）⑤ 描写了汾阳方言的人称代词系统，发现了汾阳方言中有一些还保留着近代汉语的特点，之后又对汾阳方言的指示代词与疑问代词系统进行了考察，对整个山西汾阳方言中的代词系统进行了描写。

---

① 江蓝生. 说"麼"与"们"同源［J］. 中国语文，1995（3）：180－190.
② 曹小云.《西游记》中的人称代词前缀"是"［J］. 古汉语研究，1996（4）：49－52.
③ 李如龙，张双庆. 代词［M］. 广州：暨南大学出版社，1999.
④ 张惠英. 汉语方言代词研究［J］. 方言，1997（2）：88－96.
⑤ 宋秀令. 汾阳方言的人称代词［J］. 语文研究，1992（1）：32－38.

乔全生也致力于对山西方言的研究，乔全生（1996）① 论述了山西方言中的人称代词在单数形式及表述意义上的多样性、复数词尾整齐、语音表现形式的复杂、内部屈折、单数的格等特点，对山西方言的特点进行了整理。

李小平（1999）② 考察了山西临县方言中的亲属领格代词"弭"。李氏简单介绍了"弭"的使用例子和它与普通话的对译，及其在临县方言第一人称代词系统中的位置，从进入亲属领格位置的可能性、用"伢"印证和汉族古代婚育文化三个角度，重点讨论了"弭"的复数性。

除此之外，李改样（1997）③、郭校珍（1997）④、崔淑慧（1998）⑤ 分别对芮城方言、娄烦方言和代县方言中的人称代词进行了考察。任林深（1992）⑥，杜克俭、李延（1999）⑦，杜克俭（1999）⑧ 分别对山西闻喜话、临县方言、交城话中的指示代词进行了考察。陈志明（1999）⑨ 考察了山西临猗（临晋）话的代词系统。

总体而言，这一时期学界对北方方言的研究成果多于南方方言，除了山西方言以外，还有陕西、河北、山东等地方言的研究成果。

河北方言代词研究的代表性成果是项梦冰（1992）、邹才河（1990）等。项梦冰（1992）⑩ 从形式、语法功能和语用现象等方面对新城方言中的人称代词进行了考察。邹才河（1990）⑪ 通过对廉北方言中"个"字的用法的研究，发现了"个"在古代汉语中可用为代词、助词，并从语音联系上解决了这一问题。

对山东方言中代词的研究较有代表性的是冯荣昌（1992）、罗福腾（1998）等。冯荣昌（1992）⑫ 从语法功能、单复数使用情况等方面对潍坊方言中的代词进行了考察。罗福腾（1998）⑬ 则根据明清时用山东方言写作的文学作品和实地调查，分别分析统计了明清时和现代山东方言"V 他 V"结构的分布和使用情况，进而讨论与之相关的问题。

---

① 乔全生. 山西方言人称代词的几个特点 [J]. 中国语文，1996（1）：27-30.
② 李小平. 山西临县方言亲属领格代词"弭"的复数性 [J]. 中国语文，1999（4）：278-279.
③ 李改样. 芮城方言的人称代词 [J]. 语文研究，1997（4）：64-65.
④ 郭校珍. 娄烦方言的人称代词 [J]. 语文研究，1997（2）：56-62.
⑤ 崔淑慧. 代县方言的人称代词 [J]. 山西大学学报（哲学社会科学版），1998（2）：74-80.
⑥ 任林深. 闻喜话的指示代词 [J]. 山西师大学报（社会科学版），1992（1）：95-97.
⑦ 杜克俭，李延. 临县方言的指示代词 [J]. 语文研究，1999（2）：58-62.
⑧ 杜克俭. 交城话的指示代词 [J]. 山西大学师范学院学报，1999（1）：76-77.
⑨ 陈志明. 临猗（临晋）话的代词 [J]. 语文研究，1999（3）：56-60.
⑩ 项梦冰. 连城（新泉）方言的人称代词 [J]. 方言，1992（3）：172-180.
⑪ 邹才河. 廉北方言中"个"字的唐宋遗踪 [J]. 社会科学探索，1990（Z1）：100-102.
⑫ 冯荣昌. 潍坊方言的代词 [J]. 语言研究，1992（2）：83-88.
⑬ 罗福腾. 山东方言"V 他 V"结构的历史与现状 [J]. 语言研究，1998（1）：118-126.

对陕西方言中代词研究较有代表性的则有张邱林（1992）等，张邱林（1992）① 给我们介绍了陕县方言中不同于现代汉语普通话的两个比较特殊的远指代词，并总结了面指和背指的使用选择的几种情况。

这一时期学界对广东方言中代词的研究成果较多，较有代表性的是施其生（1993）、甘于恩（1997）和严修鸿（1998）等。

施其生（1993）② 从人称代词的形式、人称代词的基本意义和人称代词在语用中的转义等三方面较全面地描写了汕头方言中的人称代词。之后，又描写了汕头方言中的指示代词，施其生（1995）③ 列举了大量汕头方言实例，分人或事物、处所、时间、方式和情状四类指示代词，并标注读音，对汕头方言中的指示代词的用法加以说明论证。

这一时期对广东方言中人称代词的研究成果相对较多，甘于恩（1997）④ 对广东粤方言人称代词的单复数形式进行了考察，严修鸿（1998）⑤ 则借助于前人报告并结合实际调查，分析探讨了客家话人称代词单数"领格"的方言特点、语法特征、来源及性质等，得出客家方言中的人称代词单数的"领格"是实词语素的词汇合音形式，而不是"词形变化"和"内部曲折"。

对湖南方言中代词进行研究较有代表性的是陈建初（1995）、曾毓美（1998）和李蓝（1999）等。陈建初（1995）⑥ 介绍了冷水江方言中的人称代词和指示代词的代词系统，并以大量的例子论证了在具体使用时冷水江方言中的人称代词和指示代词的语法功能。此外，特别论述了冷水江方言中由指示代词参与构成的用来指称处所、时间、方式、程度的专用词。曾毓美（1998）⑦ 借助文献与口语采集，讨论了湘潭方言的人称代词、指示代词和疑问代词的形式、作用等。李蓝（1999）⑧ 则通过介绍说明湖南城步的"青衣苗话"的音系、人称代词和指示代词，总结出其音系可与汉语比较，人称代词也源自汉语，指示代词则保存着苗语的用法与特色。

对湖北方言中代词的研究较有代表性的是陈有恒（1990）、程从荣（1997）

① 张邱林. 陕县方言远指代词的面指和背指 ［J］. 华中师范大学学报（哲学社会科学版），1992（5）：94 - 96.

② 施其生. 汕头方言的人称代词 ［J］. 方言，1993（3）：185 - 190.

③ 施其生. 汕头方言的指示代词 ［J］. 方言，1995（3）：201 - 207.

④ 甘于恩. 广东粤方言人称代词的单复数形式 ［J］. 中国语文，1997（5）：351 - 354.

⑤ 严修鸿. 客家话人称代词单数"领格"的语源 ［J］. 语文研究，1998（1）：50 - 56.

⑥ 陈建初. 湖南冷水江方言的代词 ［J］. 古汉语研究，1995（S1）：16 - 21.

⑦ 曾毓美. 湘潭方言的代词 ［J］. 方言，1998（1）：71 - 74.

⑧ 李蓝. 湖南城步"青衣苗话"的人称代词和指代词 ［J］. 民族语文，1999（6）：35 - 38.

等。陈有恒（1990）① 从蒲圻话中人称代词的声母、声调、变调和单复数等方面考察了湖北蒲圻话的人称代词。程从荣（1997）② 则论述了浠水方言中家庭格人称代词入声调的由来、通格人称代词与家庭格人称代词的区别以及家庭格人称代词的具体使用方法。

吴语中代词研究的代表性成果是陈忠敏（1996）、方环海（1998）等。陈忠敏（1996）③ 论述了吴语中的代词前缀应是"是"而非"自"，并对现今北部吴语中的代词前缀"是"的分布、保留样貌加以分析，总结出它们的一些特点。关于"什么"一词的语源问题，吕叔湘在《近代汉语指代词》中认为是"是物（勿）"，方环海（1998）作了补充说明。方氏通过对江苏省北部沭阳、东海、新沂等地区方言中疑问代词的考察，发现这些地区方言中有"是物（勿）"作疑问代词的现象，且认为"这一现象是保留了'什么'一词的原始语源形式"④。

除了以上几个地区，还有一些较有代表性的南方方言的代词研究成果，如研究江西方言的陈昌仪（1995）⑤、万波（1996）⑥ 等；研究浙江方言的孟守介（1994）⑦ 等；研究安徽方言的孟庆惠（1997）⑧ 等；研究广西方言的李连进（1998）⑨ 等；研究云南方言的李云兵（1999）⑩ 等。

综上所述，20 世纪 90 年代的代词研究基本呈现全面开花的局面：无论是代词的整体研究，还是代词的个案研究；无论是代词的历时研究，还是代词的共时研究；无论是普通话代词的研究，还是各地区方言代词的研究，均在 20 世纪 80 年代代词研究所取得的成绩之上有了长足的进步与发展。正是汉语学界几代人的这种接力式的开拓努力，才使得汉语代词研究以傲人的姿态跨入新的世纪，并使新世纪的代词研究继续保持这种经久不衰的研究态势，呈现出更加繁荣的景象。

（原载于《学术交流》2019 年第 4 期）

---

① 陈有恒. 湖北蒲圻话的人称代词［J］. 方言，1990（3）：213－214.

② 程从荣. 浠水方言的人称代词［J］. 语言研究，1997（2）：97－98.

③ 陈忠敏. 论北部吴语一种代词前缀"是"［J］. 语言研究，1996（2）：62－64.

④ 方环海. "什么"语源的方言佐证［J］. 中国语文，1998（4）：268.

⑤ 陈昌仪. 江西铅山方言人称代词单数的"格"［J］. 中国语文，1995（1）：45－48.

⑥ 万波. 安义方言的人称代词［J］. 方言，1996（2）：119－124. 该文从形式、意义和用法等方面来说明江西安义方言中的人称代词，并就安义人称代词中声调的感染作用、用声调区分单复数以及人称代词的本字等问题进行讨论。

⑦ 孟守介. 诸暨方言的代词［J］. 语言研究，1994（1）：166－169.

⑧ 孟庆惠. 合肥话的"这"、"那"和"什么"［J］. 中国语文，1997（4）：297.

⑨ 李连进. 平话人称代词的单复数形式［J］. 语文研究，1998（3）：63－65. 作者根据实地调查，分桂南与桂北，初步描写了平话人称代词的单复数表现形式，并比较了桂南与桂北人称代词的单复数形式的不同特点。

⑩ 李云兵. 布干语人称代词的格范畴［J］. 民族语文，1999（3）：65－74.